高等学校经管类专业互联网＋新实践系列教材

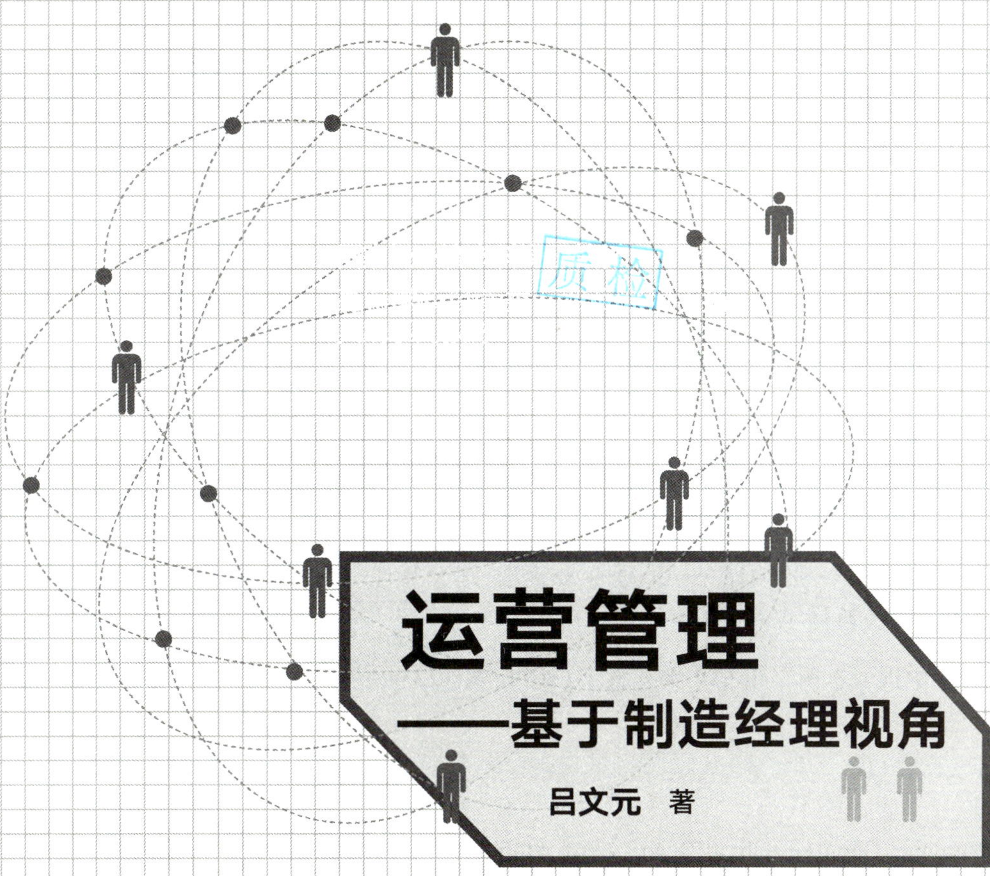

运营管理

——基于制造经理视角

吕文元 著

高等教育出版社·北京

内容简介

本书从制造经理视角系统阐述运营管理的理论和实务。目的在于将学生培养成运营经理，提升运营管理实务者的管理水平。内容包括：企业发展战略制定和年度利润目标的设定；组织设计、生产流程分析和布局，以及生产线设计与改进；综合计划和年度生产计划的制定，以及基于期量标准的生产作业计划制定与控制；物料管理、工作研究和员工管理。

本书内容丰富，实用性强，每一章都有启发性引导案例，并有丰富的综合案例分析。对于重要知识点设有问题，启发读者思考。另外附有生产管理规章制度、生产管理流程分析等实务内容。

本书可作为高等院校工业工程、信息管理与信息系统、工商管理等专业本科生教材，也可供企业管理人员学习与培训使用。

图书在版编目（CIP）数据

运营管理：基于制造经理视角 / 吕文元著. --北京：高等教育出版社，2021.10

ISBN 978-7-04-056286-6

Ⅰ. ①运… Ⅱ. ①吕… Ⅲ. ①企业管理-运营管理-高等学校-教材 Ⅳ. ①F273

中国版本图书馆 CIP 数据核字（2021）第 122342 号

Yunying Guanli——Jiyu Zhizao Jingli Shijiao

策划编辑 杨世杰　　责任编辑 杨世杰　　封面设计 李树龙　　版式设计 于 婕
插图绘制 于 博　　责任校对 胡美萍　　责任印制 刘思涵

出版发行	高等教育出版社	网　址	http://www.hep.edu.cn
社　址	北京市西城区德外大街 4 号		http://www.hep.com.cn
邮政编码	100120	网上订购	http://www.hepmall.com.cn
印　刷	北京玥实印刷有限公司		http://www.hepmall.com
开　本	787mm×1092mm 1/16		http://www.hepmall.cn
印　张	22		
字　数	510 千字	版　次	2021年10月第 1 版
购书热线	010-58581118	印　次	2021年10月第 1 次印刷
咨询电话	400-810-0598	定　价	52.00 元

本书如有缺页、倒页、脱页等质量问题，请到所购图书销售部门联系调换

物 料 号　56286-00

前言

产业升级和运营管理水平提升，是目前我国制造企业生存的迫切需要。生产运营管理之所以重要，在于生产运营管理、财务管理和市场营销是现代企业的三大职能，生产运营管理对于提高企业生产率和质量、降低产品成本、保证按期交货发挥了关键作用。

正因为生产运营管理重要，所以它一直是管理学本科专业核心课程和 MBA 八大核心课程之一。早期的国内教材有 20 世纪 80 年代初由哈尔滨工业大学洪国芳组织编写的《生产管理学》、90 年代清华大学潘家轺编写的《现代生产管理学》，这两部教材实用性极强，堪称经典。随后，华中科技大学的陈荣秋教授、马士华教授编著了《生产运营管理》，该书注重定量化决策，内容和方法与国际教学接轨，是目前最有影响的教材之一。上海交通大学潘尔顺、北京科技大学马风才、哈尔滨工业大学陆力斌、天津大学齐二石、山东大学吴爱华、中山大学陈志祥、清华大学刘丽文等也出版了不错的教材。国外原版教材主要有美国南加州大学 Chase 教授的 *Operation Management*，最新国外教材包括 Cachon 的 *Operation Management: Matching Supply with Demand*，这些教材反映了最新的生产运营管理理论和方法。

好的教材很多，但是部分教材仍存在以下弊端：要么过于注重数学模型，缺乏实际问题的交代，企业难以应用；要么过于注重实务，缺乏理论深度。鉴于目前许多教材存在的脱离实务、理论水平落后于国际水平两方面突出问题，加之众多国内中小企业生产经理有待提升生产管理水平，因此编写一本指导本土制造企业生产运营管理，同时具有国际视野的好教材是时代需要。

本书编写的视角是制造企业经理，目标定位为：①帮助学生理解制造企业生产管理实务问题，使其有信心毕业后做好生产运营管理工作。②帮助制造企业经理系统学习生产运营管理理论和方法，并应用本教材的理论和方法解决企业自身问题，使得经理们实现从凭经验管理到科学管理的蜕变，提升管理决策水平。

为实现上述目标，本书编写遵循三条原则：①继承与发展相结合。在继承洪国芳和陈荣秋等人经典教材内容的基础上，增加有理论高度又实用的新内容。②国内与国外相结合。一方面借鉴国外优秀教材，如 Heizer 的运营管理、MIT 斯隆（Solan）管理学院的运营管理内容；另一方面注重吸收本土好的教材、本土企业好的管理思想和方法。③理论与实践相结合。注重理论的先进性与前沿性，如供应链管理，同时注重规章制度、流程等这些实用性内容。

根据上述编写原则，本书内容安排依据“目标与任务→生产系统设计→生产系统运行→生产系统控制”这条主线。其中，目标与任务包括企业发展战略制定和年度目标制定；生产系统设计包括组织设计、基于流程分析的生产系统设计（车间组建原则、全厂布局和车间布局），以及生产线设计与改进；生产系统运行包括综合计划的制定、年度生产计划的制定，以及基于期量标准的生产作业计划制定；生产系统控制包括物料管理、工作研究和员工管理。

本书特色有：①理论水平较高。本书吸收了国外经典教材以及美国 MIT 该课的全部内容，具有国际视野，反映国际学术前沿。②实用性强。书中的案例都是笔者这几年为制造企业做的咨询课题，详细介绍问题背景、阐述如何应用理论和方法解决问题，以及如何进一步拓展思路与深入研究。③编写模式有新意。按照主动学习（active learning）的国际新教学理念，教材编写内容中，每章有引导案例和思考题，对关键知识点和难点都设定问题，引领学生思考和讨论，从而有效地改变传统教材填鸭式罗列知识点的编写模式。本书旨在不仅给学生传授知识，而且更多地启发学生、开启学生智慧和激发学生学习兴趣，取得教学相长的良好教学效果。

由于水平所限，加上编写时间仓促，书中疏漏之处在所难免，恳请广大读者批评指正，提出宝贵意见，意见可发至电子邮箱：lvwenyuan@ hit.edu.cn。

作者

2021 年 5 月

作者的话

编写本书的目的是将学生培养成制造业生产经理。本书的适用对象为：信息管理与信息系统、工业工程以及工商管理的本科生。本书的内容是这 3 个专业本科生应该掌握的基础内容。当然，不同专业本科生学习的侧重点有所不同。

信息管理与信息系统专业本科生侧重于生产流程分析，重点在于收集、整理和分析生产管理相关信息。这些信息包括：订单（客户名称及订购的产品名称、规格型号、数量、交货期、付款方式和付款情况等）、完成订单所需要的物料、各种物料的库存信息（物料名称、代码、数量、存放位置、保管人）、在制品的投放量，以及各种在制品在各道工序加工的数量（投入量、加工量和完工量，以及完工量中产品质量等级信息，如合格品数量、返修数量、废品数量）。开发出生产信息管理系统，此项工作的意义在于不仅将生产管理人员从繁重的日常管理工作中解脱出来，而且为管理人员提供生产决策依据。

工业工程专业本科生侧重于：①全厂布局，生产线设计与平衡；②工作研究，提高工作效率，并制定标准作业和标准作业的时间；③质量控制；④生产管理问题的定量分析，借助数学模型，优化管理决策变量，提升企业管理层次和水平。

工商管理本科生除了掌握综合计划、年度生产计划制定之外，侧重于生产计划与预算管理、生产成本核算。工商管理本科生是从财务管理、成本控制、员工管理角度，通过优化生产计划、控制物料和成品库存的方法，调动员工积极性，降低企业运营成本，实现企业利润目标。

作者

2021 年 5 月

目录

第1篇　目标与任务

第 2 篇　生产系统设计

第3篇 生产系统运行

第4篇 生产系统控制

第 1 篇　目标与任务

根据企业使命制定企业发展战略目标，然后将战略目标分解并落实到各生产单位，由此形成了各生产单位的年度利润目标和年度生产任务。

从制造经理角度来看，生产运营管理所有工作都围绕产品生产和服务提供这一目标进行。为了实现这一目标，制造经理要做好制定生产计划和实施生产计划这两项工作，这两项工作构成了生产运营模型的两大支柱。控制好降低成本、提高质量和按期交货这三个要点。抓生产 5 个要素：人（员工）、机（机器）、料（物料）、法（工作方法）、环（环境）。关注 10 个问题：选址、流程分析与生产系统设计、组织设计、生产计划与控制、能力管理、物料管理、工作研究、设备管理、质量管理和员工管理。

“人的管理”是生产运营管理的核心。基于该理念，制定生产运营的目标时将培养人作为目标，生产管理过程要注重员工管理。

第1章 绪论

子夏为莒父宰,问政。子曰:“无欲速,无见小利,欲速则不达,见小利则大事不成。”

——《论语·子路》

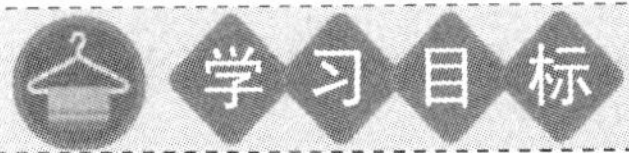

1. 掌握生产运作管理的概念、目标。
2. 重点掌握生产运作管理的内容和业务流程。
3. 掌握生产经理的工作职责和十大决策。
4. 了解生产运作管理的体系,以及生产管理发展史。

引导案例

某公司每周的生产运营管理会议

某铸造公司利用铝锭铸造生产汽车发动机的汽缸,是上汽集团的主要供应商。其生产主要过程包括:采购铝锭—根据客户订单需求,将铝锭熔化为铝水—压铸成型—去毛刺、机加工提高产品精度和光洁度—抛丸—包装—发货。这家工厂经常出现这些生产问题:

(1) 前后工序的半成品或材料不衔接,工厂内各生产车间的半成品堆积如山,生产不能像行云流水一样顺畅地流下去。材料、零件或半成品积压过多,造成企业资金周转困难。

(2) 生产计划表徒具形式,生产计划达标率低。生产计划表变更频繁,不是追加就是取消。紧急订单很多,所谓牵一发而动全身,生产计划无法执行。

(3) 生产紊乱,品质跟着失控。失控的品质返工重做,又搅乱原生产计划。交货经常延迟,影响公司信誉。

(4) 无休止加班,日日加班,人变成了生产机器。什么是合理的产量、目前的计件工资是否合理,劳资双方存在分歧,工人抱怨很多,士气低落。

每周五下午公司都要召开生产运营管理会议。目的在于让各个生产部门报告各自的生产进展,发现现存的和潜在的问题,并确定相应的解决方案。

会上主要讨论每周的生产报告,包括已生产完成并已发运的产品,也涉及计划在下一周必须生产完成并发运的产品,包括库存水平、产品的生产成本以及质量执行方案。

会议由公司生产副总裁主持,同时邀请市场部和财务部经理出席会议。市场部经理关注的是产品能否及时完工,以满足客户需求。财务部经理则从总收益的角度关心生产成本和产品的发运费用。

市场部和财务部经理的出席,体现了在当今激烈竞争的环境中跨职能部门运营的重要性。由于所有相关人员都在会上出席,一旦有问题发生,就可以迅速解决,或者给出相应的解决措施。

思考题:

1. 生产管理是管人还是管物?

2. 生产管理的目标、任务、内容是什么?要做好哪些工作?

3. 作为生产经理,主要任务是将产品生产出来,并保证产品的质量、按期交货。这种想法对吗?有没有想过培养人才,以及考虑如何激励员工?

4. 制造技术与管理发展史对生产管理有哪些启示?生产经理是否思考自己的企业如何应用智能制造、电子商务、ERP、精益生产管理这些新技术、新管理方法实现企业自身的产业升级?

1.1 生产与运作管理的概念、目标和内容

1.1.1 生产与运作管理的概念

生产(production)指工厂有形产品的制造,而运作(operations)则指提供劳务的活动。为了区分“production”和“operations”,我们将它们分别译为“生产”和“运作”。现在将两者统称为“生产运作”,或者“运营”,或者“生产运营”。

从一般意义上讲,生产运作是一切社会组织将它的输入转化为输出的过程。如图1-1所示。因此,生产与运营管理是一个转化过程,是将原料、信息和其他资源转化成最终产品和服务的过程(尼葛尔·斯莱克,2000)。

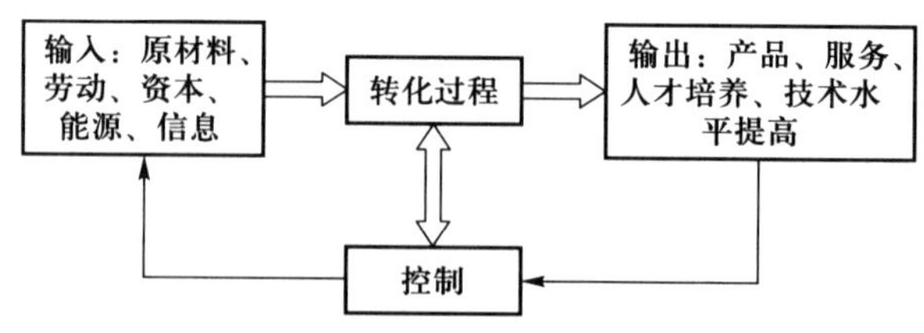

图1-1 生产运作的输入输出转化过程

思考题:什么是生产运作管理?为什么要学习运营管理(OM)课程?

1.1.2 生产运作管理的目标

生产运作管理的目标是高效、低耗、准时地生产合格产品和(或)提供满意服务。该目标服务于企业最终目标——追求利润。

通过生产运作管理,企业按时交货,满足客户订单需求,为客户创造价值,获得合理利润。但是,企业的经营成果不仅仅体现在财务指标和市场占有率上,还应该体现在:①是否发展了新客户,并继续坚持以客户为中心的观念。②人力资源管理成果,包括行业内牛人数、青年骨干人才的储备与培养。因此,生产经理在生产运营管理时,不仅要注重产品生产和服务提供,而且要注重培养队伍。

德鲁克认为,企业经营目标包括:①市场状况(如销售额、市场占有率及排名);②创造革新,或技术水平、创新能力、研发能力;③生产能力;④实物和财政资源;⑤获利性;⑥经理的成就和发展;⑦工人的成就和态度;⑧社会责任。

后三项关于经理和工人能力、社会责任之所以作为企业经营目标,原因在于一个组织是由人员组成,不把这三项作为目标,组织就不能维持下去,更谈不上前五个目标的实现。

1.1.3 制造企业运营管理的流程

如图1-2所示,企业管理的第一步就是环境研究(1),企业通过市场调查和对政府政策法规、宏观经济形势及国内外、同行企业竞争形势的分析,作出需求预测,落实订货合同。

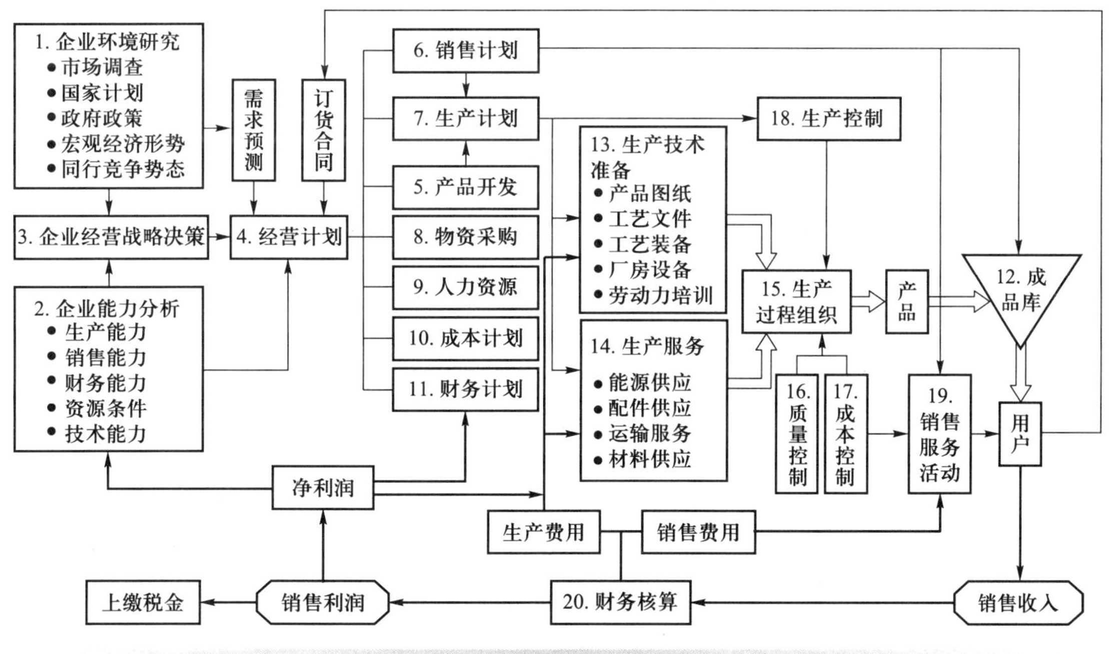

图1-2　企业管理业务流程

第二步是在环境研究和对企业能力分析(2)的基础上进行经营战略决策(3),并制定经营计划(4)。经营计划包括开发计划(5)、产品销售计划(6)、生产计划(7)、财务计划(11)等。

如成品库(12)中有成品储备,则可按销售计划发货给用户;如成品储备不足,则通过生产计划在正式生产前做好生产技术准备(13)和生产服务(14)。

生产技术准备包括设计准备和工艺准备;生产服务包括设备管理、能源管理、物资管理、运输管理等。经过生产技术准备和生产服务,按照生产计划的要求将产品图纸、工艺规程等技术文件,设备、工艺装备、能源、原材料、配件和劳动力等各项生产要素投入生产过程中。

生产过程组织(15)根据技术文件和生产计划的要求,把各项生产要素从空间上和时间上加以合理组织,以取得尽可能少的投入获得尽可能多的产出。为了保证产品质量,要对生产过程和生产技术准备过程及生产服务过程进行质量控制(16),为了能以较低的成本生产产品,要对生产过程、生产技术准备过程及生产服务过程进行成本控制(17)。为了保证产品能按订货合同规定的期限交货,要对产品进度进行生产控制(18),经常检查实际生产情况与计划的区别,并及时采取措施加以纠正,以保证生产计划的实现。

产品完工后即转入成品仓库,或按销售计划发送给客户,并进行售后服务活动(19)。产品发出后即可同客户进行财务结算,企业根据销售收入和生产费用、销售费用进行财务核算(20)。企业销售收入一部分用于补偿生产和销售过程中的各项费用,一部分用于产品开发,一部分以税金的形式上交给国家,余下的部分作为企业的净利润。

综上所述,企业管理可归纳为两个问题:①做什么?②如何做?企业的战略回答了企业做什么的问题,还决定了企业发展方向。企业经营计划、生产计划、生产准备、生产过程的组织(空间组织和时间组织)、生产的控制(质量、成本、交货期),以及财务核算则都是回答企业如何做的问题,从而提高企业生产效率和经济效益。

1.1.4 制造企业生产运作管理的内容

对于中小企业而言,制造企业生产管理的主要内容包括:

(1) 决定要生产什么产品,并根据需求预测,确定产品年产量和生产速度。比如,生产一种工具盒,每 8 小时一班,每班生产 1 500 个。

(2) 在产品结构分析的基础上决定哪些部件自己制造,哪些外购。

(3) 进一步研究零部件制造,如何将原材料加工成成品。包括:

① 零部件的工艺设计;工具、夹具和工位的设计。

② 根据生产率、作业时间标准以及工艺要求,决定加工设备的类型、型号和数量。

③ 决定装配顺序,符合装配线设计与平衡。

④ 研究物流和非物流路线,确定各项作业之间的关系;计算各项作业所需的面积;根据作业关系图和面积完成全厂布局。在全场布局基础上完成车间内部各设备的布局,即车间布局。

(4) 生产组织管理和控制。

① 企业发展战略目标和年度利润目标的制定。

② 企业组织机构的设计与调整。

③ 综合计划的制定。

④ 库存管理与控制。对原材料、成品和在制品管理,确保生产不中断、不积压。

⑤ 年度、月度和周生产计划的制定,以及车间生产调度和现场管理。

⑥ 对生产成本、质量和进度进行控制。

对于新创办企业或扩大企业规模时,则要考虑工厂选址——在哪里设厂和工厂布局等问题。

1.2 基于制造经理视角的生产运营管理模型

生产运营管理模型(见图 1-3)可归纳为:一个目标,两件事(两个支柱),三个要点,五要素,十个大问题。从制造经理角度来看,生产运营管理所有工作都围绕产品生产和服务提供这一目标进行。为了实现这一目标,制造经理主要做两件事和控制三个要点。做两件事指制定计划和实施计划。这两项构成生产运营模型的两大支柱。控制好三个要点指降低成本、提高质量和按期交货。抓生产五要素:人(员工)、机(机器)、料(物料)、法(工作方法)、环(环境)。关注十个问题:选址、流程分析与生产系统设计、组织设计、生产计划与控制、能力管理、物料管理、工作研究、设备管理、质量管理和员工管理。

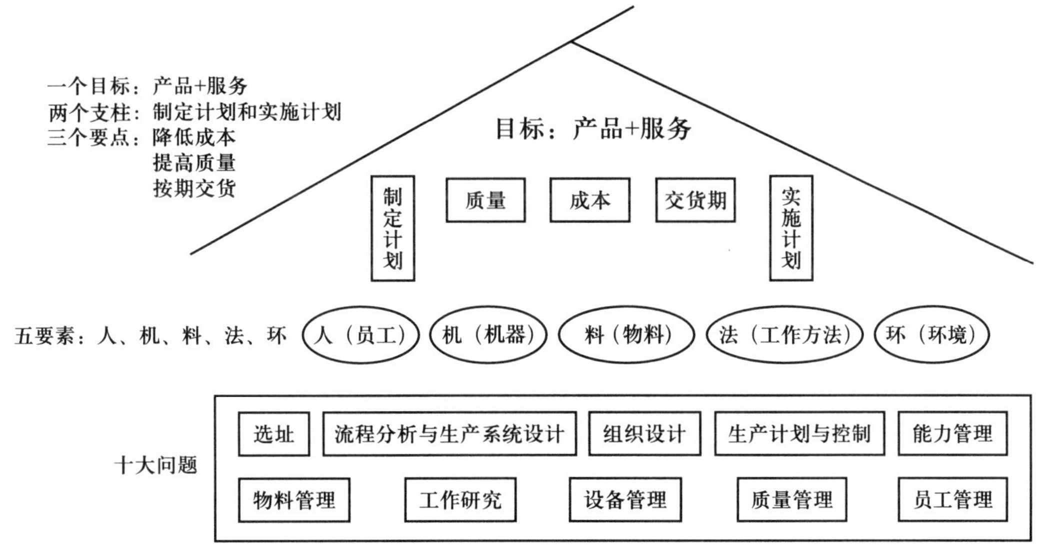

图 1-3 基于制造经理视角的生产运营管理模型

该模型顶层是“人”,意指“人的管理”是生产运营管理的核心,该理念贯穿通篇教材。首先,制定生产运营的目标时将培养人作为目标。其次,生产系统设计时突出组织结构设计。再次,制定生产计划,特别是综合计划时,考虑劳动力生产水平(员工数量);实施与落实生产计划时,尤其是工作研究和物料管理这两章包含员工管理内容。最后,员工管理一章提出员工激励和管理办法。

1.3 生产运营经理的工作职责与专业要求

1.3.1 生产运营经理的十大决策问题

生产运营管理模型(见图 1-3)中已指出生产运营经理的十大决策问题(见表 1-1)。这些决策问题与目标、竞争焦点之间关系如图 1-4 所示。

表 1-1 生产运营经理的十大决策问题

序号	问题	内 容
1	选址	□ 生产工厂应该安置在什么位置? □ 厂址选择和决策的标准是什么?
2	组织设计	□ 划分哪些部门? □ 各部门的工作职责和权力是什么? □ 各部门之间如何沟通与协作?
3	流程分析与生产系统设计	□ 如何通过产品数据分析,优化生产流程,设计生产工艺? □ 采用什么设备和技术?如何选购生产设备? □ 按对象专业化还是工艺专业化划分生产单位?如何做好全厂布局工作和车间布局?
4	生产计划与控制	□ 如何制定生产综合计划? □ 如何制定生产年度计划? □ 如何进行生产作业计划的制定与控制?
5	能力管理	□ 如何对技术和设备进行投资分析,做好战略能力规划? □ 年度生产能力如何计算?年度生产能力核算采用什么计量单位? □ 如何平衡各个环节的生产能力?
6	物料管理	□ 哪些零部件自制?哪些零部件采购? □ 谁是我们产品的供应商?如何评价供应商? □ 各种物品分别储存多少?采用什么采购策略? □ 采购流程管理,采购规章制度制定与实施。
7	工作研究	□ 如何制定作业标准? □ 如何测定标准作业时间?
8	设备管理	□ 如何设计维修组织,谁负责维修? □ 如何做好设备规划、采购和更新工作? □ 如何做好预防维修和点检制工作?
9	质量管理	□ 如何定义产品质量?谁负责产品质量? □ 质量控制的 7 个工具。 □ 质量方针、质量控制流程、质量管理制度。

续表

序号	问题	内　容
10	员工管理	□ 如何做好工作设计？ □ 如何给员工发放工资和福利？采用计时工资还是计件工资？ □ 如何激励员工？如何考核员工？

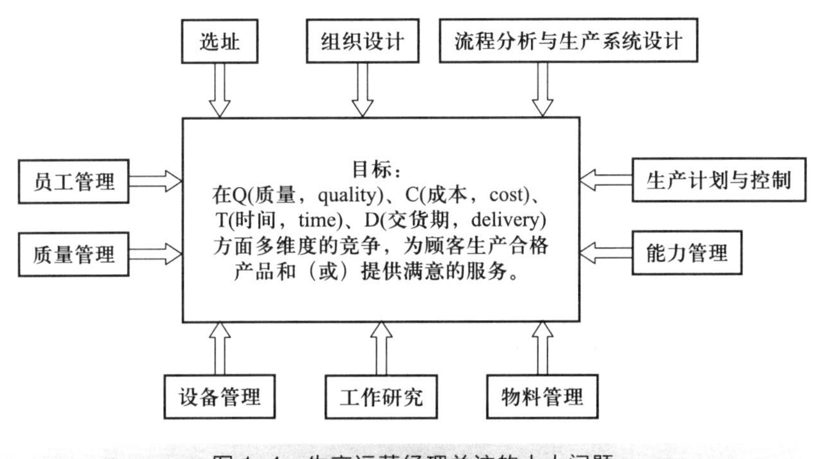

图 1-4　生产运营经理关注的十大问题

1.3.2　生产运营经理的工作职责

为了做好生产运营管理工作，制造企业生产运营经理应该承担这些工作职责：

（1）根据企业发展战略目标，特别是企业的年度利润目标以及接到的订单，在总经理领导下，与销售、财务部门负责人一起制定综合计划。优化产品品种，确定每个月产品的生产数量、库存量以及工人数。协调市场需求、企业生产能力和财务能力，实现市场需求与企业供给平衡，实现订单与企业生产能力、生产资金实力三者之间的平衡。

（2）组织结构的设计与优化，各工作岗位的设计与考核。

（3）每年根据生产产品的变化和生产技术的进步情况，改进生产工艺，引进新设备和新技术。同时，设计与优化生产流程，做好生产线平衡工作。

（4）制定年度生产计划，核算生产能力。根据实际需求和订单变化，调整季度或月度的生产计划。

（5）根据年度生产计划，做好生产物料的采购、库存管理和投放工作，并做好生产前准备工作。

（6）具体到投产时，主要解决生产物料投放量、投放时间、生产进度和产品质量控制等问题；做好在制品进度、数量和质量的控制工作。做好车间作业的计划与控制，以及现场管理工作。

（7）开展工作研究，改进产品加工方法，测定主要产品重要工序的加工工时。在工时测定的基础上，核实关键设备、车间的生产能力。

(8) 做好生产设备、工具、夹具的维护和管理;做好设备点检制;保证设备处于良好的工作状态,避免设备故障造成停产。

(9) 生产信息的收集、整理。根据生产日报信息、突发事件,召集各部门负责人开会,协调解决生产问题。制定与实施生产管理规章制度。

(10) 员工管理。包括员工激励、工资管理和员工考核。

通过上述技术和管理措施,确定生产过程的连续性、平衡性、均衡性(品种、产量的均衡),以及生产柔性,即对产品品种、产品订单数量变化的适应性,从而有效地提高生产率,降低物料库存量,减少设备故障停机率,提高产品质量,最终实现企业良好的经济效益目标。

1.3.3 生产运营经理的工作意识与专业要求

由于企业主要是在成本、质量、时间、服务和品牌等方面进行竞争,生产运营经理管理时,应该具备成本意识、质量意识、服务意识、时间意识和品牌意识。

下面介绍企业竞争的重点:成本(cost,C)、质量(quality,Q)、时间(time,T)和服务(service,S),以此说明生产经理为什么要有这些工作意识。

(1) 成本的竞争(cost,C)。C 指产品和服务的购买价格和使用成本方面的要求。不仅产品制造成本要低,而且后期使用和维护成本也要低。一般来讲,市场上最有竞争力的商品是质量好并且价格低廉的商品。因此,生产运营管理首要目标是追求产品的低成本。原因在于:

利润=价格-成本

假定一个产品的成本占 90%,销售利润为 10%。只要成本降低到 80%,就意味着增加了一倍的销售利润收入。产品价格由市场来决定,而产品的成本由企业说了算。因此,生产运营管理首要目标是:应用 IE(industrial engineering),降低产品的成本。

(2) 质量的竞争(quality,Q)。Q 指满足顾客对产品和服务在质量方面的要求。产品的质量不仅关系到产品的功效,而且对社会、人身安全等产生重要影响。质量是企业的生命线。因此,在追求产品低成本的同时,也要严格把关产品质量。例如,应用丰田生产方式,对每件产品进行工序质量检测,做到产品质量好且价格低廉,实现其口号“同样质量的产品其价格最低”。

(3) 时间的竞争(time,T)。T 指满足顾客对产品和服务在时间方面的要求,即准时交货、新产品快速上市。一方面,新产品快速上市不仅可以占领市场,而且加快资金周转;另一方面,准时交货可以减少产品和在制品的库存量,提高顾客的满意度。

半导体巨头士兰微 2017 年 12 月 18 日公告,与厦门半导体投资集团签署投资合作协议,拟在厦门市海沧区建设 3 条芯片生产线,投资额度为 220 亿元。由于摩尔定律依然有效,即每隔 18 个月,产品性能翻一番,但价格依然不变。因此,新产品的尽早上市对于占领市场尤其重要。另外,如此大的投资额更是要求尽快收回投资成本。第一条 12 英寸①工艺生产线,规划产能 8 万片/月,采取分阶段实施,初期规划产能 4 万片/月。

(4) 服务方面的竞争(service,S)。S 为满足顾客需求而提供产品之外的相关服务,如产品

① 1 英寸=0.0254 米。

售前服务及售后服务。随着服务业的发展,出现了“生产+服务=服务性制造”。生产和服务逐渐融合在一起。

美国摩根银行所做的咨询调研报告显示,2000年以来,全球范围内的电梯销售业务只占总销售收入的35%左右,而维修保养业务占总销售收入的55%,更新改造项目占总销售收入的10%。国外主要电梯制造企业经营和盈利重点在于:从电梯的制造和销售业务,转向安装、维修服务以及旧梯改造业务。通过给客户提供良好的售后服务,不仅大幅度增加了收入,而且培养了客户的忠诚度,巩固了市场份额。

上述四个方面的竞争,最终是企业在品牌上的竞争。良好的品牌能提高产品溢价。统计表明:中国产品往往处于价值链低端,而外商凭借其产品设计方面的优势,以及拥有产品专利、品牌等知识产权方面的优势,处于价值链高端,获取高额的利润。因此,在企业生产运营管理过程中,应该充分注重企业品牌的建立,占领价值链高端,提高产品的溢价。

法国超市一个玩具的价格是26欧元,原材料成本1.2欧元,工本费加工费0.8欧元,中国企业就挣了0.8欧元。法国人拿去了利润的大头,而中国依靠劳动力低成本及牺牲环境为代价,拿的是利润的小头。即便如此,一些人仍认为中国抢了他们的就业机会……

思考题:上述企业竞争重点说明生产运营经理应该有哪些工作意识?

为了履行上述职责,生产运营经理应该具备的知识体系包括:管理学(组织机构的设计、定量化决策、对员工的领导和激励、各项规章制度的制定与实施)、经济学(国家政策对企业的影响、行业发展前景与行业发展规律、同行之间竞争策略的制定)、财务管理(资产负债表、利润表、现金流量表)等。另外,生产运营经理也应学习和掌握生产运营管理发展史(见附录1-1),其所述的理论和方法虽然年代久远,但是依然适用,属于经典内容。

1.4 生产运营管理的结构框架

本书内容依据“目标与任务→生产系统设计→生产系统运行→生产系统控制”这条主线来安排教学内容。全书共分4篇,14章。结构框架如图1-5所示。

第1篇目标与任务。阐述如何制定企业发展战略以及如何根据战略目标制定企业生产目标(第2章)。

第2篇生产系统设计。生产系统设计包括制造企业组织结构的设计(第3章)、生产流程分析和生产系统设计(第4章),以及生产流水线的设计与改进(第5章)。

第3篇生产系统运行。主要包括生产计划制定与实施。生产计划制定,根据公司管理层面从高到低又具体分为综合计划的制定(第6章)、年度生产计划的制定(第7章)、ERP(第8章)和生产能力(第9章),以及生产作业计划的编制(第10章)。生产计划实施包括生产作业统计、调度和现场管理(第11章)。

第4篇生产系统控制。生产作业是否按计划实施,关键在于是否控制好人、机、料、法、环这5个影响要素。本篇从控制生产管理5要素(人、机、料、法、环)角度保证生产任务完成。其中,料,指制造产品所使用的原材料(第12章物料管理);法,指制造产品所使用的方法(第13章工作研究);机,指制造产品所用的设备;环,指产品制造过程中所处的环境;人,指制造产品的人员(第 14 章员工管理)。

生产经理最主要的工作有两个:一是参与总公司发展战略制定,确保系统有效性。同时分解战略目标,确定年度生产利润目标。二是提高现有系统运营效率,实现年度生产利润目标。因此,全书的结构也可分为两大部分,第 2 章规定生产运营经理的任务,其他章节则说明如何做。

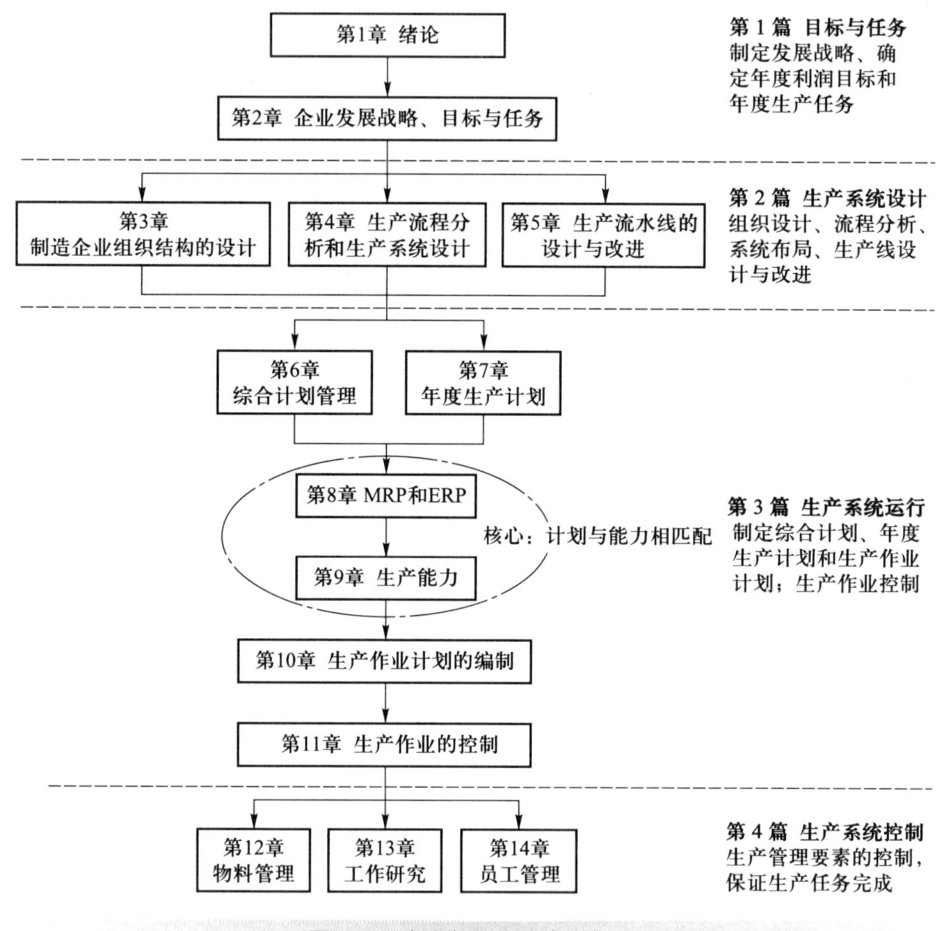

图 1-5 生产与运作的内容框架

与许多教材不同,本书特色在于:

(1) 增加员工管理和组织结构设计内容。生产与运作管理不仅是“物的管理”,更是“人的管理”。调查发现,大部分企业总经理、生产经理和车间主任最头痛的问题是如何管理人。只有加强组织管理和员工管理,解决部门协同问题,做好员工的沟通、激励工作,才能保证生产作业高效地完成。

(2) 注重车间管理。不仅强调战略管理的重要性,更需要加强车间层面的生产管理。包括:①如何根据期量标准制定生产作业计划;②抓住人、机、料、法、环五要素的管理,保证生产作业按期完成,保证各工序质量,保证生产各环节的成本控制。只有车间层面工作的落实,才能保证企业战略目标的实现,这也是精益生产的精髓。

(3) 强调“生产计划与生产能力相匹配”。在论述生产计划制定时，从战略目标开始，到综合计划和年度生产计划，一直到车间层面的生产作业计划。与之相对应，在阐述生产能力时，也从高到低依次说明战略能力规划、年度生产能力的计算、车间和机器生产能力计算。

本章小结

本章系统介绍本书的内容、框架，要点如下：

1. 生产运作管理是对生产运作系统的设计、运行与改进。生产运作管理的目标有两个：①追求生产系统的投入产出比；②培养队伍。

2. 企业竞争的重点：成本(cost，C)、质量(quality，Q)、时间(time，T)和服务(service，S)。

3. 生产运作经理的十大决策：组织设计、流程分析与生产系统设计、能力管理、物料管理、选址、工作研究、生产计划与控制、质量管理、员工管理、设备管理。

4. 强调生产与运作管理不仅是“物的管理”，更是“人的管理”。强调战略管理的重要性，强调加强车间层面的生产管理。

5. 生产经理最主要工作有两个：一是参与总公司的发展战略制定，确保系统有效性，以及分解战略目标，确定生产目标；二是提高现有系统运营效率，实现生产目标。

思考题

1. 简述生产运作管理的定义、内容和目标。
2. 企业竞争能力的重点有哪几方面？
3. 简述生产运作经理的工作职责、生产运作经理的工作意识与专业要求。
4. 简述管理发展史上各个时期代表人物及其管理思想、主要观点。
5. 讨论题：生产运作管理发展史对当今中小制造企业的发展有什么借鉴作用？请结合一家制造企业管理中存在的问题来讨论。

本章附录

第2章　企业发展战略、目标与任务

没有战略的企业，就像没有舵的船一样，只会在原地转圈；又像个流浪汉一样无家可归。

——乔尔·罗斯和克尔·卡米（美国著名管理学家）

1. 认识运营战略的重要性；了解企业竞争的重点。

2. 了解企业发展战略制定的主要理论；重点掌握SWOT、五力分析模型，并应用于制定企业发展战略。

3. 掌握企业战略管理的内容，重点掌握企业利润目标的制定。

4. 学习美国制造业兴衰及其对我国制造企业的发展启示。

强调运营战略的重要性，原因在于：随着经济全球化、市场需求变化，现代企业竞争的焦点转为系统有效性。只有在系统有效性的基础上才能追求系统的效率。

因此，经营企业需要制定战略，明确企业经营目标、经营内容和经营方式。典型的如诸葛亮隆中对，"未出茅庐已知天下三分"。

引导案例

隆　中　对

由是先主遂诣亮，凡三往，乃见。因屏人曰："汉室倾颓，奸臣窃命，主上蒙尘。孤不度德量力，欲信大义于天下；而智术浅短，遂用猖蹶，至于今日。然志犹未已，君谓计将安出？"

亮答曰："自董卓已来，豪杰并起，跨州连郡者不可胜数。曹操比于袁绍，则名微而众寡。然操遂能克绍，以弱为强者，非惟天时，抑亦人谋也。今操已拥百万之众，挟天子而令诸侯，此诚不可与争锋。孙权据有江东，已历三世，国险而民附，贤能为之用，此可以为援而不可图也。荆州北据汉、沔，利尽南海，东连吴会，西通巴、蜀，此用武之国，而其主不能守，此殆天所以资将军，将军岂有意乎？益州险塞，沃野千里，天府之土，高祖因之以成帝业。刘璋暗弱，张鲁在北，民殷国富而不知存恤，智能之士思得明君。将军既帝室之胄，信义著于四海，总揽英雄，思贤如渴，若跨有荆、益，保其岩阻，西和诸戎，南抚夷越，外结好孙权，内修政理；天下有变，则命一上将将荆州之军以向宛、洛，将军身率益州之众出于秦川，百姓孰敢不箪食壶浆以迎将军者乎？诚如是，则霸业可成，汉室可兴矣。”

思考题：

1. 诸葛亮在隆中对中，给刘备详细分析了竞争对手、发展机会以及发展路径，做到“未出茅庐已知天下三分”。这个事件给企业经营者什么启示？

2. 以小米、滴滴打车为例，思考与讨论如何设计产品以及商业运作模式，做到“独角兽”。

中国企业和企业家正面临着一个全方位的、多层次的、竞争日益激烈的市场环境。①从全球发展情况来看，随着经济全球化、中国“一带一路”倡议的提出，中国制造企业已经融入全球竞争。②从国内发展情况来看，消费升级、供给侧改革以及绿色制造的需要，迫使企业产业升级。面对深刻变化的市场环境，中国制造业企业必须及时调整发展战略，制定出相应发展对策。这对于企业寻求新的经济增长点，以及对于中国企业借助互联网技术和智能制造技术实现制造产业的弯道超车，实现中国梦，都具有重要意义。

正因为战略管理的重要性，企业高层领导最重要的工作就是进行战略管理。通用电气公司董事长威尔逊说：“我整天没做几件事，但有一件做不完的工作，那就是规划未来。”其实，威尔逊所说的规划未来就是指制定战略。

2.1 战略管理的概况

2.1.1 战略管理的定义和目的

什么是战略？美国经济学家阿尔弗雷德·钱德勒（Alfred D. Chandler）认为：战略是决定企业基本目标与目的，选择企业达到这些目标所遵循的途径，并为实现此目标与途径而对企业重要资源进行分配。

根据上述定义，企业高层最主要的任务就是制定战略目标、获取资源，并对资源优化配置，从而实现战略目标。企业高层领导对设置企业长期发展目标负责，并采取各种措施使企业的各部门朝着这个目标前进。

战略管理包括制定发展战略，实行战略管理。战略管理目的是使企业的组织结构、资源分配和经营方式与环境提供的各种机会取得动态平衡，以提高其竞争力，实现企业总体战略目标。

2.1.2 企业战略的分类

战略的划分方法有很多，主要有以下三种：

1. 按层次高低可分为公司战略、事业部战略（经营单位战略）和职能策略

（1）公司战略，是企业最高层次战略，一般由企业最高管理层制定。公司战略确定了企业的使命、目标、宗旨、产品和发展计划、发展战略等重大决策。例如，是否需要开发新产品、扩张生产线、进入新市场、实施兼并收购等。

（2）经营单位战略，是各个经营单位或者有关的事业部、下属公司制定的战略。在一些大企业，特别是企业集团公司的内部，还有二级单位，比如事业部、下属公司，这些事业部或下属公司可能分布在不同的地区，或者生产不同的产品，从事不同的业务，或者为不同的顾客服务。这些事业部或下属公司，各自有其不同的利益，各自有配置其资源的权利。

（3）职能战略，是由企业职能部门所制定的战略。比如，产品和技术的研究和开发、生产管理、市场营销管理、财务管理、人事管理等职能部门战略。职能战略可以使职能部门及其管理人员更加清楚地从事本部门在实施公司战略、经营单位战略过程中的任务、责任要求，有效地运用管理职能，保证企业目标的实现。

以上三种战略并不一定在一个企业中同时存在，这主要取决于企业的规模、业务范围、组织结构等。

2. 按公司经营业务种类可分为专业化战略（从事单一事业）和多元化战略（从事多种事业）

（1）专业化战略，指将公司所有资源和能力集中于自己所擅长的核心业务，通过专注于某一点带动公司的成长。

（2）多元化战略，指企业同时经营两种以上不同的产品或服务的一种发展战略。多元化战略内容包括产品的多元化、市场的多元化、投资区域的多元化和资本的多元化。

3. 按公司经营的模式可分为垂直一体化战略和水平一体化战略

（1）垂直一体化战略，指将公司的经营活动向后扩展到原材料供应，或向前扩展到销售终端的一种战略体系。垂直一体化战略包括后向一体化战略和前向一体化战略。前向一体化战略是企业自行对本公司产品做进一步深加工，或者对资源进行综合利用，或公司建立自己的销售组织来销售本公司的产品或服务。如钢铁企业自己轧制各种型材，并将型材制成各种不同的最终产品。后向一体化则是企业自己供应生产现有产品或服务所需要的全部或部分原材料或半成品，如钢铁公司自己拥有矿山和炼焦设施。垂直一体化的目的是加强企业对原材料供应、产品制造、分销和销售全过程的控制，并增加各个业务活动阶段的利润。

（2）水平一体化战略，指企业收购或兼并同类产品生产企业以扩大经营规模的成长战略。优点为：实现了规模经济，降低了产品成本，巩固了市场地位，提高了竞争优势，减少了竞争对手。缺点为：企业文化不同使管理成本增加，产品质量难以保证，协调关系复杂，不利于产品生产与销售协调发展。

2.1.3 战略管理的内容

战略管理是企业关于未来发展方向决策和实施的动态管理过程，其内容包括战略制定、战略实施和战略评价。

（1）战略制定包括确定企业任务，识别外部机会和威胁、企业的优势和劣势，建立长期目标，开发多种战略方案，选择适当的战略。

（2）战略实施包括设计组织结构、设置企业年度目标、制定政策、激励员工和配置资源、落实制定的战略。

（3）战略评价是评价战略实施的效果，包括重新审视内外因素、测评业绩和采取纠正措施。

2.2 战略制定的方法和工具

下面介绍几种常用的战略制定工具和方法。

2.2.1 PEST——分析行业宏观环境,寻找机遇与分析风险

制定战略、进行项目投资分析,首先要进行行业分析。通过分析 PEST 这四个因素,找到企业面临的机会和风险,见图 2-1。

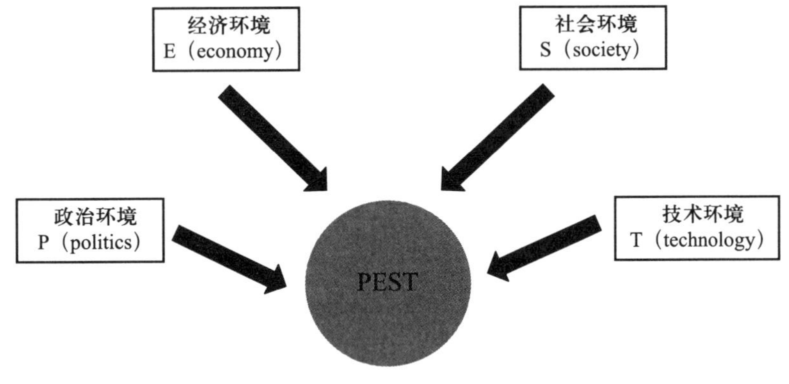

图 2-1 PEST 分析

(1) P(politics)——政治环境。包括政治制度、政局、法律法规等。

(2) E(economics)——经济环境。主要包括 GDP、利率水平、财政货币政策、通货膨胀、失业率水平、居民可支配收入、汇率、能源供给成本、市场机制、市场需求等。

(3) S(society)——社会环境。社会环境影响最大的是人口环境和文化背景。人口环境主要包括人口规模、年龄结构、人口分布、种族结构以及收入分布等因素。

(4) T(technology)——技术环境。不仅包括发明,而且包括与企业市场有关的新技术、新工艺、新材料的出现和发展趋势以及应用背景。

通过行业分析,判断公司业务是否合法合规;产品是否满足市场需求,市场容量多大,当地消费水平高低;新技术、新工艺、新设备的出现会不会导致出现颠覆性产品,完全替代公司现有明星产品,给公司业务带来毁灭性损失。

讨论题:

1. 美国商务部对国内一些高科技公司发禁令,试分析合规管理的重要性,分析企业面临哪些政治风险。

2. 以某一款产品,如手机为例,根据居民可支配收入、人口规模、年龄结构、人口分布,分析该产品的当前市场容量和发展前景。

3. 能源供给特别是电力供给直接影响企业的选址,另外,电力成本对制造企业生产成本也有显著影响。比较目前中美两国电力成本对制造成本的影响。

颠覆性创新

某彩管厂到美国收购了一个显像管厂。显像管厂投资 6 000 万美元,出售价格为 2 000 万

美元,明显低于成本价,决定购买。有专家建议这个技术很快会过时,因为出现了液晶电视。厂长认为:由于引进全套设备,技术和设备上有保障。另外,中国当时还有5.7亿农民,只要电视机便宜,不会在意传统电视机后面有一个很大的电子箱。并认为当时液晶电视要2万~4万元,传统电视还是有竞争力的。但是很快液晶电视的费用就降下来,整个彩管厂垮掉了。

2.2.2 五力模型

正确选择有吸引力的产业,以及给自己的竞争优势定位,必须对将要进入的一个或几个产业结构状况和竞争环境进行分析。波特提出了著名的行业内五种竞争力战略模型,如图2-2所示。这五种竞争力包括:潜在的竞争者、替代品的威胁、供应商的力量、购买者的力量和竞争对手。他认为五种竞争力的合力决定了公司利润的平均水平和投资回报率,应该选择进入五种竞争力对比有利的产业,避免竞争过度的产业。

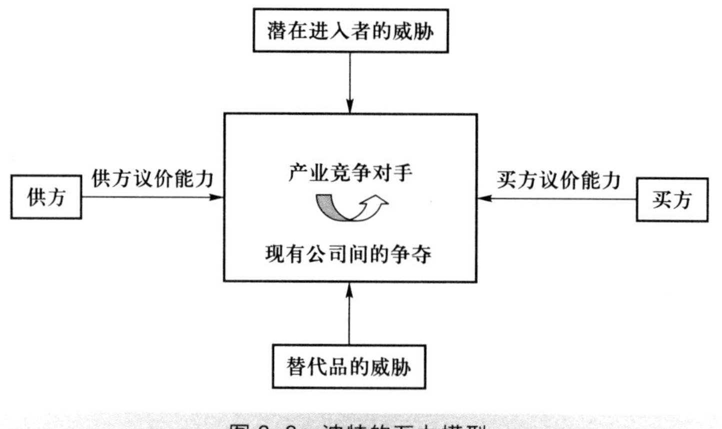

图2-2 波特的五力模型

2.2.3 SWOT 分析

SWOT 分析指分析公司的优势和劣势,找到公司的机会和威胁,如图2-3所示。这是制定适合企业实际情况战略的方法。

2.2.4 商业模式画布

商业模式画布是一种分析企业价值的工具,通过将商业模式中的元素标准化,引导思维,并方便将素材进行归档。它包括9个方格:客户细分、客户关系、渠道、价值主张、关键业务、核心资源、重要合作关系、成本结构和收入来源。

(1) 客户细分(customer segments),指一家企业服务的目标人群和机构。客户群体划分为大众市场、小众市场、多样化的客户群体等。客户细分回答了这一关键问题:我们在为谁创造价值?谁才是我们最重要的客户?

(2) 价值主张(value propositions),描述为客户提供什么样的产品和服务。价值主张回答我们需要满足客户哪些需求,为客户创造什么价值。所创造的价值既可以是价格优惠、服务响应及时,也可以是产品高品质,或客户体验好。

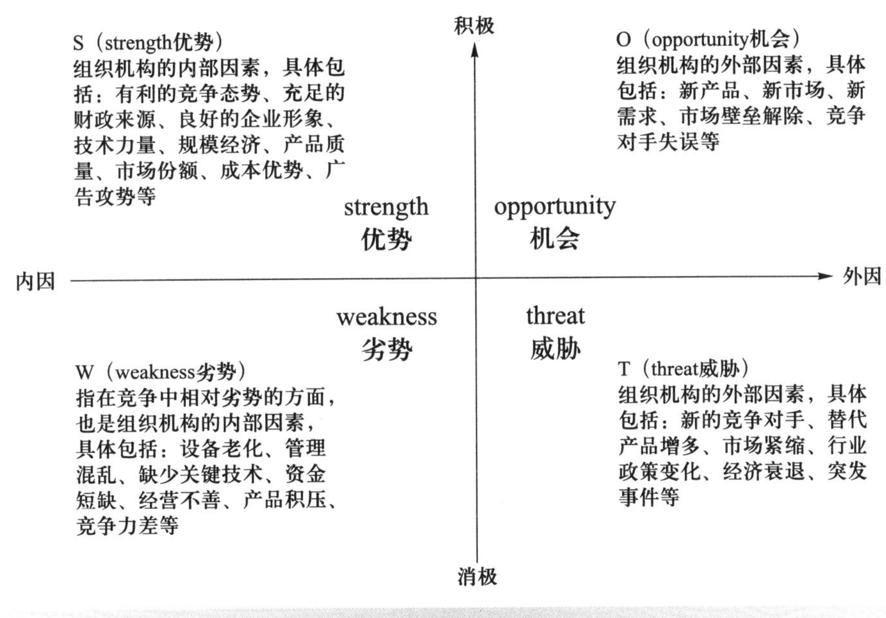
积极
S（strength优势）
组织机构的内部因素，具体包括：有利的竞争态势、充足的财政来源、良好的企业形象、技术力量、规模经济、产品质量、市场份额、成本优势、广告攻势等
O（opportunity机会）
组织机构的外部因素，具体包括：新产品、新市场、新需求、市场壁垒解除、竞争对手失误等
strength
优势
opportunity
机会
内因
外因
weakness
劣势
threat
威胁
W（weakness劣势）
指在竞争中相对劣势的方面，也是组织机构的内部因素，具体包括：设备老化、管理混乱、缺少关键技术、资金短缺、经营不善、产品积压、竞争力差等
T（threat威胁）
组织机构的外部因素，具体包括：新的竞争对手、替代产品增多、市场紧缩、行业政策变化、经济衰退、突发事件等
消极

图 2-3 SWOT 分析

(3) 渠道(channels),描述企业如何同它的客户群体进行沟通并建立联系,以向对方传递自身的价值主张。它回答客户希望以什么渠道与企业建立联系,企业如何去建立这种渠道。对于每一渠道,尤其要关注:如何让客户购买企业的产品和服务? 如何向客户传递企业的价值主张? 企业如何向客户提供售后支持?

(4) 客户关系(customer relationships)。为了留住原有客户,开发新的客户,增加销售量,需要建立不同类型的客户关系,如专属私人服务、自动化服务、在线社区。通过与客户协作与互动,共同创造价值。

(5) 核心资源(key resources),指保证一个商业模式顺利运行所需要的最重要资产。核心资源包括实物资源、资金和人力资源。不同的商业模式需要不同的核心资源,如芯片制造商需要的是资本密集型的生产设备,而微芯片设计则更聚焦于人力资源。

(6) 关键业务(key activities),是保障商业模式正常运行所需做的最重要事情。关键业务分为生产、解决方案、平台(如 Visa 公司为商家、持卡人及银行搭建交易平台)。不同商业模式关键业务也不同。如个人计算机生产商 Dell,关键业务是供应链管理。对于咨询公司麦肯锡而言,关键业务是提供解决方案。

(7) 重要合作关系(key partnerships),是保证一个商业模式顺利运行的供应商和合作伙伴网络。谁是企业关键合作伙伴? 谁是企业的关键供应商? 企业从合作伙伴那里获得了哪些核心资源?

(8) 成本结构(cost structure),是商业模式运营时所发生的全部成本。企业是成本导向,还是价值导向? 是追求规模经济,还是范围经济? 这是分析成本结构要回答的问题。

(9) 收入来源(revenue streams),代表企业从何处获得收益。每一种收益来源有着不同的定价机制,例如是固定价格还是浮动价格。

我们可以将收集到的素材分模块填充,在完成这张图的时候,企业的商业模式也水到渠成,如图 2-4 所示。

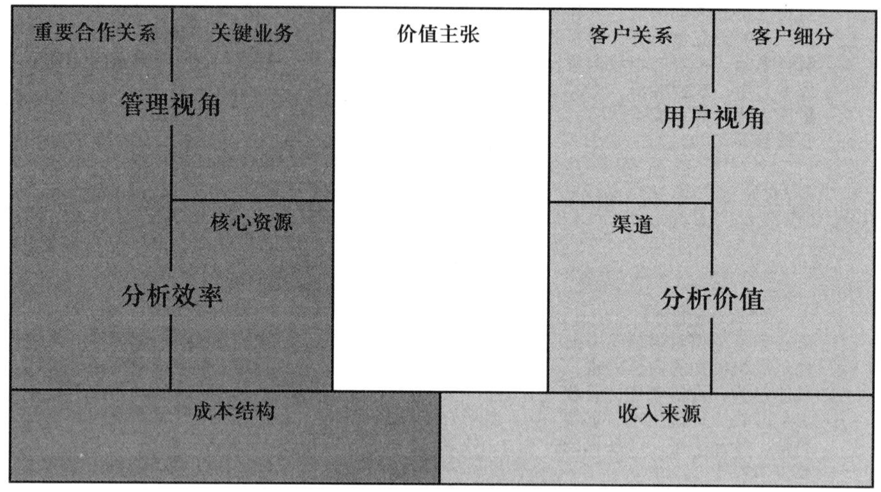

图 2-4　商业模式画布

以某应用商店的商业模式为例,见图 2-5。

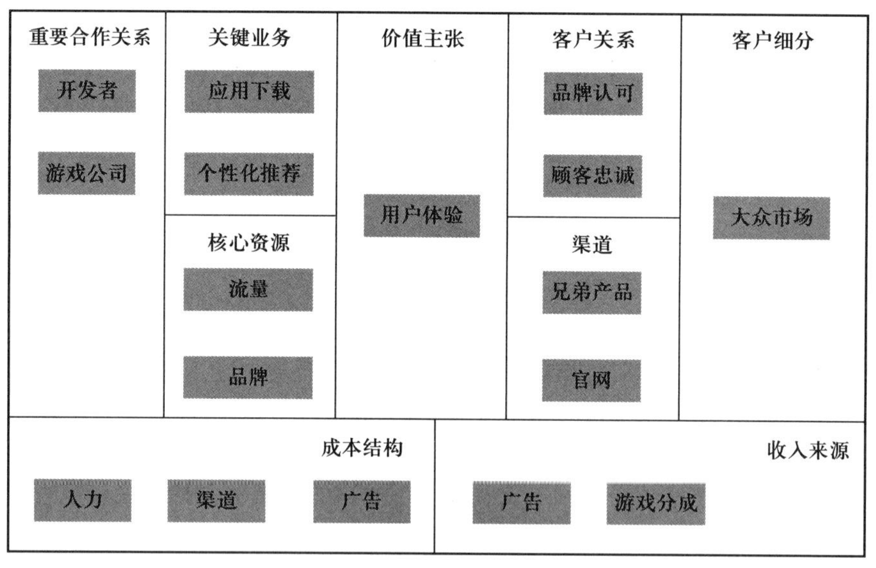

图 2-5　商业模式画布案例

2.3　企业战略的制定

2.3.1　战略制定的总体流程

下面以某国际集团公司制定多元化发展战略为例,说明制定企业战略的总体流程。

制定流程见图 2-6。假定企业高层已选择一个或几个行业。首先进行企业内外环境的分析。具体做法为:应用波特的五力模型进行行业分析,同时分析企业拥有的资源(包括预见能获得的资源),使企业发展机会与企业能力相匹配。其次在此基础上,确定企业进入的行业,选择目标市场并确定企业总的发展目标。

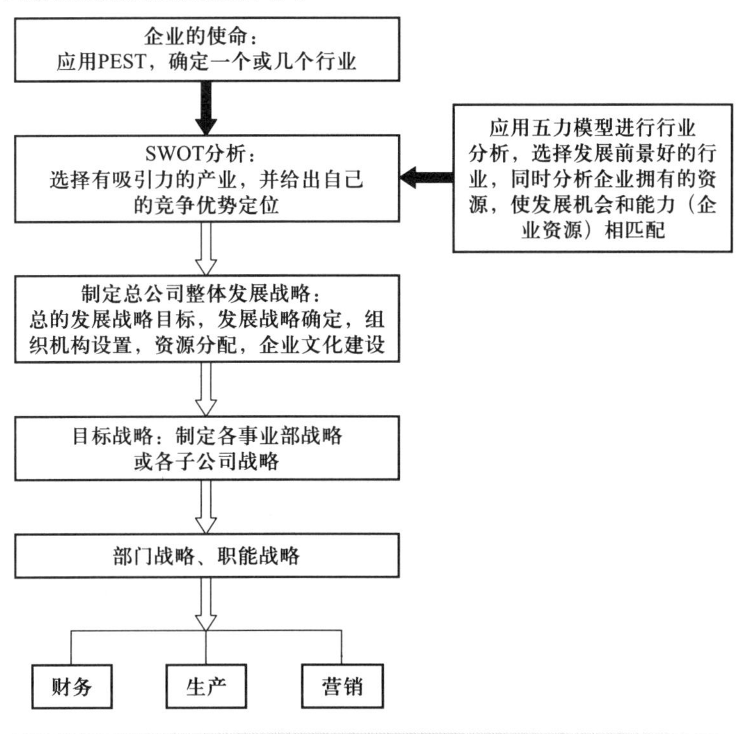

图 2-6　某国际集团公司制定多元化发展战略的流程

确定企业总的发展目标是企业总的发展战略的核心。当然,企业总的发展战略内容还包括:①目标行业和进入市场的确定;②战略路线的制定,如案例分析 2-2 中的联想集团公司的“贸工技”发展路线。③组织机构的设计与资源分配方案的制定、企业文化建设规划等内容。④给定时间表,规定各阶段目标、里程碑事件完成的时间。

一旦制定企业总的发展目标,即将总目标分解,并分配给各事业部(或各子公司)。依照分解的目标,各事业部(或子公司)分别制定事业部(或子公司)发展战略。事业部(或子公司)战略内容与总公司战略内容相似,只是层次上有差别而已。具体内容包括:设置年度目标、本事业部组织结构的设计与调整、制定政策、激励员工和在事业部内部分配资源。

事业部(或子公司)的各职能部门也要依照本部门的发展战略目标来制定本部门的发展策略,即职能策略,如生产策略、财务策略、营销策略。根据职能策略进行短期决策,并开展日常经营活动。

在实际制定企业发展战略时,还会确定企业分阶段目标、关键节点以及关键资源的分配,确定一些里程碑事件。

2.3.2　企业使命

从上一节战略制定流程中可以看出,战略制定的起点和中心点是企业使命,而不是企业战略目标。那么,什么是企业使命?

企业使命是企业存在的目的和理由,既确立了企业经营的指导思想、原则、方向等,又是企业经营的形象定位。

企业使命不仅回答企业是做什么的,更重要的是回答为什么做,是企业终极意义的目标。崇高、明确、富有感召力的使命不仅为企业指明了方向,而且使企业的每一位成员明确了工作的真正意义,激发出内心深处的动机。这就是为什么战略制定时必须牢记使命的原因。使命足以影响一个企业的成败。彼得·德鲁克基金会主席、著名领导力大师弗兰西斯女士认为,一个强有力的组织必须靠使命驱动。

很多场合,企业愿景和企业使命是互通的。如:

(1) 通用电气使命:以科技及创新改善生活品质,在对顾客、员工、社会与股东的责任之间求取互相依赖的平衡。

(2) 福特公司愿景(使命):汽车要进入家庭。

(3) 中国移动通信:

- 企业使命:创无限通信世界,做信息社会栋梁。
- 企业经营宗旨:追求客户满意服务。

(4) 上海家化公司:奉献优质产品,帮助人们实现清洁、美丽、优雅的生活。

2.3.3 战略目标的确定

为了完成使命,企业须制定战略目标。由于企业的经营成果不仅体现在财务指标以及市场占有率,还应该体现在:①是否发展了新客户,并继续坚持以客户为中心的观念;②人力资源管理成果,包括行业内权威专家数、青年骨干人才的储备与培养。因此,企业战略的目标包括营业额、利润率、资产报酬率、附加值、市场占有率、人才培养、组织机构变革。具体制定过程见案例分析2-1。

案例分析2-1

制造企业发展策略的制定

某制造企业制定长期发展战略的步骤如下:

(1) 开展内外环境分析,建立长期发展战略的投资报酬目标。

(2) 将投资报酬目标分期,确定各产品的利润目标。

(3) 估计各产品的市场占有率,并根据市场占有率,推测各产品的销售额、销售成本。

(4) 加强新产品研究,优化产品组合,并预计产品优化组合后的经济效果。

(5) 降低成本,资金筹措,实现预期的投资报酬率目标。

第一步:开展内外环境分析,制定长期发展战略目标。

外部环境的分析:

- 政治条件。根据国家政策调整相关产品及产品品种。
- 经济条件。包括收入水平、消费水平、储蓄率、利率等。
- 技术条件。新产品、新工艺、新材料、新能源的出现,为企业的发展提供巨大的机遇和严重的威胁。典型例子如数码相机代替胶卷相机。

- 市场条件。包括买方、卖方及销售渠道等。

内部环境的分析：

- 对市场的了解和适当的营销能力。
- 现有的顾客及与顾客的关系。
- 人力资源情况：管理层的能力、当前工人的技能和积极性、工人必要技能的获取。
- 当前的设施、设备、工艺及其位置。
- 对特殊技能的掌握。
- 产品和工艺的专利保护。
- 可获得的资金和财务优势。

通过企业内外环境分析，制定了企业战略目标。该战略目标体系指标如表 2-1 所示。不仅包括资产报酬率、利润率等这些财务指标，还包括公司并购、组织机构调整这些非财务指标。

表 2-1 公司发展战略目标的指标体系

策略	长期目标
1. 提高资产报酬率	1. 资产报酬率(税后)从 6%增至 10%
2. 增加利润率	2. 利润率从 40%增至 70%
3. 增加市场占有率	3. A 产品的市场占有率从 15%增至 20% B 产品的市场占有率从 20%增至 30%
4. 开拓新市场，多角化经营	4. 推出 C 新产品，市场占有率 10%，收购某家企业
5. 增加生产力	5. 购买新设备一套，新增生产线一条
6. 组织结构调整，管理模式变革	6. 新增 IE 部，夯实生产部门管理基础。新增战略发展部，提高公司宏观调控能力

对于企业的产品，厘清市场引力和企业能力(公司实力)，制定出不同的产品品种发展策略，如表 2-2 所示。其中，市场引力和企业能力的指标包括：

- 市场引力：市场容量、利润率、销售量增长率。
- 企业能力：市场占有率、生产能力、技术能力、销售能力等。

分析的结果为：加大投资发展 A、B 产品，推出新产品 C。

表 2-2 产品品种发展策略

象限	市场引力/公司实力	策 略
1	引力大，实力强	力保优势：集中资金，扩大规模，实现高质量、高价格、高收益
2	引力大，实力弱	扶持：为追求长期、长远收益，应尽量增加投资，虽然眼前收益较低，但是可以迅速提高企业实力，甘冒风险
3	引力小，实力强	收获：以收入最大化为目标，以便将这类事业中所获收益转到有前途的事业上去。对这类产品应尽可能减小投资
4	引力小，实力弱	撤退收缩：以回收资金、减少损失为目标，果断淘汰

第二步:将投资报酬目标分期,确定各产品的利润目标。

假定该企业的风险为 6%,利息水准、公司资本和负债数据如表 2-3 所示。

表 2-3 利润目标的计算

	资产与负债	金额	
平均股息分配率 18%	资本	5 000 万元	5 000 万元×18% = 900 万元
公司债利率 16%	公司债	2 000 万元	2 000 万元×16% = 320 万元
长期借款利息 15%	长期借款	1 000 万元	1 000 万元×15% = 150 万元
短期借款及贴现率 13%	短期借款	1 000 万元	1 000 万元×13% = 130 万元
	其他负债	1 000 万元	
	总资本	1 亿元	10 000 万元×6% = 600 万元
			合计:2 100 万元

企业最低年利润为 2 100 万元,总资本 1 亿元。

$$投资报酬率=\frac{年利润}{总资产}=\frac{2\ 100}{10\ 000}\times 100\%=21\%$$

即年投资报酬率最低为 21%,投资报酬率目标为 21%。

这家企业有 A、B、C 三种产品,利润 2 100 万元的目标分解到这三种产品:

A 产品 400 万元+B 产品 1 500 万元+C 产品 200 万元=2 100 万元

估计 A、B、C 这三种产品的市场占有率、销售额、销售成本如表 2-4 所示。

表 2-4 各产品市场占有率及利润

	产品 ①	市场占有率 ②	销售额 ③	销售成本 ④	利润 ⑤=③-④
1	A 产品	20%	2 500 万元	2 100 万元	400 万元
2	B 产品	30%	15 500 万元	14 000 万元	1 500 万元
3	C 产品	10%	2 230 万元	2 030 万元	200 万元
			20 230 万元	18 130 万元	2 100 万元

考虑到产品更新换代速度快,除了努力生产和销售现金牛的畅销品之外,公司还要积极推出新产品。虽然新产品研发及新市场开拓具有很大风险,但是利润丰厚。另外,维持固定销路的稳定品,以及为了服务客户、提高商誉,生产一些牺牲品,吸引客户多多购买企业的畅销品与稳定品。

2.4 生产运作战略的内容

生产运作战略,从层级上看属于经营单位战略,或者是职能战略(部门战略)。

生产运作战略内容的设计应该基于客户活动生命周期理论。客户活动生命周期由三个部分构成:①购买前活动;②购买活动;③购买后活动。购买前活动注重的是响应客户询问和展示产品技术特性的能力,如接待潜在客户参观工厂,企业员工很乐意回答参观者的任何问题;购买活动注重的是实际销售、产品的交付与催讨付款的能力;购买后活动包括售后支持服务和产品保证。

基于客户活动生命周期的生产运作战略的主要内容包括以下几个方面。

2.4.1 自制还是外包

由于顾客需求日益个性化、制造行业竞争白热化,企业只能集中特定的优势资源,从事核心业务,而将非核心业务外包。一旦确定顾客需求后,企业就要确定哪些业务外包,哪些业务自制。跨国公司在全球范围内资源优化配置,典型的如日本丰田公司,约 70% 的零部件设计和制造外包,当然丰田在涉及企业核心竞争力的业务上大都是自制的。

2.4.2 供应链管理

当零部件外包时,就涉及供应链管理的问题。尤其在全球化资源优化配置、全球即时通信和全球物流成本降低的背景下,供应链管理尤其突出。

供应链管理主要包括供应商的开发与管理、建立供应商战略伙伴关系、配送网络的选择等。配送网络的选择分为制造商存货加直送,制造商存货、直送加在途并货,分销商存货加承运人交付,分销商存货加用户交付,制造商或分销商存货加顾客自提,以及零售商存货加顾客自提 6 种模式。

2.4.3 组织生产是预测驱动还是订单驱动

组织生产采取两种不同的方式:一是预测驱动;二是订单驱动。预测驱动生产是根据对市场需求的预测来组织生产活动;订单驱动生产是以顾客的订单为依据进行的生产活动。前者的优点是:通过备货及时响应客户需求;由于提前生产,容易实现均衡生产。缺点是:生产有一定的盲目性,特别是预测不准时,会造成大量成品库存,不仅占用大量资金,而且增加了库存维持费用。后者的优点是按顾客需求进行生产,满足顾客个性化需求,更重要的是从根本上避免了生产盲目性,避免成品积压的风险。 缺点是不能及时响应客户需求, 容易产生缺货现象。

预测驱动和订单驱动只是两个极端,实际生产活动大都是两者的结合。备货型生产和订货型生产是两种典型的组织加工装配生产的方式。一般而言,备货型生产的加工对象标准化程度高,组织生产的效率高,但对顾客的个性化要求的满足程度低;订货型生产加工对象的标准化程度低,生产效率低,但对顾客的个性化要求的满足程度高。

为了兼顾顾客的个性化要求和生产过程的效率,可将备货型生产和订货型生产组合成各种不同的生产方式:

(1) 按订单销售(sale-to-order,STO),就是备货型生产,在没有接到订单时,按已有的标准产品生产。目的是补充成品库存,通过维持库存量满足用户需要。

(2) 按订单装配(assemble-to-order,ATO),即零部件为备货型生产,零部件事先已经制造出来,按顾客的订单要求装配成不同的产品。典型的如计算机装配。

(3) 按订单加工(fabrication-to-order,FTO),原材料采购及其上游生产阶段都是备货型生产,顾客对加工及其下游生产阶段提出特定要求。

(4) 按订单采购(purchase-to-order,PTO),设计按照预测进行,顾客对采购及其下游生产阶段提出特定要求。

(5) 按订单设计(engineer-to-order,ETO),研发按预测进行,顾客对设计及其下游生产阶段提出特定要求。

(6) 按订单研发(develop-to-order,DTO),产品研发及其下游生产阶段都是按顾客特定要求进行的。

为了满足顾客的个性化需求,同时降低生产成本,将备货型生产方式与订货型生产方式结合。具体来讲,在生产流程的初始阶段,让多个产品共享一些工艺和零部件,实现批量生产。在产品差异点上使用特定的工艺和部件,定制加工半成品(见图 2-7)。这样就充分发挥大规模生产和定制的优势,从而快速反应运作,满足全球化顾客的要求,提高企业的竞争实力。

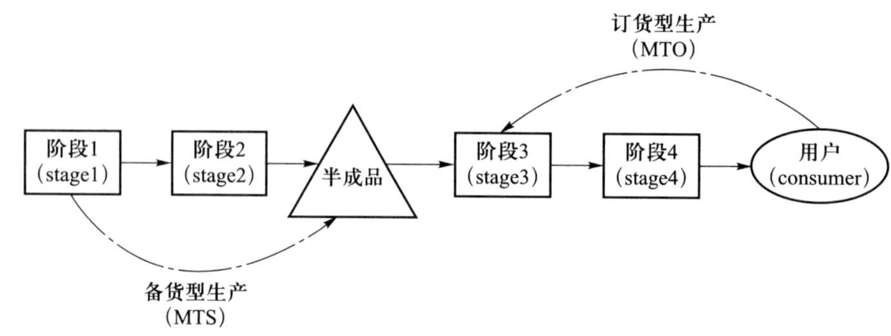

图 2-7 备货型生产方式与订货型生产方式结合

2.4.4 基于产品生命周期的产品策略决策

产品生命周期是指一种产品从试制成功、投放市场开始,直到最后被新产品代替,从而退出市场为止所经历的全部时间,包括引入期、成长期、成熟期和衰退期四个阶段。不同阶段的产品各有特点,采取的策略也明显不同。

(1) 引入期。设计尚未定型,工艺不稳定,生产批量少,成本高,用户对产品不太了解,同行竞争少,一般可能没有利润,甚至发生亏损。对策:加强产品设计和工艺改进工作;加强市场调查与产品的宣传与促销,努力增加销售额。

(2) 成长期。产品销售量迅速上升,产品设计、工艺基本定型,生产批量增大,成本降低,利润上升,市场出现竞争。对策:加强综合计划,改进生产管理;适时进行技术改造,提高产品质量和生产能力;加强广告促销与售后服务,努力开拓市场。

(3) 成熟期。利润达到高峰,较多竞争者进入市场,竞争非常激烈。对策:努力提高产品竞争能力,扩大销售;加强广告、促销与技术服务,合理调整产品价格。

(4) 衰退期。新产品开始进入市场,逐渐取代老产品,销售量出现负增长,利润日益下降。对策:在适当时机果断地淘汰老产品,发展新产品,实现产品的更新换代。

2.4.5 生产运作系统的设计

1. 选址

选址主要是确定企业具体的地区、社区和地点;确定是建造新厂,还是扩充现有设施。厂址的选择不仅与建厂投资和建厂速度有关,还会影响工厂的生产布置和投产后的生产经营成本。就投资成本和运行成本而言,厂址的选择要综合考虑地价高低,劳动力资源是否丰富,水、电、气、交通等基础设施,是否靠近客户和原材料产地等因素。

厂址的选择通常遵循四项原则:费用低廉原则;吸引人才原则;接近市场或原材料产地原则;能够满足长远发展原则。

2. 布局

生产和服务设施布置是指合理安排企业或者某一组织内部各个生产作业单位和辅助设施的相对位置与面积以及车间内部生产设备的布置。企业布置的原则包括:①满足生产过程要求,避免相互交叉、迂回运输;②生产联系和关系密切的单位应靠近布置;③充分利用现有运输条件;④按生产性质、防火和环保要求合理划分厂区;⑤力求占地面积小;⑥有扩建的余地。一般不同的生产类型,布局形式有很大的不同。具体内容见第 4 章生产流程分析和生产系统设计。

3. 能力

生产能力的设计,包括工艺流程、生产技术以及设备选型等,具体见第 9 章生产能力内容。

案例分析 2-2

美国制造业的兴衰及其对我国制造业发展的启示

尽管现代美国制造企业在 20 世纪 20 年代的时候就已经形成,但是随后 30 年代的大萧条和 40 年代的第二次世界大战,使得这个国家无法再从它那强大的制造业上获得多少优势。直到“二战”过后的 20 世纪 50 年代到 60 年代,美国才迎来了制造业的黄金年代。20 世纪 80 年代到 90 年代进入了制造业衰退的年代。随着制造业由 20 世纪五六十年代的繁荣转入七八十年代的萧条,很明显一定是哪里出错了。

最简单的解释是因为在黄金年代制造业的细节不被重视,于是美国企业就开始松懈了。因为美国的商品为世界所羡妒,工厂可以很大程度上控制产品的质量规格,管理者逐渐视质量为想当然的。因为美国具有技术优势从而也就缺乏竞争,维持市场份额不需要持续改善,管理者逐渐视现状为理所应当。当那些没有本钱去想当然的外国企业恢复到了足以公开发起挑战的时候,很多美国企业已经没有应对的活力了。

黄金年代对于美国制造业现状的影响是微妙而复杂的。除了降低了对制造业细节的重视,20 世纪 50 年代和 60 年代对市场营销和金融的偏重也对今天的美国制造业企业产生了深远的影响。由于认定这些领域具有最好的职业前景,越来越多的“高精尖人才”(Best and Brightest)选择了市场营销和金融的职业道路。它们变成了充满魅力的职业,而制造与运作则越来越被认为是死胡同的“破饭碗”(Career Breakers)。这导致了市场营销和金融同时越来越被当作美国制造企业的主导性视角。

思考题：

1. 美国制造业由“二战”时的顶峰到后期的衰退，其原因是什么？对我国制造业发展有什么启示？阐述美国制造业的兴衰过程对我国现阶段制造业的借鉴作用。

2. 如何看待目前我国中小制造企业辛苦10年做实业不如在上海买卖1套房子之运营困境？

本章小结

1. 企业使命是企业存在的目的和理由，既确立了企业经营的指导思想、原则、方向等，又是企业经营的形象定位。

2. 企业战略目标不仅体现在财务指标以及市场占有率上，还应该体现在是否发展了新客户，以及人力资源管理成果。

3. 战略的划分方法有三种：①按层次高低来划分，分为公司战略、事业部战略和职能策略；②按公司经营业务种类划分，分为专业化战略（从事单一事业）和多元化战略（从事多种事业）；③按公司经营的模式划分，分为垂直一体化战略和水平一体化战略。

4. 战略制定的方法和工具包括：①PEST——分析行业宏观环境，找机遇与风险；②五力模型——正确选择有吸引力的产业，以及给自己的竞争优势定位；③SWOT分析——分析公司的优势、劣势，找到公司的发展机会，避开威胁；④商业模式画布；⑤生命周期理论。

5. 战略管理内容包括战略制定、战略实施和战略评价。战略制定包括确定企业任务，识别外部机会和威胁、企业的优势和劣势，建立长期目标，开发战略方案。战略实施包括设计适当的组织结构和控制系统，设置企业年度目标、制定政策、激励员工和配置资源，以使制定的战略能够落实。战略评价是评价战略实施的效果。

6. 制造企业制定长期发展战略的步骤包括：①开展内外环境分析，建立长期发展战略的投资报酬目标。②将投资报酬目标分期，确定各产品的利润目标。③估计各产品的市场占有率；并根据市场占有率，推测各产品的销售额、销售成本。④加强新产品研究，优化产品组合，并预计产品优化组合后的经济效果。⑤降低成本，资金筹措，实现预期的投资报酬率目标。

7. 基于客户活动生命周期的生产运作战略的主要内容包括：自制还是外包决策、供应链管理、组织生产方式的选择、基于产品生命周期的产品管理策略，以及生产运作系统的设计。

思考题

1. 什么是战略？ 战略管理的内容有哪些？

2. 什么是商业画布？ 举例说明某一企业或商店的商业画布。

3. 基于客户活动生命周期的生产运作战略的内容主要有哪些?

4. 企业的战略目标有哪些指标? 举例说明企业如何制定战略目标。

即测即评

第 2 篇　生产系统设计

生产运营管理不仅管物，更是管人。因此，生产系统设计首先是组织结构的设计（第 3 章），明确各部门的权力和职责，厘清上下级关系和工作汇报方式。

其次，为了保证生产流畅，减少物料和在制品的搬运量和库存量，须进行生产流程分析，设计合理的生产系统，包括工艺设计与工艺管理、设备选购、生产系统全局布局和车间布局（第 4 章），以及生产流水线的设计与改进（第 5 章）。

第3章 制造企业组织结构的设计

1. 了解组织结构设计的重要性,掌握组织设计的原则。
2. 掌握制造企业组织结构的形式、优缺点及适用范围。
3. 了解国有企业管理机构的体系;了解集团公司组织形式。
4. 了解董事长、总经理、生产经理、车间主任、班组长和工人之间各职位工作职责及相互关系。

引导案例

杜邦、斯隆和现代组织结构

1908年,威廉·C. 杜兰特(William C. Durant,1861—1947年)建立通用汽车公司,其最初的资产仅包括别克汽车公司,后来并购了雪弗兰汽车公司、凯迪拉克汽车公司、奥兹莫比尔汽车公司、奥克兰汽车公司。1920年,通用汽车公司成为美国第五大工业企业。

但这是一个缺乏架构的帝国,缺乏公司行政单位、需求预测以及产品的协调,当出现滞销时,公司就面临财务危机。杜邦公司不止一次通过对通用的大力投资帮助了杜兰特,最终在1920年迫使他离开了通用,皮埃尔·杜邦(1870—1954年)接手杜兰特的总裁职位。

当杜邦来到通用汽车之后,他很快就发现并重用了阿尔弗雷德·P. 斯隆(Alfred P. Sloan,1875—1966年),让他作为主要的合作者着手开始重组公司。杜邦和斯隆一致认为通用汽车公司的业务太多太分散,以至于无法适用杜邦火药公司所使用的集权组织结构。

在杜邦的支持下,斯隆启动了一项改组公司结构的计划,将其改组为集团。强有力的集团总部并不直接经营众多分公司,仅起协调作用。经营事务由分公司自主负责,并且这些分公司分别专注于某些特定的市场,如在20世纪20年代中期,凯迪拉克针对的是高价格市场,雪弗兰针对的是低端市场从而与福特竞争,别克和奥兹莫比尔针对中等市场,庞蒂克则是介于雪弗兰和奥兹莫比尔之间,从而实现斯隆的“为任何人的钱包和任何用途生产汽车”的目标。

经过斯隆的重组，通用汽车的总部从杜邦火药公司借用了 ROI 法来评价各个分公司，同时也发展了各种新的需求预测、库存追踪和市场份额估计的技术。这些技术逐渐成为美国工业界的标准，并且至今仍在使用。

斯隆的战略取得了惊人的成效。在 1921 年，通用汽车仅为 12.3%的市场份额，远远比不上福特的 55.7%。到 1929 年，凭借着众多目标明确的产品线和不断推出的新车型，通用汽车达到了 32.3%的市场份额，而福特则跌到了 31.3%。1940 年，福特公司面临着重重危机，市场份额跌到了 18.9%，位居第三，排在克莱斯勒的 23.7%之后，远不及通用汽车公司的 47.5%。1945 年，亨利 · 福特二世开始对公司进行了大规模的重组，并且效仿通用汽车的模式，才将福特公司挽救了出来。

不仅经营企业取得极大的成功，皮埃尔 · 杜邦和阿尔弗雷德 · 斯隆还塑造了 20 世纪的美国制造企业。20 世纪几乎所有的大型工业企业采用了这种基本结构。一是由于杜邦公司发展起来的集权职能部门组织，适用于单一市场、单一产品线的公司；二是由于通用汽车公司发展起来的分散式结构，适用于拥有多个市场或产品线的公司。我们现在这个制造业环境的产生要归功于这两位开创者以及他们的众多协助者的努力。

思考题：

1. 请阐述集权职能部门组织结构的特点、适用范围。
2. 对于拥有多个市场或产品线的公司，应该采用什么组织结构？
3. 如何考核集团公司的经营业绩？这种考核方式有什么不足？
4. “互联网+”环境下，如何设计企业组织结构？请举例说明。

钱德勒分析了环境、战略和组织之间的相互关系，提出了“结构追随战略”的论点。即在战略实施上，要求企业组织结构与企业战略相适应。组织结构图之所以重要，原因在于：组织结构图表示组织中的权力关系、沟通和劳动分工，明确了上下级关系、工作汇报方式以及各部门的权力和工作职责，有效地避免了职责不清、沟通不畅等管理难题。

下面阐述企业组织结构设计的原则，详细论述制造企业组织结构的形式、优缺点及适用范围。

3.1 企业组织结构设计的原则

企业组织结构设计的原则包括：层次分明的原则、管理幅度适当的原则、集中领导和分级管理相结合的原则、保证管理信息沟通的原则。

3.1.1 层次分明的原则

管理机构的层次主要表现在如何处理好两种关系：一种是上下层次之间纵的关系，其中包括行政隶属关系和业务指导关系；另一种是同一层次的各个部门之间横的关系。所谓层次分明就是指这两种关系要有明确的界限和管理职能的划分。

管理层次的多少要根据生产的特点、生产的规模、生产技术复杂程度和管理工作客观需要而定。对于规模大的公司和工厂,管理层次可多一些,反之可少一些。组织机构只有明确的层次划分和密切协调配合的工作关系作保证,才能成为强大的组织手段。

3.1.2 管理幅度适当的原则

所谓管理幅度就是每一管理领导人所能领导的合理人数。管理幅度与管理层次有着密切的关系。当管理幅度增加时,管理层次就可以减少,反之管理层次则增多。

图 3-1 列出两种组织结构。第一种有三个管理层次,第二种有两个管理层次,但两者基层人数不变。前者最高领导 A 不直接领导 D、E、F、G,而是通过 B、C 去领导。后者最高领导 A 直接领导 D、E、F、G,从而减少了一个管理层次。这种管理层次减少以增加 A 的管理幅度为条件,即由 2 人增加为 4 人。

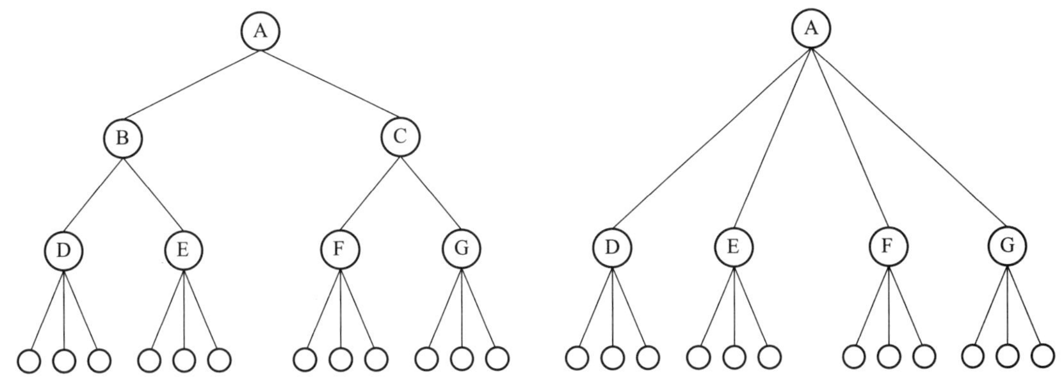

图 3-1 管理幅度与管理层次的关系

影响管理幅度的大小因素主要有三个方面:

(1) 领导人的精力、知识、经验和能力。领导能力强,精力充沛,管理幅度可大些。否则,增加管理层次,以避免由于管理幅度过大,难以及时解决和发现管理中的各种问题,从而保证有效地指挥下级。

(2) 下属的精力、知识、经验和能力。如果下属能力强,则领导的管理幅度也可大些。

(3) 管理的性质和所负责任的大小有关。如果管理工作属于战略性决策问题,难度大且涉及全局,而且这类决策复杂,对企业的长远发展有重大影响,因此管理幅度可适当小一些。至于基层的管理幅度,由于管理工作多属重复性工作,处理的问题比较简单,影响程度也比较小,可以适当增加。

一般来讲,企业的上层管理幅度,可确定为 3~9 人。基层在 8~30 人为宜。

3.1.3 集中领导和分级管理相结合的原则

一方面,现代化大生产需要各生产单位之间、各管理部门之间,以及生产单位与管理部门之间的生产和业务活动相互协调配合。因此,从有利于统一指挥出发,管理的权力要适当集中,不出现或少出现各单位之间协作配合的失误。

另一方面,由于企业生产规模大,管理业务范围广,如果管理的权力过分集中,就难以解决各种管理业务中大量复杂的专业性非常强的问题。因此,针对现代化大生产的特点,管理的权力又必须适当分散。

贯彻集中领导和分级管理原则的关键在于:处理好管理权力集中和分散的关系。根据不同管理层次的需要,把管理的权力适当下放给各管理部门及职能单位,使它们有权力处理所属范围内的各种管理工作。同时,要求下属定期上报情况,尤其是重大情况及时上报。加强对下属的检查与监督工作,使下属工作不脱离集中统一的指挥。

3.1.4 保证管理信息沟通的原则

科学管理的建立、管理水平的提高和管理机构作用的发挥,在很大程度上取决于管理信息的准确性、及时性和全面性。健全的管理机构必须有完善的管理信息系统作保证,注意信息的沟通和传递,以满足各个管理层次对管理信息的需要。为此,应在组织结构设计时规定各部门的职责、各部门是否有专人负责信息的收集、接收、汇总和发送。

信息沟通不仅表现在信息自上而下,或者横向联系上,也表现在信息由下至上的反馈上。为了及时了解下级的意见、想法和要求,以及工作过程中存在的问题、工作进度等情况,组织设计时要考虑上下级及同级之间如何沟通。当然,企业的各种会议,如生产调度会、年终评定会等,有助于发挥管理机构的作用,使管理水平不断提高。

尽管电话、电子信箱、微信等新型通信工具极大地便利了信息沟通,但是各部门地理位置的接近性、各职能部门办公室距离很大程度上影响信息的沟通。因此,在全厂布局、同一办公楼内各办公室安排上,要充分考虑到信息沟通便利性的问题。

3.2 制造企业组织结构的形式、优缺点及适用范围

企业的组织结构形式与生产产品、员工人数、生产规模、技术条件相关。企业在发展过程中的不同阶段,随着员工人数增加以及经营业务、经营地点变化,企业组织结构也发生明显变化。

3.2.1 个体经营与领班阶段的组织结构

该阶段组织中只有企业主和少数员工,尚没有形成正式的组织结构。具体又分两个阶段。

阶段1:公司里只有一名员工,即工匠本身,个体经营者既是员工,又是老板,夫妻店就是这种典型,见图3-2(a)。

阶段2:在个体经营的基础上,企业所有者(工匠)雇用少量员工,员工都直接向企业所有者(工匠)汇报工作,权力呈直线分布,从上到下如图3-2(b)所示。阶段2出现了上下级的概念。

当员工的人数增加到10、20、30人时,根据具体情况,在企业领导和基层员工之间可能出现领班的角色。现在,企业出现了三个层级,如图3-2(c)所示。第一层级还是最初的工匠,即企业的所有者。但是,第二层级出现了新的领班。第三层级的员工可能是新招聘的,也可能是图3-2(b)中第二层的老员工。

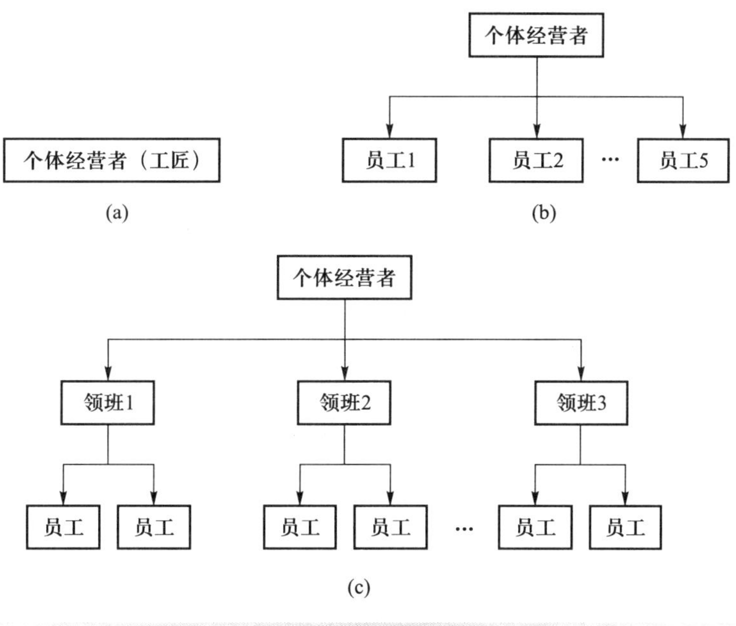

图 3-2 个体经营

当出现 2~4 个领班时,监督领班的主管就有需要了,此时,又会增加一个层级。当主管的数量增加时,部门经理应运而生,从而形成了现代正式组织结构。

3.2.2 现代正式组织结构

当企业发展到一定规模,会按生产流程设置几个生产车间。由于对专业知识和专业技能的要求大大提高,全面负责企业生产经营管理的总经理,俗称厂长、生产经理,迫切需要参谋或相关职能协助,如质量、财务、产品销售与服务,相应地设立了参谋机构与各职能机构。典型的职能部门如质量部、财务部、销售部。

不同的企业,管理结构有不同的特点,存在许多差异,即使在生产产品、生产规模、技术条件等方面完全或基本相同的企业,管理机构的设置也不尽相同。尽管如此,仍然在总体上可以概括成五种管理结构形式。

(1) 直线制(见图 3-3)。这种管理结构形式之所以称为直线制,其原因在于:管理机构中的上下级之间,既是垂直的行政领导关系,又有单线的业务和责任联系。任何一个下级单位只对唯一的直属上级负责。在同一层次上,各级单位之间不发生直接的业务联系和责任关系。厂长和车间主任、车间主任和工段长之间是上下级关系。

该组织结构的特点为:①作为领导者,既指导下属开展业务活动,又对下属行使行政管理权力;有效克服业务与行政管理分开的弊端。②单一领导,不存在多头领导问题。

适用范围为:直线制管理结构形式只适用于那些生产规模特别小、职工人数不多的企业。在这种企业里,由于管理工作比较简单,完全有可能由行政领导人来兼任,建立行政和管理业务统一的权力比较集中的管理机构。

(2) 直线参谋制(见图 3-4)。在生产规模较大、人数众多、管理业务复杂的企业,直线

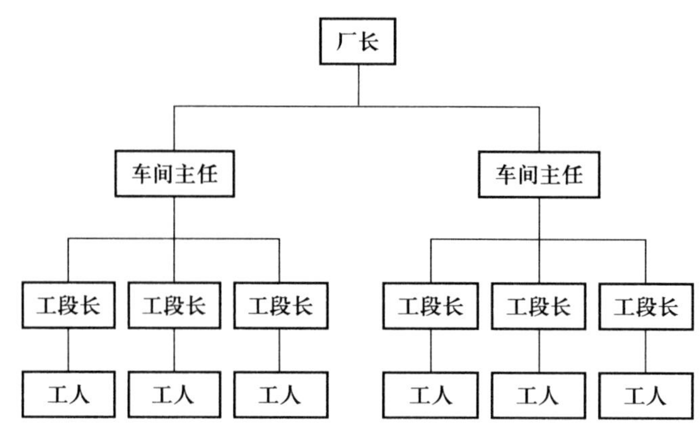

图 3-3 直线制管理结构形式

制就难以适应。为此,有必要单独设立部门,承担管理职能工作,并成为各级领导的参谋或助手,协助各级行政领导人做好管理工作。这样就产生了直线参谋制管理结构形式,直线参谋制仍保持着直线制的特点。

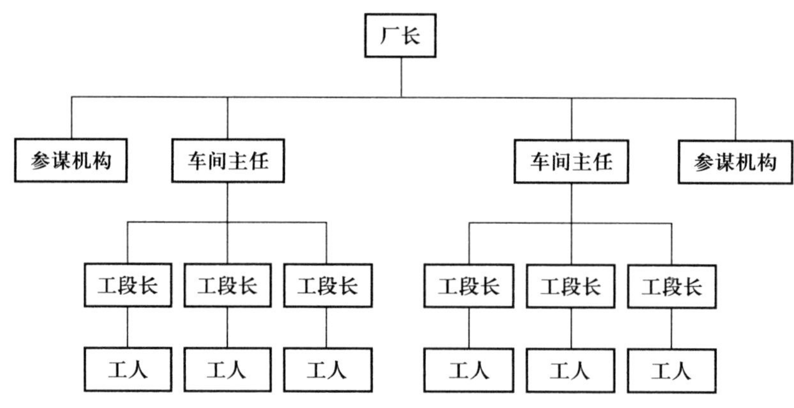

图 3-4 直线参谋制管理结构形式

为了加强管理工作,这种管理结构虽然设有某些参谋部门,但是这并不影响原有的行政和业务领导关系,即各参谋机构之间、参谋机构与下一级生产单位之间不发生任何业务往来。参谋机构的一切活动,包括为领导提供的咨询、计划、各类实施方案等,只能作为同级领导的参考。即使有些根据情况,认为有必要成为指示和命令下达给下一级去执行,但必须通过领导人批准。

这种管理结构组织形式,对加强管理工作起到了一定的促进作用,但是参谋机构完全处于从属和被动地位,这就大大限制了其积极性的发挥。

参谋机构的作用为:作为总经理的助手、咨询顾问、智囊,是对总经理领导能力的扩展,或协助总经理完成以下职责:

① 发挥专家专业优势,如工程师、律师、经济师、会计,弥补总经理专业知识与能力的不足,辅助总经理作出重大决策。

② 组织战略、发展规划、年度计划制定。

③ 纯粹的“秘书”工作。包括为总经理的决策或者行动收集材料，协助总经理处理紧急文件、日常通信、访谈和会议记录等。

为了做好参谋工作，参谋机构保持一定的独立性。当参谋分析结果与领导希望出现的结果相悖时，不能沉默不语。特别是当管理者出现“皇帝的新装”的情况，参谋人员一定要敢于讲出事实真相。

（3）职能制（见图 3-5）。这种形式的特点在于，所有职能部门都有权根据本职能部门业务工作的需要，对下一级各个生产单位下达任务，进行领导，提出要求。由此可见，职能部门发生了根本变化，由从属地位变为领导地位。

这种形式的优点是减少了管理的程序，减少了管理的工作环节，增强了面对面的领导与指挥，这对提高管理工作效率和加强管理业务的密切联系有一定的促进作用。

主要缺点是多头领导。由于各职能部门所处的地位不同，业务范围也有很大的差别。在这种情况下，又同时具有领导和指挥同一个下级单位的权力，难免在业务上出现相互矛盾、步调不一，甚至发生彼此对立的局面，致使被领导部门及个人无所适从。因此，这种形式不利于集中统一指挥。

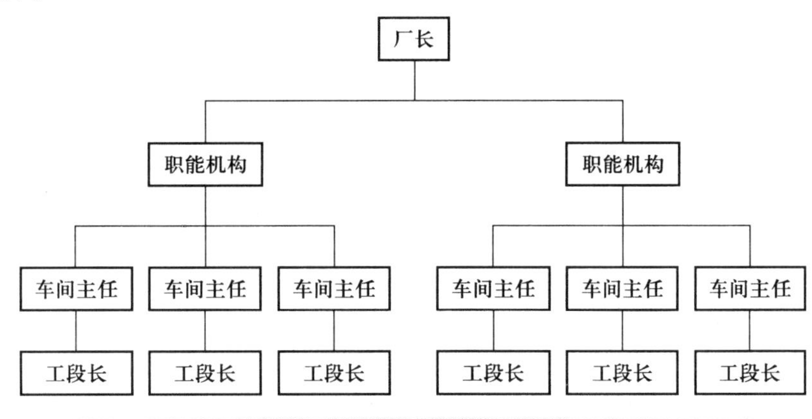

图 3-5　职能制管理结构

（4）直线职能参谋制。参谋机构进一步演化，即发展成为企业的职能部门。典型的职能部门如营销部门、财务部门，与企业生产运营部一起构成企业的三大核心部门，见图 3-6。

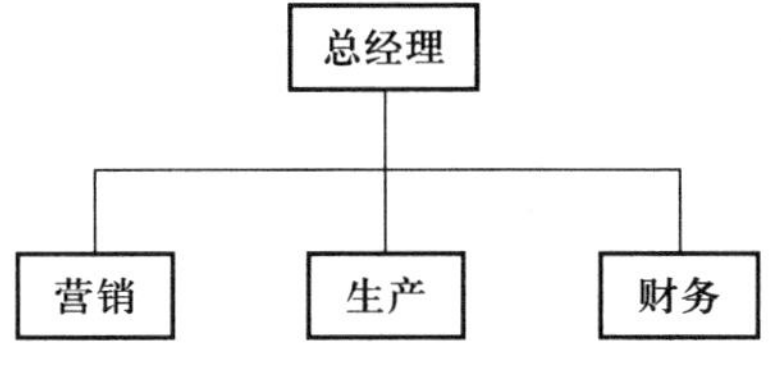

图 3-6　直线职能参谋组织（1）

由于生产运营包括原材料采购、生产计划制定与控制、质量管理、设备管理、技术管理等，可在生产运营部门下设立各个科室。上述组织结构进一步细分为图 3-7。

为了解决生产运营管理中突出的问题，加强生产运营管理某些职能工作。比如，企业产品质量突出，为了加强质量管理，质量科升级成为质量部，增设质量部经理一岗，其行政级别上与

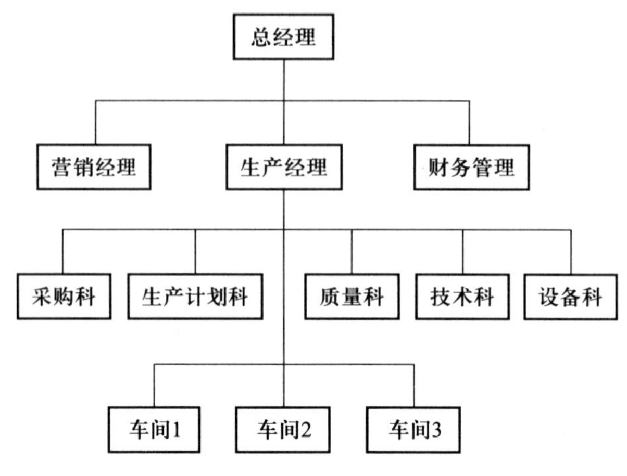

图 3-7 直线职能参谋组织(2)

生产经理同属一级,并直接对总经理负责。再比如,为了加强新产品开发,提升生产水平,增设技术部等。总之,可根据公司业务的需要,增设不同的职能部门。典型的直线职能参谋制组织结构如图 3-8 所示。

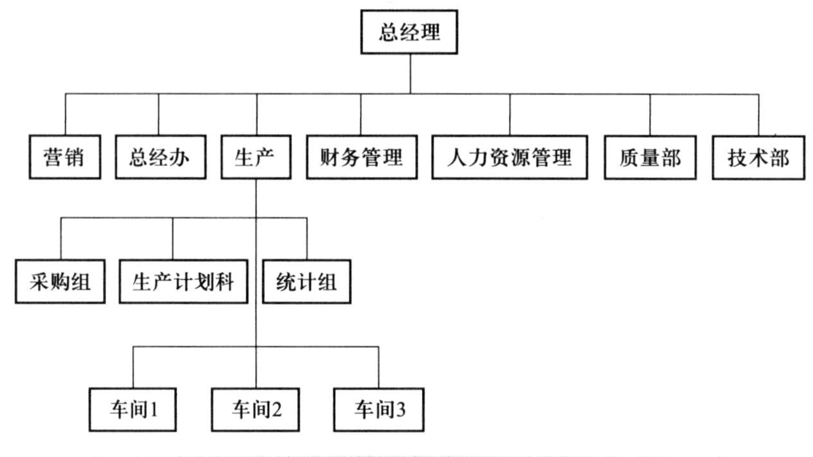

图 3-8 直线职能参谋组织(3)

总经办主要协助总经理,做好接待和服务工作,如会议资料准备、整理与归纳,商务活动安排,或代表总经理对生产一线生产现场进行督查,维护生产秩序,加强生产安全。对于一般小企业,人力资源管理工作可由总经办负责。

直线职能参谋制(见图 3-6~图 3-8)吸收和保留了上述各种管理机构形式中的优点,又排除了它们的缺点和问题,成为现代管理机构最常见的一种形式。这种管理结构形式具有以下特点:

① 各级领导人是下属部门的唯一行政负责人,具有全面指挥和领导的权力,对所属范围内的工作,包括管理工作,负有全权处理的责任,以保证集中统一的领导和指挥;

② 职能部门对下一级组织,例如厂部职能科室对各车间或车间职能组,在行政上没有领导关系,但在管理业务上有指导的权力和责任;

③ 各级组织在行政上保持相对的独立性，接受本单位上一级行政的领导，如车间主任受厂长或副厂长的领导，至于各职能部门在业务上可以向下一级组织提出要求，并指导展开相应的工作，但这不属于行政性质的指令；

④ 凡属重大的涉及全面性的管理业务工作需要下一级组织执行，必须经过该级行政领导的同意，或经由上级行政领导的批准，才能下达；

⑤ 各级职能部门在某一下级单位开展业务工作时，如果相互发生矛盾，应由该单位行政领导人予以协调，根据情况做出决定或安排。

由于直线职能参谋制具有以上一些特点，既要发挥各职能部门在组织管理工作中的主动性和积极性，又要增强集中统一指挥，避免多头领导。

（5）矩阵式（见图 3-9）。每一个职能单位同时具有垂直方向领导关系和横向领导关系，这种管理结构称为矩阵式管理结构。

由于直线职能参谋制体现垂直方向的领导比较突出，而横向的领导必须通过间接关系才能实现，因此对某些横向关系十分密切的项目，就会出现领导不力、协作关系复杂的局面。为了加强对这类项目工作的领导，解决条块分割的问题，便于组织管理工作的开展，通常在不改变原有行政隶属关系的同时，由各职能单位派人参加临时的工作组织。这个临时组织在厂长领导下，由专人来负责领导。当这项工作完成之后，临时组织就撤销，人员返回原职能单位。

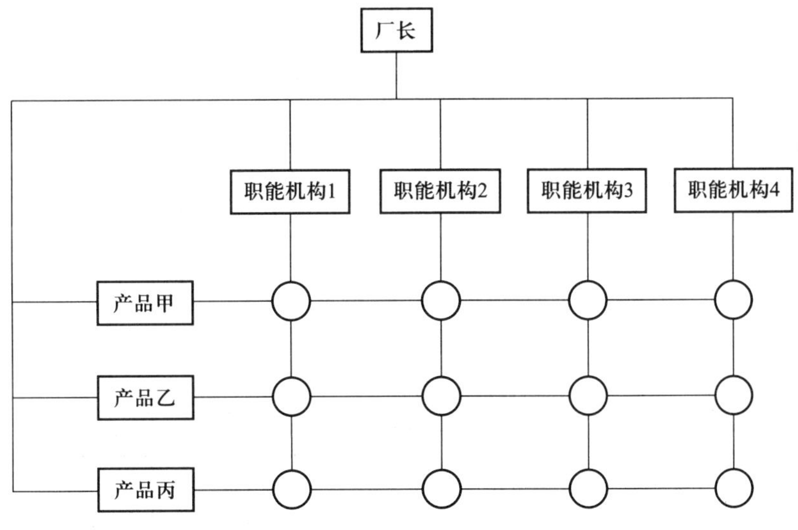

图 3-9 矩阵式管理结构

这种管理结构形式的优点是它具有灵活的特点，便于横向联系和协调工作，有利于单项工程连贯地进行，从而可以大大地缩短工程周期的时间。缺点是组织不够稳定，人员组成也带有临时性的特点，所以存在着当前任务和长远工作安排之间的矛盾。这种形式多适用于大型产品（如航天、航空产品）的研究任务的组织管理。HP 公司就是采用这种形式。

3.2.3 我国制造企业管理结构的体系

我国的企业管理结构以厂长（总经理）为首、全厂统一的生产行政指挥系统为基础。这个生产行政指挥系统是指以厂长为核心，并在他领导下组成的各级行政领导人员、各职能管理部门和管理人员的相互联系的综合体和组织管理机构。图 3-10 及图 3-11 是两种具有代表性的现行管理机构体系，前者适用于大型企业（千人以上），后者适用于中小型企业（千人以下）。

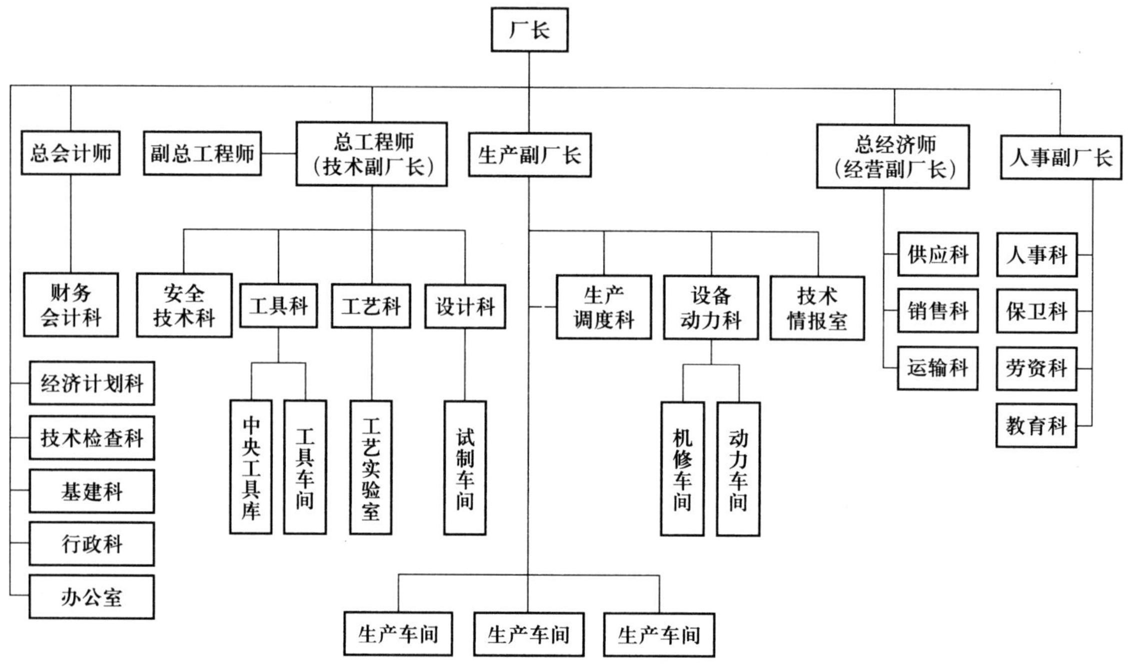

图 3-10 大型企业管理结构体系

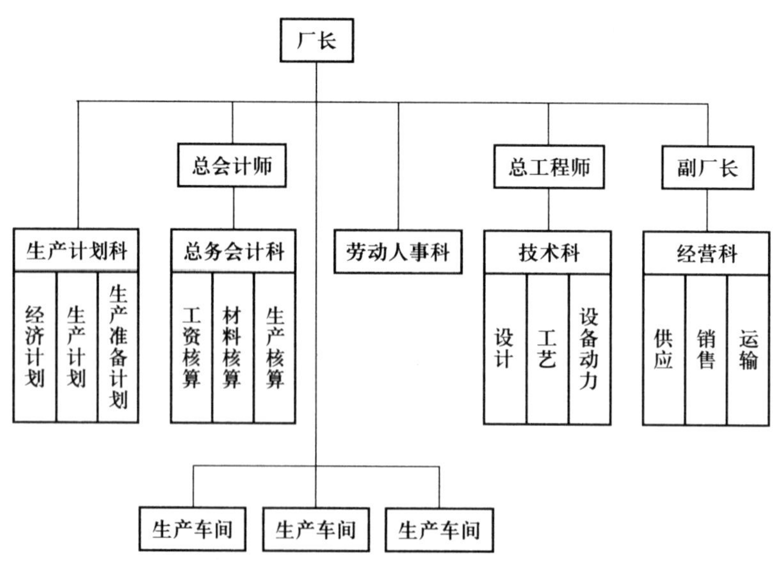

图 3-11 中小型企业管理结构体系

大型企业的管理结构在行政上分为四级，即厂、车间、工段和小组。中型企业管理层次可以减少，实行三级管理，即厂、车间、工段（或小组）。小型企业由于生产规模小，人数又不

多,可设两级管理,即厂、工段(或小组)。

厂长是企业的主要行政领导人,是一厂之首,一般也是企业的法人代表。厂长对企业发展、计划完成、经营效果有直接的责任。为了对企业生产经营活动的成果负责,厂长也有处理企业重大问题的权力。为了有效地组织和指挥全厂的生产、技术和经营活动,可根据需要在厂长的指导下设立副厂长、总工程师、总会计师、总经济师,作为厂长的助手,协助厂长分管某方面的领导工作,以使厂长有更多的时间和精力考虑和解决带有全面性的重大问题。

要使副厂长、总工程师和总会计师真正起到得力助手的作用,也必须做到有职有权,并承担相应的责任,但同时又必须对厂长负责,在厂长领导之下,行使自己的权力。应防止各自为政,各行其是,破坏统一的行政指挥。现代化管理,特别是生产复杂的大型企业,实行领导的分权是必要的,也是客观需要的,但分权不是分隔,更不是分家,应该把分权与集中有机结合起来。分权的目的是更有效地进行科学的管理,有利于加强集中统一指挥。因此,必须明确厂长与副厂长、总工程师、总会计师之间是领导与被领导的关系。

为了增强厂长(或副厂长)进行全面管理和指挥的能力,在厂长领导下可根据需要设立若干职能科室。职能科室的主要任务是:为厂长下达任务、命令和指示提供必要的文件、材料和数据;按管理上的分工,开展相应的管理工作和自身的建设工作;指导各车间开展各项管理工作和技术经济活动;向厂长及时反映生产经营中存在的问题,并提出相应的改进措施和实施方案,以便厂长进行可靠的判断,作出正确的决策,使问题得到解决,为企业的技术经济指标不断得到改善创造条件。

车间是厂长领导下的下一级生产单位,是企业主要从事生产的场所。因此,车间生产组织和管理的好坏,对整个企业生产经营效果有着直接的影响,起着重要的作用。

为了加强对车间的管理,发挥车间在生产和管理方面的积极作用,车间内设有若干职能管理组,并作为车间主任的参谋机构,协助车间主任做好各项管理工作。车间的管理机构在不同的企业里有较大的差别。图 3-12 是一般大型车间的管理结构图。

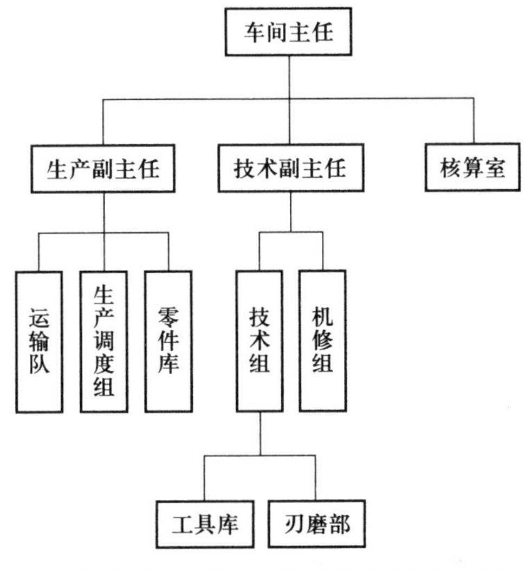

图 3-12 车间管理结构

车间主任是车间行政的主要负责人，在行政上只接受厂长或副厂长的领导，但在业务上则接受厂级职能科室的指导。车间主任作为车间行政的主要负责人，对车间生产技术管理活动的效果负有直接责任，并为完成厂部下达的各项生产计划和其他技术经济指标要进行有效的组织领导工作。在车间主任领导下（或通过副主任）设立若干职能管理组或人员，如技术组、计划调度组、经济核算组等，分别做好车间各项管理工作、日常的行政和生产技术管理中的具体业务工作。

工段是车间主任领导下的生产行政单位，对上向车间主任负责，对下领导各生产班组的工作。工段的主要生产行政负责人是工段长，他根据车间下达的生产作业计划，在本工段内安排各班组的生产任务，协调各小组的生产进度，检查各小组完成任务的情况。在通常情况下，工段长之下不另设管理机构和管理人员。

小组或班组，是企业最基层的生产行政单位，小组长（班组长）是小组的生产行政负责人，直接领导工人。与各级行政负责人不同，小组长既不脱离生产，要完成一定的生产任务，但他又是小组的生产组织者，负有管理好小组的责任。由于生产小组是企业管理结构中最基层的组织形式，是企业管理的基础，因此做好小组的管理工作，配备好有组织管理能力的小组长，对企业管理水平的提高具有十分重要的意义和作用。

3.2.4 集团公司的组织形式

对于公司的产品种类多，或者经营活动分散于各地区这一情况，可采用产品式组织和区域式组织。

（1）产品式组织。根据不同产品成立各独立的事业部。各个事业部设有总经理，并允许各事业部门设有独立的职能部门，见图 3-13。产品式组织适用于公司拥有许多不同产品时，典型的如通用电气。

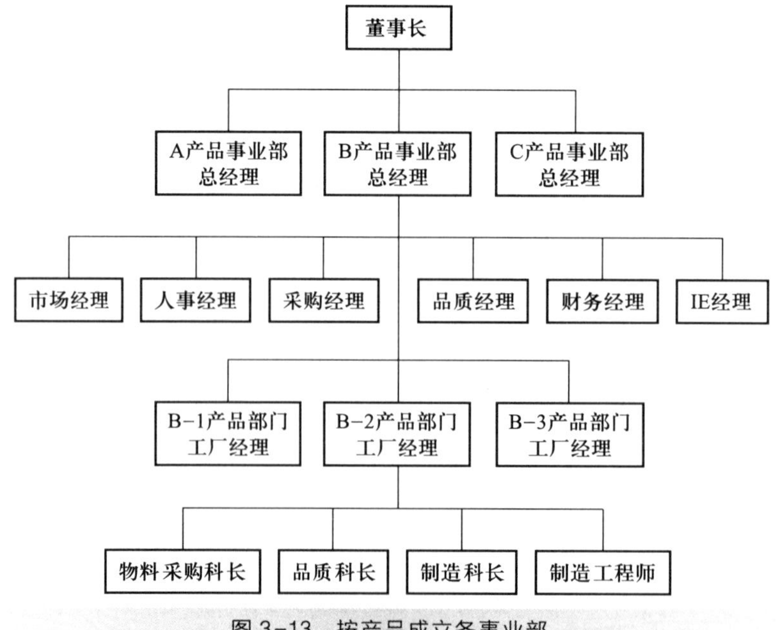

图 3-13 按产品成立各事业部

产品式组织主要优点为：事业部总经理或产品经理有权决定本事业部门的各种事项，故管理简便，有利于发展与本产品有关的各种职能业务。缺点为：各事业部门相互割裂，不利于集团公司的整体发展。

（2）区域式组织。按区域划分为不同的组织单位。适合组织活动分散于各个地区的大企业，见图 3-14。

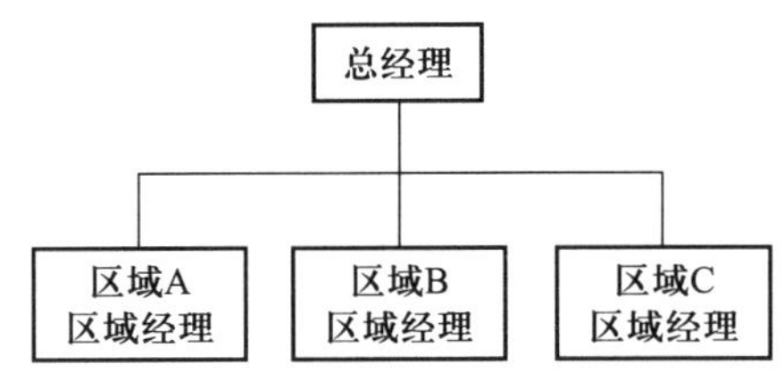

图 3-14 按区域设置组织机构

区域式组织，使各区域公司明确业务经营区域，以及客户服务的范围，既扩大了市场占用率，又有效地解决了各区域公司之间恶性竞争的问题，有利于集团公司总体业绩的提高。缺点为：各区域组织各自为政，难以协同发展，区域公司之间的矛盾时有发生。

3.3 各职位工作职责及相互关系

为了发挥组织的力量，必须明确各工作岗位的职责，理顺各岗位之间的关系。各岗位工作职责以及关系处理如下。

3.3.1 董事会

董事会的职责包括：保全股东资本、确保适当的资本收益、维持企业的经营、满足股东的利益并向股东汇报企业经营情况。

董事会负责总经理的任命和解聘，委托总经理对企业进行管理，保证企业的顺利经营。总经理负责制定大部分议案，董事会负责审议并批准总经理提出的议案。董事会负责监督总经理进行企业的经营管理，并组建委员会分管不同专业领域，如审计委员会和风险管理委员会，这些委员会均向董事会负责。

3.3.2 总经理

总经理的职责是充分利用企业资源（人力、财力、物资、信息，以及技术、销售渠道、客户、供应商、声誉、专利等无形资产），全面负责公司业务，领导全公司员工完成企业经营目标。其工作主要包括：

（1）制定企业发展战略规划，以及年度经营目标，维持短期利润业绩与长期增长投资之间的平衡。

（2）目标分解，将企业经营目标下达下属各分厂、各车间。

（3）当给各分厂、各车间下达任务目标时，分配给他们资源、主要包括运营资金和相关人才，如给营销部门下拨促销资金、招聘营销人员等。

(4) 各项规章制定、执行与监督。规章制度用来指导各级领导、员工按流程、程序做好本职工作。当工作执行出现问题,即按规章制度奖罚相关人员。

对于制造企业总经理而言,其具体工作如下:

(1) 日常通信、接待、会议。

(2) 制定企业发展战略。

(3) 客户开发与联系,与客户谈判;供应商的选择与谈判。

(4) 论证、审核重大投资决策,如厂址选择、先进制造设备购置、新技术引进与改造、新产品开发。

(5) 生产运营管理重大决策,包括车间布局优化、解决重大产品质量问题(分析原因、提高质量方案审核与投资、相关责任人的处理)、重点订单的跟催与交付。

(6) 人事管理,包括组织机构的设计、重大人事变动,如关键岗位技术人员与部门经理的引进与解聘、工资标准制定与员工年终奖的发放。

(7) 其他重要事情处理。

总经理与分厂(车间)经理、职能部门关系如下:

(1) 总经理主要处理企业未来的收入、增长的问题。具体运营管理由相应的运营经理、销售经理、财务经理负责。

(2) 总经理不能完全依赖职能部门人员来弥补自己在专业领域的空缺。总经理应该对企业所涉及的基本内容彻底了解,了解企业主导产品的结构,生产技术、流程与工艺,关键生产设备的性能、价格。除了掌握专业知识之外,总经理不仅应该拥有专业技术知识,更需要很强的管理能力,还必须在市场和财务方面拥有足够深的造诣。因为这是董事会重点关注的职能领域。

(3) 在小型和中型制造企业,一般总经理与各部门经理直接联系。在大型工厂,总经理经常承担总工程师和技术部门领导之间联络人的角色。

在领导(总经理、部门经理、车间主任)的所有职责中,重要的职责之一就是研究改善。这些改善工作包括:新产品开发、产品和服务质量提高、生产率提高、产品成本降低、人才培养等。一家停滞不前的企业会很快被竞争对手超越。

但是管理者总是被日常工作、许多紧急任务所牵绊,没有时间开展改善工作。公司领导——总经理,可以采用项目管理方法,由自己亲自担任项目负责人,集中公司的人力和财力资源进行项目改善。当一个项目完成后,接着完成下一个项目,当有计划、分步骤、系统地完成几个改善项目后,配合年度目标的完成,即可完成企业的发展战略目标。

当然,总经理也可选择副总经理或部门经理担任项目负责人。在这种情况下,总经理应给项目负责人授权,确保下属有资源和权力来完成改善项目。一般要专门召开全公司会议,宣布项目负责人、项目成员、改善项目的目标、任务分解以及任务分配(明确各任务的负责人)、进度安排等。一旦改善项目启动,总经理定期听取汇报,特别是关键任务是否按规定时间节点完成,并看与费用预算是否有很大的偏差。具体可参见项目管理的相关书籍。

3.3.3 生产经理

(1) 与各部门经理一起,配合总经理完成制定企业发展战略、销售与运营计划、综合

计划。

（2）制定年度生产计划。

（3）督促各车间主任完成各车间生产任务。

3.3.4 车间主任

（1）制定本车间的月度、季度的生产计划。

（2）控制生产投料数量、生产节奏。

（3）加工任务的调度。当生产进度落后时，即进行赶工。

（4）安排修理任务，确保设备正常运行。避免故障停机造成的重大生产损失，避免设备磨损而造成产品质量问题。

（5）组织员工技能培训。

3.3.5 领班（班组长）

集中时间、精力监督产品的生产，处理生产过程中的问题（生产工具的短缺、及时供应加工原料、工人缺岗等），并为需要帮助的员工提供服务。确保产品加工的数量和质量。

3.3.6 工人

（1）产品生产。

（2）每个班次生产任务单的填写。

（3）设备操作人员对设备的日常维护保养。

（4）参加 QC 小组，对生产过程中各个环节提出改善意见，即改善提案。

现有的组织结构——从总经理（首席运营官），到副总经理，再到生产经理、车间主任、领班（班组长）和基层技工，管理内容会随着等级下降而减弱。公司总经理主要处理企业未来的收入、市场和客户需求、企业投资效益持续增长的问题。中层管理者主要处理上个季度的收入和产量的信息，并对下个季度的收入和产量负责。领班（班组长）计算每天的产品产量，对下周的产量进行预测。而技工关心的只是来自生产线的具体工作。

本章小结

1. 企业组织结构设计的原则包括：层次分明的原则、管理幅度适当的原则、集中领导和分级管理相结合的原则、保证管理信息沟通的原则。

2. 现代正式组织结构包括：①直线制；②直线参谋制；③职能制；④直线职能参谋制；⑤矩阵式。我国国有大型企业的管理机构在行政上分为四级，即厂、车间、工段和小组。中型企业管理层次可以减少，实行三级管理，即厂、车间、工段（或小组）。小型企业由于生产规模小，人数又不多，设两级管理，即厂、工段或小组。当公司的产品种类多，或者经营活动分散于各地区时，集团公司的组织形式可采用产品式组织和区域式组织。

3. 董事长、总经理、生产经理、车间主任、班组长和工人各职位工作职责及相互关系。董事会负责总经理的任命和解聘,委托总经理对企业进行管理,保证企业顺利经营。总经理全面负责公司业务,其职责是充分利用企业资源,领导全公司员工完成企业经营目标。总经理主要处理企业未来的收入、增长的问题。具体运营管理由相应的运营经理、销售经理、财务经理负责。生产经理与各部门经理一起,配合总经理完成制定企业发展战略、销售与运营计划、综合计划。车间主任工作职责是配合生产经理完成生产任务,包括制定本车间月度、季度的生产计划,控制生产投料数量、生产节奏,加工任务的调度。班组长集中时间、精力监督产品的生产,处理生产过程中的问题,并为需要帮助的员工提供服务,确保产品加工的数量和质量。工人负责产品生产,填写每个班次生产任务单,对设备的日常维护保养,并参加 QC 小组,提交改善提案。

 思考题

1. 企业组织设计的原则有哪些?
2. 制造企业组织结构的形式有哪几种?各种形式的特点是什么?目前最常采用的是哪些形式?
3. 试分析一个企业的管理结构,在分析其合理性的基础上,提出改进意见。

 即测即评

第4章 生产流程分析和生产系统设计

公司不但要创造好的产品和服务，也要设计和提高其创造产品和服务的流程。

——杰拉德·卡桑(美国)

1. 了解生产过程的构成，掌握组织生产的基本要求。

2. 通过产品数据分析，优化生产流程，开展生产工艺设计工作。

3. 了解设备选型决策变量，掌握产品盈亏平衡分析方法，进行工艺能力分析和生产成本核算。

4. 了解生产单位的构成及其两大专业化形式。

5. 了解车间布局的原则、车间布局类型，重点掌握 SLP 原理、步骤，应用 SLP 方法开展生产系统设计工作。

引导案例

钢铁生产流程

钢铁冶炼的基本工艺流程为：烧结→炼铁→炼钢→连铸(模铸)→轧钢。流程图如图4-1所示。不同的工艺阶段需要不同的生产技术和不同的生产设备，相应的管理也有很大差别，并直接影响产品的质量、成本和生产率。

思考题：

1. 如何做好全厂布局，实现一体化生产？具体到各车间的生产设备又应该如何布局，确保生产的连续性、比例性、平行性和适应性？

2. 如何选购合适的生产设备，以便满足技术上先进、生产上适用和经济上合理的要求？

3. 如何核算各种钢产品的生产成本？如何进行各产品的盈亏平衡分析？

制造企业开始组织生产时，为了满足市场对产品需求，先要开展产品结构分析，或者根据市场需求新开发与设计产品。在产品结构分析的基础上，进行自制或外包决策，确定采购的零部件的清单，以及自制的关键部件。

对于采购零件，则涉及物料采购计划的制定、供应商选择性管理等问题，详见第 12 章物

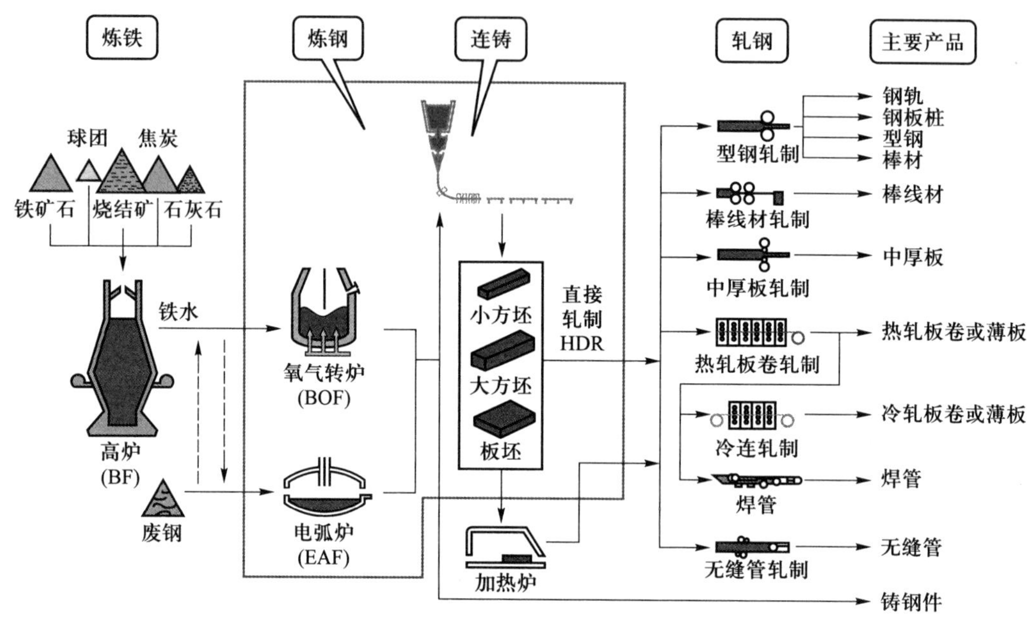

图 4-1 钢铁生产工艺流程图

料管理。对于自制零件,涉及的问题包括:①通过产品数据分析,优化生产流程,设计生产工艺。②生产设备的选型。③通过盈亏平衡分析,掌握成本、销售量和利润之间的变化规律。④按不同生产阶段和生产工艺,划分不同生产单位、生产车间。在此基础上,开展全厂布局工作。全厂布局目的在于:做好车间与车间之间的生产衔接工作,减少在制品的搬运量,在空间上合理组织生产要素。在全厂布局工作的基础上,还要做好车间内部布局工作。车间内部各种生产设备和生产设施可按产品对象专业化原则和工艺专业化原则布局。

本章首先介绍生产过程的概念、生产过程的构成,以及组织生产的基本要求。其次介绍小企业生产流程。在此基础上,阐述大企业的生产流程,重点介绍如何应用装配图、装配程序图,分析生产流程、设计生产工艺、制定加工路线单和选购设备,通过盈亏分析计算出生产的保本量,以及对自制或外购进行决策。再次,介绍布局设计的基本原则,介绍生产单位的组成及其组成的两大专业化形式——工艺专业化形式与对象专业化形式,分析生产单位组成的工艺专业化形式、对象专业化形式的优缺点。最后阐述 SLP 原理、步骤,以及工厂布局的案例分析。

4.1 生产流程的概况

4.1.1 什么是生产过程

广义的生产过程指从生产技术准备开始,直到把产品制造出来为止的全部过程。狭义的生产过程是指从原材料投入生产开始,直到产品最后制造出来为止的全部过程。通常包括工艺过程、检验过程、运输过程(物流)、等待停歇过程和自然过程(如时效)。

制造业典型的生产包括原料投入、毛坯制造、零部件加工和装配，见图 4-2。

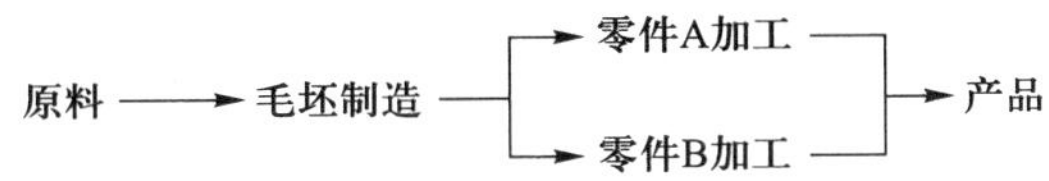

图 4-2 制造业的生产过程

4.1.2 企业生产过程的构成

(1) 生产技术准备过程，指产品在投入生产前所进行的各种生产技术准备工作过程。如产品、工艺和工装的设计；生产组织的调整；各种定额的制定与修改等。

(2) 基本生产过程，指直接对劳动对象加工制造，把劳动对象变为企业基本产品的主要过程。制造业的基本生产过程包括毛坯制造、加工和装配。

(3) 辅助生产过程，指为保证基本生产过程的实现，必须在企业内部进行的各种辅助性生产活动。它为基本生产提供辅助产品和服务。如提供各种工具、动力及设备修理用备件。

(4) 生产服务过程，指为基本生产过程和辅助生产过程的正常进行而从事的服务性活动。如原料和半成品的供应、运输、检验。

(5) 附属生产过程（副业生产过程），指企业根据自身的条件，生产非主导产品的过程。如飞机厂生产日用铝制品。

4.1.3 组织生产的基本要求

合理组织生产过程的基本要求包括生产过程的连续性、生产过程的平行性、生产过程的比例性、生产过程的均衡性和生产过程的适应性。

1. 生产过程的连续性

生产过程的连续性是指加工对象在生产过程的各个环节上的运动，自始至终处于连续状态，不产生或少产生不必要的中断、停顿和等待现象。

为了保证生产过程的连续性，从以下 4 个方面入手：

首先，做好总体布置工作。各生产单位的布置符合工艺路线次序，确保生产流程路线最短，减少或消除迂回往返的现象。这是从空间上合理组织生产要素。

其次，合理安排生产作业计划，使车间之间、车间内部各工序之间紧密衔接，减少各种非加工停留时间。这是从时间上合理组织生产要素。同时加强设备管理和质量管理，避免生产过程由于设备故障和质量问题而产生生产中断。

再次，提高工艺过程和非工艺过程的机械化和自动化水平，采用先进的组织形式，如流水线和自动线等。

最后，做好生产技术准备和生产服务工作，如工具、材料、图纸等。

当企业的生产过程实现连续性时，可以加快产品流动速度，缩短产品的流动时间，加快资金周转，同时减少在制品库存，进而减少厂房和仓库的面积。

卡内基与一体化钢铁厂

在 1872 年，安德鲁·卡内基（Andrew Carnegie，1835—1919 年）开始进入钢铁业。他建立了第一座一体化钢铁加工基地——埃德加·汤姆森工厂。该厂的目标是实现“大规模的均匀产出”。这一目标是通过使用世界上最大、技术最先进的高炉，以及久西默的新型炼钢技术实现的。同时该厂结合了麦考伦提出的组织结构图、汤姆森的运营比率（运营比率 $=\frac{\text{运营年收入}}{\text{支出费用}}$）管理方法。埃德加·汤姆森工厂通过保持一个连续的工作流，充分发挥了一体化的优势。它是第一座设施布置由物流决定的工厂。通过不懈地扩大规模优势和提高产出速度，卡内基很快成为世界上最高效的钢铁制造商。

2. 生产过程的平行性

生产过程的平行性是指生产对象在生产过程的各工艺阶段、各工序的生产，平行交叉地进行。针对制造业企业，生产过程的平行性可以体现在以下两个方面：

（1）各种零部件生产的平行性。由于产品是由许多零件和部件组成的，每种零件的生产或者每种部件的装配，都可以单独进行。因此可以在不同的工作地上平行地进行各种零件、部件的生产。

（2）相同的产品和零部件，当数量较多时，各工序之间在作业安排上，也可用平行方式。即上一个工序加工完成一部分后，即可向下一个工序传递，使上下相邻工序在同一时间内同时进行，见图 4-3。

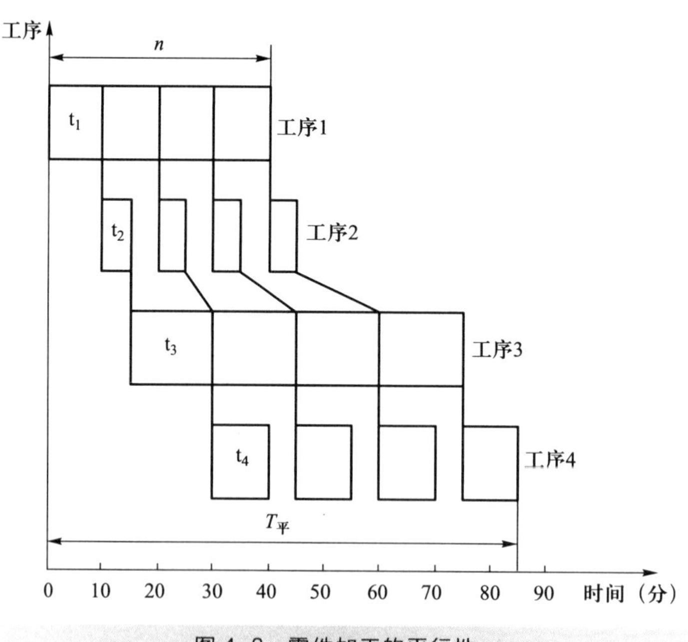

图 4-3 零件加工的平行性

从图 4-3 可以看出，工序间的零件或产品的传递不是整批的，而是以零件或产品为单位分别进行，从而工序与工序之间形成平行作业的状态。

生产过程的平行性，实质上是为了生产过程连续性的进一步体现而提出的一种更高的要求。因此，生产过程的平行性对缩短生产周期、加速资金周转、减少在制品数量、合理使用生产面积和仓库面积，有更重要的作用和意义。

3. 生产过程的比例性

生产过程的比例性指生产过程中基本生产过程和辅助生产过程之间，基本生产中各车间、各工段、各工序之间，以及各种设备之间，在生产能力上保持适合产品制造数量的质量要求的比例关系。

例如图 4-4(a)中产品生产经过生产线的三道工序，各工序时间分别为 1 分钟、3 分钟和 2 分钟。假设节拍 $r=1$ 分钟/件，如果各工序的加工设备仅为 1 台，则在工序 2 出现大量在制品积压。如果各工序的设备数分别为 1 台、3 台、2 台(见图 4-4(b))，则各工序的加工能力相等，保证生产流畅。各工序时间比例与各工序设备比例值相等。

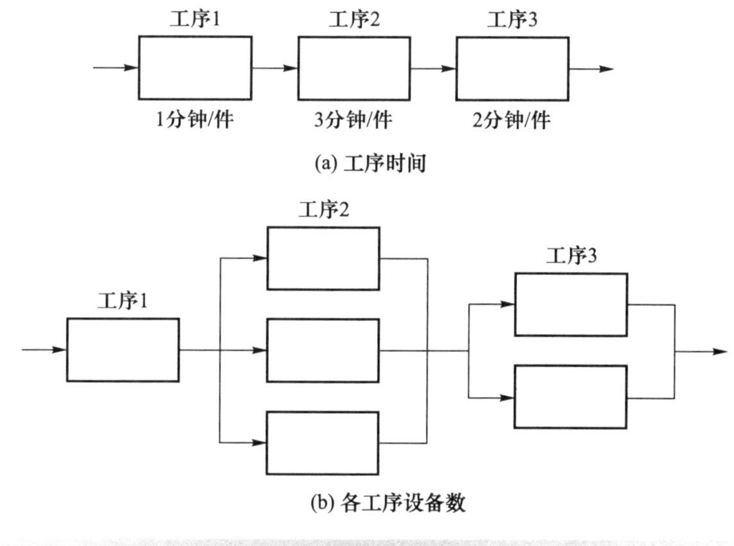

图 4-4　比例关系

由此可见，比例性本质是使各工序的生产能力相等，保证生产的连续性。

4. 生产过程的均衡性

生产过程的均衡性有两层含义：一是指产品的生产，从材料的投入、生产到最后完工入库，能够按计划有节奏地进行，保持在相等的时间间隔，如每月、每日所生产的产量大致相等或生产递增数量的产品。二是产品品种的均衡性，各种产品相间生产，以满足顾客对品种多样化的需求。

思考题：为什么要保证生产过程的均衡性？

答：实现生产过程的均衡性，有利于企业劳动资源的合理利用，减少工时的浪费和损失；有利于设备的正常运转和维护保养，避免因设备超负荷使用而产生难以修复的损失；有利于产品质量的提高和防止废品的大量产生；有利于减少在制品的大量积压，使正常生产储备得以保持；有利于安全生产，避免各种人身事故的发生。因此，生产过程的均衡性是合理组织生产过程重要的要求。

保证生产过程的均衡性，除了取决于基本生产本身需要加强管理之外，在很大程度上又取决于辅助生产和生产服务过程的质量和水平。如果没有这些工作与基本生产有效的配合，要保持生产过程的均衡性也是不可能的。

5. 生产过程的适应性

生产过程的适应性,又称生产的柔性,不仅指对品种发生变化具备较强的应变能力,而且能适应需求量大小变化的能力。生产过程能在较短的时间内,由一种产品的生产迅速转换为另一种产品,以及能根据市场需求调整生产能力。这对市场需求多变环境下企业生存具有重要意义。

4.2 中小企业生产流程的分析与设计

小企业生产的产品简单,主要生产一个产品或几个简单的零件,涉及的生产流程和工艺也不复杂。主要考虑的问题如下:

(1) 分析产品结构,了解产品的构成。

(2) 自制/外包的决策,确定哪些部件自制,哪些部件外购。

(3) 对自制零件开展生产工艺设计工作。

(4) 在工艺设计与分析的基础上,车间内部设备的布局。

4.2.1 产品结构分析

了解产品的结构,分析产品的零部件构成、各零部件的数量、各零部件的技术规格(材料、公差配合、精度),以及装配次序,如图 4-5 所示。

产品结构分析的作用如下:

(1) 自制或外包决策的依据。

(2) 生产工艺选择的依据。

(3) 产品设计与改进的依据。

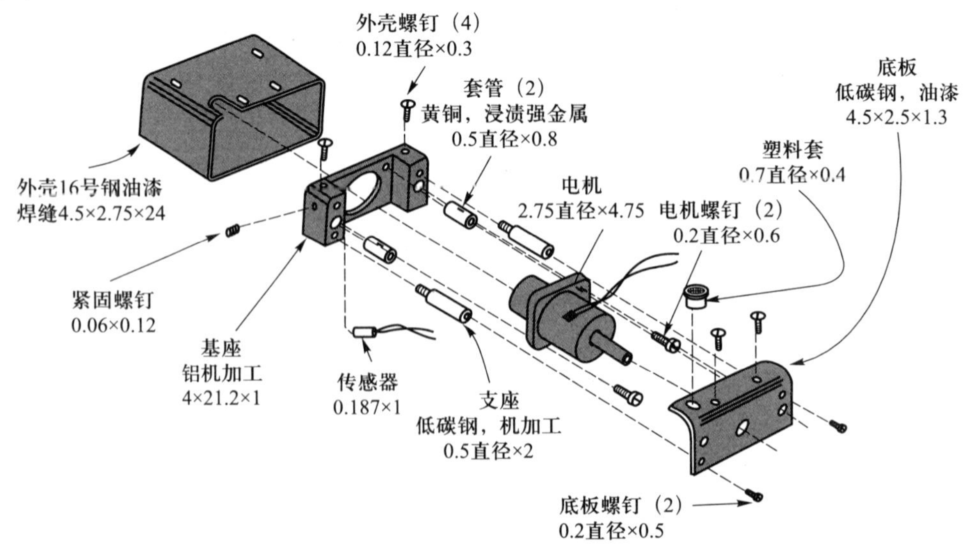

图 4-5 电动机传动的设计方案

4.2.2 自制或外包决策

将产品分解,列出零件表和生产产品的材料表,如表4-1所示。决定哪些零部件自制,哪些外购。一般讲来,标准件采用外购,附加值高、技术含量高的零部件自制。如果外购,则要选择合适的供应商(供货产品价格合理、质量有保证、送货及时以及售后服务好),并结成战略合作伙伴关系。如果自制,则要选择适当的生产工艺。

表4-1 零件表和生产产品的材料表

××制造公司					
名称:油压机控制机构 形式:M-1					图号 D-442
零件编号	零件名称	图号	每件数量	材料规格	备注
#1	底座	C-285	1	铸铝	
#2	偏心杆	A-143	1	C. R. S.	
#3	手柄	A-143	1	C. R. S.	
#4	握柄	A-143	1	塑胶	外购
#5	活塞	A-163	1	C. R. S.	
#6	六角螺丝	—	4	—	$\frac{1}{4}$-20 $\frac{3}{4}$外购
#7	固定环	A-95	1	C. A.	
#8	顶盖	B-111	1	C. A.	
#9	销子	A-100	1	C. R. S.	
#10	压力垫	A-97	1	C. I.	
#11	球形钮	A-98	1	C. R. S.	
#12	华氏	—	2		
#13	六角螺丝	—	2		
	偏心杆总成	A-143			包括#2,#3,#4
	球形钮总成	D-442			包括#11,#12,#13
	最后装配	D-442			

思考题:自制与外购决策的考虑因素有哪些?

4.2.3 生产工艺设计

中小企业仅仅是对一种或几种零件的简单加工生产,加之生产数量也不大,因此,生产工艺分析也很简单,用工艺卡片说明加工内容、加工标准、使用工具与设备、质量检验与控制的方法和标准,见图4-6。

工艺卡片用途包括：①可作为作业指导书，指导工人操作；②质量检查、控制的标准；③制定生产作业计划与控制的依据之一。

小企业加工设备布局方式见附录 4-1。

清理工艺卡				型号/名称	C14T前盖
				文件编号	QP/38-03-29
工序号	OP70	工步名称	清理斜油孔口毛刺、反面孔口倒角及反面孔口毛刺	版本号	1.0

加工内容及质量检查项目				
NO.	清理内容	使用工具	控制标准	检验频次方法
1	孔口倒角	专用工具	孔口无毛刺、无椭圆	①操作工100%，目视无毛刺 ②检验员首件末件检，目视无毛刺
2	清理追溯性标志周边的毛刺	锉刀	表面无毛刺	
3	錾除较厚浇口断口	錾子	待加工面凸出表面≤1mm 缺料部分凹入表面≤0.3mm	
4	去除孔底隔皮，去毛刺	专用工具 锉刀	孔底无隔皮	

修改日期	标志	修改内容	签字	编制	审核	批准

图 4-6 工艺卡片示例——前盖清理工艺卡

4.3 大企业的生产流程分析与生产工艺设计

大企业由于生产的产品品种比较多，并需要多个生产车间，除了开展产品结构分析、自制或外包决策这些工作之外，还要根据所收集资料，开展生产流程优化、产品和工艺原则布局、设备选型等工作。具体工作包括：

(1) 产品数据分析。

(2) 在产品数据分析的基础上，设计生产工艺、制定加工路线单和优化生产流程。同时注意生产工艺的管理。

(3) 专用设备选择。

(4) 盈亏平衡分析。

(5) 生产工艺分析与成本核算。

4.3.1 产品数据分析

产品数据有 P、Q、R、S、T。

P:产品(材料)——生产什么?

Q:产量(销售量)——每次产品要制造多少?

R:工艺路线(生产流程)——怎样进行生产?

S:辅助服务部门(人员、工艺和信息流)——用什么来支持生产?

T:时间(操作时间、季节、紧迫性)——产品何时生产?需要多久?

1. 产品 P(product)

产品 P 是指待布局工厂将生产的商品、原材料或者加工的零件或成品等,由生产纲领和产品设计提供,包括项目、种类、型号、零件号、材料、产品特征等。产品这一要素影响设施的组成及其各作业单位间相互关系、生产设备类型、物料搬运的方式等。

2. 产量 Q(quantity)

产量 Q 指所生产、供应或使用的商品量或服务的工作量。其资料由生产纲领和设计提供,用件数、重量、体积或销售的价值表示。产量这一要素影响着设施规模、设备数量、运输量、建筑面积等因素。

3. 工艺路线 R(route)

工艺路线 R 是工艺过程设计的成果,可用工艺路线卡、工艺过程图、设备表等表示。它影响着各作业单位之间的关系、物料搬运路线、仓库及堆放地的位置等方面。

4. 辅助服务部门 S(service)

把除了生产车间以外的所有作业单位统称为辅助服务部门 S,包括工具、维修、动力、收货、发运、铁路专用路线、办公室、食堂、厕所等,由有关专业设计人员提供。这些部门是生产的支持系统,在某种意义上加强了生产能力。有时,服务部门的总面积大于生产部门所占的面积,布局设计时必须给予足够重视。

5. 时间安排 T(time)

指在什么时候、用多长时间生产出产品,包括各工序的操作时间、更换批量的次数。在工艺过程设计中,根据时间因素可以求出设备的数量、需要的面积和人员,平衡各工序的生产能力。

4.3.2 生产工艺的设计与管理

1. 生产工艺的概念

国家标准 GB/T 4863—2008 对生产工艺的定义为:使各种原材料、半成品成为产品的方法和过程。生产工艺不仅影响厂房布置,而且是组织、指挥生产的技术依据。生产工艺水平高低直接关系到企业技术水平和管理水平。

2. 生产工艺设计

影响生产工艺的因素很多,包括产品的数量、产品的品种、产品的结构、加工设备的性能等。生产工艺/制造流程分析的工具有装配图、装配程序图、加工路线单、流程图等。工艺文件的种类有工艺流程、机加工工序卡、作业指导书等。

(1) 装配图。这是一种简单的组成产品各个部分的零部件分解示意图,如图 4-7 所示。

(2) 装配程序图。利用装配图提供的信息,确定装配零部件的方法和装配顺序。该图常

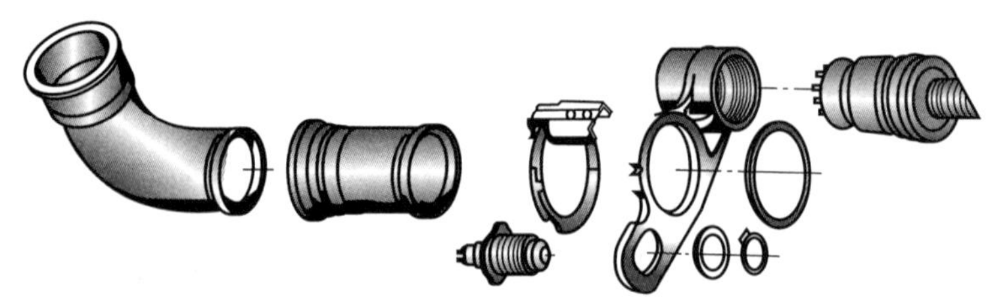

图 4-7 旋塞装配图

用于确定总的物流模式,如图 4-8 所示。

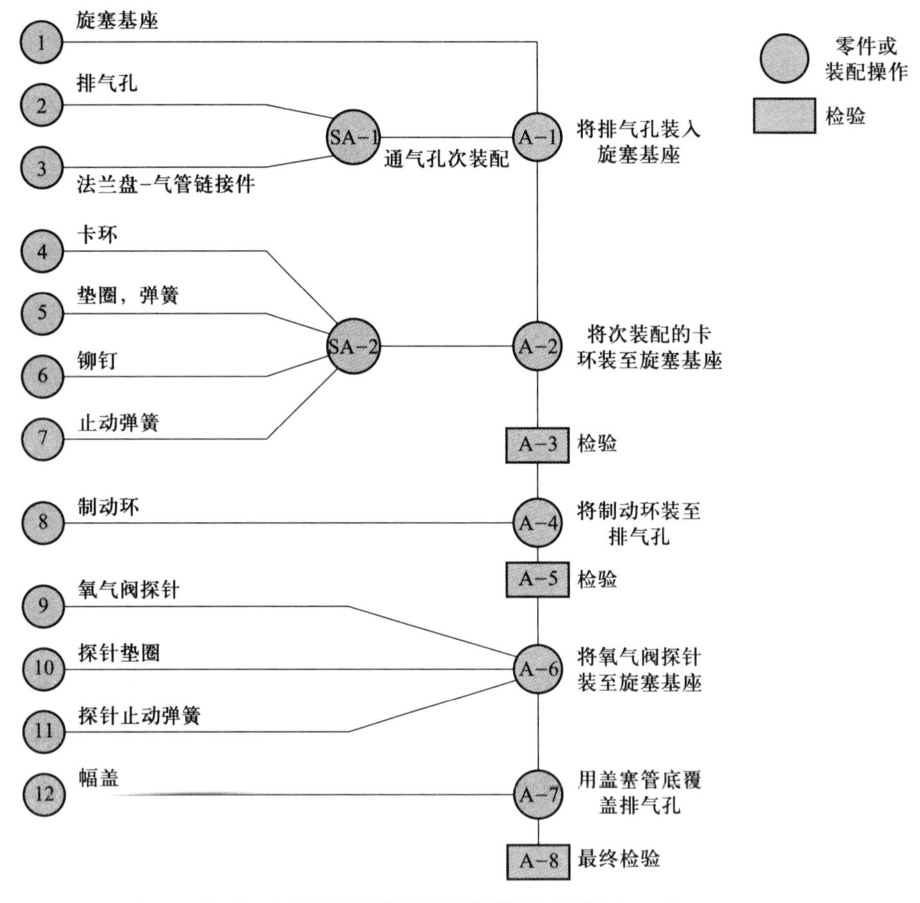

图 4-8 旋塞装配程序图

(3) 加工路线单。详细描述某一零部件的作业和工艺路线,包括零部件加工所需的设备、工具和完成作业的有关信息,见表 4-2。加工路线单的作用等同于工艺卡片。

按以下检查项,研究加工路线单:

(1) 操作的目的是什么?

(2) 按照 ECRS 原则,分析各工序是否可删除、合并、简化,从而进一步优化工序过程。

(3) 操作中工具安放与特种工具的应用是否恰当?

(4) 操作动作是否合理?具体内容可参见第 13 章。

表 4-2 旋塞装配加工路线单

物料规格	____	零部件名	旋塞体壳	零部号	TA 1274
采购库存量	____	用途	旋塞装配	发货时间	____
每批采购量	____	总装号	TA 1279	供应时间	____
重量	____	部装号	____	发货单位	____

工序号	工序摘要	工种	机床	排队/小时	生产率/每小时件数	工具
20	钻孔 $0.32^{+0.015}_{-0.005}$	钻	钻孔机 513	1.5	254	钻孔夹具 L－76Jig #10393
30	倒角去毛刺 $0.312^{+0.015}_{-0.005}$ 直径孔	钻	钻孔机 513	0.1	424	多齿去毛刺工具
40	开槽 0.0 091 875，镗孔 0.878/0.875 直径（双孔型），镗孔 0.760 0/0.762 5（单孔型）	车	车床 D109	1.0	44	开槽工具 Ramet－1 TPG221
50	攻螺纹孔，按指定的 1/4Min 金牙螺纹进行	攻丝	钻孔攻丝机 517	2.0	180	夹具#CR－353 攻丝 4 FluteSp.
60	镗孔，直径 1.33 至 1.138	车	H&HE107	3.0	158	L44 夹具
70	去毛刺 0.005 至 0.010，两面，淬硬车间手工进料	车	车床 E162	0.3	175	CR#179 1327RPM
80	拉削键槽去除直线毛刺	钻	钻床 507	0.4	91	B87 夹具，L59 拉削攻丝 0.075 121 G-H6
90	直线珩磨 I. D. 0.882/0.828	磨	磨床	1.5	120	
95	珩磨 0.760 0/0.762 3	磨	磨床	1.5	120	

资料来源：理查德·B. 蔡斯．运营管理.9 版．任建标，译.北京：机械工业出版社，2003：163.

3. 生产流程优化

生产流程优化，就是分析现有生产流程，看看是否可以合并、删除一些操作，进一步简化和优化流程。或者原先由几台简单设备完成几道工序的加工，现在用一台多轴加工中心取代原来的设备。因为加工中心可以一次定位多次加工，这样更方便人员安排和管理。产品/工艺布局原则见 4.4.1 节。设备选型见 4.3.3 节。

4. 工艺文件管理

工艺文件管理包括工艺文件编写、审批和更改，以及文件管理、发放等工作。

工艺文件由生产技术科编写。编写工艺文件要做到流程合理，加工方法正确，工艺参数准确，控制方法合理，格式符合有关标准的规定，真正起到指导生产的作用，对于关键工序则需要设定控制点，明确控制内容和控制方法。

工艺文件编写后需要审批。编写工艺文件的生产技术科，组织质检科等有关部门会签，经主管厂长批准，方可作为正式文件下发执行。

工艺文件的更改。工艺文件一经批准发布，即具有法律效力，应保持相对稳定，不宜经常变动，但遇到产品结构的材料、设备和工装等有变更时，应对加工工艺进行相应的变更，对工艺文件进行修改。工艺文件应由生产技术科工艺员进行修改，做出标记，签名要注明更改日期。

工艺文件的保管和发放应符合工厂文件、资料、档案管理制度。

4.3.3　生产设备选型

在生产工艺选择时，企业还要考虑采用什么型号的设备，选用专用设备还是选用通用设备。选购设备要遵循三大原则：技术上先进、生产上适用、经济上合理。表4-3列出了选择决策中的一些关键因素。当然，企业可以同时配置通用设备与专用设备。

案例分析4-1

设备不同，则生产流程也不同。比如喷丸设备，对A、B两种规格工件进行表面光洁度处理。有三种喷丸设备：综合大型喷丸机、双炉大型喷丸机和小型专用抛丸机。如图4-9所示。

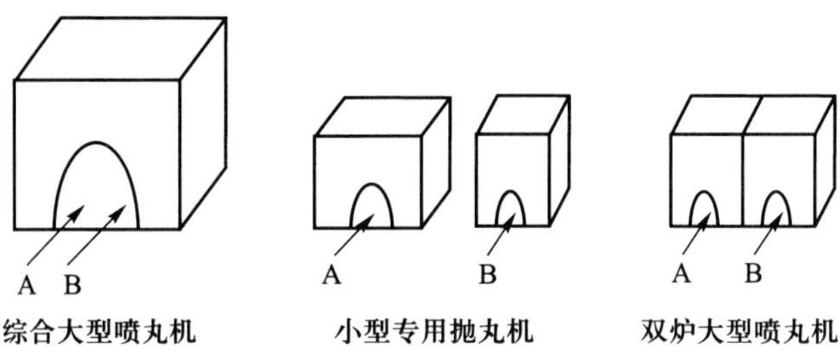

图4-9　喷丸设备

表4-3　设备选型中的主要决策变量

决策变量	考虑因素
最初投资	价格 制造商 可用的配套模具 空间要求 对辅助设备的需求
产出率	实际能力与额定能力的比率
产出质量	满足产品规范的可靠性
运行要求	操作的简便性 安全性 人为因素的影响
劳动力需求	直接与间接比率 技能与培训

续表

决策变量	考虑因素
柔性	通用设备与专业设备的对比 专用工具
生产准备要求	复杂性 转换速度
维护要求	复杂性 故障频率 维修零部件的可获得性
技术先进性	技术发展水平
在制品库存	缓冲库存的时间安排与需要量
系统范围内的影响	与现存或计划系统的联系 控制活动 与生产策略相适应

思考题:设备造型决策变量众多,如何综合评价选购决策?

4.3.4 盈亏平衡分析

选择工艺或设备的标准方法是盈亏平衡分析。盈亏平衡分析法又称量本利分析法,是用来研究企业在经营中一定时期的成本、业务量(生产量或销售量)和利润之间的变化规律,从而对企业利润进行规划的一种技术方法。

$$总成本\ C=固定成本\ F+变动成本\ C_v \tag{4-1}$$

式中:

$$变动成本\ C_v=单位变动成本\ v\times 产量\ Q \tag{4-2}$$

案例分析 4-2

获取某一机加工零部件,制造商既可购买,也可自制。(1)如果购买,则购买价格为 200 美元/件,包括材料。若采用购买方式,固定资产损耗可以忽略不计。(2)如果自制。有两种设备选择方案:数控半自动车床和加工中心。①在数控半自动车床上加工,每件 75 美元(包括材料)。半自动车床购买价格为 80 000 美元。②在加工中心加工,每件 15 美元(包括材料)。加工中心的购买价格为 200 000 美元。试进行盈亏平衡分析,并开展自制/外购决策。

解:三种方案的总成本为:

购买成本=200 美元×需求量

数控半自动车床加工成本=80 000 美元+75 美元×需求量

加工中心加工成本 = 200 000 美元 + 15 美元 × 需求量

盈亏平衡点 A 的计算：

$$80\ 000\ 美元 + 75\ 美元 \times 需求量 = 200\ 000\ 美元 + 15\ 美元 \times 需求量$$

$$需求量(点\ A) = 120\ 000\ 美元 \div 60\ 美元/件 = 2\ 000\ 件$$

盈亏平衡点 B 的计算：

$$200\ 美元 \times 需求量 = 80\ 000\ 美元 + 75\ 美元/件 \times 需求量$$

$$需求量(点\ B) = 80\ 000\ 美元 \div 125\ 美元/件 = 640\ 件$$

如图 4-10 所示，决策结果如下：

(1) 如果预计需求量超过 2 000 件(点 A)，自制并购买加工中心。

(2) 若需求量在 640~2 000 件，自制并购买数控半自动车床。

(3) 若需求量低于 640 件，购买成品。

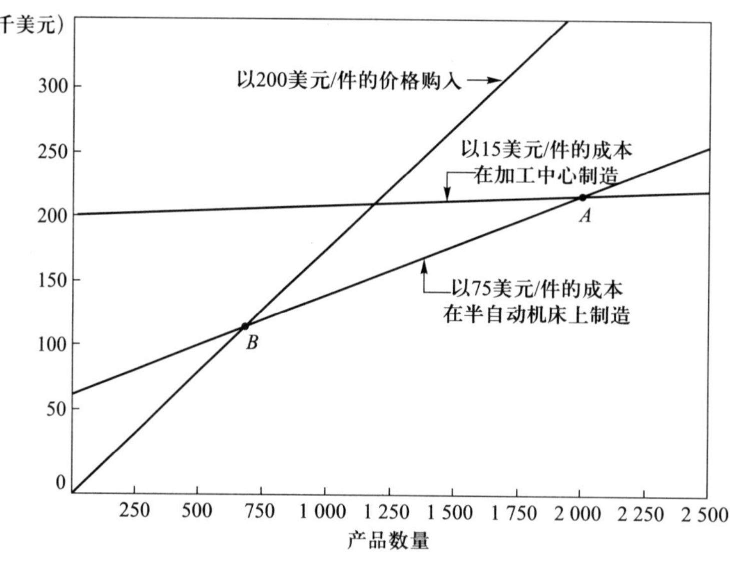

图 4-10 盈亏平衡分析

4.3.5 工艺能力分析与生产成本核算

工艺能力分析主要做两方面工作：一是调整各个生产阶段的生产能力；二是均衡各个生产环节、各生产工艺能力。目的是利用现有资源实现产出最大化或成本最小化的目标。评价工艺经济性的指标是单位产品生产成本。

案例分析 4-3

假设一家公司为几家大型汽车厂提供部件。这种部件生产过程为：首先生产铸造零件，同时外购零件，最终将铸造零件和外购零件装配在一起。图 4-11 为该产品生产工艺流程图。图中的生产任务用矩形表示，库存以三角形表示。

铸造部有 11 台机器能铸造，但是根据过去的经验，总有一台机器在进行大修或维修。每台机器均需一名操作工，每台铸造设备的生产率为 25 个/小时，铸造工人人数不固定，目前仅有

6名工人从事这项工作,另外4名可从公司内部挑选。

装配车间则有15名工人在生产线上进行生产,他们每班工作8小时,生产线的速率为每小时150件。管理者若认为有必要,可再雇用15名工人,增加第二个班次。

假定外购零件能按需及时供应。每天工作时间为8小时,每周工作天数为5天。试分析各工序的生产能力和整个生产工艺的生产能力。

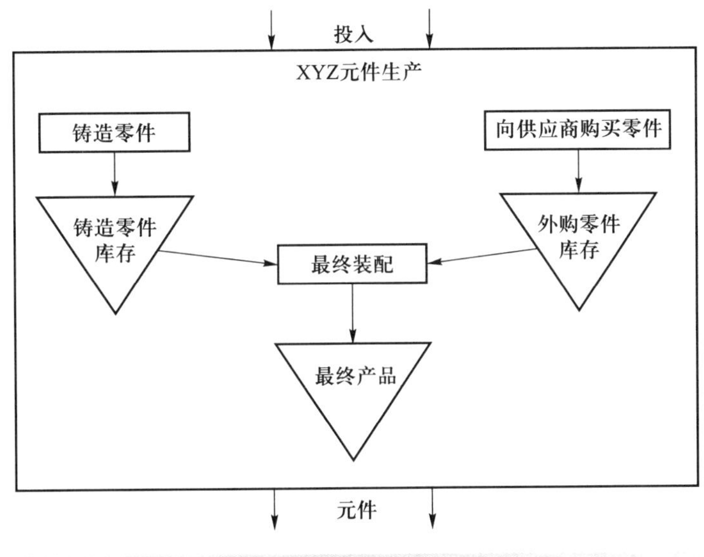

图4-11 汽车部件制造工艺

解:

(1) 计算各个工艺的生产能力,并确定整个工艺的生产能力(用每周生产零部件数量表示)。

铸造工序生产能力:

仅有6名工人从事铸造活动,每名工人都是一台机器的专职操作员。所以,目前11台机器中只有6台在运转。

铸造工序生产能力=6台机器×25件/小时·台×8小时/天×5天/周=6 000件/周

装配工序生产能力=150件/小时×8小时/天×5天/周=6 000件/周

由此可见,这两道工序的生产能力都是6 000件/周,生产是均衡的,整个工艺的生产能力是6 000件/周。

(2) 如果铸造工序用10台机器而不是6台,装配生产能力不变,整个工艺的生产能力是多少?

10台机器的铸造能力:

铸造工序生产能力=10台机器×25件/小时·台×8小时/天×5天/周=10 000件/周

由于装配工艺生产能力仍然保持在6 000件/周,即使铸造工序的生产能力是10 000件/周,整个工艺生产能力仍是6 000件/周。因为整体生产能力取决于瓶颈工序的能力。

(3) 如果装配工序启动第二个8小时班次,新的生产能力是多少?

装配工序的生产能力=150件/小时×16小时/天×5天/周=12 000件/周

铸造工序生产能力=10 000件/周,装配能力是12 000件/周,整个工艺生产能力也仍然是 10 000 件/周。

案例分析 4-4

(接上例)不同产量情况下单件产品成本的计算

已知每名铸造操作工报酬为 20 美分/件,加班则工资为 30 美分/件。铸造每个零件的原材料成本是 10 美分。经过财务部的详细分析,铸造每个零件的电力成本为 2 美分。装配则以团体计件制支付工人工资,每件完全合格的零部件报酬是 30 美分。工人均分报酬。

从外部供应商购买零件的成本是 30 美分/件。整个生产场地租金为每周 100 美元。管理人员、维修人员和办事人员工资为每周 1 000 美元。财务部确定设备折旧费为每周 50 美元。

当生产能力是每周 6 000 件或每周 10 000 件时,分别确定每件产出品的成本。

解:

(1) 计算周产量=6 000 件时的单件成本,见表 4-4。

表 4-4 周产量为 6 000 件时的总成本

项目	计算	成本/美元
原材料	0.10 美元/件×6 000=	600
外购零件	0.30 美元/件×6 000=	1800
电	0.02 美元/件×6 000=	120
铸造工人	0.20 美元/件×6 000=	1 200
装配工人	0.30 美元/件×6 000=	1 800
租金	100 美元/周	100
管理费	1 000 美元/周	1 000
折旧	50 美元/周	50
总成本		6 670

单位成本=每周成本/每周生产件数=6 670/6 000=1.11 美元/件

(2) 计算每周产量=10 000 件时的单位成本,见表 4-5。

表 4-5 周产量为 10 000 件时的总成本

项目	计算	成本/美元
铸造原材料	0.10 美元/件×10 000=	1 000
外购零件	0.30 美元/件×10 000=	3 000
电	0.02 美元/件×10 000=	200
铸造工人	0.20 美元/件×10 000=	2 000
装配工人	0.30 美元/件×10 000=	3 000
租金	100 美元/周	100
管理费	1 000 美元/周	1 000
折旧	50 美元/周	50
总成本		10 350

单位成本=每周总成本/每周生产件数=10 350/10 000件=1.04美元/件

从上面分析可以看出，固定成本摊在更多数目的零部件上降低了单位产品的成本。这是规模生产所带来的规模经济。

4.4 全厂布局与车间布局

通过产品数据分析，做好生产工艺设计、设备选型，以及平衡各生产阶段工艺能力等前期工作之后，即可根据优化后的生产工艺、生产流程和加工路线单，开展布局工作。布局工作包括全厂布局与车间布局。

（1）全厂布局。全厂布局又称总体平面布局。首先，研究产品、产量、工艺路线、辅助服务以及时间安排。在此基础上，划分生产作业单位，分析各作业单位的物流以及作业单位之间的相互关系密切程度，进而绘制作业相关图。其次，凭经验确定或估算出各作业单位面积。再次，根据作业相关图和估算的作业单位面积，给出总体平面布局的初始方案，并对初始方案进行修正、调整，得到几种可行方案。最后，评价这些方案，从中选择满意的方案。简化的系统布局设计（simple system layout planning，SSLP）如图4-16所示。

（2）车间布局。总体平面布局完成后，进一步对各作业单位或车间进行布局。详细划分车间内部各工段的作业区、在制品存放区、每台设备摆放位置（按工艺专业化原则布局，按产品专业化原则布局，还是固定位置布局）及主、辅通道设计等。有时对作业单位进行详细布局时，可能需要对总体平面布局做出调整。

4.4.1 布局设计的基本原则

布局设计的原则主要有以下几个：

（1）保证运输路线最短。运输路线最短是缩短生产周期、减少生产费用、改善生产组织和管理工作的重要条件。因此，一切厂房、建筑、设施的布局要尽可能满足这一要求。缩短运输路线的关键是缩短基本生产过程的运输路线，而其他生产过程，如辅助生产过程和服务过程所需场地的合理布局应以缩短基本生产的运输路线为前提。

（2）生产协作关系密切的车间和单位应就近布局。这种布局方式有利于加强车间之间的协作联系，便于辅助生产和生产服务工作及时满足基本生产的需要。

（3）布局紧凑，占地面积小。布局紧凑和占地面积小，不仅可以增加物流的速度，减少物流的数量和缩短运输路线，而且可以大大减少建厂前的投资费用和建厂后的运行费用。如电气线路、地下管道和运输道路的维护保养费用等。因此在工厂布局时应以节约用地为原则，充分和有效利用厂房和建筑面积。

（4）保证安全生产，有利于职工的健康。凡属有毒、有害、易燃、易爆的生产单位或车间除采取必要安全措施外，还应布局在厂区边远的地方。厂房及建筑物之间的距离要符合防火、安全、采光、卫生的要求，同时应注意厂区整洁美观的需要，适当安排一定的绿化场地。

（5）考虑长远生产发展的需要。工厂的布局应留有余地，考虑长远发展的需要。否则一旦扩大生产,没有可供扩充的场地,就会影响企业的继续发展。

4.4.2 生产单位的组成

如前所述(4.1.2节),企业的生产过程有基本生产过程、辅助生产过程、生产服务过程及附属生产过程。这些生产过程是根据各自的特点和要求在一定的场所,即在一定的空间内组织实现的。因此,为了进行这些生产过程,企业设立相应生产单位或部门,即基本生产部门、辅助生产部门、生产服务部门和附属部门。现仅就基本生产部门、辅助生产部门及生产服务部门三个方面简单分述。

1. 基本生产部门

基本生产部门是直接从事基本产品生产,实现基本生产过程的生产单位。这种生产单位通常称为车间。它是为完成企业生产过程的某一工艺阶段、某一种产品和零件的生产而设立的相对独立的生产单位,并相应备有它所需要的各种设备、机床及其他设施。

具有较完整的基本生产过程的机器制造企业,基本生产车间有:

(1) 毛坯车间。包括铸造车间、锻造车间和备料车间等。

(2) 加工车间。包括机械加工车间、冲压车间、铆焊车间、热处理车间、电镀车间等。

(3) 装配车间。如部件装配车间、总装车间、油漆车间、包装车间等。

2. 辅助生产部门

辅助生产部门是为保证基本生产单位的需要而提供辅助产品和劳务的单位。辅助生产部门一般有以下单位。

(1) 辅助生产车间。包括工具车间、木型车间、机修车间、电修车间等。

(2) 动力部门。如热电站、压缩空气站、煤气站、锅炉房、变电所等。

3. 生产服务部门

生产服务部门是实现生产服务过程,为基本生产和辅助生产部门提供服务的单位。一般包括:

(1) 运输部门。一般设有汽车库、装卸队等。

(2) 仓库。材料库、半成品库、成品库、工具库等。

(3) 试验与计量检验部门。技术检查站、中央试验室、中央计量室等。

图4-12为某车间厂房的布局方案。

图4-12 某车间厂房布局图

以上企业生产单位的组成是最基本的,但不是所有企业都是完全相同的。生产单位的组成受企业生产的产品对象、生产专业化协作程度、生产规模、技术条件以及生产类型的影响而有所异。

例如,单纯装配型企业,在基本生产部门就不需要设立加工和毛坯车间。同样,在工艺专业化程度较高的锻造厂、铸造厂、电镀厂、机械加工厂都不具备生产某种产品的全部生产过程,因此也就没有设立相应的其他基本生产车间的必要。又如,修理、动力、工具、运输等服务和供应部门,可以由供应商提供,而不需要在每一个企业里都单独设立相应部门。特别是物流业高效发展,现代制造基于供应链管理的框架下,许多业务外包,企业的许多部门可以进一步精简。

4.4.3 生产单位组成的专业化形式

企业生产单位组成的专业化形式,涉及企业内部各车间的分工与协作关系、组织管理以及工艺流程和运输路线等,是布局的关键问题之一。生产单位的组成有两种专业化形式:工艺专业化形式和对象专业化形式。

1. 工艺专业化

工艺专业化形式是按工艺阶段,或工艺设备相通性的原则,来建立生产单位。按工艺专业化原则建立的生产单位,集中了同类工艺设备和相同工种的工人,因此加工的基本方法也大致相同,但是加工的对象则具有多样化的特点。工艺专业化的特点可概括为"三个相同,一个不同",即设备、工种、工艺方法相同,产品不同。

工艺专业化车间按工艺专业化程度又有两种形式:

(1)完成某一工艺阶段全部工种的工艺专业化车间,如铸造车间、锻造车间、机械加工车间等。这种形式集中同一工艺阶段所需要的不同工种设备。

(2)完成同一工艺阶段的相同工种的工艺专业化车间,如属于机械加工的车工车间、磨削车间、铣工车间。这种形式集中了同一工艺阶段所需要的同工种的设备。图 4-13 为零件在各工艺专业化车间之间流动的示意图。

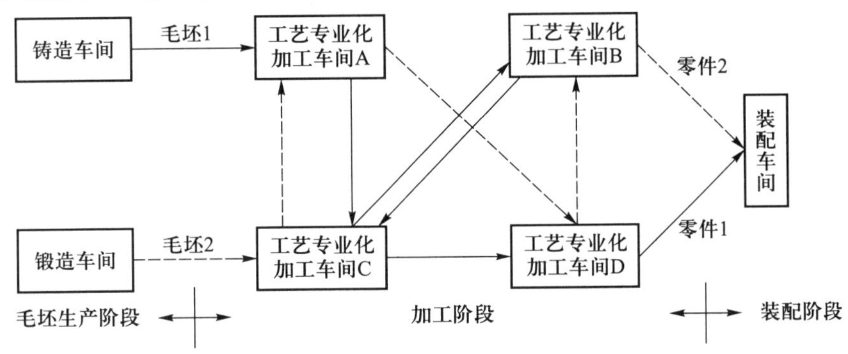

图 4-13 工艺专业化车间工艺流程示意图

按工艺专业化原则建立生产单位的优点是:

(1)对产品品种变化的适应能力强。当产品变化时,车间的生产结构、设备布局、工艺流程不需要重新调整，就可适应新产品生产过程的加工要求。

（2）由于同类或同工种设备集中在一个车间，有利于设备相互调剂，使得生产系统的可靠性较高，并保证设备有效利用。

（3）车间的设备或工种具有工艺上的相通性，不仅方便工艺及设备管理，而且有利于工人们交流操作经验和技巧，为工人提高技术水平创造条件。

按工艺专业化原则建立生产单位的缺点是：

（1）由于一个车间仅能完成一个工艺阶段或同一工种的工艺加工，加工对象需要经过许多车间才能实现全部生产过程，所以加工路线比较长，而且迂回往复的次数比较多，这就必然造成运输量增加、中间仓库增加、厂内运输费用增加。

（2）由于加工对象需要经过许多车间，产品在车间之间的流转时间、中间仓库停留的时间都会增加，从而导致生产周期延长、在制品积压以及流动资金占用量增加。

（3）由于加工对象需要经过许多车间，需要办理车间之间交接手续和协调管理工作。不仅增加管理工作量，管理工作也比较复杂。

（4）只能用通用机床、通用工艺装备，生产效率低。

2. 对象专业化

对象专业化形式是以加工对象作为划分车间的原则。车间的加工对象可以是产品、部件、零件或零件组，其中以某种零件或零件组建立的车间是对象专业化程度比较高的一种车间。在对象专业化车间内，为了完成该对象加工的全部或大部分工艺工程，集中了不同种类和型号的机器设备以及相应的不同工种的工人。对象专业化的特点概括为“三个不相同，一个相同”，即设备、工种、工艺方法不相同，产品相同。

对象专业化典型的例子如属于零件专业化的齿轮车间、标准件车间，能完成机械加工和装配工艺阶段的发动机车间、底盘车间等。图 4-14 为加工和装配阶段对象专业化车间的示意图。

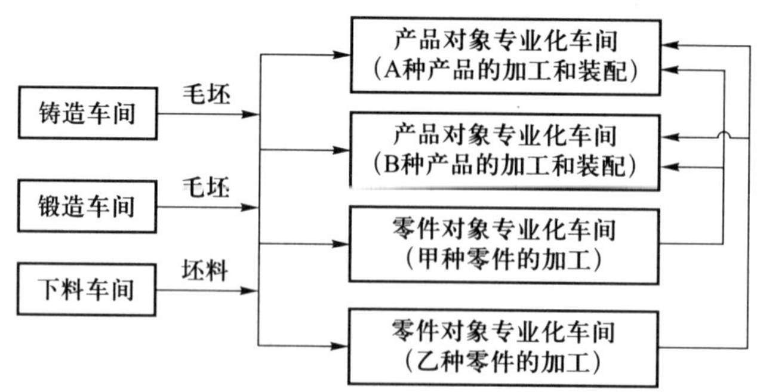

图 4-14 加工和装配阶段对象专业化车间示意图

对象专业化车间组织形式的优点是：

（1）由于加工对象在一个车间内可以完成全部或大部分工艺过程，因此加工路线比较短，运输工作量比较少，需设置的中间仓库也可以减少。

（2）加工对象的运转速度较快，从而减少了在制品的占用量，并有利于流动资金的合理利用。

（3）由于工序和工种之间的协调问题，可以由车间自行解决，因此，简化了计划管理工作。

对象专业化车间组织形式的缺点是：

（1）对产品变动的应变能力较差，一旦加工对象改变，就需要相应地调整生产结构和设备布置。

（2）设备利用率较低。因为设备的配备是按对象封闭的原则进行的，同类设备分散在各个车间，相互之间难以调配使用。

（3）工人之间的技术交流比较困难，因此工人技术水平的提高受到一定的限制。

总的来说，对象专业化车间是一种优点较多、经济效果较好的生产组织形式，特别适用于产品方向稳定、产品产量较大的企业。

必须指出，在企业内能够完成全部工艺阶段和所有工序的对象专业化车间并不多见。这是因为某些工艺阶段，如铸造工艺，不适宜与加工及装配生产在同一车间内进行。又如热处理、电镀等工序，亦以单独设立热处理车间、电镀车间等工艺专业化车间来完成更为相宜。因此，在以对象专业化形式为主组织车间的企业内，也有工艺专业化形式的车间。而有的企业，则以工艺专业化形式为主建立车间，但对某几种零件的加工，也可组织对象专业化形式的车间。

总之，车间采用什么专业化形式，应根据企业技术条件、生产类型以及社会生产专业化程度来决定。

案例分析 4-5

生产单位的划分，以及车间布局是按产品专业化原则布局，还是按工艺专业化原则布局，分别有其优缺点。比如，一批尺寸大小不一的产品需要进行洗涤、清洁、油漆、测试等工艺，若采用工艺专业化原则布局（见图 4-15（a）），则其缺点为：生产路线长，搬运工作量大，在制品库存量大。优点为：设备柔性高，对产品适应性强。如果采用图 4-15（b）所示布局原则，按产品尺寸大小分为大、小、专用三条生产线。优点为：生产周期短，物品搬运量小，生产周期短。缺点为：设备投资大，专用线对品种适用性差。

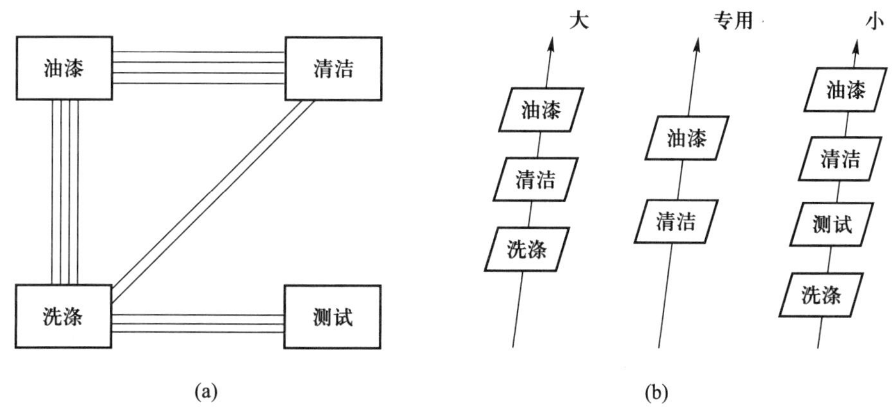

图 4-15　按工艺专业化/对象专业化原则布局车间示例

4.5 基于 SLP 的生产系统布局与设计

4.5.1 SLP 的概况

1961 年缪瑟提出系统布局设计(system layout planning,SLP)。该方法通过物流分析,分析作业单位关系密切程度,计算各作业单位面积需求,考虑布局的约束条件,评价与优化布局方案。SLP 方法不仅应用于工厂新建、扩建与改建,而且适用于办公室、仓库的布局,并广泛适用于医院、超市等服务业。

在布局之前,先收集资料。所需收集的资料包括:生产车间的大小,作业的顺序,原料、半成品、成品所需储存点的大小,工具室、洗盥室、办公室等的面积,过道和出口的情况,墙上装置(电闸箱、防火设备等)的情况,现有供应品(水、电、煤气、压缩空气等)的情况,特殊作业的情况(如危险的、噪声大的、产生尘土或烟雾的作业以及需要自然存放时间的作业)。

做好这些工作之后,即可开展布局工作,具体步骤见 4.5.2 节。

4.5.2 SLP 的步骤

对于小型企业,其简化的布局步骤如下(见图 4-16)。

第 1 步,绘制作业相关图。

首先,划分作业单位,作业单位数不超过 12 个,否则作业单位要合并,关联度高低按 A、E、I、O、U、X 从强到弱划分,物流强度划分的标准、比例见表 4-6,作业相关图见图 4-17。

表 4-6 物流强度等级划分

物流强度等级	符号	物流路线比例(%)	承担的物流量比例(%)
超高物流强度	A	10	40
特大物流强度	E	20	30
较大物流强度	I	30	20
一般物流强度	O	40	10
可忽略物流强度	U		

其次,绘制作业关系线图。根据各作业单位之间的密切程度从高到低,依次安排各作业单位的相对位置。密切程度高的作业单位之间距离近,密切程度低的作业单位之间距离远,由此形成作业关系线图。如图 4-18 所示。

根据图 4-18 所示,密切程度最高(A)的活动包括:1—8、4—10;E:7—8、7—10、6—11、1—9、6—4。再根据生产工艺,以及按照搬运量最少的原则,绘制出 A、E 密切度活动的关系图,见图 4-18(a)。在此基础上,再加上 I 密切度的活动,将 I:1—2、3—4、3—5、2—8、4—8、5—8、6—8、1—10、5—11、1—12、7—12、7—9 放到图 4-18(b)。最后活动关系图为 4-18(d)。

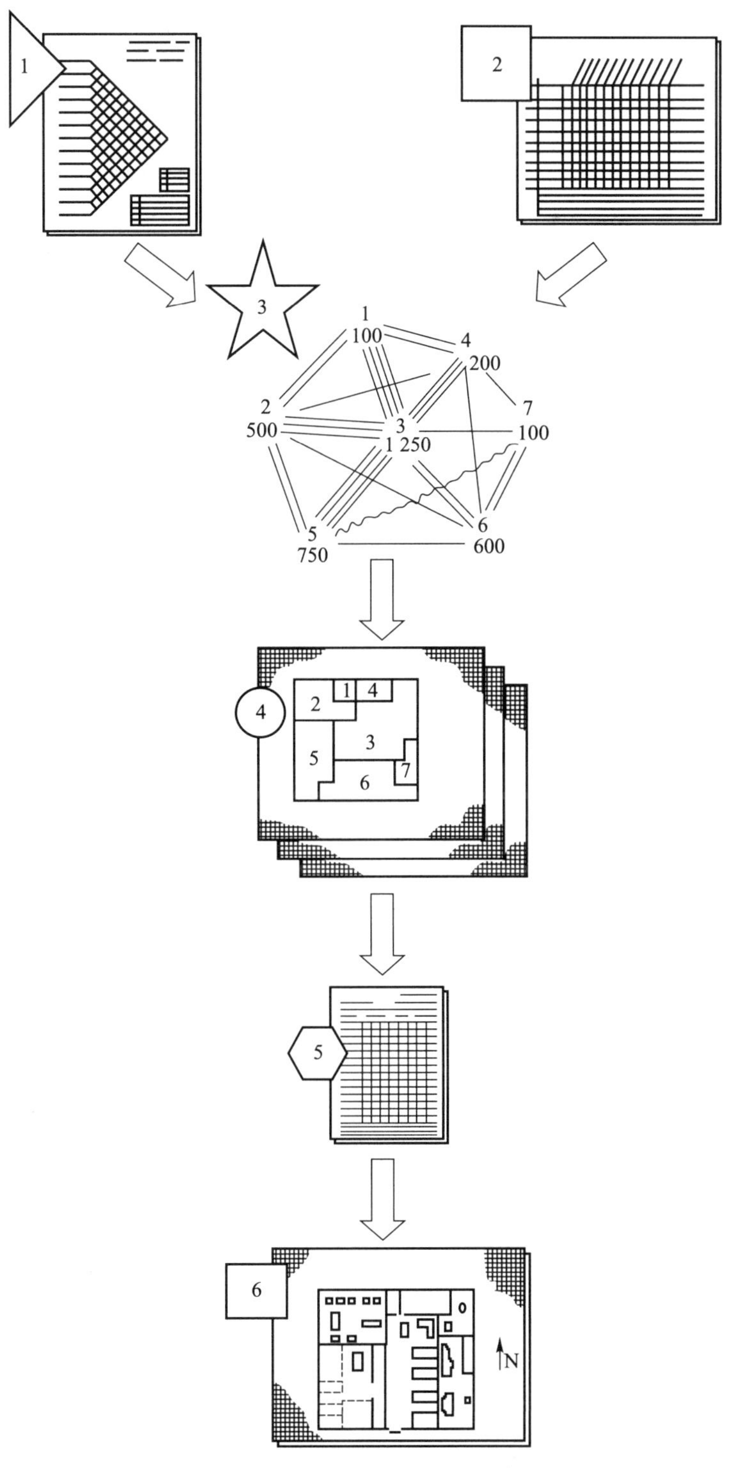

图 4-16 SLP 六步法

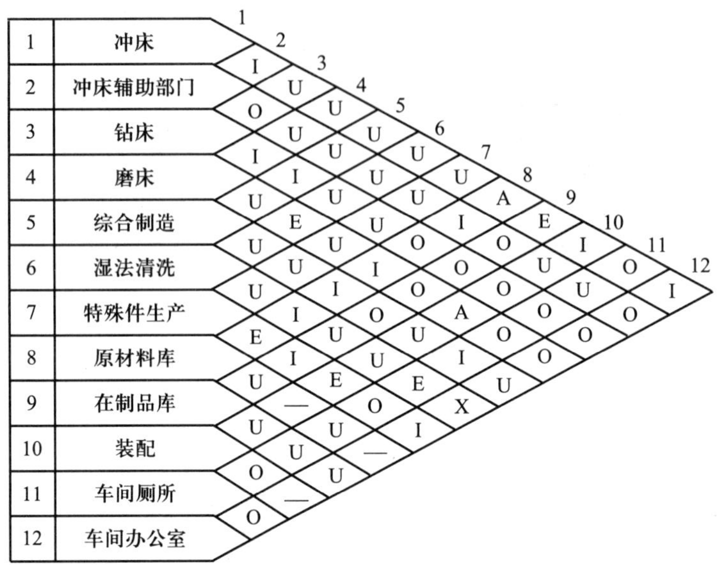

密切程度的原因：
1——几台设备由同一些人操作
2——物料搬动
3——人员移动
4——管理(和)后勤需要
5——需要同样的公共设施
6——噪声和灰尘

密切程度评级：
A ——绝对必要
E——特别重要
I——重要
O——一般关系
U——不重要
X——无关紧要
“—”表示位置已定，不予考虑

图 4-17　作业相关图

图中“≣≣≣”表示 A 级绝对必要的关系；“≡≡≡”表示 E 级特别重要关系；“═══”表示 I 级重要关系；“～～～”表示 X 级无关紧要关系。圆圈内的数字，表示各项作业。

由于关系线太多，反而影响密切度高的活动应有显眼位置，因此，在图形稠密的情况下，有时在实际工作中只画到 I 级，把 O 级以下关系作为修改因素考虑。

第 2 步，计算各作业单位所需要的面积。

具体计算见附录 4-2 的 5 种方法。

第 3 步，绘制含面积值的活动关系图。

得到各作业单位所需要的面积之后，还要编制作业面积与特征表（见表 4-7）。因为具体实施时不仅考虑作业面积，还要考虑生产辅助和服务活动所需要的面积，以及各作业对地面荷重、天花板高度的要求，对生产所需要的水、电、气要求等。

编制作业面积与特征表步骤及注意事项如下：

（1）按作业填写作业编号、名称，以及每项作业所需要的面积（m^2）。

（2）确定各作业的自然特性要求，包括地面荷重、天花板高度等，如作业 7 特殊件生产，对地面基础有特殊要求。

（3）大部分作业所需水、电、气等应用设施，以及防火防爆、特殊通风、特殊电气与特

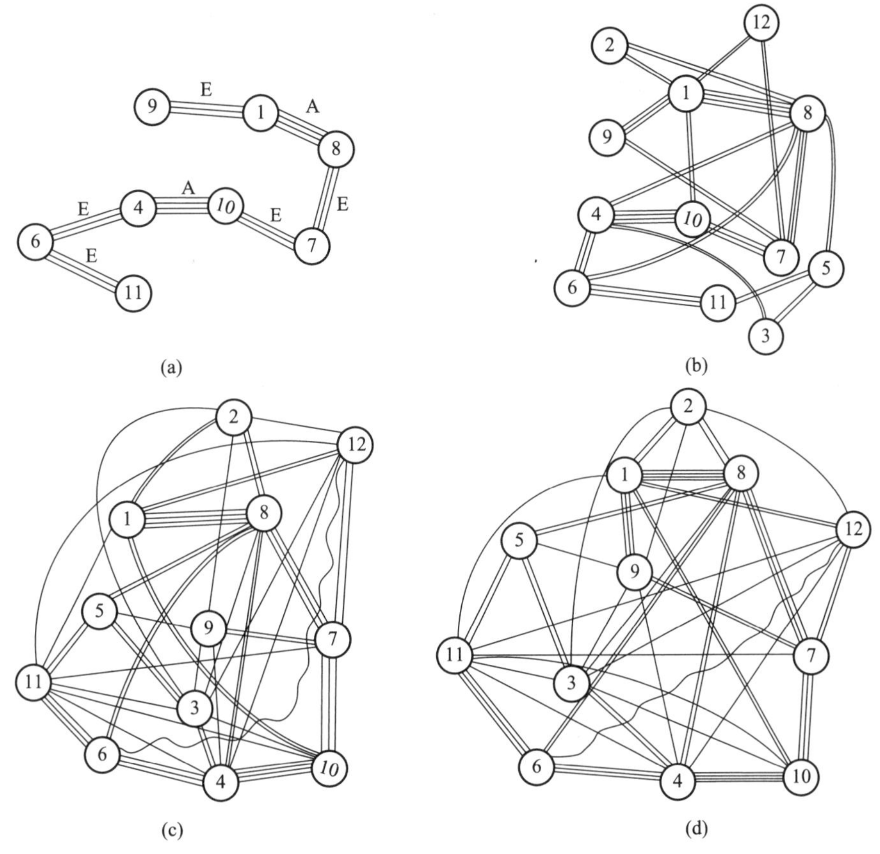

图 4-18 作业关系线图

殊后勤服务等在表上同时标注出来。

(4) 填写对特殊外形或空间轮廓的要求,并说明每项要求的原因。

(5) 在填写面积数值时,必须按照厂房跨度(柱距)的倍数或建筑面积填写整数,便于后面绘制区域图时统计所需空间数。

按照上述步骤计算得到:

全部净面积:2 585m^2 道路:834m^2 辅助面积:667m^2 其他:0

全部所需面积:2 585+834+667=4 086(m^2)

编制作业面积与特征表(表 4-7)以及总面积表(表 4-8)之后,在作业单位关系线图(图 4-18d)中增加作业面积,即得含面积值的活动关系图,如图 4-19 所示。

第 4 步,绘制面积相关布局图,给出布局初始方案。

将作业关系线图中每项作业的相应面积,按比例绘制在方格纸上(见图 4-20)。同时,标出建筑物特征:柱子、墙、门等。画上已有固定设施,如厕所等。参照环境特征如朝向、道路等,复核布局,以取得最好的朝向和总面积最好的利用。

第 5 步,设计评价指标,评价各种方案。

面积相关布局图有多个可行方案,见表 4-9,应该对各个方案进行评价,选择最佳方案,作为最终的工厂总平面布局方案。

表 4-7 作业面积与特征表

单位: m^2

<table>
<tr><th colspan="4">作业面积与特征表</th><th>厂房净空</th><th>最大吊车荷重</th><th>地面最大荷重</th><th>最小柱间距</th><th>上水及下水</th><th>蒸汽</th><th>压缩空气</th><th>基础要求</th><th>防火防爆</th><th>特殊通风</th><th>特殊电气要求</th><th>面积(空间)外形或轮廓的要求</th></tr>
<tr><td rowspan="14">作业分类</td><td>序号</td><td>作业项目</td><td>作业面积</td><td colspan="4">每项内填入单位及需要数量</td><td colspan="7">各特点的相对重要性 A、E、I、O。"—"表示没有要求</td><td>填入外形或轮廓要求、理由</td></tr>
<tr><td>1</td><td>冲床</td><td>550</td><td rowspan="13">已有厂房够高</td><td rowspan="13">不用</td><td rowspan="13">250kg/m²</td><td rowspan="13">没有柱间要求</td><td>—</td><td>—</td><td>I</td><td>—</td><td>—</td><td>—</td><td>—</td><td></td></tr>
<tr><td>2</td><td>冲床辅助部门</td><td>200</td><td>—</td><td>—</td><td>I</td><td>—</td><td>—</td><td>—</td><td>—</td><td></td></tr>
<tr><td>3</td><td>钻床</td><td>250</td><td>—</td><td>—</td><td>E</td><td>—</td><td>—</td><td>—</td><td>—</td><td></td></tr>
<tr><td>4</td><td>磨床</td><td>250</td><td>E</td><td>—</td><td>E</td><td>—</td><td>—</td><td>—</td><td>—</td><td></td></tr>
<tr><td>5</td><td>综合制造</td><td>400</td><td>—</td><td>—</td><td>O</td><td>—</td><td>—</td><td>—</td><td>—</td><td></td></tr>
<tr><td>6</td><td>湿法清洗</td><td>100</td><td>A</td><td>—</td><td>—</td><td>—</td><td>—</td><td>—</td><td></td><td>最小 10×6m²</td></tr>
<tr><td>7</td><td>特殊件生产</td><td>360</td><td>I</td><td>—</td><td>E</td><td>(机器要求特殊基础)</td><td>—</td><td>—</td><td>—</td><td></td></tr>
<tr><td>8</td><td>原材料库</td><td>0</td><td></td><td></td><td></td><td></td><td></td><td></td><td></td><td></td></tr>
<tr><td>9</td><td>在制品库</td><td>400</td><td>—</td><td>—</td><td>—</td><td>—</td><td>—</td><td>—</td><td>—</td><td>提供放置空间4m宽的通道</td></tr>
<tr><td>10</td><td>装配</td><td>0</td><td></td><td></td><td></td><td></td><td></td><td></td><td></td><td></td></tr>
<tr><td>11</td><td>车间厕所</td><td>75</td><td>A</td><td>—</td><td>—</td><td>—</td><td>—</td><td>—</td><td>—</td><td></td></tr>
<tr><td>12</td><td>车间办公室</td><td>0</td><td></td><td></td><td></td><td></td><td></td><td></td><td></td><td></td></tr>
<tr><td>13</td><td>总计</td><td>2 585</td><td></td><td></td><td></td><td></td><td></td><td></td><td></td><td></td></tr>
<tr><td>附注</td><td colspan="15">作业 8、10、12 位置和面积已经确定,故不再考虑</td></tr>
</table>

表 4-8 总面积表

单位：m^2

序号	设备名称	设备面积 ①	作业面积和维修面积 ②	材料堆放面积 ③	单台设备总面积 ④=①+②+③	设备台数 ⑤	全部净面积 ⑥=④×⑤
1	冲床组	39.28	58.94	39.28	137.5	4	550
2	冲床辅助部门	50	50		100	2	200
3	钻床组	23.8	59.5		83.3	3	250
4	磨床组	15.3	68		83.3	3	250
5	综合制造	42.5	57.5		100	4	400
6	湿法清洗	18	45.5	36.5	100	1	100
7	特殊件生产	35	85		120	3	360
8	原材料库	已确定					0
9	在制品库				400		400
10	装配	已确定					0
11	车间厕所				75		75
12	车间办公室	已确定					0
	合计						2 585

备注：厂内办公或服务区则可以结合实际情况按照一定比例规则进行设计。诸如盥洗室的布局为：①要求离员工 200 feet 的范围内。②每 20 个员工应该有一个盥洗室。③当员工在 100 人以内时每 20 人一个马桶；100 人以上时一般每 25 人一个马桶。④200 人以内，每 40 个男性员工应建一个便池，超过 200 人每 60 人则增加一个便池。而餐厅的布局，每个售餐窗口的排队区域可设计为长 30 feet、宽 10 feet 等。

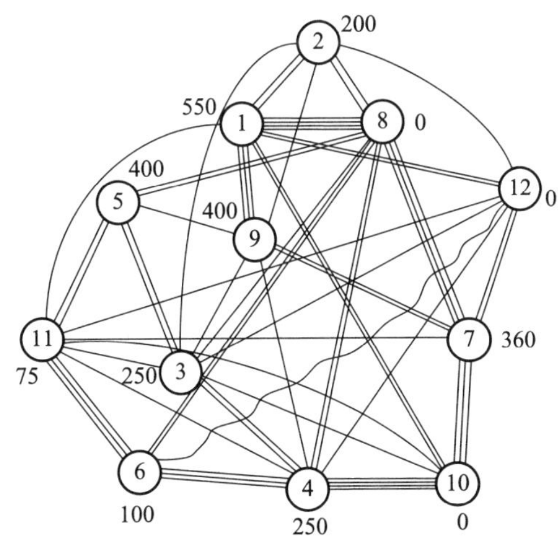

图 4-19 含面积值之活动关系图(m^2)

首先构建评价指标，包括是否便于服务、是否易于管理等，具体指标见表 4-10。各指标权重、各个方案的各指标得分如表 4-10 所示，最后选定方案Ⅲ。

第 6 步，详细布局选定的方案。

根据上述选定的最终方案绘制出全厂的详细布局。如图 4-21 所示。

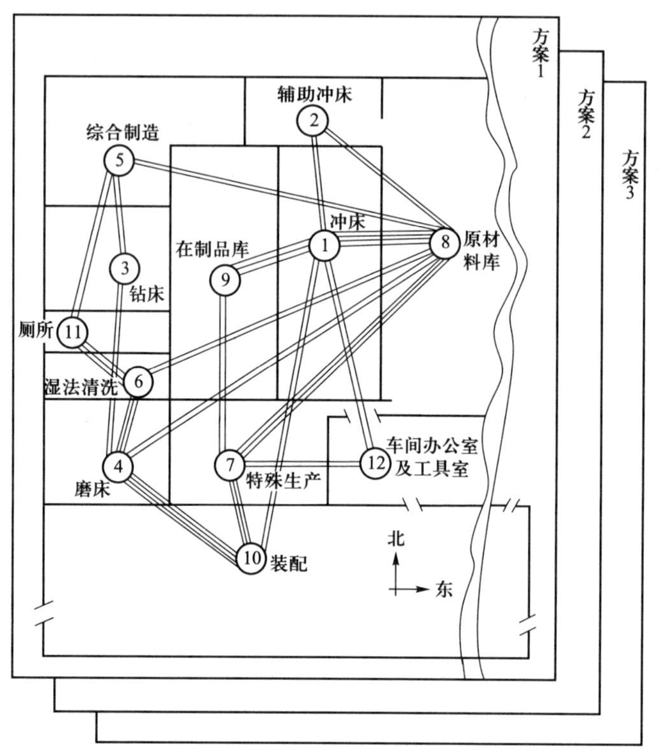

图 4-20 面积相关布局图

表 4-9 三种方案

方案	Ⅰ:冲床在上端;综合加工在右侧。 Ⅱ:冲床在左端;综合加工在右侧。 Ⅲ:冲床在右侧;综合加工在左侧。

表 4-10 各方案得分

评价指标	权重	打分值		
		Ⅰ	Ⅱ	Ⅲ
(1)便于服务	6	2	3	3
(2)易于管理	5	1	4	2
(3)物流及搬运经济	10	2	3	4
(4)灵活性	8	1	1	2
(5)投资少	8	3	2	4
(6)外观及便于管理	3	4	3	2
合计		81	101	122

评定值: 4分:几乎是理想的
3分:特别好
2分:效果显著
1分:效果一般

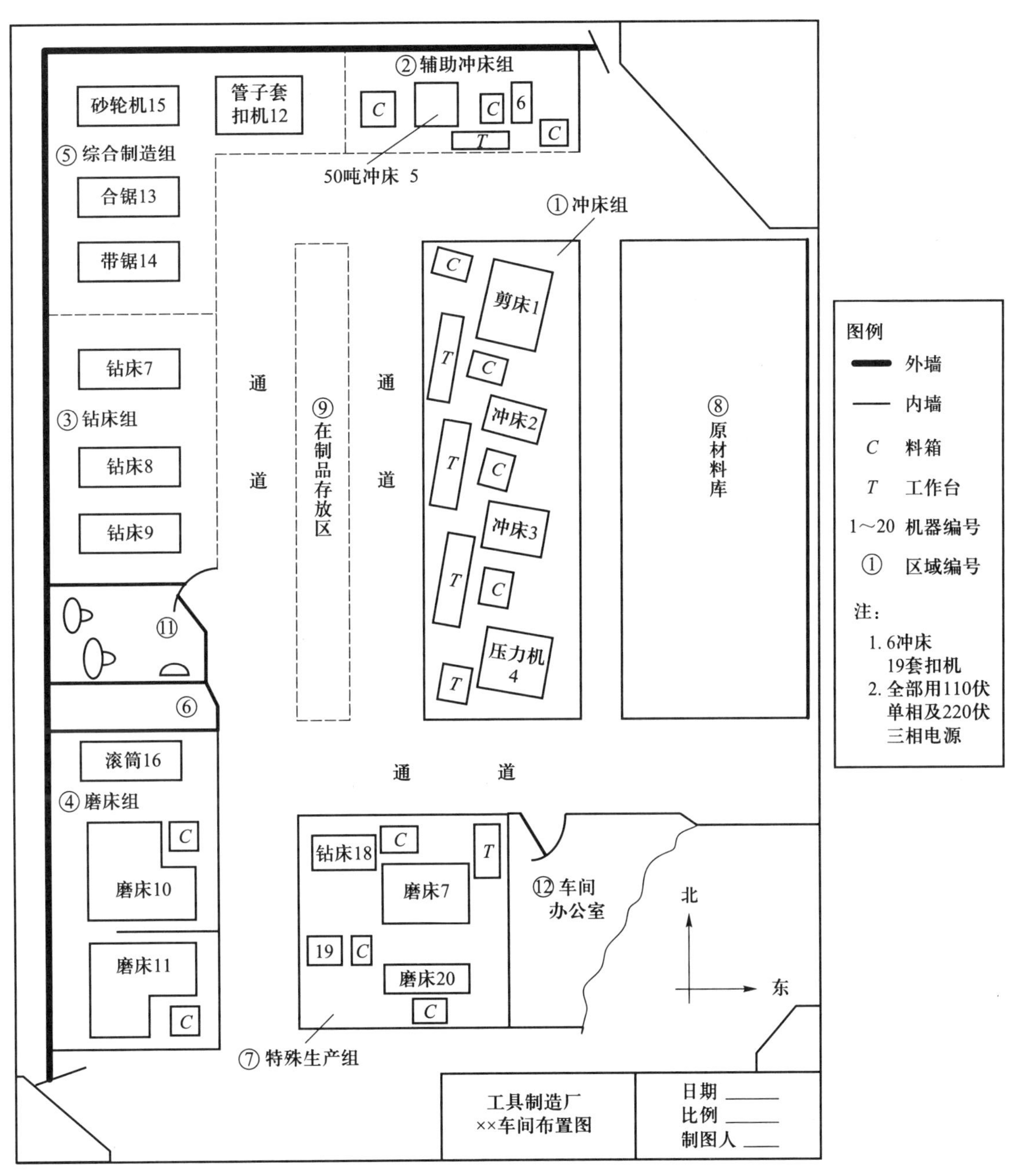

图4-21 详细布局图

资料来源：潘志洪．车间管理手册．北京：科学技术文献出版社，1986：12.

本章小结

生产过程指从生产技术准备开始,直到把产品制造出来为止的全部过程。合理组织生产过程的基本要求为生产过程的连续性、生产过程的平行性、生产过程的比例性、生产过程的均衡性和生产过程的适应性。

小企业生产的产品简单,主要考虑产品结构、自制/外包决策等。而大企业由于生产的产品品种比较多,除这些工作之外,还要分析产品数据,包括P(product)、Q(quantity)、R(route)、S(service)、T(time),开展生产流程优化、设备选型、盈亏平衡分析,以及生产各阶段工艺能力分析和生产成本核算等工作。

企业的生产过程包括基本生产过程、辅助生产过程、生产服务过程及附属生产过程。与之相对应,企业设立基本生产部门、辅助生产部门、生产服务部门和附属部门。

生产单位的组成有两种专业化形式:工艺专业化形式和对象专业化形式。工艺专业化形式优点为:对产品变化适应能力强;生产系统可靠性高;有利于工人水平提高。缺点为:加工路线长;协调管理复杂;采用通用设备生产效率低。对象专业化形式的优缺点与之相反。布局的类型包括固定式布局、按产品布局、按工艺过程布局、按成组技术形式布局。

企业的布局工作分为全厂布局和车间布局。布局设计的原则为:①保证运输路线最短;②生产协作关系密切的车间和单位应就近布局;③布局紧凑,占地面积小;④保证安全生产,有利于职工的健康;⑤考虑长远生产发展的需要。

系统布局设计(system layout planning,SLP)主要步骤为:①绘制作业相关图;②列出各作业单位所需要的面积;③绘制活动关系图;④绘制面积相关布置图,给出布置初始方案;⑤设计评价指标,评价各种方案;⑥详细布局选定的方案。

思考题

1. 什么是生产过程?组织生产过程有哪些基本要求?
2. 生产单位的组成有两种专业化形式:工艺专业化形式和对象专业化形式。试阐述这两种专业化形式的定义、优缺点和适用范围。
3. 企业的布局工作分为全厂布局和车间布局,试问布局的类型有哪些?工厂布局有哪些原则?
4. 试阐述系统布局设计SLP(system layout planning)的主要步骤。
5. 调查一家企业的布局情况,试分析其布局的合理性,并提出改进措施。

即测即评

本章附录

附录 4-1

附录 4-2

第5章　生产流水线的设计与改进

原则远比技术重要(the principle was more important than the technology),生产流水线就是把工作带到工人的面前而不是把工人带到工作面前。这就是我们生产的真正原则,传送带只不过是许多方法中的一种。

——福特(1926年)

学习目标

1. 了解组织流水生产的条件,分析组织流水线的合理性。

2. 掌握零部件生产流水线设计的步骤,重点掌握节拍的计算、每道工序的设备数量和效率的计算,以及工序同期化工作的方法。

3. 掌握装配流水线设计与平衡的步骤,重点掌握装配线工序同期化的方法——应用前面作业最少规则进行作业分配,实现工序同期化。注意区分零部件生产流水线设计与装配生产线设计两者的异同点。

4. 了解装配线劳动力成本的计算方法,深刻理解需求不足造成生产线能力浪费,以及生产线平衡对劳动成本降低的作用和意义。

引导案例

在麦当劳,当前台将顾客需求输入计算机后,后台即刻按订单依次开始烘焙面包、添加调料、放置肉饼等工作。如果在午饭、晚饭的高峰期,则另加两位操作员工。如图5-1所示,整个过程仅需45秒钟。

运行时间	0:00	0:11	0:31	0:45		1:30
工作时间(秒)		11	20	14	0	45
工作	1. 下单	2. 烘焙面包	3. 添加调料	4. 在面包上放置肉饼	5. 根据订单立即进行挑选以保持新鲜	6. 顾客服务(订单及支付)

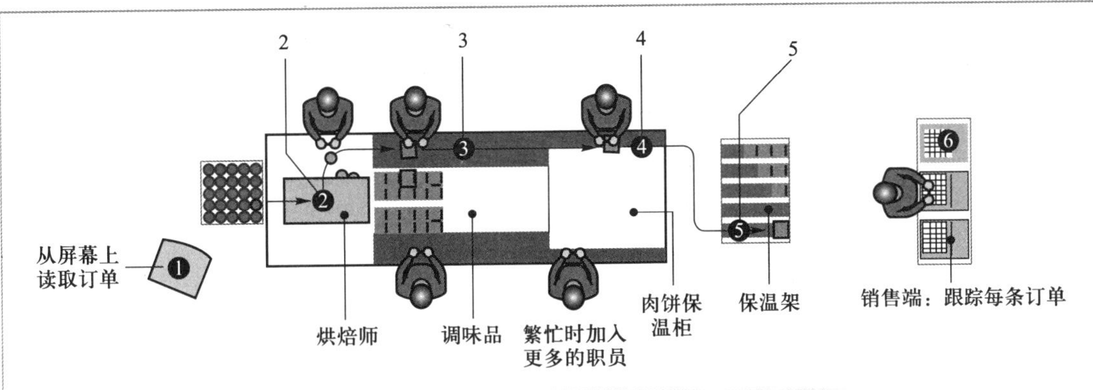

图 5-1 麦当劳流程线

思考题：

1. 烘焙面包、添加调料和放置肉饼 3 个作业时间分别为 11 s、20 s、14 s，负荷不均衡给运营管理带来哪些问题？

2. 在高峰期与顾客人少时，应该如何安排员工，满足顾客服务水平要求，同时减少员工人数？

3. 麦当劳流水线的运作需要员工们团队合作，各个员工的工作效率又存在较大差异。如何考核，解决吃大锅饭问题，充分发挥员工积极性？

1913 年，福特应用创新理念和反向思维逻辑，提出在汽车组装中，汽车底盘在传送带上以一定速度从一端向另一端前行，前行中逐步装上发动机、操控系统、车厢、方向盘、仪表、车灯、车窗玻璃、车轮，完成一辆完整的汽车组装，整个组装过程构成了世界上第一条流水线，见图 5-2。应用流水线，每辆 T 型汽车的组装时间由原来的 12 小时 28 分钟缩短至 90 分钟，生产效率提高了 8 倍！100 多年以来，福特发明的生产流水线依然广泛应用于制造企业。

图 5-2 福特建立的世界上第一条生产流水线

本章介绍流水线的基本情况，包括流水线的特征、组织流水线的基本条件和流水线的分类，重点介绍零部件生产线和装配流水线这两种生产线设计方法和设计步骤。为了让企业管理者深刻理解需求不足造成生产线能力浪费，以及生产线平衡工作的意义，最后介绍装配线劳动力成本的计算方法。通过案例对比分析，揭示不同的生产流水线设计方案所导致的劳动成本上的巨大差异。

5.1 流水线生产的概述

5.1.1 流水线生产的概念及特征

流水线生产是指劳动对象按照一定的工艺流程顺利地通过各个工作地，按照一定的节拍完成工序作业的生产过程。流水线生产的基本特征如下：

(1) 工作地专业化程度高，每个工作地只固定地完成一道或几道工序。

(2) 工作地按工艺过程排列，工艺过程一般是封闭的，劳动对象在工艺间单向流动。

(3) 生产具有明显的节奏性，即按照节拍进行生产。节拍是指流水线上生产相邻两件产品的时间间隔。劳动对象在各道工序上按一定的时间间隔投入和产出。

(4) 生产具有较高的连续性，劳动对象在工序间采用平行或平行顺序移动方式，以减少工序之间的间断时间。

从上述流水线生产的特点可以看出，流水线生产过程具有较高的连续性、比例性、平行性、节奏性的特点，因而是一种先进的生产组织形式。

5.1.2 组织流水线生产的条件

组织流水线生产，需要考虑以下几个条件：

(1) 产品的产量要足够大，以便使流水线固定生产一种或少数几种制品。否则需要经常调整设备，更换生产对象，影响流水线生产组织优势的发挥。

(2) 产品结构以及产品工艺要相对稳定，因为流水线生产具有工作地专业化程度高的特点，流水线生产采用的基本都是专用设备和工艺装备。为此要求产品的结构和工艺具有一定的稳定性，以便充分发挥专用设备和工艺装备的作用。如果产品设计未定型，或未实现标准化，工艺不成熟，会使专门设计的流水线无法适应。

(3) 可靠的物料供应。生产所需要的各种物料按质、按量、按时、按地发送到各工位。任何所需物料供应脱节，都会造成流水线全线停产，造成严重损失。

(4) 生产的机器设备必须处于良好状态，为此要求对生产线设备严格执行计划预修制度、点检制。

(5) 生产的产品符合质量标准，每一道工序上的在制品和成品，都能随时在流水线上开展质量检验工作，严格保证产品质量。尤其要做好首件检验和抽样检验工作。

5.1.3 流水线生产的分类

按照流水线上生产对象的数目可将流水线分为单一对象流水线和多对象流水线。

单一对象流水线是指流水线上只固定生产一种产品。单一对象流水线按生产性质又细分为两种：一种是零部件生产线(fabrication line)；另一种是装配生产线(assemble line)。零部件生产线主要是利用高度自动化的设备生产零部件，其特点是自动化程度高，主要解决上下工序机器生产能力平衡的问题。装配生产线即是将生产好的零部件和外购件按装配工序进行组装完成产品，主要解决的是装配线平衡问题。

当单一产品的产量不够多，不能保证设备足够的负荷时，应组织多对象流水线。即将结构、工艺相似的两种及以上制品，统一组织到一条流水线中生产，这样的流水线也称多对象流水线。

多对象流水线又分为可变流水线、成组流水线和混合流水线，见图 5-3。其中可变流水线的特点是：集中轮番地生产固定在流水线上的几个对象，当某一种制品完成一个批量后，即调整设备和工艺装备，然后开始另一种制品的生产。实际上，在某一时间段内，流水线上仅生产一种制品。

成组流水线不是成批地轮番生产，而是在一定时间内同时或顺次地进行生产。由于生产对象是按照成组加工工艺和使用专门的成组工艺装备来完成的，在变换产品品种时一般不需要重新调整设备和工艺装备。

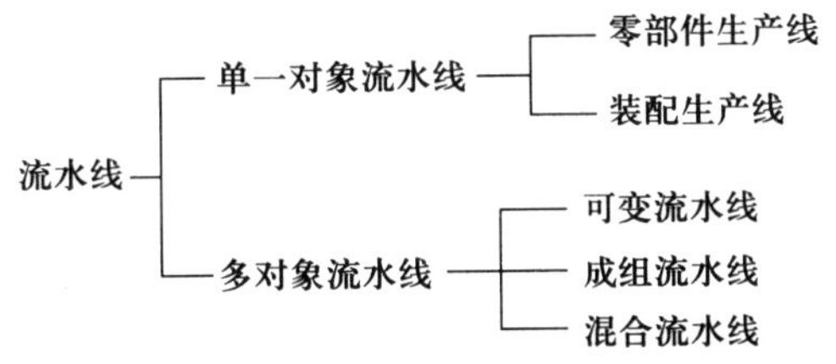

图 5-3 按生产对象数目划分流水线

混合流水线的特点是：在流水线上同时生产多个品种，各品种均匀混合流送，组织相间性的投产。

【例 5-1】 A 产品需要 300 件，B 产品 200 件，C 产品 100 件，如何组织流水线的生产？

策略一：单一产品流水线

设计 3 条流水线，分别生产 A 产品、B 产品和 C 产品。

策略二：可变流水线

设计一条可变流水线，这条生产线上先生产 300 件 A 产品，然后对生产线作调整，再生产 200 件 B 产品，之后再次对生产线做调整，最后完成 100 件 C 产品的生产。

策略三：混合流水线

ABABAC…ABABAC，ABABAC 为一个连锁，一共 100 个连锁。见图 5-4。

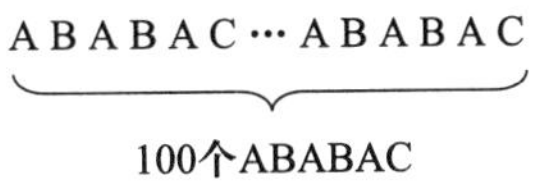

ABABAC…ABABAC

100个ABABAC

图 5-4 混合流水线

5.2 零部件流水线的设计

流水线的设计主要包括技术设计和组织设计。技术设计包括工艺路线、工艺规范的制定,专用设备的设计,以及运输传送装置的设计等。组织设计主要包括流水线的节拍和生产速度的确定、设备需要量的计算、负荷计算、工序同期化、工人配备、生产对象运输传送方式设计以及流水线的平面布置等工作。

本节主要研究零部件流水线的组织设计。零部件流水线的组织设计步骤包括:①收集资料,分析组织流水线的合理性;②计算流水线的节拍;③工序同期化,计算设备(工作地)数量;④确定流水生产线上的工人数;⑤选择流水线上的运输装置;⑥流水线的平面布置。

5.2.1 收集资料,分析组织流水线的合理性

主要收集资料:

(1) 产品的生产任务;

(2) 产品结构;

(3) 工艺路线;

(4) 加工次序;

(5) 车间的厂房建筑和生产面积;

(6) 车间平面布置图;

(7) 工时定额及实际完成。

5.2.2 计算流水线节拍

流水线节拍是指流水线上生产相同两个产品的时间间隔。流水线节拍表明流水线生产效率,是流水线的重要工作参数。其计算公式如下:

$$r=\frac{F}{Q} \tag{5-1}$$

式中:r——流水线节拍(分/件);

F——计划期内有效工作时间(分);

Q——计划期内产品产量(件)。

其中:

$$F=F_{制}\cdot K$$

$F_{制}$——计划期制度工作时间(分);

K——时间利用系数。

系数 K 主要考虑设备检修、更换模具、设备调整的时间,另外还要考虑工人在工作期间休息的时间,一般系数取 0.9~0.96。如两班制工作,时间利用系数为 0.95,则:

$$F=F_{制}\cdot K=306\text{ 天/年}\times 2\times 8\text{ 小时/班}\times 0.95\times 60\text{ 分钟/小时}=279\ 072\text{ 分钟}$$

计划期内产品产量 Q 不仅要考虑生产计划的规定量,还要考虑生产过程中预计废品数量

和备件数量。

【例 5-2】 某产品流水线计划期某年产量 20 000 件,外销备件 1 000 件,废品率为 2%,采用二班制,每班工作 8h,时间利用系数为 95%,求流水线的平均节拍。

解:$Q=(20\ 000+1\ 000)/(1-0.02)=21\ 429$(件)

$$r=\frac{F}{Q}=\frac{279\ 072}{21\ 429}=13(\text{分/件})$$

5.2.3 工序同期化,计算设备(工作地)数量

工序同期化指通过技术组织措施,调整流水线各工序时间,使它们与节拍相等或成整数倍。工序同期化是组织连续流水线的必要条件。工序同期化程度越高,则流水线设备负荷率越高,并有利于提高生产率和缩短生产周期。

思考题 5-1:为什么要工序同期化?

假定一个产品的加工由工序 1、工序 2 和工序 3 这 3 道工序组成(见第 4 章的图 4-4),各道工序的时间分别为 $t_1=1$ 分钟/件,$t_2=2.3$ 分钟/件,$t_3=2$ 分钟/件,$r=1$ 分钟。

工序 1 为 1 台设备,工序 3 有 2 台设备。问题在于:工序 2 如果摆放 2 台设备,则来不及生产;如果是 3 台设备,则有富余。如果 $t_2=3$ 分钟/件,则很容易解决工序 2 的设备台数问题。这就是工序同期化的必要性。

思考题 5-2:如何做好工序同期化工作?

答:工序同期化的重要方法是工序的分解与合并。即根据节拍,将某些大工序(工序时间长)分解为两个或几个小工序;将某些小工序合并为一个工序。通过这种分解与合并,达到各工序的时间等于或成倍于节拍的要求,每道工序单件时间与节拍的差额,在+(10%~15%)到-(5%~10%)之间。其他措施包括:

- 提高设备的机械化、自动化水平,采用高效率的生产设备,减少工序作业时间。
- 采用高效率的工艺装备,如快速安装夹具、模具,以减少更换夹具、模具的辅助作业时间。
- 改变加工方法,减少切削时间,如改变切削用量、采用高效刃具、减少走刀次数等。
- 改进工作地布置,减少辅助操作时间。
- 提高工人操作的熟练程度和工作效率,改进劳动组织。

工序同期化后,可计算流水线设备数量及设备负荷率。

每道工序的设备需要量等于工序时间和流水线节拍之比,即:

$$S_{计i}=\frac{t_i}{r} \tag{5-2}$$

式中:$S_{计i}$ ——流水线上第 i 道工序所需设备数;

t_i ——同期化后的第 i 道工序单件工时定额;

r ——流水线节拍。

计算出的设备数如果不是整数,那么就取大于计算值的最小整数,用 S_i 表示:

$$S_i=[S_{计i}]$$

式中：[ ]——大于或等于 $S_{计i}$ 的最小整数。

工序设备负荷系数计算公式如下：

$$\eta_i = \frac{S_{计i}}{S_i} \tag{5-3}$$

工序数为 m 的流水线，平均设备负荷系数 $\eta_{平}$：

$$\eta_{平} = \frac{\sum_{i=1}^{m} S_{计i}}{\sum_{i=1}^{m} S_i} \tag{5-4}$$

式中：m——流水线上总的工序数。

设备的负荷系数 $\eta_{平}$ 表明了流水线上设备的利用情况，决定了流水线的连续程度。在实际的生产中，有：①设备负荷率 $\eta_{平}$ 一般要求不低于 75%。②当 $\eta_{平}=0.85\sim1.05$ 时，就可以组织连续流水线。③当 $\eta_{平}=0.75\sim0.85$ 时，以组织间断流水线为宜。

需要指出的是，工序同期化和流水线上设备需要量的计算往往是同时进行的，工序同期化的过程也是寻求设备数目最小的过程。

【例 5-3】 某生产线生产零件 A，共有 8 道工序，各工序的时间如表 5-1 所示，$r_A=5.04$ 分/件。试计算各道工序所需要的设备数、工序设备负荷系数 η_i 以及平均设备负荷系数 $\eta_{平}$。

表 5-1　各工序工时　　单位：分钟

工序号	1	2	3	4	5	6	7	8	合计
t_{A_i}(分)	4.7	9.0	9.2	4.6	4.3	8.9	4.0	3.8	48.5

解：(1) 已知 $r_A=5.04$ 分/件，计算各工序所需要的设备数为：

$$S_{A_i} = \frac{t_{A_i}}{r_A}, \quad i = 1,2,\cdots,8$$

(2) 各道工序所需要的设备数为：

$$S_i = [S_{Ai}]$$

(3) 计算各道工序上设备的负荷系数：

$$\eta_i = \frac{S_{Ai}}{S_i}$$

(4) 平均设备负荷系数 $\eta_{平}$：

$$\eta_{平} = \frac{\sum_{i=1}^{m} S_{Ai}}{\sum_{i=1}^{m} S_i} = 87\%$$

计算结果见表 5-2。

表 5-2　各工序设备数、工序设备负荷系数及平均设备负荷计算结果

	工序号	1	2	3	4	5	6	7	8	合计
零件 A $r_A=5.04$(分/件)	t_{A_i}(分)	4.7	9.0	9.2	4.6	4.3	8.9	4.0	3.8	48.5
	$S_{A_i}=\frac{t_{A_i}}{r_A}$	0.93	1.78	1.83	0.91	0.85	1.77	0.79	0.75	
	应取设备数	1	2	2	1	1	2	1	1	
	η_i	0.93	0.89	0.915	0.91	0.85	0.885	0.79	0.75	
	$\eta_{平}$	0.87								

5.2.4　确定流水线上的工人数

在以手工操作为主的流水线上，每道工序配备的工人数量为：

$$P_i = S_i \cdot W_i \cdot g \tag{5-5}$$

式中：P_i——第 i 道工序的工人人数；

S_i——第 i 道工序的工作地数；

W_i——第 i 道工序上每一工作地同时工作人数；

g——每日工作班次。

整条流水线上的工人人数则为各道工序上工人人数之和。

在以设备加工为主的流水线上，计算工人人数时，要考虑工人的设备看管定额。设备的类型不同，设备的看管定额就不一样，在粗略计算流水线上的工人人数时，可按平均看管定额计算，另外还要考虑后备工人的比重，则流水线上工人数量 p 的计算公式为：

$$p = g\frac{S_n}{S_{看}}\left(1+\frac{b}{100}\right) \tag{5-6}$$

式中：S_n——流水线上总工作地数；

$S_{看}$——平均设备看管定额；

b——后备工人百分比。

思考题 5-3：影响生产线配备工人数的因素有哪些？自动化生产线需要配备哪些人员？

答：影响因素包括各工序对工人的工种要求、每个工作地（设备）的定额人员数、每天开动班次和后备工人等。另外，完成作业的机械化程度，工人的操作水平、责任心和学习能力，作业分工等也影响配备工人数。

随着生产线自动化程度提高，配备的操作工人越来越少，甚至出现了无人操作车间。为了确保设备安全可靠运行，将设备的预防维修和点检工作重要性体现出来，相应地需要配备更多设备巡检人员和维修人员。

5.2.5　选择流水线上的运输装置

流水线上使用的运输装置有许多种，如传送带、传送链、滚道、重力滑道及各种运输车辆（典型的如叉车），见图 5-5。在流水线上采用什么样的运输方式和运输设备，主要考虑的因

素有加工对象的形状、尺寸、重量和精度要求等。

图 5-5(a)为传送带,图 5-5(b)为传送链,图 5-5(c)为滚道,图 5-5(d)为重力滑道图 5-5(e)为液压车,图 5-5(f)为叉车。

(a) (b) (c)

(d) (e) (f)

图 5-5 各类运输装置

在连续流水线上,为了保证按规定的节拍生产产品,采用机械化的运输装置,如传送带。工人将在该工序已完成的制品放在传送带上,并同时在传送带上取下需要加工的制品,传送带按照节拍要求的平均速度连续运动,将制品传送到下一工序。

流水线上传送带的速度计算公式如下:

$$v = \frac{l}{r} \tag{5-7}$$

式中:v ——传送带的速度(米/分);

l ——相邻两工作地或者两个制品的中心距(米)。

l 取决于两个工作地之间的距离,或者根据产品尺寸和相邻产品间的最小工作范围的长度决定。当传送带上的产品不太大时,l 可以取 1~1.2 米。

对于强制节拍流水线,传送带速度 v 一般选择在 0.1~0.2 米/分的范围,装配较小产品时,v 为 0.1~0.5 米/分。自由节拍流水线,传送带的速度值范围为 0.2~0.5 米/分。

传送带总长度 L 取决于 l、流水线的工序数 m、每道工序的工作地数 S_i,以及工作地的排列方式。当工作地单向排列时,传送带的计算公式为:

$$L = \sum_{i=1}^{m} l \cdot S_i + l_{附} \tag{5-8}$$

式中：L ——传送带总长度；

m ——流水线上的工序数；

$l_{附}$——传送带两端附加长度。

间断流水线在选用运输工具时，还必须考虑在制品的储存问题。这是因为上下游工序生产率不同，或者设备故障原因，产品生产过程时断时续，中间发生停顿等待现象，为此生产线设计时，在两道工序之间设计缓冲，见图 5-6。

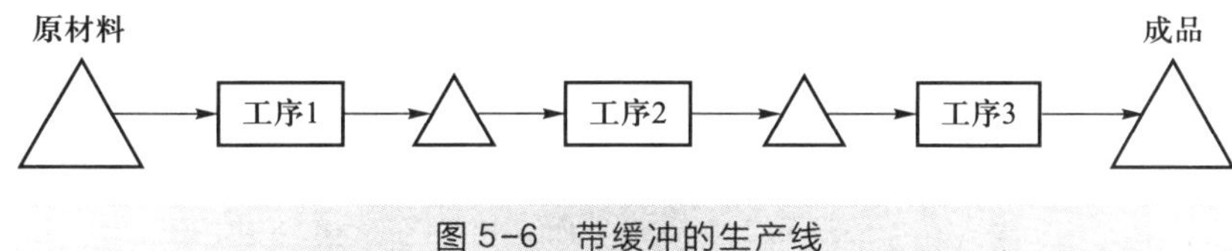

图 5-6 带缓冲的生产线

5.2.6 流水线的平面布置

流水线的平面布置应保证零件的运输路线最短，便于工人操作；流水线之间紧密衔接，充分利用生产面积，便于流水线上设备的检修等。根据这些要求，流水线平面布置时应考虑三个问题：流水线的平面布置的形式、流水线内工作地的排列方法、各流水线的衔接。

1. 流水线的平面布置的形式

流水线平面布置的形状多种多样，图 5-7 显示了流水线布置的一些常见形式。

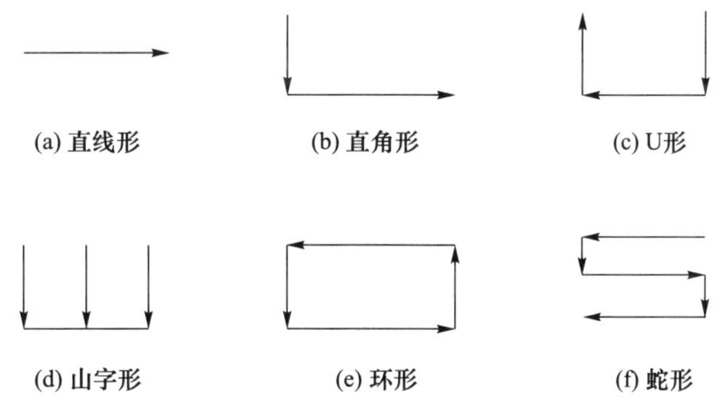

图 5-7 流水线常见形状图

每种生产线组织形式都有其优缺点与特定的适应范围。直线形流水线用于工序较少并且每道工序工作地数较少的情况。当工序或工作地数较多时，可采用双行直线排列。当工序或工作地数更多时，可采用直角形、U 形或蛇形布置。山字形布置一般用于零件加工与装配相结合的情况。环形在工序循环重复时采用，比如用于铸造流水线。

2. 流水线内工作地的排列方法

流水线内工作地的排列有单列和双列之分。单列直线形流水线多在工序少、每道工序的工作地也少的条件下采用，见图 5-8(a)。当工序与工作地的数量较多，且车间的长度不够时，可采用双列直接排列，见图 5-8(b)。

在排列流水线内工作地时，要符合工艺线路，当每道工序上的工作地数在两个以上时，就要考虑同一工序工作地的排列方法。一般当有两个或四个同类工作地时，应将它们分列在运

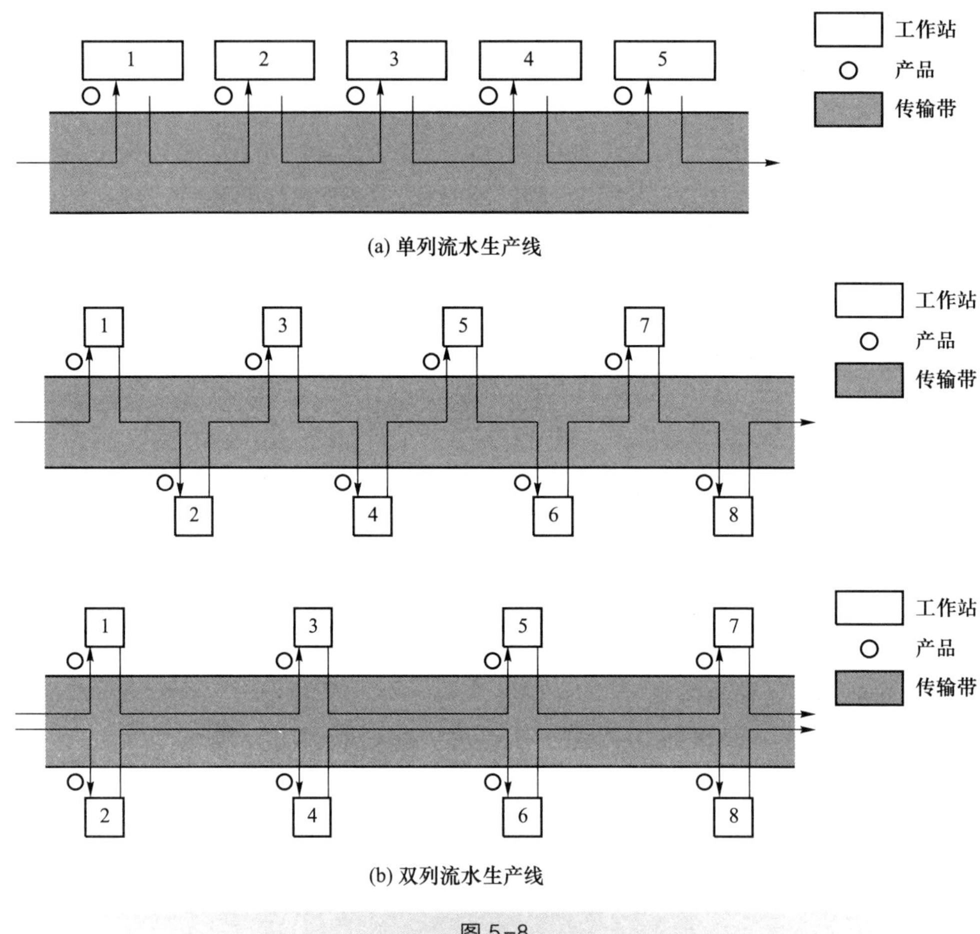

图 5-8

资料来源:潘志洪．车间管理手册．北京:科学技术文献出版社,1986:35.

输路线的两侧。当几台设备由一个工人看管时,还应注意工人的最短运动距离,以避免无效劳动,减轻工人劳动强度,提高生产的经济效果。

3. 各流水线的衔接

流水线的位置以及流水线间的衔接,应根据零件加工、部件装配和产品总装配所要求的顺序进行安排,整个布置要符合产品总流向,从而可以缩短运输路线,减少运输工作量,消除无效劳动。精益生产中各 U 形线的衔接,有效地解决了人员零头问题。

在进行流水线平面布置时,除了遵循上述一般原则外,还应考虑一些具体条件:车间的生产面积,毛坯输入和成品输出的条件,通风设备、运输装置及动力系统的位置等。

思考题 5-4:掌握生产线设计的基本步骤后,在分析组织流水线的合理性时,应该收集哪些资料?企业要提高管理水平,应该做好哪些方面的管理基础工作?

答:(1)收集资料包括:产品的生产任务;产品结构;工艺线路;加工次序;车间的厂房建筑和生产面积;车间平面布置图;工时定额及实际完成。(2)重视管理基础工作,包括工时定额的标准及修正、工艺文件的归档管理等工作。

5.3 装配流水线的设计与平衡

一方面,装配流水线各工位负荷不均匀,将造成较大的人力资源浪费。另一方面,市场对产品需求量是波动的。当市场对产品需求波动较大时,将进一步加剧这种浪费。因此,装配流水线的设计与平衡旨在解决各工位负荷不均匀所造成人力资源浪费的问题。同时,提高装配流水线的柔性,适应产品需求量的波动。

装配流水线的设计与平衡,其步骤与零部件生产线设计步骤相似,主要区别在于装配流水线要计算工作站数目,以及将各个作业分配到各个工作站中。具体内容介绍如下。

5.3.1 装配流水线的设计与平衡的步骤

步骤如下:

(1) 绘制作业先后顺序关系图,该图由圆圈和箭头组成。其中圆圈代表单个作业,箭头表示作业操作顺序。

(2) 计算节拍 r 和最少工作站数 $S_{\min}$。

$r=\frac{F}{Q}$ (同式 5-1)

$$S_{\min}=\left[\frac{T}{r}\right] \tag{5-9}$$

式中:$S_{\min}$——最少工作站数;

T——单位产品总装配时间,$T=\sum_{i=1}^{m}t_i$ 即是各个作业时间之和;

r——节拍;

[ ]——大于或等于 $\frac{T}{r}$ 的最小整数。

(3) 工序同期化。按照同期化的要求,将各作业分配到各个工作站中,以达到平衡目标。分配作业时必须满足下列几个条件:①要保证各工序的先后顺序;②每个工作站分配到的作业,其时间之和应尽量等于或接近节拍,但不能大于节拍;③工作站数目尽可能少。

之所以要求保证各工序的先后顺序,是装配工艺的要求。每个工作站分配作业的总时间越接近节拍,说明每个工作站的闲置时间(idle time)越少,效率越高。但是如果大于节拍,说明该工作上超负荷了,所以又不能大于节拍。至于工作站数少,意味着装配线上工人人数减少,不仅减少了工人工资支付,而且有更高的生产效率。

作业分配的规则有很多。这里仅介绍简单实用的一种:前面作业最少规则——按前面作业数由小到大的顺序,优先安排前面作业数少的作业。使用该规则时,首先向第一工作站分配作业,一次一项,逐项增加,直到分配到该工作站的作业时间之和等于或接近于节拍,但不能大于节拍。然后重复该过程,向工作站 2 分配作业,然后是工作站 3,直至所有作业分配完毕。

(4) 计算装配流水线的负荷系数。

负荷系数计算公式为:

$$\eta = \frac{T}{S_{min} \cdot r} \tag{5-10}$$

式中：η——装配流水线负荷系数；

T——单位产品总装配时间；

S_{min}——工作站数；

r——流水线节拍。

5.3.2 装配流水线设计的应用举例

【例 5-4】 请根据作业顺序图（见图 5-9）和作业信息表（见表 5-3），进行组装线的设计与平衡，并回答如下问题：

（1）假设每工作日有 420 分钟，希望的产出率是每天 5 件，那么节拍是多少？工作站的最小数量是多少？

（2）采用前面作业最少规则来平衡组装线，并计算组装线的效率。

（3）假设每天有 420 分钟工作，希望的产出率是每天 10 件，则如何改变节拍？此时工作站最小数量是多少？

（4）应用前面作业最少规则重新平衡组装线，试比较效率的变化。

（5）平衡组装线在设计时除了计算节拍和效率外，还应该考虑哪些方面的因素？

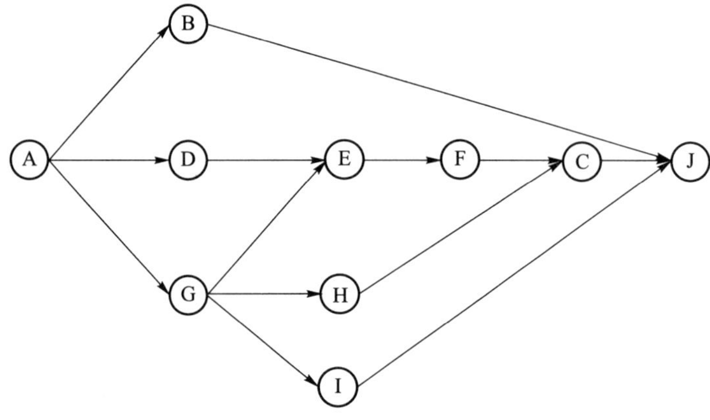

图 5-9 作业顺序图

表 5-3 作 业 信 息

作业代码	作业时间（分钟）	前面作业的数量
A	12	0
B	23	1
C	17	6
D	14	1
E	15	3

续表

作业代码	作业时间(分钟)	前面作业的数量
F	23	4
G	18	1
H	13	2
I	16	2
J	18	9
	合计:169 分钟	

解:(1) 计算节拍和工作站数。

$$r = \frac{F}{Q} = \frac{420}{5} = 84(\text{分钟})$$

计算工作站数:

$$S_{\min} = \left[\frac{T}{r}\right] = \left[\frac{169}{84}\right] = [2.01] = 3$$

即工作站最小数量为 3 个。

(2) 采用前面作业最少规则来平衡组装线。

首先将各作业按其前面作业的数量大小进行升序排列,见表 5-4。

表 5-4 按前面作业最少规则排列作业

作业代码	作业时间(分钟)	前面作业的数量
A	12	0
B	23	1
D	14	1
G	18	1
H	13	2
I	16	2
E	15	3
F	23	4
C	17	6
J	18	9

然后,把工作分配到各工作站里:

往第一个工作站分配作业时,首先分配 A、B、D、G 这 4 项作业,这 4 项作业时间累计为 A+B+D+G=12+23+14+18=67 分钟,低于节拍值 84 分钟。如果再分配 H=13 分钟,I=16 分钟这两项作业,则工作站一的时间和=67+13+16=96 分钟>84 分钟,因此只能选一项。之所以选 I=16 分钟作业,而不是 H=13 分钟作业,原因在于选 I,作业时间总和最接近节拍。所以第一工作站分配作业为 A、B、D、G、I,见图 5-10。

第一个工作站包括:A、B、D、G、I=12+23+14+18+16=83(分钟)。

同理:

第二个工作站包括:E、F、C、H=15+23+17+13=68(分钟)。

第三个工作站包括:J=18(分钟)。

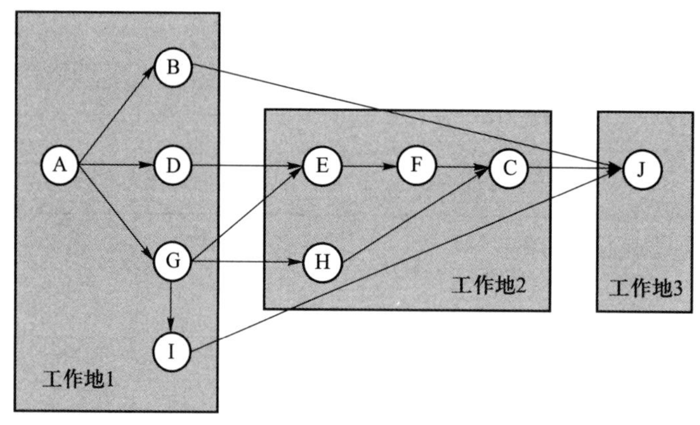

图 5-10 节拍 r =84 时工作站数及其相应分配的作业

最后计算效率:

$$\eta = \frac{T}{S_{\min} \cdot r} = \frac{169}{3 \times 84} = 67.06\%$$

思考题 5-5:三个工作站的负荷分别为 83 分钟、68 分钟和 18 分钟,如图 5-11 所示,有人认为负荷不均匀,提出改进。方案 A:所有作业由三个工作站平均负荷。方案 B:减少一个工作站,仅由两个工作站完成任务。两种方案如图 5-12 所示。请分析这两种方案优缺点,并提出你的观点。

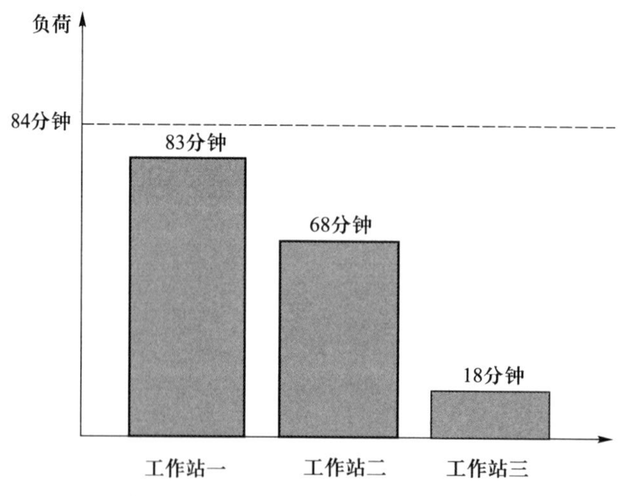

图 5-11 各工作站负荷

答:方案 A,三个工作站负荷均衡,显得比较公平,大家心理平衡,不足之处是效率没有提高,依然是 67%。更严重的后患在于:作业平均分配将掩盖问题。大家以为平均 27.7 分钟的余力(84−56.3=27.7分钟,这是窝工的浪费)连续工作,就会养成固定作业的规律。因此,对下一步的改进,常常会产生一种抵触情绪——工作量增加就更累人了。

方案B:优点是显著地提高了工作效率,2个工作站的效率为:

$$\eta=\frac{T}{S_{\min}\cdot r}=\frac{169}{2\times 84}\geqslant 100\%$$,意味着超负荷运行。

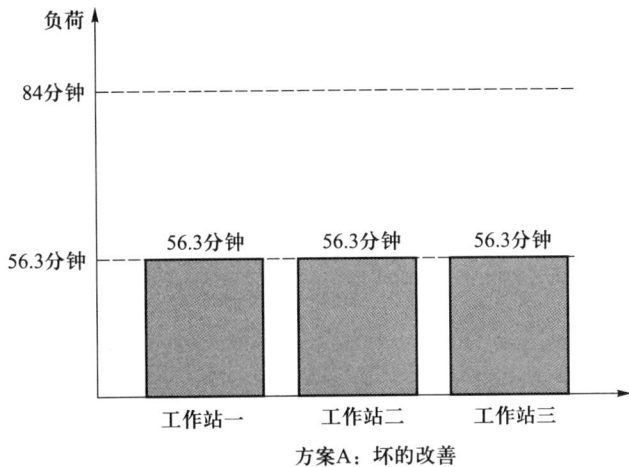

负荷
84分钟
56.3分钟
56.3分钟 56.3分钟 56.3分钟
工作站一 工作站二 工作站三

方案A:坏的改善

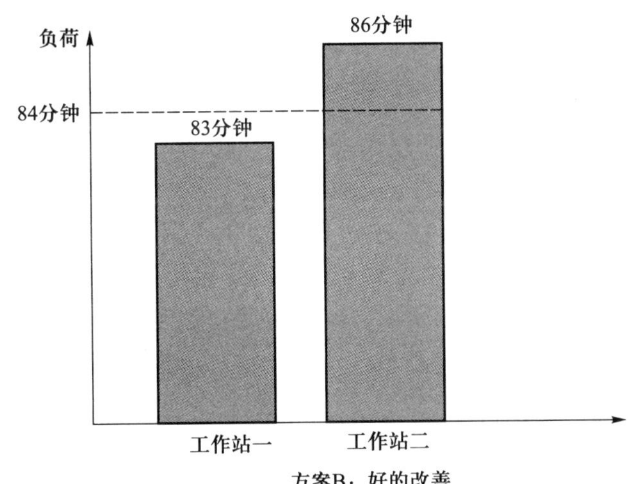

方案B:好的改善

图5-12 节拍 r=84时,装配线改进方案

评价:方案A是吃“大锅饭”思想,效率没有提高,不值得提倡。方案B是改进方向,也体现了精益生产中“少人化”的思想。至于方案B中工作站2的负荷为86分钟,比正常节拍多2分钟,可以采取以下措施解决超负荷问题:聘用操作技巧高的工人;工作站2采用加班方式;产品重新设计稍微减少作业时间;改进加工工艺缩短加工时间等。

(3)改变后的节拍。

节拍=420/10=42分钟。产出率的变化,直接影响最少工作站的数量。改变节拍后的最少工作站的数量=169/42=[4.02]=5。

（4）重新平衡组装线。

由于节拍、工作站数都已经发生变化，相应地，各工作站分配的作业也发生变化。第一个工作站包括 A、B；第二个工作站包括 D、G；第三个工作站包括 E、F；第四个工作站包括 H、I；第五个工作站包括 C、J。见图 5-13。

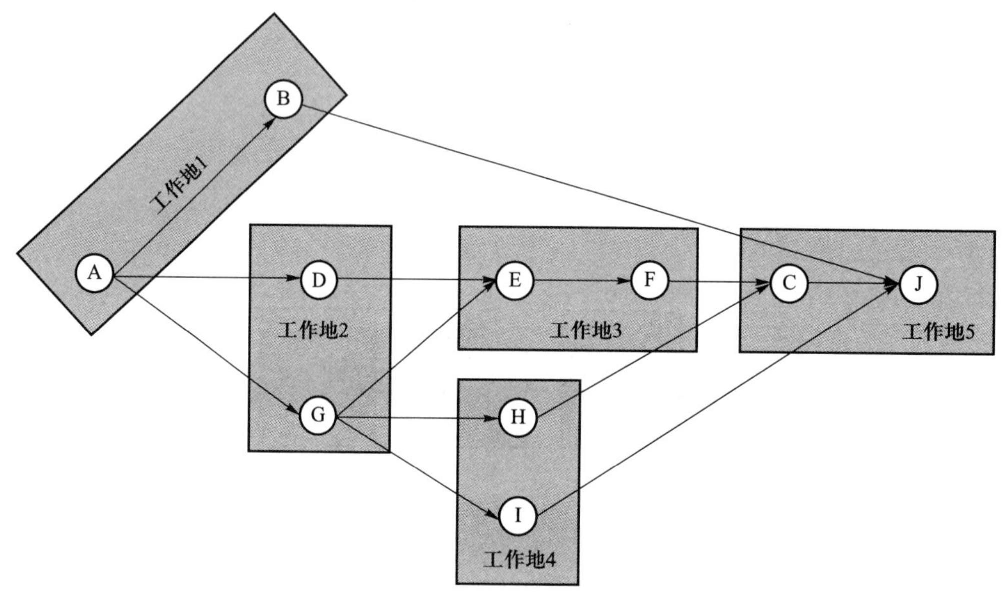

图 5-13 节拍 r=42 时工作站数及其相应分配的作业

节拍 $r=84$ 分钟变化为 $r=42$ 分钟后，效率提高到：

$$\eta=\frac{T}{S_{\min}\cdot r}=\frac{169}{5\times 42}=80.5\%$$

（5）考虑的其他因素包括：①产品品种和结构的变化；②各个作业时间的变化需要在工作站之间建立缓冲，以便工人进行自我调整；③组装线要有利于集体组织和团队工作，有利于工人们建立更多的社会关系。

5.3.3 实例分析：千斤顶装配线设计与平衡

千斤顶（型号为 D12）装配线的生产流程如图 5-14 所示。目前该装配线的日产量仅为 1 300件，管理人员估计每天的产量应该是 1 600 多件。装配线效率偏低原因在于，员工积极性不是很高，但同时管理人员心里也没底：合理的产量是多少？如何提高生产效率和产品质量？

解：

1. 基本思路

对各工位开展工作研究，提高生产率。具体内容包括：

（1）对装配线各工位开展工作研究，消除动作浪费。

（2）测定装配线各工位的时间，找出生产瓶颈。

（3）计算出装配线的产量（件/天），为目标管理提供科学决策依据。

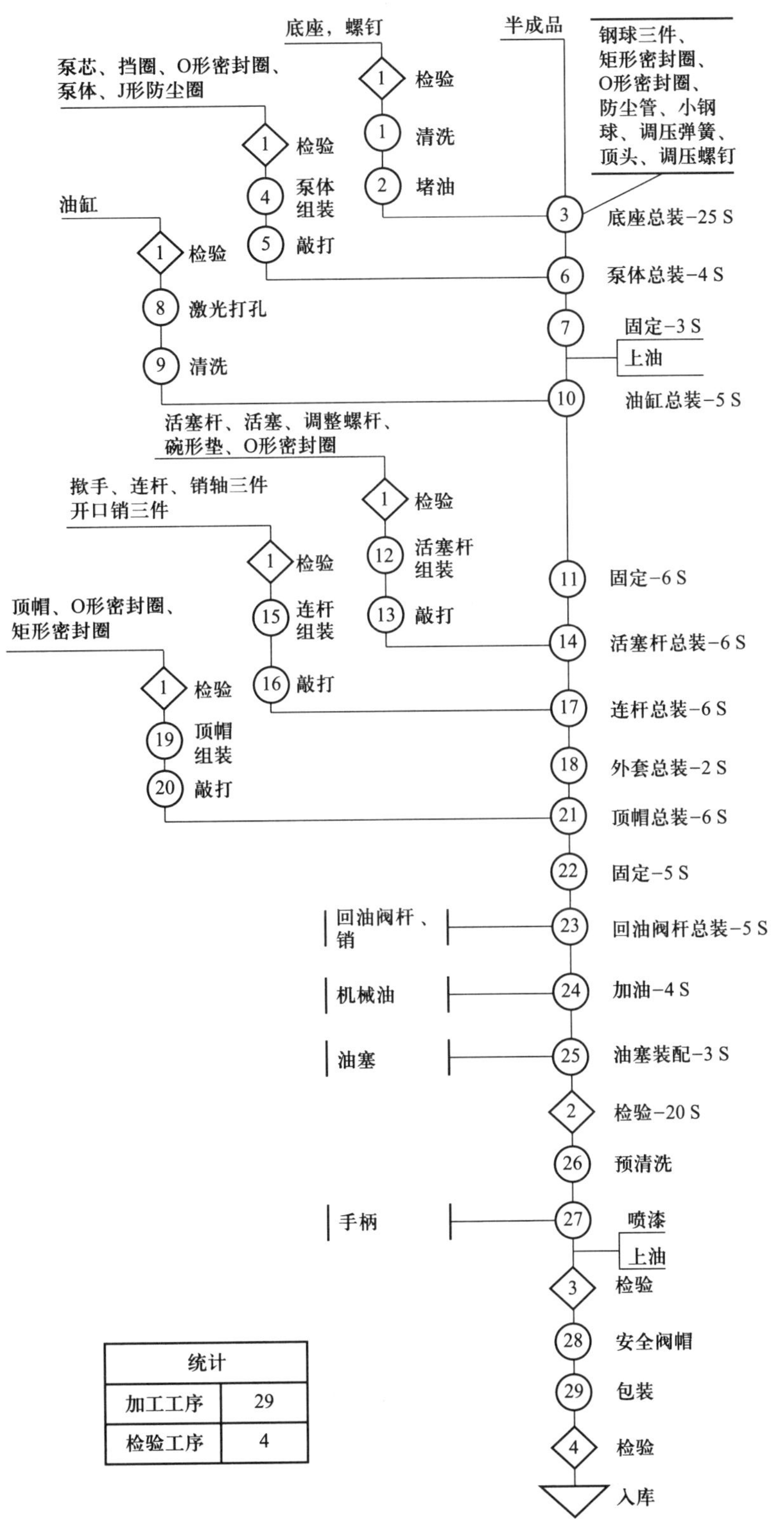
底座，螺钉
半成品
钢球三件、矩形密封圈、O形密封圈、防尘管、小钢球、调压弹簧、顶头、调压螺钉
泵芯、挡圈、O形密封圈、泵体、J形防尘圈
检验
清洗
堵油
泵体组装
敲打
底座总装–25 S
油缸
激光打孔
泵体总装–4 S
固定–3 S
上油
油缸总装–5 S
活塞杆、活塞、调整螺杆、碗形垫、O形密封圈
揿手、连杆、销轴三件开口销三件
活塞杆组装
固定–6 S
连杆组装
顶帽、O形密封圈、矩形密封圈
活塞杆总装–6 S
连杆总装–6 S
顶帽组装
外套总装–2 S
顶帽总装–6 S
固定–5 S
回油阀杆、销
回油阀杆总装–5 S
机械油
加油–4 S
油塞
油塞装配–3 S
检验–20 S
预清洗
手柄
喷漆
安全阀帽
包装
入库
统计
加工工序 29
检验工序 4

图 5-14 千斤顶装配流程

2. 具体对策

（1）分析千斤顶装配流程（见图 5-14），测定各工位上所有作业的时间，见表 5-5。

表 5-5 各工位的操作内容及操作时间

工序	人员数量	操作名称	操作时间
领料			
底座总装	2	取排放底座、2 个钢球、2 个固定钢球、1 个油堵、敲打油堵，放铁圈，2 个密封圈，转移底座	25 秒
领料			
泵体总装	1	取泵芯、初安装、敲打，双手同时操作	4 秒
泵体固定		左手移动泵体、定位、按电源，右手移动泵体	3 秒
油缸总装		取油缸，双手同时操作两个	5 秒
领料			
油缸固定	1	取油缸、定位、按电源	6 秒
活塞杆总装		取活塞杆、安装、移动	6 秒
领料			
连杆总装	2	取部件、零件等 6 个操作，拧紧、移动部件	6 秒
外套总装		取外套、装外套、移动	2 秒
领料			
顶帽总装	1	移动、取顶帽、安装、定位	6 秒
顶帽固定		按电源、移动	5 秒
领料			
回油阀杆总装	1	移动、取回油阀杆和销、安装、移动	5 秒
加油		移动、取加油工具、按电源、加油	4 秒
油塞装配		加油塞、扶起和移动	3 秒
领料			
检验	2	移动、检验、敲打、移动	20 秒

（2）千斤顶的主体装配线，从底座总装到检验结束，共有 14 个工序，划分为 7 个工位（见图 5-15）。

（3）找出生产瓶颈，开展生产线平衡工作。

从图 5-16 可看出，瓶颈在工位 1（25 秒/件），假如节拍为 25 秒/件，每天工作 9 小时，工作效率为 90%，则每天的最低产量为：

$$产量=\frac{9\text{ 小时}\times 3\ 600\text{ 秒/小时}\times 90\%}{25\text{ 秒}}=1\ 166\text{ 件/天}$$

比较可行的方法是按节拍为 12 秒/件，则每天的产量为：

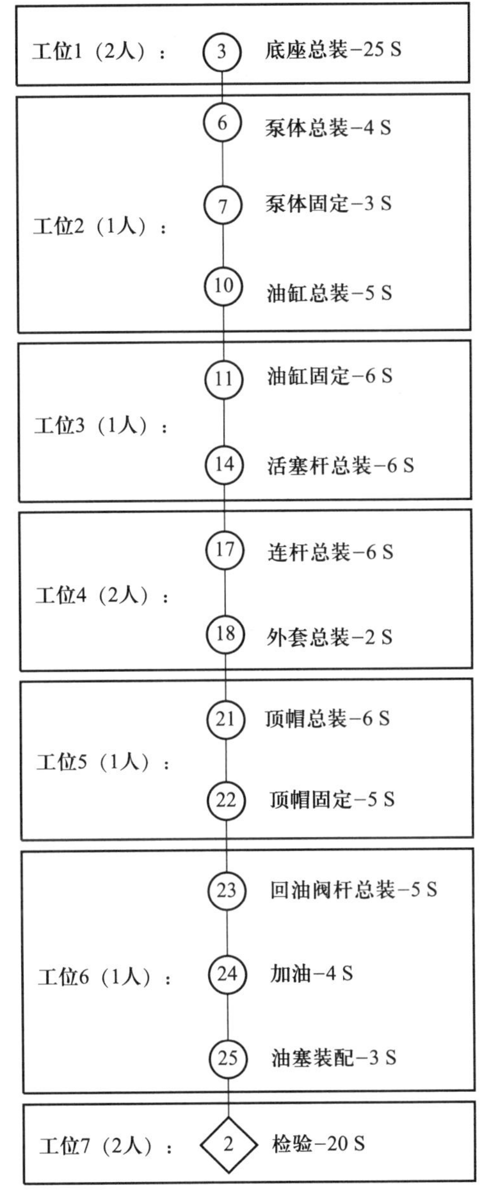

图 5-15 工位分配图

$$产量=\frac{9\ 小时\times 3\ 600\ 秒/小时\times 90\%}{12\ 秒}=2\ 430\ 件/天$$

将上述两者节拍的产量相比较，则可得后者产量比前者提高比率为：

$$\frac{2\ 430-1\ 166}{1\ 166}\times 100\%=108\%$$

进一步分析装配线，发现这三个工位是机器生产（泵体固定 3 秒、油缸固定 6 秒、顶帽固定 5 秒），无法增加人员之外，其他工位都可增加工人，从而提高生产率。因此，这条装配线产量最大时节拍为 6 秒/件，则每天的最高产量为：

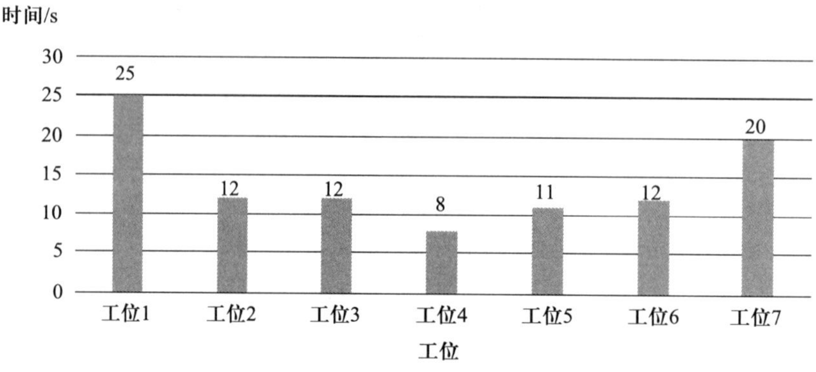

图 5-16 各工位时间及瓶颈

$$产量=\frac{9\ 小时\times 3\ 600\ 秒/小时\times 90\%}{6\ 秒}=4\ 860\ 件/天$$

3. 有关建议

（1）由于生产瓶颈在第一道工序，建议给第一个工位增加 1~2 个人。

（2）D12 这种产品，计算结果是最低 1 166 件，正常应该是 2 430 件，最高 4 860 件。管理人员估计每天的产量应该是 1 600 多件。利用这些数值，管理人员不仅可以设定合理的产量目标，而且为生产计划制定提供了依据。

4. 进一步讨论

（1）第一个岗位增加人，其他岗位人会有意见。一是不公平，生产效率低原因是第一工位两个工人操作速度慢，增加工人是鼓励落后。二是担心增加劳动量。最后讨论意见为：先增加 10% 产量，同时适当增加工资，这就涉及员工管理、薪酬改革激励员工的问题，详见第 14 章员工管理。

（2）不仅要进行工作研究，解决生产率问题，同时开展质量管理工作，设定质量控制点，从一个质量点抓起，再推广其他点。

（3）虽然计算出最高产量为 4 860 件，但不知其劳动力成本增加多少。还可以考虑再建一条 $r=12$ 秒的装配线。但是哪一种方案更经济？这就涉及装配线劳动力成本计算的问题。

5.4 装配线劳动力成本的计算

上一节介绍了装配线平衡的方法，并介绍衡量装配线好坏主要依据装配性的效率。事实上，评价装配线好坏的最重要指标是平均劳动成本。因此，本节从劳动成本核算角度，说明如何改进生产线设计。

这一节介绍如何根据各工序的闲置时间，计算出装配线上生产产品的直接劳动成本。从劳动成本降低角度，进一步阐述装配线平衡的重要性，并为下一节需求变化下装配线设计奠定基础。

5.4.1 直接劳动力成本的计算方法

具体计算方法如下：

（1）计算所有工序的能力，最低的即为瓶颈，由此计算出整个装配线的流程能力。

$$流程能力=\min\{工序1的能力,工序2的能力,\cdots,工序n的能力\} \quad (5-11)$$

（2）计算流程实际产出率（件/分钟）。流程实际产出率，不仅取决于装配线的生产能力（流程能力），还与产品的需求率（需求率）以及生产所需要物料的可获得性（可得输入）直接有关。

$$实际产出率=\min\{可得输入,需求率,流程能力\} \quad (5-12)$$

然后计算产品的周转时间：

$$周转时间=\frac{1}{实际产出率} \quad (5-13)$$

（3）计算直接劳动力成本，即一段时间内支付工人的总工资除以这段时间生产的产品数量。

$$直接劳动力成本=\frac{总工资}{产量}(元/件) \quad (5-14)$$

（4）计算各道工序工人的闲置时间。

$$第\,i\,道工序工人的闲置时间=周转时间\times第\,i\,道工序的工人数-工序\,i\,的加工时间 \quad (5-15)$$

（5）计算平均劳动利用率。

$$平均劳动利用率=\frac{劳动量}{劳动量+总闲置时间} \quad (5-16)$$

式中

$$劳动量=各道工序的加工时间之和$$

下面举例说明直接劳动成本和平均劳动利用率的计算。

【例 5-5】 某公司建立一条装配线组装滑板车，见图 5-17。这条装配线由三个工位组成，每个工位配置 1 名工人，工序时间分别为：13 分钟/辆、11 分钟/辆和 8 分钟/辆。对于设计装配线，公司内部有两种观点：一种是由工人控制装配线的节拍，即每个工位的工人都按照自己的节奏进行工作，并将完成好的部件放在两个工序之间的缓冲库存中，如图 5-18 所示。这是自由节拍的装配线。

另一种是由机器控制的节拍，所有工序都按传送带输送的速度生产，这就是强制节拍。见图 5-19。

最终公司采用机器控制的装配线。已知装配工人的平均工资为每小时 12 美元（每分钟 0.20 美元），市场对滑板车的需求量为每周 125 辆，每周工作时间为 35 小时。试计算滑板车生产线：（1）流程能力；（2）实际产出率；（3）直接劳动力成本；（4）平均劳动利用率。

解：计算过程如表 5-6 所示。

图 5-17 某公司生产的滑板车

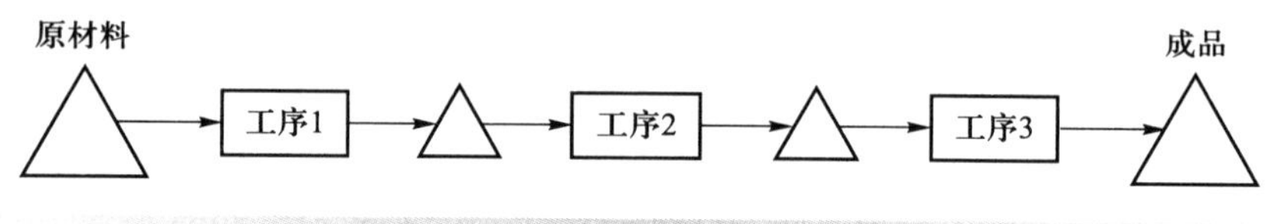

图 5-18 人工控制的装配线

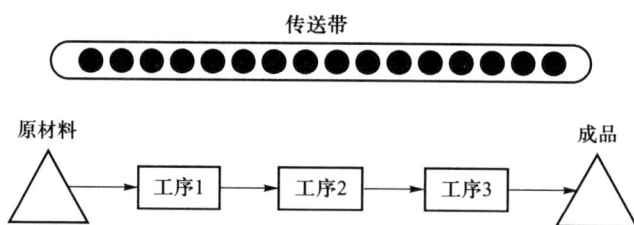

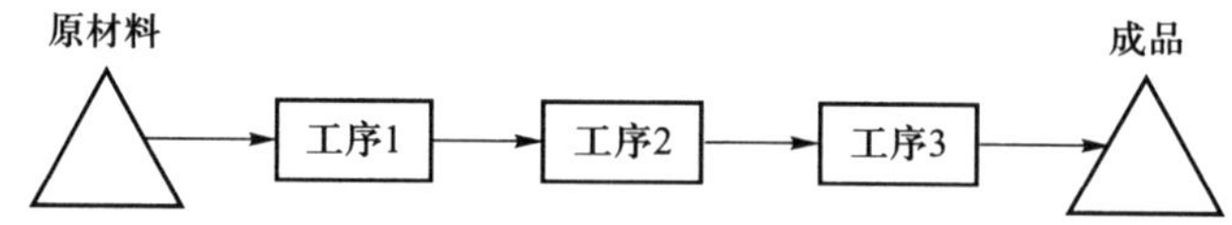

原材料 → 工序1 → 工序2 → 工序3 → 成品

图 5-19 机器控制的装配线

表 5-6 闲置时间的相关计算

	工序 1	工序 2	工序 3
工序时间	13 分钟/辆	11 分钟/辆	8 分钟/辆
各工序的能力	$\frac{60}{13}$=4.62 辆/小时	$\frac{60}{11}$ =5.45 辆/小时	$\frac{60}{8}$=7.5 辆/小时
流程能力	min{4.62 辆/小时,5.45 辆/小时,7.5 辆/小时}=4.62 辆/小时		
实际产出率	需求=125 辆/周=3.57 辆/小时,每周时间为 35 小时。 实际产出率=min{需求,流程能力}=3.57 辆/小时		
周转时间	$\frac{1}{3.57}$小时/辆=$\frac{1}{3.57}$×60 分钟/辆=16.8 分钟/辆		
闲置时间	16.8-13 =3.8 分钟/辆	16.8-11=5.8 分钟/辆	16.8-8=8.8 分钟/辆
利用率	3.57/4.62=77.3%	3.57/5.45=65.5%	3.57/7.5=47.6%

从表 5-6 可知：

（1）流程能力 = 4. 62 辆/小时。

（2）实际产出率 = min｛需求，流程能力｝= 3. 57 辆/小时。

（3）直接劳动力成本：

$$\text{直接劳动力成本}=\frac{\text{总工资}}{\text{产量}}=\frac{\text{每周的工资}}{\text{每周生产的滑板车数量}}$$

$$=\frac{3\times 12\text{ 美元/小时}\times 35\text{ 小时/周}}{125\text{ 辆/周}}$$

$$=\frac{1\ 260\text{ 美元/周}}{125\text{ 辆/周}}=10.08\text{ 美元/辆}$$

（4）计算平均劳动利用率。

根据劳动力计算公式，即劳动量为三个工序的加工时间的总和，因此：

$$\text{劳动量}=13\text{ 分钟/辆}+11\text{ 分钟/辆}+8\text{ 分钟/辆}=32\text{ 分钟/辆}$$

把所有工序的闲置时间加起来，即可得到每生产一辆滑板车的总闲置时间：

$$\text{总闲置时间}=3.8+5.8+8.8=18.4\text{ 分钟/辆}$$

平均劳动力利用率为劳动量和需要支付工资的劳动量（劳动量和闲置时间）之比，即：

$$\text{平均劳动力利用率}=\frac{\text{劳动量}}{\text{劳动量}+\text{所有工人的闲置时间之和}}$$

$$=\frac{32\text{ 分钟/辆}}{32\text{ 分钟/辆}+18.4\text{ 分钟/辆}}=63.5\%$$

另一种计算平均劳动力利用率的方法是计算三个工人的利用率平均值：

$$\text{平均劳动力利用率}=\frac{1}{3}\times(\text{利用率}_1+\text{利用率}_2+\text{利用率}_3)$$

$$=\frac{1}{3}\times(77.3\%+65.5\%+47.6\%)=63.5\%$$

5.4.2 劳动成本浪费的原因分析

劳动量为 32 分钟/辆，装配工人的平均工资 12 美元/小时，即 0. 20 美元/分钟。那么直接劳动力成本为 = 32 分钟/辆 × 0. 20 美元/分钟 = 6. 40 美元/辆。事实上，真实的劳动力成本为 10. 08 美元/辆，为什么存在这个差异呢？

原因在于有闲置时间，总的闲置时间 = 18. 4 分钟/辆。装配工人的平均工资 12 美元/小时，即 0. 20 美元/分钟，闲置时间所多支付的工人工资为：

$$\text{多支付的工人工资}=18.4\text{ 分钟/辆}\times 0.20\text{ 美元/分钟}=3.68\text{ 美元/辆}$$

这正是两者的差异。

进一步分析造成闲置的深层次原因，首先是需求不足，造成实际生产率低于流程能力或生产能力。其次是生产线不平衡，进一步增加了闲置时间。这就是产品销售工作和生产线平衡工作的意义。

思考题 5-6：假定目前滑板车的需求达到 200 辆/周。其他条件同案例 5-4。试计算各工序的利用率,并计算直接劳动成本。

5.4.3 通过流水线平衡增加生产能力

比较表5-6中各工序(工位、工作站)利用率水平,我们会发现工人之间的利用率水平存在很大的不平衡:工人1的利用率达到77%,而工人3只有47.6%的利用率。为了解决这个不平衡问题,重新配置瓶颈资源的部分工作到低利用率的资源以增加流程能力(而不增加其他资源)。

在案例分析5-3中提到:这条装配线由三个工位组成,每个工位配置1名工人,工序时间分别为:13分钟/辆、11分钟/辆和8分钟/辆。事实上,滑板车的装配作业如表5-7所示。

表5-7 作业时间

工人	作业	作业时间(秒/辆)
工人1	1. 准备连接线	30
	2. 移动连接线	25
	3. 装配垫圈	100
	4. 使用叉子,穿连接线	66
	5. 装配凹头螺钉	114
	6. 拧紧螺母	49
	7. 装配闸瓦、弹簧、尖轴栓	66
	8. 装入前轮	100
	9. 装入轴螺栓	30
	10. 拧紧轴螺栓	43
	11. 拧紧制动枢轴螺栓	51
	12. 装配手柄盖	118
		总和:792
工人2	13. 装配制动杆和连接线	110
	14. 修整和加盖连接线	59
	15. 放入第一根凸条	33
	16. 插入车轴和夹板	96
	17. 插入后轮	135
	18. 放入第二根凸条和踏板	84
	19. 使用砂纸	56
	20. 插入踏板紧固件	75
		总和:648
工人3	21. 检验和清洗	95
	22. 使用贴花和标签	20
	23. 放入包中	43
	24. 装箱	114
	25. 放入使用手册	94
	26. 密封纸板箱	84
		总和:450

资料来源:杰拉德·卡桑(Gerard Cachon),克里斯蒂安·特维施(Christian Terwiesch). 运营管理:供需匹配的视角. 北京:中国人民大学出版社,2013:61-76.

第一个工位的工人 1 是对 80 个零部件中的 30 个进行装配，共计 792 秒，每辆车约 13 分钟。第二个工人装配活动时间是 648 秒，每辆车约 11 分钟。第三个工人完成最后的装配，并且进行最后的功能测试，活动时间是 450 秒，大约是每辆 8 分钟。

流水线平衡，即为三个工人均匀地分配工作量。生产一辆滑板车的工作量：13+11+8 = 32 分钟/辆。理想状态下是三个工人平均分配这个工作量，即 32/3 = 10.67 分钟/辆，或者 640 秒/辆。

假定任务分配的改变，在生产工艺上是允许的。现在将工人 1 的最后 2 项任务，即拧紧制动枢轴螺栓（需要 51 秒）和装配手柄盖（需要 118 秒），分配给工人 2，而工人 2 将他承担的后 3 项任务（18. 放入第二根凸条和踏板需 84 秒；19. 使用砂纸需 56 秒；20. 插入踏板紧固件需 75 秒）转移给工人 3。这样，3 个工人的负荷为：

- 工人 1:623 秒/单位（792−118−51 = 623）
- 工人 2:602 秒/单位（648+118+51−75−56−84 = 602）
- 工人 3:665 秒/单位（450+84+56+75 = 665）

这三个工人的负荷基本相等，基本接近理想的节拍（10.67 分钟/辆或者 640 秒/辆）。这种分配方案下，瓶颈工序为工序 3（665 秒/辆），每小时产量：

$$\frac{3\ 600\ \text{秒/小时}}{665\ \text{秒/辆}} = 5.41\ \text{辆/小时}$$

工位 1 空闲时间 = 665−623 = 42 秒，工位 2 空闲时间 = 665−602 = 63 秒。

$$\text{劳动量} = 623+602+665 = 1\ 890\ \text{秒}$$

$$\text{平均劳动力利用率} = \text{劳动量}/(\text{劳动量}+\text{总闲置时间})$$

$$= 1\ 890/(1\ 890+42+63+0) = 94.7\%$$

可见劳动力利用率极大提高。基于新的瓶颈（工人 3），现在我们能够每 665 秒生产一辆滑板车，流程能力 = 1/665 辆/秒 × 3 600 秒/小时 × 35 小时/周 = 189.5 辆/周。

$$\text{直接劳动力成本} = \frac{\text{每周的工资}}{\text{每周的产量}} = \frac{3\times 12\ \text{美元/小时}\times 35\ \text{小时/周}}{189.5\ \text{辆/周}} = 6.65\ \text{美元/辆}$$

上述几种方案结果对比如表 5-8 所示。

表 5-8　三种方案对比

	需求（辆/周）	流程能力（辆/周）	瓶颈（辆/小时）	生产率（辆/周）	直接劳动成本率（美元/辆）	劳动力利用
方案一	125	161.5	无	125	10.08	63.4%
方案二	200	161.5	工序 1,4.62	161.5	7.8	82%
方案三	200	189.5	工序 3,5.41	189.5	6.65	94.7%

因此第三种方案与不平衡的流水线（161.5 辆/周）相比，增加了 28 辆/周，流程能力提高了 $= \frac{189.5-161.5}{161.5} = 17\%$。但是并没有增加每周的劳动力开支，而且把直接劳动力成本降至 6.65 美元/辆。这就是流水线平衡工作的意义所在，流水线平衡对于提高生产率、降低生产成本有相当大影响。

5.5 需求增长下生产线的设计

对滑板车的需求在接下来的 6 个月里有大幅增长，7 月达到了 700 辆/周。如何使目前 189. 5 辆/周（见 5. 4. 3 节）生产能力提升到 700 辆/周呢？

解决方法有三，见图 5-20。

方案一：使用完全相同的生产线和员工配置方式，即将 5. 4. 3 节改进后的生产线复制 3 条，共计 4 条。

方案二：对 5. 4. 3 节改进后生产线的流程步骤都增加工人，每个流程的工人数由原来的 1 人都增加到 4 人。通过提高每个流程步骤的能力，达到整体提高生产能力的目的。

方案三：拆分由三个工人开展的工作，提升每个流程步骤的专业化程度，通过减少专业活动时间提高生产能力。

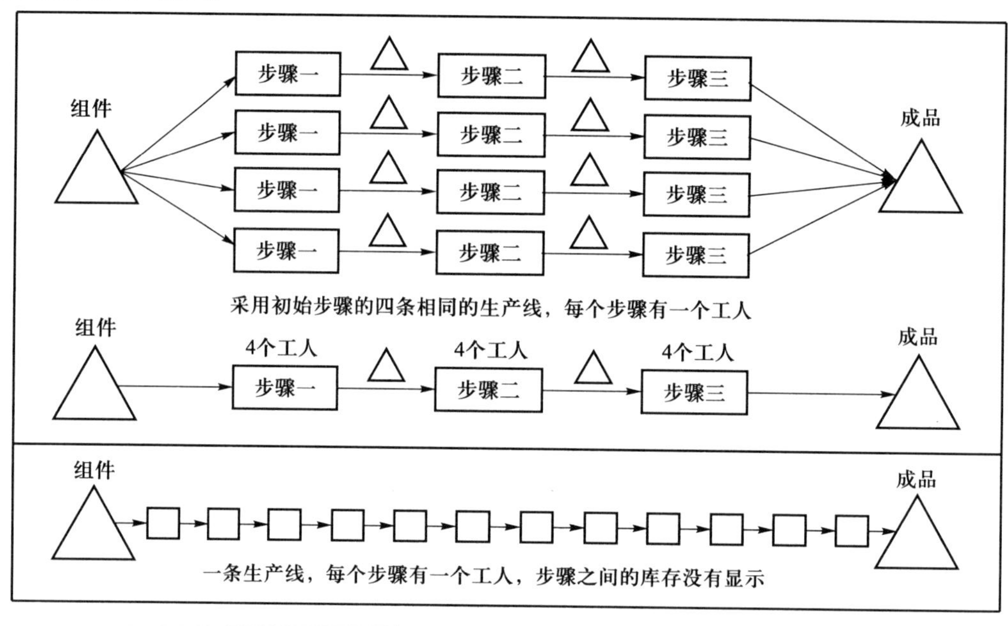

图 5-20 更高产量情况下三个流程的设计

5.5.1 通过复制流水线增加生产能力

简单地复制另外 3 条流水线，新的生产能力 = 4 × 189. 5 辆/周 = 758 辆/周。这种方法的优点是企业可以利用最初生产线中获取的经验，简单实用。

当然，也可以只增加两条复制线，新生产线的生产能力 = 3 × 189. 5 辆/周 = 568. 5 辆/周。余下的 700 - 568. 5 = 131. 5 辆，通过加班来补足。加班的 131. 5 辆生产任务在 3 条线之间分摊，每条生产线将要生产 131. 5/3 = 43. 83 辆/周，对应的每周加班时间 = 43. 83/5. 41 = 8. 1 小时。

5.5.2 增加工人来增加流程能力

通过增加工人，提高各工位的流程能力，实现提高生产能力的目的。

工序要求能力为各工序要求工人数量除以该工序作业时间，即：

$$工序要求能力=工人数量/工序时间 \tag{5-17}$$

比如，为了达到 700 辆/周的生产能力，每周工作时间为 35 小时，即 700/(35× 3 600)= 0.00 556 辆/秒。已知工序 1 作业时间为 623 秒/辆，因此工序 1 要求配备的工人数为：

$$0.00\ 556\ 辆/秒=\frac{工人数量}{623\ 秒/辆}$$

工序 1 需要的工人数=0.00 556×623=3.46 个。第一个流程步骤雇用 4 个工人。

同理：

工序 2 需要的工人数=0.00 556×602=3.35 个，第二个流程步骤雇用 4 个工人。

工序 3 需要的工人数=0.00 556×665=3.70 个，第三个流程步骤雇用 4 个工人。

最初设计的生产线，3 个流程步骤的工序时间分别为 792 秒/单位、648 秒/单位、450 秒/单位，明显不平衡，所带来的不良结果非常大，特别是当产量大幅增大时。具体原因分析如下。

为了满足目前 700 辆/周的生产能力要求，最初生产线 3 个工位所需要的工人数：

流程步骤 1，将雇用工人数：0.00 556×792 =4.4，即为 5 人；

流程步骤 2，将雇用工人数：0.00 556×648 =3.6，即为 4 人；

流程步骤 3，将雇用工人数：0.00 556×450 =2.5，即为 3 人。

为了达到 700 辆/周的生产能力要求，如果复制不平衡的流水线(161.5 辆/周)，其后果是：不得不增加四条不平衡的流水线，而不是三条平衡的流水线。因此，流水线平衡从单个工人的层面来看好像是细如发丝，探讨工作时间的每一秒钟，但从总体层面来看，它可以很大程度地节约直接劳动成本。这充分说明了生产线平衡工作的重要性。

5.5.3 通过专业化增加生产能力

每周需要生产 700 辆滑板车，即每小时要生产 20 辆滑板车($\frac{700\ 辆/周}{35\ 小时/周}=20\ 辆/小时$)，每 3 分钟要生产一辆，那么每 3 分钟需要多少工人来生产一辆滑板车？

解决思路：给生产线配备更多工人，每个工人承担作业更少。或者说，提高工人的专业化程度，每个工人只对一两项作业负责，不能超过 180 秒，从而增加流水线的能力。

现在为整条生产线配备 12 名工人。表 5-9 列出了 12 名工人分配的任务。

表 5-9 增加专业化程度的活动时间和任务分配

工人	任务	任务时间(秒/单位)
工人 1	准备连接线	30
	移动连接线	25
	装配垫圈	100
		总和：155

续表

工人	任务	任务时间(秒/单位)
工人 2	使用叉子,穿连接线	66
	装配凹头螺钉	114
		总和:180
工人 3	拧紧螺母	49
	装配闸瓦、弹簧、尖轴栓	66
		总和:115
工人 4	装入前轮	100
	装入轴螺栓	30
	拧紧轴螺栓	43
		总和:173
工人 5	拧紧制动枢轴螺栓	51
	装配手柄盖	118
		总和:169
工人 6	装配制动杆和连接线	110
	修整和加盖连接线	59
		总和:169
工人 7	放入第一根凸条	33
	插入车轴和夹板	96
		总和:129
工人 8	插入后轮	135
		总和:135
工人 9	放入第二根凸条和踏板	84
	使用砂纸	56
		总和:140
工人 10	插入踏板紧固件	75
	检验和清洗	95
		总和:170
工人 11	使用贴花和标签	20
	放入包中	43
	装箱	114
		总和:177

续表

工人	任务	任务时间(秒/单位)
工人 12	放入使用手册	94
	密封纸板箱	84
		总和:178
	总劳动量	1 890

这种方法好处在于:工人经过很短的培训就可以开展工作;不足之处在于对劳动力利用率所产生的负面效果。

$$
\begin{aligned}
\text{平均劳动力利用率} &= \text{劳动量}/(\text{劳动量}+\text{总闲置时间}) \\
&= 1\ 890/(1\ 890+25+0+65+7+11+11+51+45+40+10+3+2) \\
&= 87.5\%
\end{aligned}
$$

劳动力利用率下降,从而导致较差的流水线平衡的原因在于任务的细小分配。反过来进行推理,如果一个工人完成流程中的所有任务,相应的劳动力利用率将会达到 100%。

本章小结

节拍是指流水线上生产相邻两件产品的时间间隔。按照流水线上生产对象的数目,流水线分为单一对象流水线和多对象流水线。单一对象流水线是指流水线上只固定生产一种产品,而多对象流水线是指流水线上能生产多种产品,当然要求这几种产品的结构与工艺大致相同。单一对象流水线又分为零部件流水线和装配生产线,多对象流水线又分为可变流水线、成组流水线和混合流水线。

零部件加工生产线步骤包括:①收集资料,分析组织流水线的合理性;②计算流水线的节拍;③工序同期化,计算设备(工作地)数量;④确定流水线上的工人数;⑤选择流水线上的运输装置;⑥流水线的平面布置。装配生产线的步骤包括:①绘制作业先后顺序关系图;②计算节拍和最少工作站数;③工序同期化;④计算装配流水线的负荷系数。

流程能力 =min{工序 1 的能力,工序 2 的能力,…,工序 n 的能力}。流程实际生产率不仅取决于装配线的生产能力(流程能力),还与产品的需求率(需求率)以及生产所需要物料的可获得性(可得输入)直接有关。实际产出率 =min{可得输入,需求率,流程能力}。需求不足和生产不平衡,将导致闲置时间增长和劳动力浪费。

思考题

1. 什么是节拍?
2. 什么是工序同期化?试阐述零部件加工生产线步骤。
3. 试阐述实际产出率与可得输入、需求率、流程能力之间的关系。

4. 试阐述生产线平衡的步骤，以及生产线平衡的重要性。

即测即评

第 3 篇　生产系统运行

生产系统运行主要包括生产计划的制定和实施。

根据年度利润目标制定销售和运营计划(S&OP),在 S&OP 基础上制定综合计划(第 6 章)和年度生产计划(第 7 章)。年度生产计划回答了“生产什么”“生产多少”“什么时间生产”这 3 个根本问题。制定生产计划工作的核心是确保计划与能力相匹配。

年度计划明确各型号产品各个月份的产量、交货期。利用 ERP 系统,将主生产计划转化为生产作业计划和物料采购计划(第 8 章),同时考虑生产能力(第 9 章)。

生产作业计划工作是生产计划工作的继续,包括生产作业计划的编制(第 10 章)和生产作业的控制(第 11 章)。

生产作业计划的编制,就是将企业年度、季度生产计划,以及订货合同所规定的生产任务,按一定的时间阶段(季、月及月内短期),逐级分配到车间、工段、班组、工作地。生产作业计划的编制,按其编制范围可分为车间之间作业计划的编制和车间内部作业计划的编制。特别强调的是:制定生产作业计划的依据——期量标准。

编制好车间之间生产作业计划之后,还要将车间的生产任务分配给各个班组、各个工作地和各个工人,并规定具体任务投产时间、完成时间。这就是车间内部作业计划的编制。只有将车间生产作业计划安排到工作地和工人,生产任务才算真正落到实处。

为了保证生产作业按计划执行,需要进行生产作业的控制。生产作业的控制按其性质可分为生产作业调度、生产作业统计和现场管理三项工作。生产作业控制的中心则是生产作业调度,生产作业统计提供了有关生产产品品种、产量、产品成套性、生产均衡性等生产指标信息,显示出实际作业完成情况与计划之间的偏差,是生产作业调度的基础和依据。通过现场管理,在基层直接控制生产的质量、进度、安全和成本。

第6章 综合计划管理

凡事豫则立，不豫则废；言前定，则不跲（跲，jiá，本意是绊倒，此指理屈词穷）；事前定，则不困（困，指困难，困惑）；行前定，则不疚（疚，指忧苦，内心痛苦）；道前定，则不穷（穷，指走投无路）。

——《礼记·中庸》

1. 了解计划管理的定义和原则、计划的种类和内容。

2. 掌握企业编制计划的流程，重点学习制定年度利润目标的三种方法：经验法、投资报酬率法和附加价值法。

3. 理解综合计划的定义，分清综合计划、销售与运营计划、主生产计划、物料需求计划之间的逻辑关系。

4. 了解综合计划的制定策略，重点掌握如何应用试错法制定综合计划。

引导案例

总经理召集销售部门、生产部门、财务部门负责人开会。会议主题是综合计划的制定，并解决销售与生产平衡的问题。

销售经理说："前段时间没有订单，总经理给我们压力。现在接了订单，生产部门却说不知何时可以交货，没有按期交货，这个责任由谁来负责呢？"

生产经理回答："我们公司的产品规格、型号多，各订单的需求量不大，给我们制定计划和生产组织管理带来很大困难。加之产品旺季、淡季差异太大，生产管理难度更大了。"

"产品不能按期交货，其实销售部门也有责任。"生产经理一肚子火气。"明知现在订单已经很多，销售业务员还拼命接单，根本不考虑我们生产部门的实际生产能力。特别是许多紧急插单，打乱了我们原有生产计划，不得不重新安排生产作业，怪不得交不出货。"

"以后我们会与你们生产部门多沟通的，请你们多理解我们销售的压力。"销售经理接着说，"现在我们新开拓了市场，新市场要求现有产品性能方面稍作改进，订单量较大，看看生产部门能否近期完成新产品的试制和小批量生产。"

生产经理说："短期内就这么多生产能力，我们看看能否减少其他产品的产量，用这些调整出来的产能进行新产品试制和小批量生产。但是试制产品需要经费，我们希望财务部门支持。"

思考题：

1. 企业产品型号多，每种产品需求量不大，如何制定多品种、小批量的生产计划？当产品还有淡旺季节需求波动时，又该如何制定生产计划以应对市场需求的变化？

2. 销售部门在接订单时，是否应该考虑生产部门的生产能力？如何在销售任务目标与生产能力之间作平衡？

3. 综合计划是由生产部门制定还是由销售部门制定？或者由多部门联席会议制定？

根据既定的战略目标，制定公司年度利润目标。为了落实年度利润目标，公司层面召集公司销售、生产、财务、人力资源管理等部门负责人，共同制定综合计划，协同解决销售、生产与财务平衡问题。从总体上制定一个产销平衡，生产与资金、人力资源平衡的综合计划，实现控制生产成本和达成年度利润的目标。

本章首先介绍企业计划管理概况，包括企业计划管理的定义、计划管理的原则，以及计划的种类和内容。其次，阐述企业编制计划的流程。从战略目标到年度利润目标的制定，再根据年度利润目标制定生产与销售计划，以及对应的预算计划。再次，重点介绍制定年度利润目标的3种方法：经验法、投资报酬率法和附加价值法。然后介绍综合计划的制定策略，以及如何应用试错法制定综合计划。再然后，简述各职能部门计划，目的在于进一步了解综合计划的内容，以及加强各部门的协作。最后是综合计划的实例分析。

6.1 企业计划管理概况

6.1.1 什么是企业计划管理

计划，即"计算"和"谋划"的意思，是指对未来的活动进行事先的行动安排。

企业计划管理是指企业的生产经营活动按预定的计划去组织、执行、控制和检查。企业活动要求进行计划管理，原因在于：现代企业生产过程是由各个部门（生产部门、供应部门、技术部门、财务部门、销售部门、人力资源部、营销部门等）相互协调、相互配合的生产经营活动。

只有实行计划管理，企业的各部门、各个环节、每个员工都按照计划行事，局部利益服从整体利益的原则，才能使企业各个环节之间，以及生产、技术工作之间相互协调，从而保证生产顺利进行，最终实现企业最佳经济利益的目标。

6.1.2 计划管理的原则

（1）要有全局观点，要求局部服从整体。企业各个部门、各个生产环节之间，由于角度不同，对待问题易从本部门出发，各自为政。计划管理要求各单位的计划服从企业的综合计划，并与企业发展战略方向一致。

（2）制定计划要科学、合理。企业在制定计划时，首先要制定出科学的指标体系。其次，对于每一项计划指标的确定，都要有科学依据。指标确定时，既要考虑企业现有的生产能力、生产水平，又要考虑主观努力因素，充分调动技术人员和管理人员的工作积极性。最后制定计划方案时，对各项指标进行平衡，特别是做好销售、生产任务和财务的综合平衡。

（3）计划的严肃性和灵活性相结合。改变计划容易打乱生产秩序。因此，计划的制定、执行、控制和调节都要慎重，以便维护计划的严肃性、维持生产的稳定有序。但是，企业计划也要根据主客观情况的变化，如市场需求变化、供应商供应情况及时灵活地调整计划。当然调整计划时，要与供应商、客户及企业职工及时沟通，说明调整的原因、变动的情况以及新的计划与要求。

6.1.3 计划的种类和计划内容

计划的分类方法很多。

（1）企业的计划按计划期的长度可分为长期计划、年度计划和作业计划。

（2）按企业内容分为生产计划、质量计划、人力资源计划、采购计划、财务计划、销售计划、技术组织措施计划。

（3）按范围可分为企业计划、车间计划、工段计划、班组计划及机台计划。

在计划种类划分时，这几种划分标准往往交错使用，如时间长度和业务内容交叉，分为若干业务专项的年度计划，如年度生产计划、年度财务计划和年度销售计划等。

以下详细介绍长期计划、年度计划和作业计划的定义和内容。

1. 长期计划

长期计划指计划期超过一年的较长期限的计划。它是企业较长时间的战略安排，故又称长期规划。长期计划主要任务是确定企业长期发展的总目标，以及如何获取实现总目标所需要的资源。长期规划关系企业的发展方向和竞争优势。

内容包括：

（1）产品发展方向（生产什么），包括新产品的开发、老产品的改造及更新换代。

（2）生产发展规模（产值、利润）、技术发展水平、生产设备的投资及建造等。

（3）企业的主要技术经济指标。如利润、成本、劳动生产率等的发展水平规划。

（4）人力资源管理。

（5）生活福利设施的建设规划，新生产服务设施的选址和布局。

（6）企业文化建设。

企业的长期计划一般以 5 年为期限。主要是为了与国家五年规划相适应，保证企业的发展战略与国家的大政方针相一致。

2. 年度计划

年度计划指根据预测的需求、已经接到的订单等情况，以及企业现有资源条件，制定企业年度的目标和实现目标的对策，特别是制定企业分季、分月的计划进度。

企业年度计划由一系列生产指标构成，如产品品种指标、质量指标、产量指标、产值指标,并设置雇员水平、库存水平。它是企业在年度内生产、经营、技术、财务等方面的行动纲领。具体内容包括:销售计划、生产计划、人力资源计划、采购计划、财务计划、质量计划、生产技术准备及科研计划、设备维修计划等。由于年度计划涉及生产计划、人力资源计划、财务计划等众多内容,因此年度计划通常又称综合计划。

众多计划中,销售计划是龙头,反映了市场对产品的需求;生产计划是核心,生产计划规定企业在计划年度内应该完成的产品品种、数量、质量,以及产品的生产进度等。生产计划是编制物资采购、成本核算、财务计划的依据。

3. 作业计划

作业计划主要是生产作业计划,是按照年度生产计划具体规定各个生产环节(厂、车间、工段、小组、机台)在短时间(月、旬、周、工作班、小时)内的生产任务。

计划种类众多,各计划的内容和时间跨度方面存在很大的差异性。图 6-1 显示了各计划的层次和内容。计划、年度计划和长期计划从低到高,分别处于不同层次,跨越时间长度分别是 3 个月、3~18 个月,或超过 1 年。制定短期计划的人员包括运营经理或生产经理、车间主任和班组长。而参与年度计划制定的人员包括销售经理、运营经理、财务经理、人力资源经理以及总经理。公司高层则负责制定长期计划。

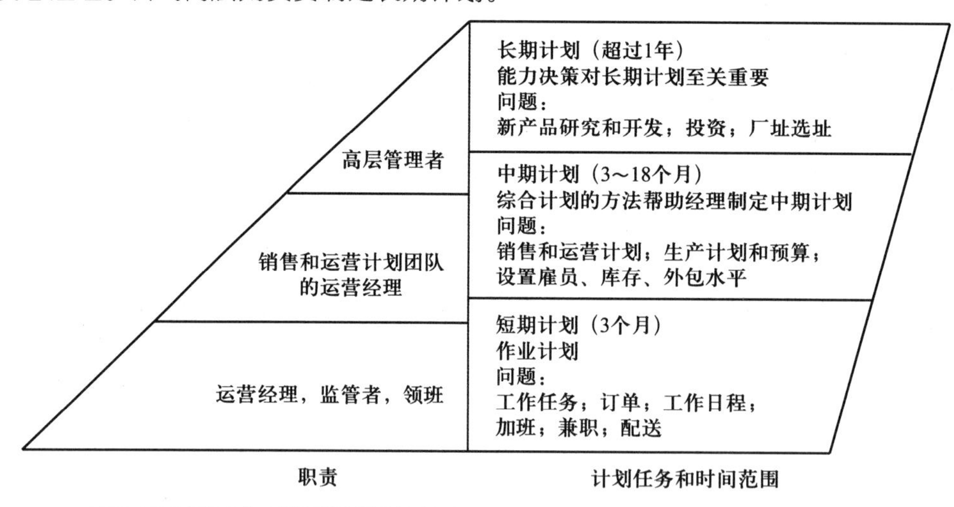

图 6-1 计划的层次与内容

年度计划,或综合计划,一般由总公司层面的综合计划部门(处)负责,由总经理牵头组织各部门一把手制定,目的在于落实与完成企业战略目标,并将战略目标分解、落实到各部门。而年度生产计划由生产经理组织各生产车间主任来制定,根据订单(已签订的合同)、预测的需求,以及总公司分配的年度利润目标,制定各车间各个月份各种产品的生产计划。

小公司由于业务简单,产品单一,生产流程路线短,仅有一个或几个生产车间,业务量也比较稳定,因此仅制定年度生产计划,并围绕年度生产计划制定采购计划、财务计划。

6.2 企业编制计划的流程

首先根据企业发展战略目标，以及经营实际业绩和相关预测，拟订年度利润目标。接下来，制定综合计划，并分别制定出年度销售计划、年度生产计划。围绕年度生产计划，制定其他各部门的年度计划，如年度采购计划、年度质量计划、年度人力资源管理计划等。特别要依据年度生产计划，做好资金预算工作。具体工作包括：直接人工费用预算、采购预算、制造费用计划、销售费用预算。最后，针对利润目标、综合计划、年度生产计划和年度销售计划、财务预算等内容，进行讨论与修正，编成财务报表，装订成册，作为企业行动纲领颁布实施。如图 6-2 所示。

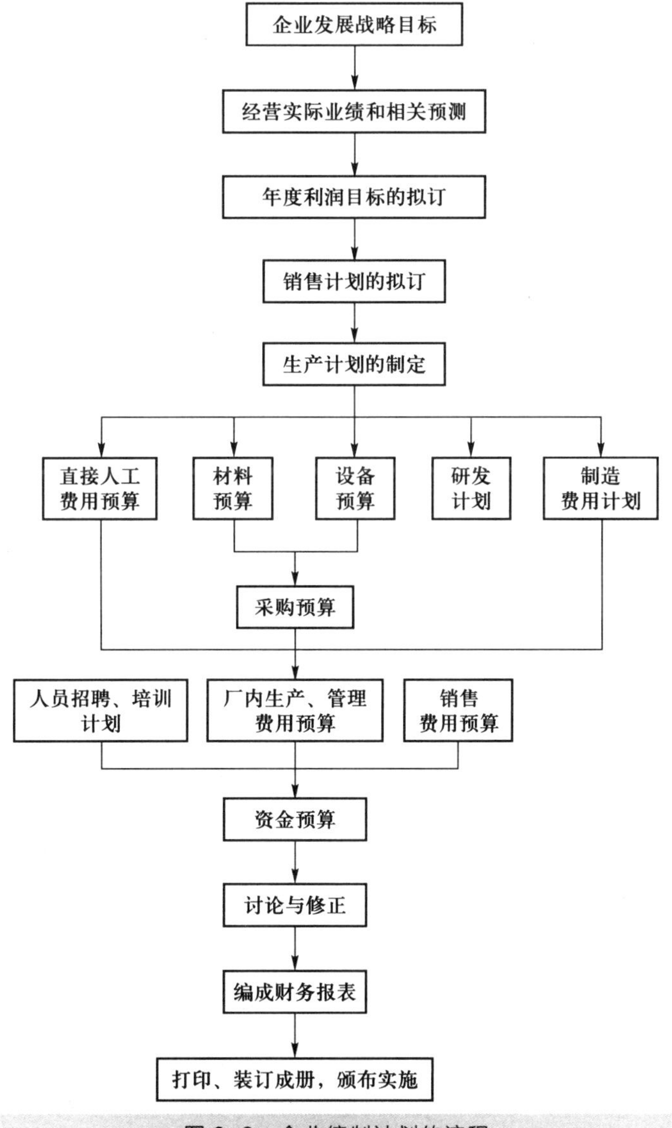

图 6-2 企业编制计划的流程

6.3 年度利润目标的确定

年度利润目标的确定有三种方法：一是经验法；二是投资报酬率法；三是附加价值法。

6.3.1 经验法

经营者根据以往企业经营的业绩和未来销售预测的数据，制定年度利润目标。如人均利润是4万元/年，该厂共有253人，因此新一年利润目标：253人×4万元/(年·人)=1 012万元。

6.3.2 投资报酬率法

过度投资要冒很大风险，因此经营者注重投资报酬率，确保投资在适当年限收回，实现盈利目的。

投资报酬率=利润率×总资产周转率

$$\frac{p}{c}=\frac{p}{s}\times\frac{s}{c} \tag{6-1}$$

式中：p——利润；

c——总投资(总资本)；

s——总销售额。

该方法根据投资报酬率的目标，计算出企业的利润目标和销售额。

【例6-1】某企业的利润率是6%，总资本为5 000万元，总资产周转率为1.5次/年，投资报酬率为1.5×6%=9%。根据企业的经营状况及预测，经营者认为投资报酬率应提高到15%。计算依据是：①将利润率从6%提高到7.5%；②总资产周转率从1.5次/年提高到2次/年。试确定企业的年度利润目标，以及计算销售额是多少。

解：(1) $\text{投资报酬率}=\dfrac{\text{利润}}{\text{总资本}}\Rightarrow\text{利润}=\text{总资本}\times\text{投资报酬率}$

利润=5000万元×15%=750万元

(2) $\text{总资产周转率}=\dfrac{\text{销售额}}{\text{总资产}}\Rightarrow\text{销售额}=\text{总资产}\times\text{总资产周转率}$

销售额=5000万元×2=1亿元

思考题：如何有效地提高投资报酬率？

6.3.3 附加价值法

有些企业虽然销售额很高，但实际净利润很低，甚至亏损，长此以往将导致企业破产。因此，企业要关注附加价值的大小。

1. 附加价值的计算

$$\text{附加价值}=\text{生产总值}-(\text{原材料费用}+\text{燃料费用}+\text{电力费}+\text{间接税}) \tag{6-2}$$

或者：

附加价值=报酬(薪资和津贴)+福利费+金融费用+股利+公司内保留盈余+各种税捐

2. 根据附加价值计算年度利润目标

$$\text{附加价值率}=\frac{\text{附加价值}}{\text{销售额}}$$
$$\text{利润率}=\frac{\text{利润}}{\text{销售额}} \tag{6-3}$$

【例 6-2】已知附加价值为 600 万元,附加价值率为 1/5,利润率为 9%,试计算销售额,以及年度利润目标。

解:$\text{销售额}=\frac{\text{附加价值}}{\text{附加价值率}}=\frac{600}{\frac{1}{5}}=3\ 000$ 万元

年度利润值=利润率 × 销售额=9%× 3 000=270 万元

6.4 综合计划制定的依据和策略

一旦确定企业年度利润目标和年度销售额,综合考虑销售计划和生产能力,企业即可制定企业综合计划(aggregate planning,AP)。

制定综合计划的原因有两个方面:一是确定年度利润目标,并将用货币表达的年度利润目标转换成用产品系列的产量来表达;二是确保生产计划与生产能力平衡,解决供需失衡的难题。

供需平衡之所以重要,一方面,当需求大于供给时,企业不能满足客户需求,客户服务水平下降。同时,由于加班而产生的额外加班费、额外运输费导致总成本增加。除此之外,由于赶工可能导致产品质量下降。另一方面,当供给大于需求时,库存增加。由于减少生产导致临时解雇,致使工人士气下降,生产率降低。因此,良好的企业业绩在于供需平衡。

综合计划的作用在于建立早期预警机制,防范供需失衡。

6.4.1 什么是综合计划(aggregate planning,AP)

1. 定义

根据需求预测情况,确定在计划期每个时期的生产水平、库存水平(内部、外部)、延期交货量,以及定价、供需平衡,从而实现企业利润最大化的目标。综合计划一般是以月或季度为单位,时间范围通常为 3~18 个月。

2. 有关综合计划概念的说明

(1)综合计划中规定每个月的计划产量,是每个月产品系列的生产量,或者是代表产品、虚拟产品的产量,而不是具体每个型号产品的产量。主生产计划才列出每个型号产品每个月、每周的计划生产量。

【例 6-3】Snapper 公司生产不同种类的割草机,比如有手推割草机、发动机后置割草机、小型花园拖拉机等,品种多达 145 种。在即将到来的 3 个季度内,该公司的综合计划列出未来 3 个季度内每个月割草机系列的产量,而非某个型号产品的产量,见表 6-1。

表 6-1 Snapper 公司的综合计划及其分解计划(主生产计划) 单位:台

第 1 季度			第 2 季度			第 3 季度		
1 月	2 月	3 月	4 月	5 月	6 月	7 月	8 月	9 月
150 000	120 000	110 000	100 000	130 000	150 000	180 000	150 000	140 000

分解计划,以 5 月份为例(主生产计划)

周次	第 1 周	第 2 周	第 3 周	第 4 周
型号 A	3 000	1 000	2 000	1 000
型号 B	2 000	3 000	3 000	3 000
型号 C	11 000	11 000	10 000	12 000
型号 D	11 000	12 000	11 000	11 000
型号 E	6 000	5 000	6 000	6 000

(2) 综合计划的作用在于建立早期预警机制,并以最低的综合成本防范供需不平衡,更好地协调各部门运作,更好地响应市场。如何做到这一点? 通过高层管理者积极参与制定综合计划,围绕企业战略目标,分配企业资源(人、财、物),并协调不同职能部门的计划。这不仅保证了企业资源、工厂生产能力和企业战略目标一致,而且综合计划为随后主生产计划和年度生产计划给定了框架,从而有效地解决了过去由于生产部门、销售部门分别制定生产计划、销售计划,造成营销和生产计划不匹配、不融合的问题。

(3) 生产部门在制定综合计划时,围绕交货期,考虑生产能力的问题。影响生产能力的策略包括:生产任务的外包;生产任务多时加班或者增加工人,生产淡季给工人放假或解雇工人;采用库存满足未来旺季的产品需求;延期交货等。详见 6.4.3 节。具体制定时按“以销定产,留有余地”的原则,实现销售与生产平衡的目标。

(4) 综合计划不仅包括传统意义上的生产计划(规定各个月份的产品品种、型号、产量),而且包括劳动力水平(每个月份需要的工人数、加班时间)、供应链管理(外包任务量),所以又称年度经营计划。

6.4.2 制定综合计划的依据

综合计划的制定需要以下信息:

(1) 计划期(T)内每个时期(t)的综合需求预测 F_t。

(2) 生产成本。

(3) 劳动力成本(工人工资,元/月)、加班的劳动力成本(加班工资,元/月)。

(4) 外包的生产成本(元/单位,或元/小时)。

(5) 生产能力变换的成本,如新聘任员工、解聘工人的费用(元/人);增加、减少机器产能的成本(元/台机器)。

(6) 生产率——生产单位产品所需的劳动力或机器工时(台/小时·人)。

(7) 库存费用(元/单位·月)。

约束条件包括:

(1) 加班的限制。

(2) 裁员的限制。

(3) 资金的限制。

(4) 供应商的约束。比如,有些生产所需要的零部件、原材料供不应求,受制于供应商。

(5) 延期交货的限制。

综合计划制定者主要确定以下运作参数:

(1) 生产率:单位时间内完成的产品数量。

(2) 劳动力:每月在岗的工人人数。

(3) 加班量:计划的加班生产量。

(4) 机器产能:生产所需的机器台数。

(5) 转包:在计划期内的外包生产能力。

(6) 延期交货:当期未能满足而转移到未来交付的需求。

(7) 现在库存:计划期内各个时期的库存量。

在制定综合计划时,涉及供应链的各个环节。如果制造商计划在某个时期增加产量,那么供应商、运输商和仓储商都必须知晓该计划,并根据该计划相应地调整各自的计划。供应链的各个环节联合制定综合计划,实现供应链绩效最大化,从而有效地克服供应链各个环节独立制定各自的计划造成各计划冲突,以及由于缺乏协调导致供给短缺或供给过剩的问题。

同理,一个企业的销售部门、生产部门、财务部门、采购部门、仓储部门等也一起联合制定综合计划,改变产能配置和修订供应合同,在综合计划的框架下制定各部门的年度计划。

6.4.3 制定综合计划的策略

市场需求是波动的,而企业最好是平稳生产。解决市场需求波动和企业平稳生产要求之间的矛盾,就要研究如何处理非均匀需求的策略。解决非均匀需求有下面几项措施:

(1) 改变库存水平。

(2) 改变劳动力水平,如招聘和解聘员工。

(3) 兼职、加班的方式。

(4) 生产能力无法完成订单时,可考虑外包。

(5) 改变产品价格或促销方式来影响需求。

前几种措施主要是改变生产能力来满足市场的需求,最后一种方法主要通过市场营销方式来改变市场需求。总的来讲,解决非均匀需求,制定综合计划有三种策略:追逐策略、平准策略和混合策略。

1. 追逐策略(chase strategy)

追逐策略是按照市场需求,安排企业的产品生产率,实现需求与生产能力相匹配,见图6-3(a)。该策略可以通过多种方式实现。如:①需求高时采取加班,淡季时采取部分停工方式;②招聘和解聘来改变劳动力水平;③外包,部分订单或生产任务外包给别的企业。

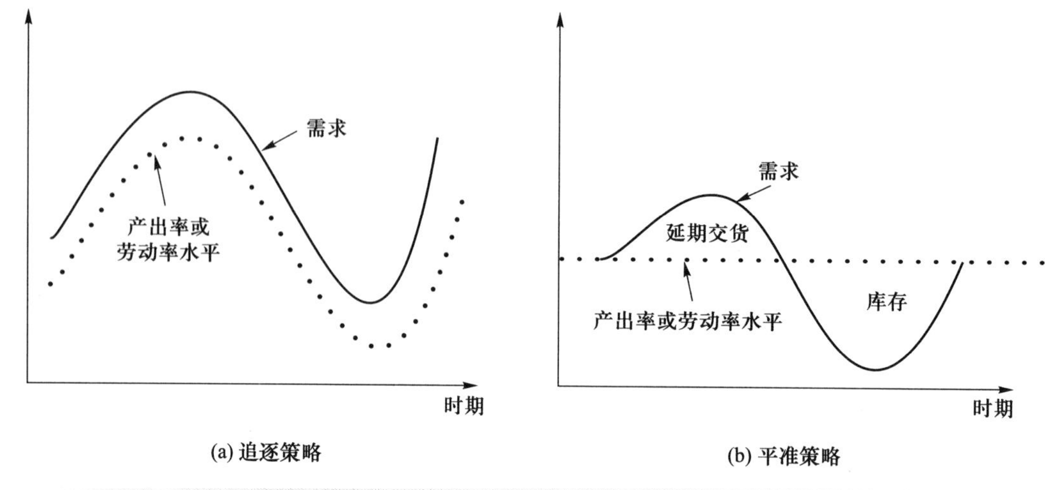

图 6-3 追逐与平准策略

这些改变生产率的方法都各有其优缺点和适用范围。比如,招聘和解聘来改变劳动力水平,招聘新员工需要对新员工培训,培训成本高;解聘工人、员工的流动率过高时又会影响工人士气,士气降低反过来会极大地降低企业生产率。

以美国制造业为例,当员工的周转率低于3%时,其生产率为20万美元。但是,当员工的周转率高达20%时,其生产率仅为12万美元,下降了40%,见图6-4。

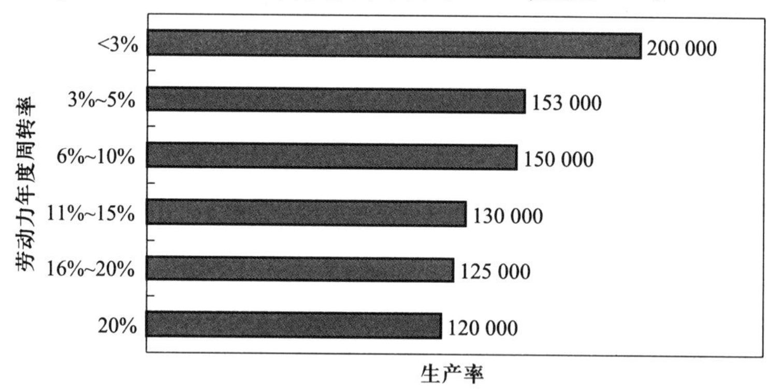

图 6-4 生产率与劳动力年度周转率的关系

因此,改变劳动力的方法,主要限于劳动力密集型且对员工技能要求不高的产业。对于高技术的员工,由于这类员工成长的长期性、数量上的稀缺性,企业一般采用多种方法尽量保留。

外包虽然有利于企业集中核心业务、培养核心能力,并帮助企业完成订单。但是,一般讲来,外包成本较高;选择一个好的外包供应商是有困难的;更重要的是培养了潜在竞争对手。例如,美国山地自行车外包给中国台湾制造商生产后,后者成为强大的竞争者,前者后来退出了市场。

2. 平准策略(level strategy)

保持产出率或劳动力水平不变,通过调节库存、延期交货、外包等方法来适应需求波动。见图 6-3(b)。这种策略的优点是:均衡生产,人员稳定;缺点是:增加了库存费用,降低了服务水平。

3. 混合策略(mixed strategy)

几种方法组合运用即混合策略。企业一般很少采用一种策略,往往采用多种方法制定综合计划。

思考题:以销定产,企业制定生产计划时,一般是根据市场需求来制定计划,是否可以采取合适的策略,改变市场对产品的需求?

6.5 应用试错法制定综合计划

目前制定综合计划主要有两种方法:一是反复试验法,或称试错法(the Trial and Error Method)。二是线性规划法。下面举例说明如何应用试错法制定综合计划。

【例 6-4】 某公司生产某种产品,全年产品需求预测如表 6-2 所示。其他相关信息如现有工人数、生产率等如表 6-3 所示。根据以上信息试制定一个综合生产计划。

表 6-2 全年产品需求预测 单位:件

月份	需求	月份	需求
1	4 000	7	4 900
2	4 200	8	5 300
3	4 300	9	5 700
4	4 500	10	6 000
5	4 700	11	6 000
6	4 800	12	6 000

表 6-3 综合生产计划信息

项目	数量
现有工人数	50 人
生产率	100 件/(月·人)
工人正常工资	1 100 元/(人·月)
加班工资(正常工资 1.5 倍)	1 650 元/(人·月)
招聘员工	500 元/人
解聘员工	1 000 元/人
库存费用	10 元/(件·月)
月初库存量	400 件

解:对表 6-2 全年产品需求预测进行分析:

累计需求 = $\sum_{1}^{12}$ 每月的需求 = 60 400 件

现有库存 = 400 件

全年实际计划生产量 = 60 400−400 = 60 000 件

$$平均月需求量=\frac{实际生产计划量}{月数}=\frac{60\ 000}{12}=5\ 000\ 件$$

为了更形象地看出平均月需求量与各个月份计划产量的关系,如图 6-5 所示。

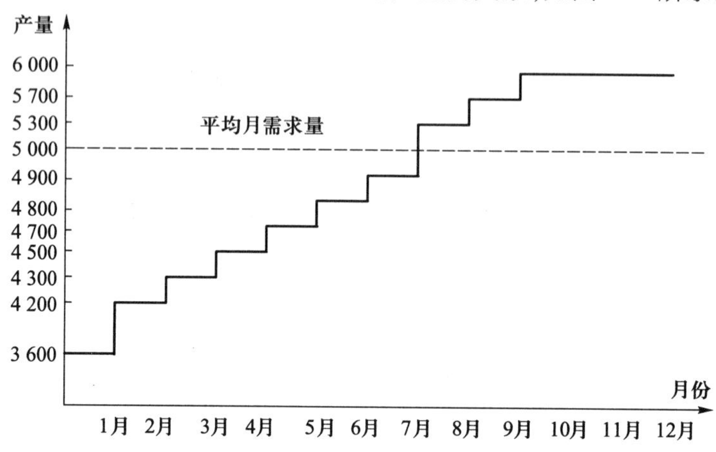

图 6-5 每月计划产量和平均月需求量

策略一:平准策略,工人数不变

从图 6-5 可以看出:1—7 月份的需求量小于平均月需求量,8—12 月份的需求量大于平均月需求量。基本思路为:采用平准策略,保持工人数不变,当需求量大于生产能力时,采用加班方式。具体计算步骤如下。

(1) 计算所需的工人数。

$$工人数=\frac{平均每月需求量}{生产率}=\frac{5\ 000}{100}=50\ 人$$

此时现有工人数刚好是 50 人,维持每月 50 名工人。

(2) 计算每月的加班产量。

1—7 月份,50 名工人的产能 = 5 000 件>需求量,不需要加班。

8—12 月份,每月的加班量 = 需求量−5 000,比如,8 月份的加班产量 = 5 300−5 000 = 300 件,以此类推,可以求出其余各月的加班量。见表 6-4 第 5 列数字。

累积加班量 = 300+700+1 000+1 000+1 000 = 4 000 件

注意:1 月份的计划产量 = 需求量−月初库存量 = 4 000−400 = 3 600 件。

(3) 计算总费用。

工人工资 = 600×1 100 元/月 · 人 = 660 000 元

$$加班工资=\frac{4\ 000}{100}\times 1\ 100\times 1.5=66\ 000\ 元$$

总费用 = 工人工资+加班工资 = 660 000+66 000 = 726 000 元

具体计算结果如表 6-4 所示。

表 6-4　加班下的平准策略　　单位:件

月份	需求量①	计划产量②	工人数③	加班产量④
1	4 000	3 600	50	
2	4 200	4 200	50	
3	4 300	4 300	50	
4	4 500	4 500	50	
5	4 700	4 700	50	
6	4 800	4 800	50	
7	4 900	4 900	50	
8	5 300	5 300	50	300
9	5 700	5 700	50	700
10	6 000	6 000	50	1 000
11	6 000	6 000	50	1 000
12	6 000	6 000	50	1 000
合计			600	4 000

这种策略优点在于:工人数稳定,有利于生产稳定,保证产品质量。缺点在于:1—7 月份 50 个工人没有充分利用,其后几个月需求量增长时需要加班,企业需要支付工人 1.5 倍正常工资的加班费,增加企业费用。

策略二:平准策略,工人数不变,但改变库存

策略一中前半年工人闲置,后半年工人加班,因此我们的解题思路是:充分利用工人,建立库存,以满足后续增加的需求。具体计算结果见表 6-5。

表 6-5　仅改变库存水平的平准策略

月份	需求量 ①	计划产量 ②	期初库存 ③	期末库存 ④	平均库存 ⑤=(③+④)/2	库存保管费(元) ⑥=⑤×10
1	4 000	5 000	400	1 400	900	9 000
2	4 200	5 000	1 400	2 200	1 800	18 000
3	4 300	5 000	2 200	2 900	2 550	25 500
4	4 500	5 000	2 900	3 400	3 150	31 500
5	4 700	5 000	3 400	3 700	3 550	35 500
6	4 800	5 000	3 700	3 900	3 800	38 000
7	4 900	5 000	3 900	4 000	3 950	39 500
8	5 300	5 000	4 000	3 700	3 850	38 500
9	5 700	5 000	3 700	3 000	3 350	33 500
10	6 000	5 000	3 000	2 000	2 500	25 000
11	6 000	5 000	2 000	1 000	1 500	15 000
12	6 000	5 000	1 000	0	500	5 000
合计						314 000

(1)计算每月计划产量。

$$计划产量=50\text{ 人}\times 100\text{ 件/月·人}=5\ 000\text{ 件}$$

(2)计算每月库存费用。

$$平均库存量=\frac{每月期初库存量+每月期末库存量}{2}$$

$$每月库存费用=平均库存量\times 10\text{ 元/月·件}$$

其中:期末库存量=期初库存量+计划产量-需求量

如 1 月份,期初库存量=400 件,期末库存量=5 000-4 000+400。

$$平均库存量=\frac{400+(5\ 000-4\ 000+400)}{2}=900\text{ 件}$$

$$1\text{ 月份库存费用}=900\times 10=9\ 000\text{ 元}$$

(3)计算总费用。

$$工人工资=600\times 1\ 100=660\ 000\text{ 元}$$

$$库存费用=314\ 000\text{ 元}$$

$$总费用=工人工资+库存费用=660\ 000+314\ 000=974\ 000\text{ 元。}$$

思考题:假如库存费用不是 10 元/件·月,而是 1 元/件·月时,总费用有什么变化?对生产管理人员有什么启示?

答:当库存费用为 1 元/件·月时,策略二的总费用为:

$$工人工资=600\times 1\ 100=660\ 000\text{ 元}$$

$$库存费用=31\ 400\text{ 元}$$

$$总费用=工人工资+库存费用=691\ 400\text{ 元}$$

启示:当库存费用较高时,宁愿让工人休息,也不多生产。否则产品积压的费用导致生产费用更高。

策略三:追逐策略

通过改变每月员工的数量来改变每月的产量。

(1)制定每年的计划产量,按照追逐策略,每月的计划产量=每月需求量。注意,1 月份的库存量为 400 件,因此,1 月份的计划产量=1 月份需求量-库存量=4 000-400=3 600 件,其他月份计划产量即需求量。

(2)计算每月所需员工数。已知每个员工每月生产 100 件,因此有:

$$每月所需员工数=计划产量/100$$

(3)定招聘和解聘员工数。如 1 月份只需 36 人,现有员工数为 50 人,解聘 50-36=14 人。2 月份需 42 人,招聘 42-36=6 人。具体计算结果如表 6-6 所示。

(4)计算总费用。

① 全年共需工人数为 600 人,工资为 600×1 100=660 000 元。

② 雇用工人工资=24×500=12 000 元。

③ 解雇工人工资=14×1 000=14 000 元。

总费用=工资+招聘员工费用+解聘员工费用=660 000+12 000+14 000=686 000 元

表 6-6 改变员工数量的追逐策略

月份	需求量 ①	计划产量 ②	所需员工数 ③=②/100	招聘员工数 ④	解聘员工数 ⑤
1	4 000	3 600	36		14
2	4 200	4 200	42	6	
3	4 300	4 300	43	1	
4	4 500	4 500	45	2	
5	4 700	4 700	47	2	
6	4 800	4 800	48	1	
7	4 900	4 900	49	1	
8	5 300	5 300	53	4	
9	5 700	5 700	57	4	
10	6 000	6 000	60	3	
11	6 000	6 000	60	0	
12	6 000	6 000	60	0	
合计			600	24	14

上述几种费用如表 6-7 所示。

表 6-7 各种策略的综合生产成本　　单位:元

策略	费用
策略一:平准策略,工人数不变	726 000
策略二:平准策略,改变库存,10 元/件・月	974 000
平准策略,改变库存, 1 元/件・月	691 400
策略三: 追逐策略	686 000

追逐策略费用最低,但是人员变动对生产率和产品质量有很大的负面影响。总体来讲,企业应该维持员工稳定,尽可能减少企业库存费用。

思考题:S&OP 和综合计划都是有关产量的决策,而不是具体产品的生产多少、生产率等方面的决策。与销售部门接的订单——具体品种的产品——并不匹配。如何解决这一矛盾?

思考题:销售与运营计划(S&OP)、综合计划、主生产计划、MRP 和生产作业计划之间的关系如何?

(1) 销售与运营计划(S&OP)。为了完成年度利润目标,销售部门制定了销售计划。根据订单和产品市场占有率,确定产品各个月份的销售量。同时,为了满足产品销售需求,生产部门根据各月产品需求量,在考虑产品库存量和生产能力的情况下,制定生产计划——列出各个月份的产量。如表 6-8 所示。

销售与运营计划(S&OP)是综合计划的输入,是制定综合计划的依据。综合计划一般规定每个月产品系列的生产量，而不是具体每个型号产品的产量。

表 6-8 销售与运营计划 单位：件

月份	1月份	2月份	3月份	4月份	5月份	6月份	7月份	8月份	9月份	10月份	11月份	12月份
销售量	4 000	4 200	4 300	4 500	4 700	4 800	4 900	5 300	5 700	6 000	6 000	6 000
生产量	3 600	4 200	4 300	4 500	4 700	4 800	4 900	5 300	5 700	6 000	6 000	6 000

备注：初期库存量为 400 件，故 1 月份计划产量为 4 000-400=3 600 件。

(2) 综合计划。综合计划确定一个工厂在计划期内的总产量，通常由销售与运营计划部门制定。综合计划通过调整每个月的库存、劳动力水平、产量和外包数量等，以最低的综合成本，实现产销平衡目标。表 6-4、表 6-5 和表 6-6 都是综合计划的具体例子。

(3) 主生产计划。综合计划分解输出后即是主生产计划(MPS)。主生产计划详细地规定生产产品品种、各品种的数量，以及生产时间，见表 6-1 中 5 月份各种型号产品第 1—4 周的产量。主生产计划是根据综合计划、市场需求和企业的生产能力，确定每一时间段内的每一具体产品的生产数量和交货日期的安排。

主生产在计划管理中起龙头作用。在短期内，作为物料需求计划(material required planning，MRP)、零件生产计划(scheduling)、订货优先级和短期能力需求计划的依据。在长期内，作为估计本企业生产能力、仓储能力、技术人员、资金等资源需求的依据。

(4) 物料需求计划(MRP)。物料需求计划是根据企业的主生产计划，将其分解到零部件，并进一步确定原材料、零部件的生产和采购计划，以保证按计划完成产品生产。详见第 8 章内容。

(5) 生产作业计划是为各机台、生产线或工作中心编制的每天或每周的作业计划。

6.6 各职能部门计划

根据综合计划，制定各职能部门的年度计划。当然，这些职能部门计划以年度生产计划为中心，围绕年度生产计划来制定。而年度生产计划制定时，应充分考虑企业人员、资金、技术、生产物料、供应商服务水平等约束因素。

由于年度生产计划的重要性，第 7 章专门介绍如何制定年度生产计划。在此，主要介绍年度销售计划、年度人事计划和年度财务计划。

6.6.1 年度销售计划

年度销售计划，即以利润为目标，决定销售何种产品(产品计划)、以什么价格销售(价格计划)、要销售多少数量(销售量计划)、以什么渠道销售(销售渠道计划)、如何促进销售(促销计划)、如何控制销售费用(销售费用计划)、如何收回销售款项(货款收回计划)，以及如何做好订单管理等。

1. 产品计划

(1) 界定产品品质。产品品质并非指完美无缺的品质，而是指客户所要求和能接受的品质水准。

（2）产品的设计。改进产品功能，并确保产品外表美观大方，吸引客户。

（3）产品的包装。包装不仅可以减少产品运输途中的损坏，而且好的包装可以唤起客户购买产品的欲望。

（4）产品的售后服务。加强售后服务，提高客户满意度，进一步提高产品和公司的声誉，增加销售额。

2. 销售渠道计划

产品从工厂销往消费者，考虑是采用直销，还是通过代理商、批发商、零售商。如果产品销往国外，考虑是否通过本国境内出口中间商、外国境内国际贸易中间商、外国境内的批发商。在电子商务广泛应用的新时代，则考虑如何通过电商销售产品。

3. 价格计划

（1）对不同的产品系列制定不同的价格，以达到最大收益。

（2）采取数量折扣还是现金折扣？

（3）是否控制中间商的产品价格？对竞争对手的价格变动采取什么策略？

4. 促销计划

通过广告宣传、赠送样品、大减价、分期付款、买一送一等活动促销，也可通过加强售后服务来吸引顾客。

5. 销售费用计划

销售费用包括固定费用和变动费用。注意：销售费用增加率低于销售额增加量才算合理。

6. 销售人员的培训

根据不同的销售人员（是否有销售经验，有无公司产品知识），制定不同的培训计划。培训内容包括：

（1）公司的发展历史、规章制度。

（2）公司的产品知识。

（3）公司销售政策、销售组织与经营计划。

（4）销售理论与实务。

（5）产品市场情况、竞争对手政策。

（6）一般法律常识。

（7）货款收回计划。

7. 货款收回计划

应收账款多时，企业容易发生资金周转困难，不仅降低公司利润，甚至有时会拖垮公司。因此销售人员在产品销售时应做到：①对客户进行信用调查，调查客户的能力、资本、经营现状和人品。②根据客户的销售额、货款收回日以及赊欠日数，将客户分为 A、B、C 类。③研究收款时机，并确定收款日期。

评价货款收回率的指标如下：

$$货款收回率=\frac{本月货款收回额}{月初赊款余额+本月销售额}$$

8. 订单管理

订单管理的工作和内容如图6-6所示。

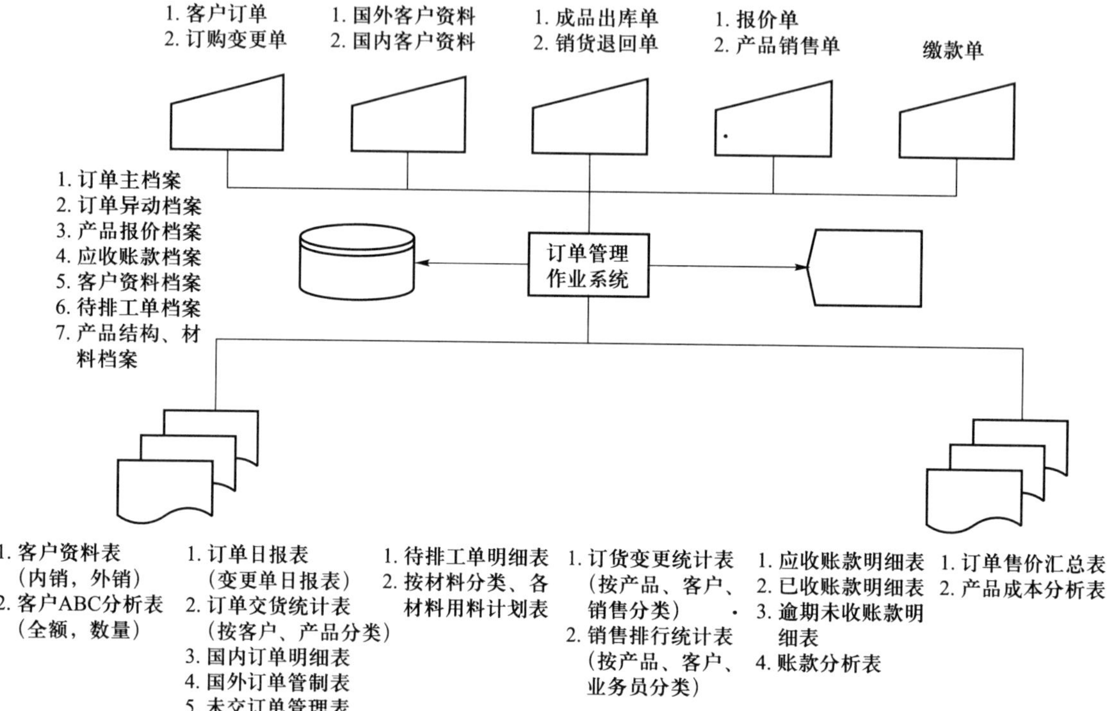

图6-6 订单管理

6.6.2 年度人事计划

年度人事计划（人力资源计划）包括人员选聘与任用、教育培训、薪资报酬以及人事考核升迁等内容。重点在于选聘与任用和教育培训。

1. 人员选聘与任用计划

按5W和2H原则选聘与任用。

（1）what：本公司需要何种人才以及各种人才的数量，可由公司领导以及各部门上报汇总到人力资源部门。

（2）why：任用各种人才的目的与理由何在？主要防止不合格、不需要的人招聘进公司，并引导各部门按公司总体发展思路来招聘人才。

（3）when：何时聘请？何时甄选？何时任用人才？

（4）who：人员招聘由何人来主持？是公司内主管、专家，还是公司外的专家？招聘领导小组人员除了人力资源部门负责人之外，还有公司领导以及部门负责人。由于新招聘的人员进入部门后要配合部门负责人做好工作，因此部门负责人在招聘时占主导地位，负责人考查应聘人的专业技术能力以及人品、性格等。人力资源部门则负责招聘政策制定、宣讲和执行。

（5）where：在什么地方甄选人才？

(6) how:以何种方法招聘人才？以推荐方式还是通过网站招聘？临时聘用还是签 1 年劳动合同？

(7) how much:有多少预算用来招聘人才？

2. 教育培训计划

教育培训对象主要是企业中层(各部门领导)、业务骨干、基层领导和一线员工。

(1) 对于中层领导干部,重点培养五种能力。一是组织、调动、创造和利用资源的能力。二是组织制定具体可行、具有挑战性的目标和措施、督促监控下属完成任务的能力。三是正确处理好务虚与务实关系的能力。四是沟通能力。五是发现人才,培养优秀下属的能力。

之所以强调培养下属能力,原因在于许多部门领导的提升是凭借过硬的技术、精湛的业务能力,容易亲自做业务,没有调动下属的工作积极性和创造力,由于没给下属锻炼机会,不利于下属成长。成功的中层领导干部应该通过领导,充分发挥部属才智,充分调动其工作积极性,而不是埋首于日常业务。

(2) 业务骨干和基层领导(班组长)培养。对业务骨干和基层领导可以进行专项内容的培训,或者系列内容培训。专项内容包括设备管理、库存控制、质量理论与实务、采购管理等。制定培训计划时,应明确参加对象、培训目的、培训内容并做好培训经费预算。

6.6.3 年度财务计划

年度财务计划主要内容包括损益计划、资金计划及资产资本计划。

(1) 资金计划列出计划期间预期资金来源、资金用途,可以用现金流量表作为资金计划。

(2) 资产资本计划表现为资产负债表,列出流动资产、固定资产、流动负债和非流动负债。

6.6.4 年度物料采购计划

(1) 供应商选择。

(2) 招投标。由采购部专人查询、对比各供应商的报价。

(3) 财务审核。为了防止采购部与供应商串通,高价采购低质生产物料,财务对采购物料的价格进行审计。具体的物料采购计划可参见第 12 章物料管理,12.3 节详细介绍了物料采购计划制定。

6.6.5 年度设备计划

现代化产品的生产率、产品的品质依赖于设备,设备计划直接影响生产。设备计划包括设备的购置、维修、技术改造和更新。

(1) 当销售计划与设备的生产能力大致相当时,维持现状。

(2) 当销售计划大于设备的生产能力时,则应购置新设备或部分产品委托加工。

(3) 当销售计划小于设备的生产能力时,则举行产品推销活动,或者部分设备租赁。

本章小结

企业计划管理是指企业的生产经营活动按预定的计划去组织、执行、控制和检查。制定计划时遵循的原则有:①要有全局观点,要求局部服从整体。②制定计划要科学、合理。③计划的严肃性和灵活性相结合。

企业的计划按计划期的长度可分为长期计划、年度计划和作业计划。①长期计划主要任务是确定企业长期发展的总目标,以及如何获取实现总目标所需要的资源能力。其内容包括:产品发展方向、生产发展规模(产值、利润)、技术发展水平、生产设备的投资及建造、企业的主要技术经济指标、人力资源管理设施的建设规划等。②年度计划制定,主要制定企业年度目标和实现目标的对策,分季、分月的计划进度。企业年度计划由产品品种指标、质量指标、产量指标、产值指标一系列生产指标构成,是企业在年度内生产、经营、技术、财务等方面的行动纲领。具体内容包括销售计划、生产计划、人力资源计划、采购计划、财务计划、质量计划、生产技术准备及科研计划、设备维修计划等。③作业计划是按照年度生产计划具体规定各个生产环节在短时间内的生产任务。

年度利润目标的确定有三种方法:一是经验法;二是投资报酬率法;三是附加价值法。

根据需求预测情况,确定在计划期每个时期的生产水平、库存水平(内部、外部)、延期交货量、定价,总量上使得供需平衡,从而实现企业利润最大化的目标。综合计划的作用在于建立早期预警机制,防范供需不平衡。综合计划不仅保证了企业资源、工厂生产能力和企业战略目标一致,而且为随后主生产计划和年度生产计划给定了框架。制定综合计划的策略包括追逐策略、平准策略和混合策略。应用试错法来制定具体综合计划。

综合计划的输入是销售与运营计划(S&OP)。综合计划分解后才是主生产计划。综合计划确定一个工厂在计划期内的总产量,主生产计划详细地规定生产产品品种、各品种的数量,以及生产时间。

思考题

1. 什么是企业计划管理?制定计划时应该遵循哪些原则?
2. 试阐述计划管理的种类和内容,以及企业编制计划的流程。
3. 如何确定年度利润目标?举例说明。
4. 简述什么是综合计划,综合计划制定的依据、优化的运作参数,以及制定综合计划的策略。
5. 阐述综合计划、销售与运营计划(S&OP)和主生产计划三者之间的关系。
6. 如何解决生产能力与需求变化相匹配的问题?
7. 某制造企业已经预测了1—6月份的产品需求数,如表6-9所示,表6-10提供了生产相关的信息,请制定一个综合生产计划。

表 6-9 预测的产品需求

月份	需求预测①	每月生产天数②	每天需求量③=①/②
1 月	900	22	41
2 月	700	18	39
3 月	800	21	38
4 月	1 200	21	57
5 月	1 500	22	68
6 月	1 100	20	55
合计	6 200	124	

表 6-10 生产相关信息

库存费用	\$ 5/月 · 台
外包费用	\$ 20/台
工人正常工资	\$ 10/小时(每天 \$ 80)
工人加班工资	\$ 17/小时
生产率	1.6 小时/台
生产率增长费用(新聘人员)	\$ 300/台
生产率减少费用(解聘费用)	\$ 600/台

即测即评

第7章 年度生产计划

1. 了解年度生产计划的定义,分清广义和狭义年度生产计划的内容。

2. 重点掌握年度生产计划的指标体系,以及掌握品种指标优化和产量指标优化方法。重点掌握应用“收入—利润”顺序法和产品系列平衡法优化。

3. 重点掌握应用线性规划法确定每种产品的最优生产数量。

4. 掌握大量生产类型、成批生产类型和单件小批生产类型的产品生产进度计划。

5. 了解生产管理部门的组织结构和工作职责。

年度生产计划是企业年度综合计划的主要组成部分。在上一章综合计划中,已根据销售与运作计划(S&OP)制定综合计划——明确规定各个月份产品的产量、库存量,各个月份的劳动需求量。公司最高管理层面已经框定了年度生产计划内容。

生产管理部门则在综合计划的框架下,进一步优化与细化综合计划。产品品种如何优化(生产什么)? 各品种产量分别是多少(生产多少)? 各品种产品如何根据订单要求,在综合考虑生产能力的基础上,合理安排全厂和车间的产品生产进度,实现按期交货(什么时间生产)? 主要产品的合格率、一等品率分别是多少? 所有这些工作构成了年度生产计划的内容。

本章首先介绍年度生产计划的定义和内容,重点介绍年度生产计划的指标及指标的优化,然后介绍不同生产类型产品进度计划的安排,最后,回答由谁制定年度生产计划,即年度生产计划制定的组织机构的设计和工作职责。

7.1 年度生产计划管理的概况

7.1.1 什么是年度生产计划

年度生产计划是指企业为了实现经营目标,在生产之前对人员、物料、机器设备和资金所做的有组织的事前安排。广义的年度生产计划详细说明生产的产品品种、生产数量、品质、关键工作中心的负荷、设备维护保养计划、新产品研发、物资采购以及制造费用的预算。狭义的年度生产计划仅仅规定企业在年度内出产的产品品种、质量、产量、产值和出产进度等指标。

年度生产计划是决定企业生产经营活动的重要纲领性计划,也被称为生产大纲。它是编制采购计划、人力资源计划等的重要依据,同时又和成本指标、利润指标密切相关。

生产大纲要确定企业在计划年度内生产哪些产品,各产品的品种数量和达到的数量水平,应完成的总产值和商品产值,以及规定各类产品的交货期。

制定年度生产计划,目的在于:①合理发挥企业的生产能力,尽可能使生产能力与生产任务保持平衡,实现均衡生产。②促使生产能力与营销任务平衡,确保营销计划的完成。③有计划地组织原料和辅料的供应,使物资供应与物资消耗相平衡,保证生产任务和物料供应平衡。

7.1.2 年度生产计划的主要内容

制定年度生产计划,主要回答下面3个基本问题:

(1) 生产什么?当产品种类繁多时如何进行产品组合,以实现企业利润目标、市场占有率、客户满意度的目标。

(2) 生产多少?考虑在生产能力约束条件下确定出各品种产量,实现利润最大化目标。

(3) 什么时间生产?根据各订单交货期的要求,确定出各产品的投入时间、投入量,产出时间、产出量,保证按期交货。

为了回答上述三个问题,制定年度生产计划时应该做好下列工作:

(1) 正确制定各项生产指标。

(2) 做好生产能力的核算与平衡。

(3) 合理安排全厂和车间的产品生产进度。

(4) 组织和检查年度生产计划的实施。

(5) 考核和总结年度生产计划的完成情况。

这些就是年度生产计划的主要内容。当然,不同规模、不同生产类型的企业,对于年度生产计划内容和安排有显著差异。如大型企业的生产管理部门,仅仅负责产品生产以及品质管控。其他物资采购、新产品研发、设备计划、制造费用预算等工作则分别由物资采购部、产品研发中心(技术中心)、设备处、财务部负责。

不同层次的领导对生产计划的管理范围、内容要求也有显著差异。生产管理部门经理仅仅关注生产品种、数目、交货量、品质等工作,但是高层领导、总经理不仅关注年度生产计划,还要考虑设备计划、新产品研发、物资采购,要回答“生产费用是什么”的问题,即进行制造费用预算。

7.1.3 生产计划制定与控制的内容、工作要点及所需表单(见表7-1)

表7-1 生产计划制定与控制的内容、工作要点及所需表单

内容	工作要点	所需表单
1. 生产计划	• 产销配合与存货调整; • 物料需求计划(MRP); • 产能需求规划(CRP,人力,设备)	• 销售计划表; • 生产计划表; • 产能与负荷分析表; • 成品库存表

续表

内容	工作要点	所需表单
2. 生产工艺与生产流程	• 产品资料的收集与分析； • 生产流程的设计； • 新工艺采用与改进	• 标准材料表(BOM)； • 标准流程表(SOP)； • 标准工时表(ST)； • 标准成本表(SC)
3. 生产作业计划(日程计划)	• 优先顺序与生产日程安排； • 经济生产批量； • 处理紧急订单	• 生产日程表； • 基准日程表
4. 生产任务分配与调度	• 生产准备； • 调配生产活动； • 成本分批处理	• 工单(制造令)； • 样品制造单； • 制造变更令
5. 进度管制	• 控制制造过程与制造数量； • 处理进度异常情况； • 日程计划的调整； • 生产实绩的分析与评价	• 生产日报表； • 在制品流转单； • 成品入库日计表； • 制造令完工联； • 生产管制表

7.2　年度生产计划指标体系及其优化

7.2.1　年度生产计划指标体系

年度生产计划主要指标包括产品品种指标、质量指标、产量指标、产值指标等。这些指标各有不同的内容和作用,并从不同角度反映对生产的要求。

1. 品种指标

品种指标是指企业在计划期内生产的产品品名和品种数(包括新产品的品种数)。产品品种按具体产品的用途、型号、规格来划分。在产品系列化、标准化、通用化的基础上,不断增加产品品种,开发利润率高或市场前景好的新产品,淘汰利薄、能耗大以及原材料消耗大的落后产品。

2. 质量指标

质量指标不仅包括产品品级指标,如合格品率、一等品率、优等品率,而且包括过程质量的指标,如铸件废品率、机械加工废品率、成品交货一次合格率等。质量指标既反映了产品满足用户要求的程度,也反映了企业的生产技术水平和管理水平。

3. 产量指标

产量指标指企业在计划期内生产的合格产品数量。一般以实物单位计量,如汽车以“辆”表示,机床以“台”表示。有些产品用一种实物单位计量不能充分表明其使用价值大小,则用复式单位计量,如拖拉机用“台/马力”表示,电动机用“台/千瓦”表示。

产品产量包括成品及准备出售的半成品的数量。成品是指在本企业生产完毕不再进行加工的产品。成品包括企业的基本产品、供本企业非生产部门使用的半成品、符合固定资产条件的自制设备、出售的工具等。

准备出售的半成品(零件、毛坯)是指在企业完成了某一个或几个工艺阶段,但尚未完成产品全部工艺阶段而准备出售的制品。

不合格品、进一步用于本企业生产的各种半成品、外售废品、未经加工而转售的产品等不列入产品产量。

产品产量指标反映企业生产产品的数量和生产发展水平。产品产量指标是进行产销平衡、产供平衡,编制成本和利润计划、劳动工资计划、生产作业计划的主要依据。

4. 产值指标

产值指标指用货币表示的产量指标。为了实行企业经济核算,综合反映企业生产的总成果,有必要采用货币形式来表示产品产量。

按产值指标包括的具体内容及作用不同,产值指标分为商品产值、总产值和净产值三种。

(1) 商品产值指企业在计划内生产的可供销售的产品价值。它是编制成本计划、销售计划和利润计划的重要依据。

商品产值包括:①本企业自备原材料生产的可供销售的成品价值、半成品价值;②外单位来料加工的产品加工价值;③对外承做的作业价值,计算时只计加工价值,不包括作业对象本身的价值。

(2) 总产值指企业在计划期内完成的工业生产活动总成果数量,用货币表示。总产值指标反映一定时期企业的生产规模及水平,是分析研究企业生产发展速度,计算劳动生产率、固定资金利用率、产值资金率等指标的依据。

总产值包括:①本企业计划期内的全部商品产值;②外单位来料加工产品的材料价值;③企业的在制品、自制工具模型等期末与期初结存量差额的价值。

总产值的大小受许多外界因素的影响,特别是企业产品品种结构发生较大变化,企业生产专业化、协作水平变化及原材料价格变动时,总产值难以正确反映企业生产的总成果。

(3) 净产值指企业在计划期内工业生产活动新创造的价值。

$$净产值=总产值-物资消耗费用$$

其中,物资消耗费用包括原材料、辅助材料、燃料、动力、固定资产折旧费等。

上述各项生产计划指标是相互联系的统一体。产品的品种、质量和数量是年度生产计划中最主要的指标,需要首先确定。然后以此为基础,计算产值指标,以便综合反映企业的生产成果。

不列为计划指标但是列为考核指标的还有合同完成率、按期交货率。在考核计划完成情况时,这几项指标也作为考核计划完成情况。

7.2.2 品种指标的优化

当产品种类很多时,就存在产品组合决策的问题。为了解决产品组合决策问题,需要优化产品品种指标，以便完成品种计划的编制工作。下面介绍优化品种指标的两种方法：一是收入—利润顺序法；二是产品系列平衡法。

1. 收入—利润顺序法

根据产品的销售额和利润额大小排序，进行品种取舍。具体步骤如下：

（1）根据各种产品的销售收入，分别计算其占总销售收入的百分比，并由大到小排序。

（2）列出各种产品的利润额，计算各种产品的利润额占总额的百分比，并按大小排序。

（3）作收入盈亏分析图。以销售收入为横坐标，以利润额为纵坐标，将品种对应地标入坐标图内。

（4）根据各品种在收入盈亏分析图内的位置，对其进行评价，并决定取舍。

【例 7-1】某企业生产 8 类产品，其销售额和利润额情况见表 7-2。按销售额大小和利润额大小的排序也列于表 7-2 中，图 7-1 是销售额和利润额顺序图。

表 7-2 销售额和利润额情况

单位：元

产品名称	销售收入	占总收入比例（%）	按销售收入排序	利润额	占总盈亏额比例（%）	按利润额排序
A	3 600	30	1	350	28	2
B	2 500	21	2	168	13	4
C	1 800	15	3	360	28	1
D	1 250	10	4	74	6	6
E	860	7	5	86	7	5
F	760	6	6	28	2	8
G	700	6	7	170	13	3
H	540	5	8	32	3	7
合计	12 010	100		1 268	100	

从图 7-1 容易直观地看到各产品对企业的贡献情况。销售额排前 3 位的 A、B、C 是企业销售收入的主要来源，是企业的主导产品。但是产品的销售收入高并不意味着利润额就高。如 C 产品销售额位居第 3，但利润额位居第 1。

一般来讲，销售收入高的产品，利润也高，即产品应在对角线上方。对处于对角线上方的产品 B、D，说明其利润比正常的少，是销售低了还是成本高了是需要考虑的。反之，处于对角线下方的产品 C 和 G，利润比正常的高，可能由于成本低所致。可以考虑增加销售量，以增加销售收入。

相反，对于 F 和 H 产品，它们的销售额收入低，利润也少，需要做进一步分析。如果是老产品，已进入产品的衰退期，应予以淘汰。如果是新产品，处于导入期，因顾客不了解而销售额低，同时由于设计和工艺定型，生产效率低，成本高，利润少，甚至还赔钱，但是有良好的发展前景，企业应改进工艺，降低生产成本，并加强广告宣传，扩大新产品的知名度和销售额，尽可能将新产品培育成主导产品。

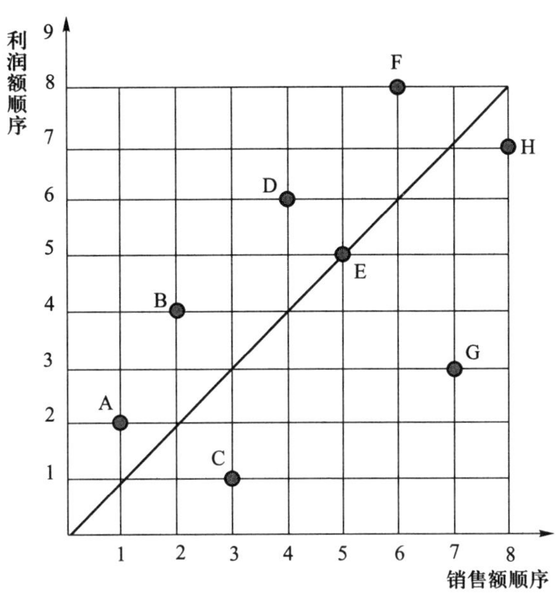

图 7-1 销售额和利润额顺序图

2. 产品系列平衡法

产品系列平衡法又称象限法,由美国波士顿咨询公司(Boston Consulting Group)为解决通用电气公司产品组合难题而提出,现在已成为企业编制品种计划的一种常用方法。

这种方法对企业生产的每一类产品,分别应用市场吸引力和企业实力两组指标进行评定和打分。根据打分的情况,把各个产品分别放入不同的象限。最后按照各种产品所在的象限,采取不同的对策,如是积极发展还是停止生产,或者维持现状等。具体步骤如下:

(1)确定影响产品品种发展的因素,并制定评分标准。影响产品品种发展的因素主要有两个:市场吸引力和企业实力。这两大因素又各有评价指标。评价市场吸引力的指标包括利润率、市场容量、对社会影响程度、销售增长率;评价企业实力的指标包括生产能力、技术能力、销售能力和市场占有率等因素。对这些因素的评分标准如表 7-3 所示。比如市场占有率:

- 市场占有率<10%, 1 分
- 10%<市场占有率<30%, 5 分
- 30%<市场占有率<50%, 7 分
- 50%<市场占有率, 10 分

同样的方法可以制定其他因素的打分标准。

表 7-3 影响产品品种发展的因素和评分标准

市场吸引力		企业实力	
指标内容	打分标准	指标内容	打分标准
1. 利润率		1. 生产能力	
30%以上	10	大	10
10%~30%	5	中	5
10%以下	1	小	1

续表

市场吸引力		企业实力	
2. 市场容量		2. 技术能力	
大	10	大	10
中	5	中	5
小	1	小	1
3. 对社会的影响程度		3. 销售能力	
大	10	大	10
中	5	中	5
小	1	小	1
4. 销售增长率		4. 市场占有率	
导入期	10	50%以上	10
成长期	7	30%~50%	7
成熟期	5	10%~30%	5
衰退期	1	10%以下	1

注:“利润率”和“市场占有率”两栏的打分标准,应根据各行业的具体情况制定。例如,有的行业产品的利润率根本不可能超过30%。同样,有些行业产品的市场占有率绝对不可能达到30%~50%。因此指标的具体数值,应根据实际情况制定。

(2) 制定产品系列分布图。对各个品种的各因素评分后,分别按市场吸引力和企业实力两大类进行汇总,得到每个品种的企业实力及市场吸引力两个总分。再将这两个总分分别划分为大、中、小三等。共组成九种状态,将这九种状态以图表示出来,如图7-2所示。图中横向格表示企业实力,纵向格表示市场吸引力,1,2,3,…,9为象限号。将各产品根据各自市场吸引力和企业实力等级排入相应的象限中。图7-2表示九个品种及其分布情况。

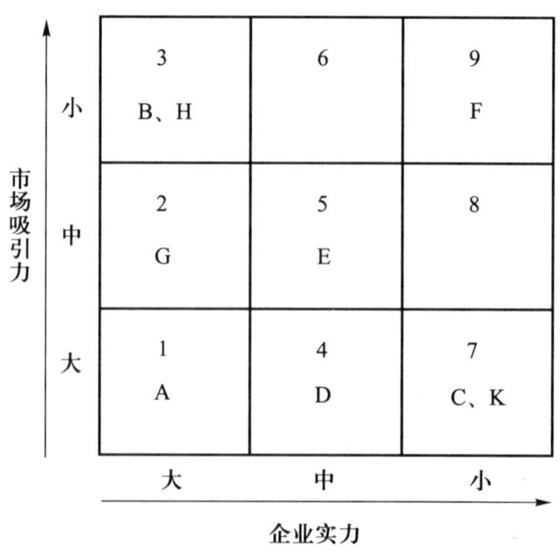

图7-2　产品象限图

(3) 决定品种发展策略。按照各种产品所处的不同象限,在年度生产计划安排中采用不同的品种选择和投资策略,具体见表 7-4。

表 7-4 产品品种选择和投资策略

市场吸引力 \ 企业实力	大	中	小
大	积极发展,提高市场占有率	增加企业实力,产品尽快投产	大力扩大企业实力,承担风险
中	注意产品改进,准备换代改型	维持现状,采取稳定策略	保持现状,争取尽可能多的利润
小	淘汰、改进产品,目的在于减少损失	停止或逐步停止生产	努力回收资金或停止生产

【例 7-2】 某企业生产多种产品,经专家组打分评定,各产品的得分如表 7-5 所示。

表 7-5 各产品的得分情况

产品 \ 指标	市场吸引力					企业实力				
	利润率	市场容量	对社会的影响	销售增长率	总分	生产能力	研发设计能力	销售能力	市场占有率	总分
A	10	5	10	10	35	10	10	5	10	35
B	1	5	5	1	12	10	5	10	10	35
C	10	10	5	10	35	5	5	1	1	12
D	10	10	5	10	35	10	5	5	5	25
E	10	5	5	5	25	10	5	5	5	25
F	1	5	5	1	12	5	1	5	1	12
G	5	10	5	5	25	10	5	10	10	35
H	1	5	5	1	12	10	10	10	5	35
K	10	1	10	10	31	5	1	5	1	12

根据表 7-5 各产品的得分情况,将各个产品分别放入相应的象限内。如 A 产品的市场吸引力得 35 分评为大,企业实力得 35 分也是大,放入第 1 象限。B 产品的市场吸引力得 12 分,评为小,企业实力得 35 分,评为大,放入第 3 象限(见图 7-2)。以此类推。

参考表 7-4 品种选择和投资策略,A 产品处于第 1 象限,产品发展前景好,企业又有实力,应该加大投资,大力发展,并尽可能提高市场占有率。在第 9 象限的 F 产品,产品利润率、销售增长率都很低,发展前景黯淡,而企业的实力又不强,因此对于这类产品应尽快停止生产。

同是市场吸引力不佳,在第 3 象限的 H 产品,由于企业实力较强,则不一定也采取撤退策略。企业可改进产品设计,延长产品的生命周期,这样企业可能在相当长的一段时间内,占有较大的市场份额,取得良好的经济效益。

对于同在第 3 象限的 B 产品，是否也采取和 H 产品相同的方针策略呢？B 产品企业的优势在哪里？如果企业只有生产和销售上的优势，但技术力量不强，则应该改进产品的设计。否则应采取维持现行规模，加速资金回收的策略。

7.2.3　产量指标的优化

在产品品种优化确定后，接着要确定每种产品的最优生产数量。这里介绍如何应用线性规划方法，确定各种产品的最优产量。

应用线性规划法，优化各种产品产量，实现利润最高的目标，应该考虑以下约束条件：关键设备的有效工作时间、关键性资源的供应限额、各种产品的需求量等。根据目标和约束条件，建立线性规划数学模型。

线性规划数学模型的描述如下：

目标函数：

$$\max P = \sum_{i=1}^{n} p_i x_i$$

约束条件：

$$\begin{cases} \sum_{i=1}^{n} a_{ij} x_i \leqslant b_j \\ \sum_{i=1}^{n} t_{ij} x_i \leqslant F_j \\ x_f \geqslant Q_{f\min} \\ x_i \geqslant 0, i = 1,2,\cdots,n \\ j = 1,2,\cdots,m \end{cases}$$

式中：P——目标函数，表示计划期内最大利润值；

x_i——各种产品的产量，$i=1,2,\cdots,n$，n 为产品品种数；

p_i——产品单位 i 的利润值；

a_{ij}——单位产品 i 在 j 种资源上的消耗定额；

t_{ij}—— 单位产品 i 在 j 设备上加工的工时定额；

b_j——关键材料 j 的最大供应量，$j=1,2,\cdots,m$，m 为资源种类数；

F_j——关键设备组 j 在计划期有效工作时间；

$Q_{f\min}$——市场预测的 f 产品最低需求量。

上述数学模型中各种数据（如 p_i、a_{ij}、t_{ij}、b_j 等）的准确性，将直接决定求解结果的可信性。因此要求企业做好基础管理工作，提供准确的数据。

【例 7-3】　某机床厂生产甲、乙两种机床，这两种机床的销售利润分别为 4 000 元/台与 3 000元/台。生产甲机床需用 A、B 机器加工，加工时间分别为 2 小时/台和 1 小时/台；生产乙机床需用 A、B、C 三种机器加工，加工时间都为 1 小时/台。A、B 和 C 机器每天可用于加工的时间分别为 10 小时、8 小时和 7 小时。该厂应生产甲、乙机床各多少台，才能实现总利润最大？

解:设该厂生产甲、乙机床分别为 x_1、x_2 台。

$$\max P=4\ 000x_1+3\ 000x_2$$

$$\begin{cases}2x_1+x_2\leqslant 10\\ x_1+x_2\leqslant 8\\ x_2\leqslant 7\\ x_1,x_2\geqslant 0\end{cases}$$

得:$x_1=2,x_2=6$,最大利润值 $P=4\ 000\times 2+3\ 000\times 6=26\ 000$ 元。

即甲、乙机床分别生产 2 台和 6 台,预计总利润为 26 000 元。

7.3 产品进度安排

什么时间生产?这就是产品进度安排。产品生产进度计划就是根据生产大纲、客户订单,确定各产品在各个月份的产量、投产日期和出产日期。它在 MRP 系统中称为主生产计划(MPS)。当然,产品生产进度计划初步排出后,要计算生产负荷,编制粗能力需求计划。通过粗能力需求计划与计划期内的生产能力相对比,调整负荷分布,以期实现负荷与能力的平衡,这就是粗能力平衡工作。

之所以称为粗能力平衡,是因为核算生产负荷时,仅汇总产品的台份工时(加工工作量),而不能反映加工工作量在时间坐标上的分布情况,仅仅假定加工工作量在生产周期内均匀分布,这与负荷的实际分布有一定差异,所以这种能力平衡是比较粗糙的。

不同生产类型产品的生产进度安排有所不同。下面分别介绍不同生产类型的产品生产进度计划。

7.3.1 大量生产类型的产品生产进度计划

由于大量生产,其计划工作关注的是各生产线的产量(月产量和日产量)。因此,只要决定少数几种产品的产量在各季度、月份的分配,并不需要具体安排所有产品的投产日期和出产日期。当市场需求波动时,调整生产量即可。

各产品的产量在各季度、月份的分配方式包括均匀分配、均匀递增分配和抛物线递增分配。

7.3.2 成批生产类型的产品生产进度计划

成批生产类型的产品生产进度计划,主要任务是在计划期内做好各产品在生产进度上的合理搭配。品种搭配的一般原则是:

(1) 首先安排企业的主导产品。由于这类产品的产量相对较大,尽可能采用“细水长流”的方针,使这部分产品能相对稳定地保持均衡生产。

(2) 同一系列或同一类型的产品尽量安排在同一时段内集中生产,以减少同时生产的品种数,扩大生产批量,简化生产组织工作,提高生产效率。

(3) 新产品、高精尖产品、需要关键设备的产品,应该分散安排,以保证设备负荷及技术准备工作的均衡。

(4) 计划的总体安排要在生产能力上适当留有余地,以便能应付某些意外的又是必须解决的紧急任务。一般留有5%的生产能力。详见附录7-1生产计划拟订办法。

下面举例说明成批生产类型的产品生产进度计划品种搭配的例子,见表7-6。

表7-6 成批生产类型的产品生产进度计划表

顺序号	产品名称	全年任务(台)	年度计划按月分配											
			一季度			二季度			三季度			四季度		
			1	2	3	4	5	6	7	8	9	10	11	12
1	万能工具磨床 MQ6025a	645	40	40	45	45	50	55	55	60	60	65	65	65
2	MQ6025b	415	30	30	30	30	35	35	35	35	35	40	40	40
3	拉刀磨床 M6110c	100	20	20	20	20	10	10						
4	M6110d	60					10	10	20	20				
5	锯片磨床 6610	75	10	10	10	10	10	10	10	5				
6	锯片磨床 6615	75									15	20	20	20
7	锯片磨床 6620	140	35	35	35	35								
8	滚刀磨床 M6405	30										10	10	10
9	滚刀磨床 M6406	40						10		10		10		10
10	滚刀磨床 M6420b	80					20		20		20		20	

由表7-6可知,产品1、2为主导产品,全年相对稳定地连续生产,贯彻“细水长流”。产品5、6、7为锯片磨床系列产品,产品8、9、10为滚刀磨床系列产品,系列产品中通用件较多,故安排连续生产或适当集中生产。通过合理搭配,各月生产的品种不超过6种,各月的设备负荷比较均衡。

7.3.3 单件小批生产类型的产品生产进度计划

单件小批生产的特点为:①生产的是专用产品。②一般是一次性、不重复的。③根据用户的订单和要求,双方协商,并签订合同,以合同方式安排产品设计和组织生产。

企业每接到一张订单签订一份合同,就需要安排一次该项产品的生产进度计划。因此计划的时间跨度是从产品设计开始,直至将产品交付到用户手中为止。计划的安排既是相对独立的,又受企业设计能力、生产能力的制约。下面介绍单件小批生产产品进度计划的编制过程。

单件小批订货生产产品进度计划的编制过程,通常分三个阶段,分三次进行编制。

1. 合同谈判阶段

企业在接到用户的询价和订货意向之后,做好与用户谈判的准备。谈判的主要内容包括合同产品方案的技术参数、技术经济指标、产品的价格和交货日期。企业为了提出可能的产品交货期,计划部门要对合同产品作一次粗略的进度试排。

计划部门一般通过会商的方式,会同设计、制造、供应、销售、财务等部门共同分析合同产品的技术性能、结构形式、产品类别及其新颖程度和复杂程度、特殊材料和外配件的构成情况等,并参考过去生产过的同类产品,估算合同产品的设计工作量、加工工作量及原材料、配件的供应工作量,从而粗略地确定产品设计周期、制造周期和材料准备周期。通过试编合同产品生产进度计划,得到企业可能的合同交货期。

所以,在合同谈判阶段编制产品生产进度计划,主要是为合同谈判服务的,为能否接受该项订货提供决策依据。这是企业接到订单后编制的第一个产品进度计划,称为产品进度计划—Ⅰ。

2. 合同执行开始阶段

合同正式签订后,产品的交货期已定。企业要根据合同的要求,编制正式的产品生产进度计划。这是第二个产品进度计划,称为产品进度计划—Ⅱ。

产品进度计划—Ⅱ要编制从合同签订到产品设计、加工、装配、发运全过程的网络计划。以合同交货期为基准,根据各阶段工作的提前期,反工艺顺序倒排,确定产品设计、工艺准备、材料采购、毛坯制造、机械加工、装配发运等各阶段的完工日期和开工日期。

在网络计划的基础上,进一步按产品结构的复杂程度、产品重量等因素,估算产品设计、工艺准备、材料采购、加工装配等各项工作的工作量。在产品设计、毛坯制造、机械加工、装配等各阶段内按工作负荷的分布规律,细化各时段的工作负荷,编制负荷计划。

最后,在企业当时(编计划时)的剩余能力基础上,采用有限能力计划法,编制产品生产进度计划(包括产品设计、工艺准备和材料采购在内)。在编制时要考虑网络计划中规定的各阶段的出产日期,又要考虑人力和设备负荷的可能。最后全面调整计划进度,使负荷计划与网络计划保持一致,并确定计划进度。

3. 合同执行阶段(产品设计基本完工以后的阶段)

前面两个阶段编制生产进度计划所依据的都是过去同类产品的历史资料。这些历史资料与合同产品的实际情况总会有些出入,影响计划的准确性。所以在产品设计完成后,根据产品图纸和零件明细表,计算合同产品的设计重量和结构复杂性。修正加工、装配等各阶段的工作负荷,重新编制产品进度计划。这是第三个产品进度计划,称为产品进度计划—Ⅲ。

产品进度计划—Ⅲ是根据合同产品的设计资料制定的,更符合合同产品的实际情况。它是产品制造阶段的正式计划,是编制零件生产进度计划的主要依据。

产品进度计划—Ⅲ在执行过程中需要不断调整。一般每月根据计划实际完成情况调整下个月的计划。还有当接到新的订单,或者合同撤销,或者交货期变化时,计划往往需要作较大的调整。这部分工作是按照滚动计划编制方法编制的。

4. 合同总结

对于单件小批订货生产,积累生产过程记录的各种资料,对企业的生产计划工作有十分重要的作用。所以执行每一份合同时,应详细记录计划的实际执行情况,在合同完成以后要进行总结。把产品的报价重量、设计重量和实际重量,产品设计、工艺准备的计划工作量和实际花费的工作量,加工、装配的计划工时和实际工时,各生产阶段的计划周期和实际周期等,一一进行对比分析,并修正某些现行定额数据,为今后的计划工作提供更科学的参考依据。合同总结卡的形式见表 7-7。

表 7-7 某产品合同总结卡

产品合同总结卡

合同号		用户名称代号		合同签约年月		
产品名称		代号		订货数量		产品类别

产品重量	总重量	其中				
		铸铁件	铸钢件	锻件	普通钢材	特殊钢材
报价重量						
设计重量						
交货重量						

产品工时	总工时	其中				
		毛坯制造	机械加工	装配	油漆包装	其他
计划						
实际						
工时结构	100%					

各加工大组的工时	铸造	大件造型		中件造型		小件造型		合计	
		重量	工时	重量	工时	重量	工时	重量	工时
	计划								
	实际								
	所占百分比(%)								
	锻压	水压机		锻锤(大)		锻锤(中小)		合计	
		重量	工时	重量	工时	重量	工时	重量	工时
	计划								
	实际								
	所占百分比(%)								
	机械加工	大车床	中小车床	数控车床	立车	龙门铣	中小铣	插床	摇臂钻
	计划								
	实际								
	所占百分比(%)								
	机械加工	镗床	镗铣加工中心	滚齿	磨齿	内圆磨	外圆磨	平面磨	台钻

续表

各加工大组的工时	计划								
	实际								
	所占百分比(%)								

以上三个阶段编制的三份产品进度计划,其编制过程及各计划之间的关系详见图 7-3。

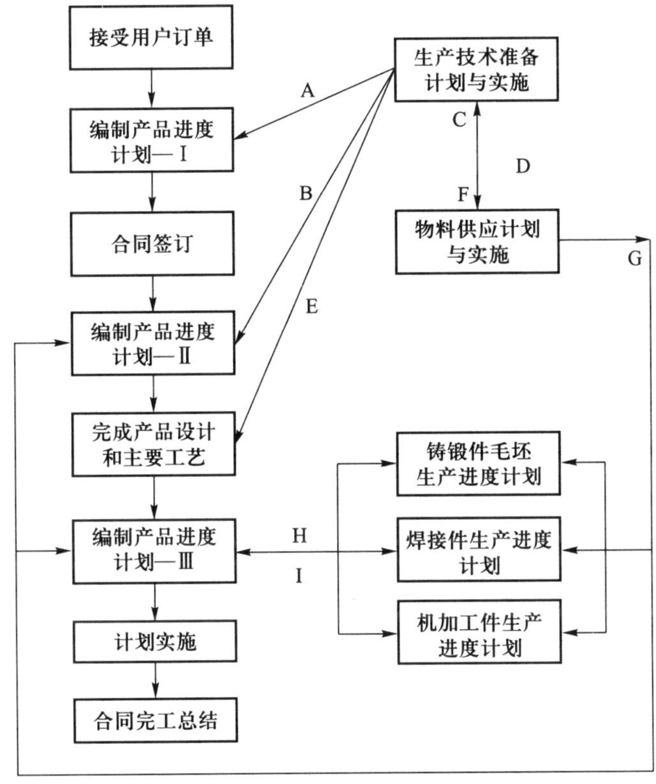

图 7-3　单件产品进度计划的编制过程

图中字母的含义如下。

A:接到用户的订单以后,由计划部门召集技术、生产、财务、营销和物资供应等部门会商,分析合同产品的性能特征和主要结构特征,确定产品的类别和复杂等级,估算产品的重量和设计周期,为编制产品进度计划—Ⅰ提供依据。

B:合同签订以后,设计部门对产品的性能指标和主要结构进行了初步的分析和设计,然后计划部门再次召集技术、生产、物料供应等有关部门进行会商,为合同的执行和编制产品进度计划—Ⅱ协调各部门的工作。

C:在总体设计批准后,设计部门先设计主关件,并将所需的材料、毛坯提交物资供应部门。

D:物资部门将材料和毛坯订购的落实情况反馈给设计部门。

E:设计部门完成产品的技术设计和施工设计,工艺部门完成工艺设计和工装设计后,提交产品图纸、零件明细表、材料明细表和有关的工艺文件和技术资料。

F:设计部门将材料明细表、外购件明细表提交物资供应部门。工艺部门与生产部门确定外协作件清单,组织外包和外协工作。

G:物资供应部门将库存材料情况、外购材料和外购配件的订货落实情况反馈给计划部门和生产部门。

H:根据产品进度计划—Ⅲ和物资供应情况、生产准备情况,编制零件进度计划,包括铸锻件、焊接件和冷加工件的生产进度计划。

I:将零件进度计划执行情况反馈给计划部门,每月修正一次企业的剩余能力。采用滚动法,修改和调整产品进度计划—Ⅲ。

7.4 生产计划管理部门及其职责

企业规模不同,生产的组织结构明显不同。下面介绍大型企业、中小型企业生产部门的组织机构。

7.4.1 中小型企业生产部门的组织结构

对于中小企业,仅设生管科(生产计划管理科)。生管科作为职能部门,辅助总经理(生产经理)做好生产管理工作,见图 7-4。

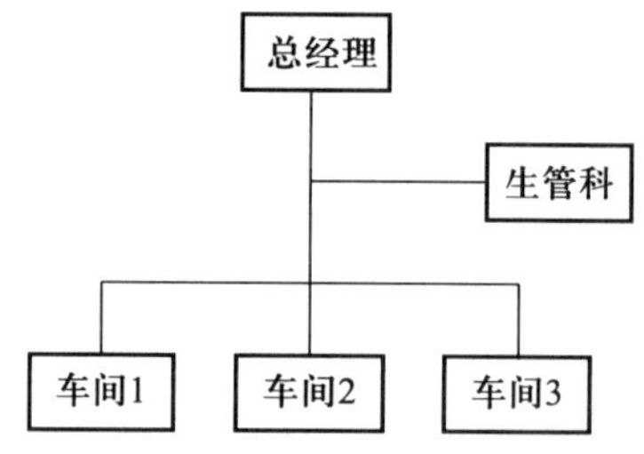

图 7-4 中小企业生管科的组织结构

生管科的负责人又称生产经理,下设订单管理员、计划员、物管员及统计员。各岗位的工作分工如图 7-5 所示。

7.4.2 大型企业生产部门的组织结构

对于大型企业,有多个产品事业部。为了做好各个事业部生产管理工作,设立生产部。生产部作为职能部门,协助集团公司(总厂)的生产管理工作。同时,各事业部又有生管科,见图 7-6。生管科行政上归产品事业部直接领导,业务上接受生产部的指导。

7.4.3 生产部门的工作职责

生产部门的工作目标为:成本导向,按期完成生产计划。

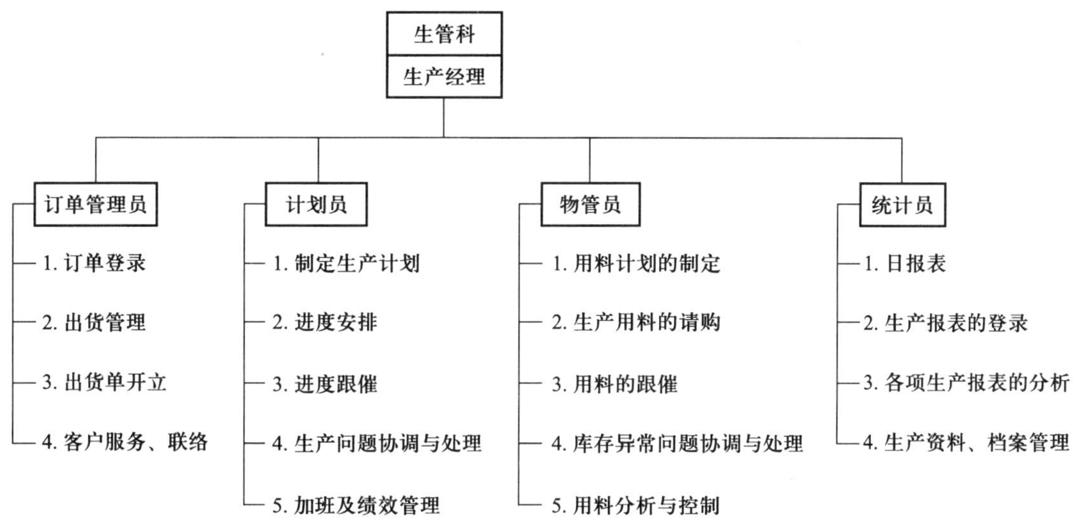

图 7-5 各岗位的工作职责

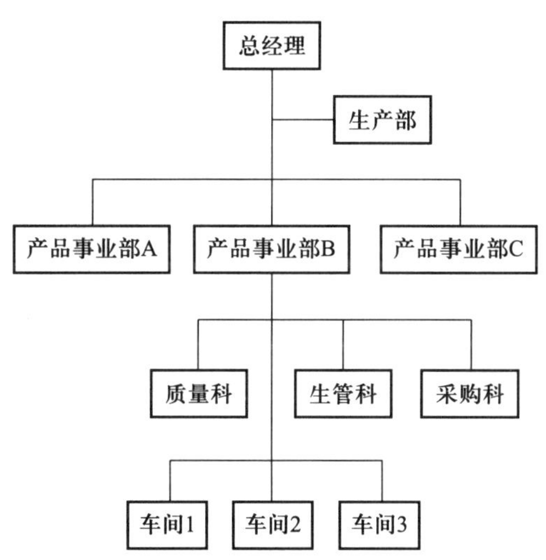

图 7-6 大型企业生产部门的组织结构

生产部门的工作职责如下：

(1) 确定生产产品品种、数量、交货期。

(2) 分析车间、关键设备的产能与负荷，并做好工作准备。

(3) 安排生产进度，分派与协调生产工作。

(4) 掌握生产所需各种物料的供应。

(5) 负责产品出货的各项联络工作。

(6) 定期参与产销协调会。

(7) 召开生产会议，协调处理生产问题，分析、检讨生产绩效。

(8) 建立及执行各项产销管理制度。

生产计划的拟订办法见本章附录。

7.5 年度生产计划的案例分析

年度生产计划主要分为两块:一是工业产值和产品产量计划表;二是生产协作计划。这里以某机械制造企业为例,说明工业产值和产品产量计划表,见表7-8。

表7-8 ××车间2021年生产计划表

序号	项目	单位	2020年预计	2021年计划	2021年分季安排			
					一季	二季	三季	四季
一	产值:							
	1. 总产值(按不变价格)	万元						
	2. 商品价值(按现行价格)	万元						
	3. 净产值(按现行价值)	万元						
二	产品产量:							
	1. 主要产品产量	台						
	×××	台						
	×××	台						
	2. 新产品	种/台						
三	质量:							
	1. 升级产品							
	2. 成品初检合格率	%						
	3. 加工废品率	%						

本章小结

年度生产计划是企业年度综合计划的主要组成部分。广义的年度生产计划详细说明产品品种、生产数量、品质、关键工作中心的负荷、设备维护保养计划、新产品研发、物资采购以及制造费用的预算。狭义的年度生产计划仅仅规定企业在年度内出产的产品品种、质量、产量、产值和出产进度等指标。

年度生产计划的主要内容包括:正确制定各项生产指标;生产能力的核算与平衡;合理安排全厂和车间的产品生产进度;组织和检查年度生产计划的实施和考核,总结年度生产计划的完成情况。年度生产计划主要指标包括产品品种指标、质量指标、产量指标、产值指标等。优化品种指标主要有收入—利润顺序法、产品系列平衡法。

不同类型的生产,产品生产进度安排有所不同。对于大量生产,其计划工作关注的是各生产线的产量(月产量和日产量),并不需要对所有产品的投产日期和出产日期作具体安排。对于多品种成批量生产的产品生产进度计划,主要任务是在计划期内做好各产品在生产进度上的合理搭配。首先采用“细水长流”的方针安排企业的主导产品;同一时段内集中生产同一系列或同一类型的产品；新产品、高精尖产品、需要关键设备的产品，应该分散安排，以保证设备负荷及技术准备工作的均衡。对于单件小批，则根据双方协商签订的合同，安排产品设计和组织生产工作。

生产经理，下设订单管理员、计划员、物管员及统计员。生产部门的工作职责为：①确定生产产品品种、数量、交货期；②分析车间、关键设备的产能与负荷，并做好工作准备；③安排生产进度，分派与协调生产工作；④掌握生产所需各种物料的供应；⑤负责产品出货的各项联络工作；⑥定期参与产销协调会；⑦召开生产会议，协调处理生产问题，分析、检讨生产绩效；⑧建立及执行各项产销管理制度。

思考题

1. 什么是年度生产计划？
2. 年度生产计划的指标有哪些？如何优化品种指标优化和产量指标？
3. 如何制定大量生产类型、成批生产类型和单件小批生产类型的产品生产进度计划？
4. 举例说明生产管理部门的组织结构和工作职责。

即测即评

本章附录

第8章 物料需求计划与企业资源计划

1. 了解物料需求计划(material requirement planning,MRP)发展的背景,掌握MRP的思想、结构和原理。

2. 重点掌握应用MRP制定物料采购计划和生产作业计划。

3. 掌握MRP系统中的订购批量方法。

4. 分清MRP、MRPⅡ、ERP(企业资源计划,enterprise resources planning)之间的关系,并了解企业ERP项目实施的要点与步骤。

引导案例

2012年1—4月,从对全国企业(涉及石化、钢铁、电子、飞机和船舶等387家)实施ERP情况的调查数据来看,应用ERP的企业约占80%。经过仔细研究,发现大部分企业ERP只在财务管理、进销存管理等环节应用比较成熟。在生产管理环节的应用以事后的数据补录和数据统计功能为主,生产计划、生产综合产能预估和生产实况反馈等功能的应用比较简单,真正实现生产计划控制的则更少。

ERP实施的成功率之所以普遍不高,一个很重要的原因就是忽略了生产计划和控制系统的落地与改进。生产计划和控制系统是ERP软件的核心,也是企业运营管理的基础。好的生产计划和控制系统能让企业生产、供应、销售等环节保持畅通无阻的实时互动,提高对紧急订单和突发事件的反应速度,为企业的经营决策提供快速准确的实况信息。

如果生产计划和控制系统成为ERP系统的瓶颈,那么ERP系统自"生产计划单"之后的生产状况就处在ERP系统的信息化之外,使得生产状况的统计在时间上严重滞后,决策时无法获取即时全面的生产状况,只能凭经验做决定,导致非常大的误差。这样ERP整体性的功能根本无法发挥出来,只能算作一个事后统计数据的简单工具。可见,要使ERP系统完美地发挥整体的效力,生产计划、控制模块的建设和使用完善与否,关乎整个ERP系统的成败。

近年来,ERP系统上线完全失败的案例在调查中已不存在,所建立的系统或多或少能使用某几个模块或功能,能够在一段时间内发挥实际效用,最起码能用来处理流水账。在已实施的案例中,有55%的被调查者认为最难实施的模块是生产控制模块,已经应用了生产计划管理的企业不到 5.8%，而且应用效果一般。美国先进制造研究机构 AMR（Advanced Manufacturing Research）于 2011 年的调查结果显示，53%的客户反映 ERP 对工厂生产存在负面影响。这些负面影响多体现在为滞后的数据统计和分析所付出的管理和人力成本的增加上。

对实施 ERP 企业的调查显示：10%的企业在整个公司中全面应用了信息化，7%的企业已经进入深化应用阶段，另有 20%的企业在核心业务部门进行了广泛应用；仍然有 55%的企业处于局部应用阶段，而且在企业生产管理职能方面，ERP 系统的应用仅以基本的物料管理模块为主，核心功能模块的应用并不多；还有 8%的企业仍处于信息化的起步阶段，如图 8-1 所示。

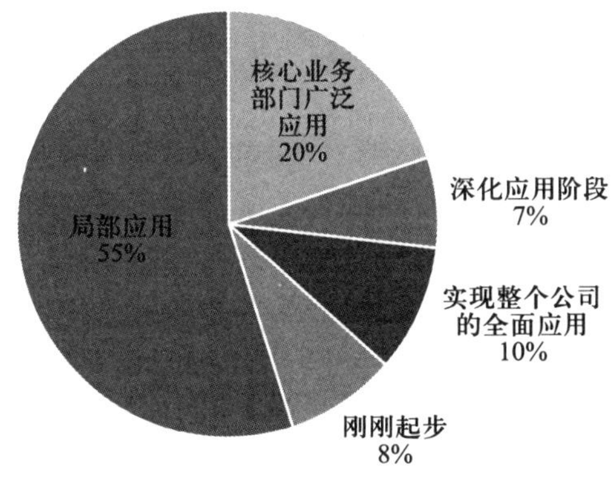

图 8-1　2011 年中国制造业 ERP 系统应用现状

总的来说，2011 年中国制造企业应用最多的，首先是 ERP 系统中与财务管理、库存管理相关的模块；其次是与生产计划、成本管理相关的模块；应用最少的是车间管理与决策支持模块，恰恰是在 ERP 系统最需发挥其强大效力的领域却出现了问题。

资料来源：董鹏，张晓良，李光辉，等．ERP 生产计划模块的现状、问题及优化研究．电子与封装，2013，13（1）：41-48.

思考题：

1. 什么是 ERP？ERP 原理和思想是什么？ERP 包括哪些功能模块？

2. 目前 ERP 系统应用中存在哪些问题？产生这些问题的原因是什么？请分析 ERP 失败的原因。

3. 如何成功实施 ERP？

年度计划已经明确各型号产品各个月份的产量、交货期。接下来需要进一步落实组成各个产品零部件的生产任务，以及制定原材料和外购件的采购计划。只有各个零部件按规定的提前期完成生产，采购的原材料和外购件采购到位，才能按期完成产品的装配、包装和发货。

零部件的生产主要涉及生产作业计划的制定——规定零部件投产时间、投产数量，以及完成时间、完成数量。本章重点介绍如何应用 ERP 将主生产计划（MPS）转化为生产作业计划和物料采购计划。在考虑生产能力（第 9 章）的基础上，依据生产作业制定的标准——期量标准,制定车间之间的生产作业任务和车间内部生产作业计划(第 10 章)。最后,为了保证车间生产作业按计划实施,需要对生产作业进行控制与调度(第 11 章)。

除了自制零部件之外,企业还外购各种生产原料和物料。有关生产零部件所需要的各种物料采购计划的制定,详见第 12 章。物料采购计划规定原材料和外购件的需求量、需求时间,以及采购数量和下订单时间。

本章首先介绍 MRP 发展背景。其次,阐述 MRP 原理,包括 MRP 思想、MRP 结构和 MRP 处理过程。再次,介绍 MRP 批量的确定,论述如何将 MRP 思想和订购批量模型结合,在满足按需供应物料的同时,降低库存的总费用。接着,介绍 MRP 的拓展内容,厘清 MRP、MRP Ⅱ、ERP 之间的关系。最后是案例分析。

8.1 MRP 发展背景

加工装配式生产的顺序是:将原材料制成各种毛坯,再将毛坯加工成各种零部件,零件组装成部件,最后将零件和部件组成产品,如图 8-2 所示。

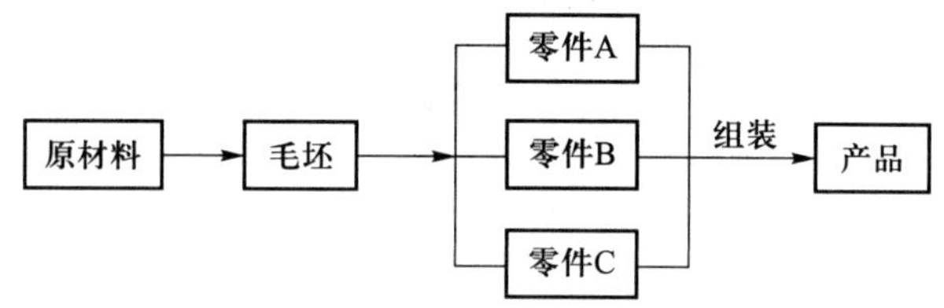

图 8-2 加工装配式生产的工艺顺序

从原材料投入到产品出产经历的时间即是一个生产周期。生产周期与生产提前期的关系见图 8-3。为了确保产品按期交货,必须准确地确定原材料、毛坯和零件的投入时间、出产时间、投入数量和出产数量,必须使各生产阶段和生产环节相互衔接。

一个产品包含成千上万个零件,而加工这些零件需要各种不同的原材料。企业要把每种零件和每种原材料需要的数量和需要的时间计算出来,这是传统手工方式编制生产作业计划所无法解决的复杂工作与难题。比如,在使用计算机以前,美国有些企业手工计算各种零部件的需要数量和时间,一般需要 6~13 周。这种制定计划只能每季度更新一次,计划的应变性很差。

若订单发生变化或需求预测不准确,引起产品的交货时间和交货数量改变,或者当外购件、原材料供应不及时,以及企业生产过程中出现问题,如出现废品、设备故障、工人缺勤等,生产将不能按计划进行。这些情况下,生产计划与实际执行情况出现了很大的偏差。

为了避免这种偏差出现,保证生产的连续性和均衡性,企业往往采用库存方法,如为了避免原材料短缺,建立原材料库存;为了防止生产过程中断,在制品得有一定的库存;为了免于销售缺货,相应地会留有成品库存。

库存占用企业较多资金、生产场所,并存在高库存与低服务水平突出问题。因此,人们根据 MRP/ERP 原理和思想,借助目前高速计算机强大的运算能力,精确地计算出生产产品所需的所有零部件、毛坯和原材料的需求数量和需求时间,消除库存管理中的盲目性,实现低库存

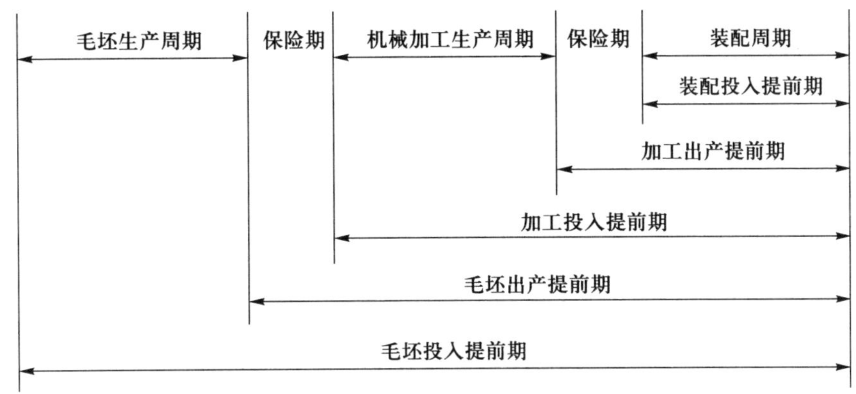

图 8-3　生产周期与生产提前期关系示意图

注:①生产提前期有投入提前期和出产提前期两种。投入(出产)提前期,是指一批制品(毛坯、零件、产品)在某一工艺阶段投入生产(出产)的日期比成品完工出产日期应提前的天数。生产提前期是编制生产作业计划时,确定产品及其零件(毛坯)在各个工艺阶段投入(出产)时间的依据。②工艺阶段之间的保险期是考虑到前一个工艺阶段可能发生生产误期以及为办理入库、领用等手续而预留的时间。通常根据以往经验和统计数据确定。

与高服务水平的管理目标。

8.2　MRP 原理

8.2.1　MRP 基本思想

20 世纪 60 年代中期,美国 IBM 公司的约瑟夫·奥利佛博士首先提出物料需求计划方案。MRP 的基本思想是:围绕物料转化组织制造资源,在正确的时间、正确的地点,按照规定的数量得到真正需要的物料,实现按需要准时生产。

MRP 思想的实现,要处理以下几个问题:

(1) 根据客户订单,结合市场预测,制定各种产品的主生产计划。

(2) 确定各种产品出产数量和出产时间之后,根据产品结构文件(又称物料清单(bill of material,BOM)),确定出产所有零件和部件的数量。

(3) 按各种零件和部件的生产周期,反工艺顺序推出它们的出产时间和投入时间。

该思想的要点是:按反工艺顺序来确定零部件、毛坯直至原材料的需要数量和需要时间。

8.2.2　MRP 结构

MRP 基本结构如图 8-4 所示。根据主生产计划、产品结构文件(BOM)、库存状态等信息,由计算机编制出各个时间段物料采购计划和生产作业计划。

1. MRP 输入

MRP 输入主要有主生产计划、产品结构文件和库存状态文件。

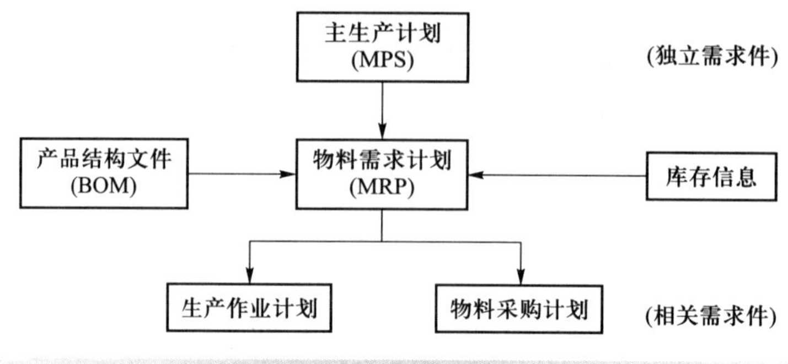

图 8-4 MRP 结构

(1) 主生产计划(MPS)。主生产计划是 MRP 的主要输入,是 MRP 运行的驱动力量。6.4.1 节已指出:MPS 即每一具体产品的生产数量和生产日期的安排,是综合计划分解结果。表 8-1 展示了某种手机的综合生产计划与主生产计划。

表 8-1 产品主生产计划

月份	1月				2月			
综合生产计划	900				860			
周次	1	2	3	4	5	6	7	8
型号 1	200			400		200	100	
型号 2		100	100		160			
型号 3			100			200	200	

主生产计划的计划对象主要是具体化的出厂产品,通常称为最终项目(end item)。不同性质的制造企业,其组织生产的方式也不同。例如家电、日用品这类生产企业,产品系列已基本成形,多采用先入库后销售的备货型生产方式;锅炉、船舶等大型产品制造企业,根据用户提出的各种要求,与客户协商谈判,确定产品性能、质量、数量、交货期等,通常采用订货型生产方式;汽车和家具企业,利用模块组合满足客户要求的汽车、办公家具等,企业提前外购或生产产品模块,采用按订单组装的生产方式。因此,不同的生产方式,制定 MPS 时选取的计划对象也不同。表 8-2 列出了 3 种生产方式下 MPS 的计划对象。

表 8-2 不同生产方式下 MPS 的计划对象

生产方式	定义	计划的对象	举例
备货生产 (make to stock, MTS)	根据市场预测,按已有标准产品进行生产;产品完成后先入库,后逐渐销售	产品	日用消费品
订货生产 (make to order, MTO)	根据客户订货合同组织设计与生产。其中合同规定产品性能、数量和交货期的要求	个性化产品	船舶、锅炉
订货组装 (assemble to order, ATO)	零件事先制作,在接到订单后,按客户要求将零部件装配成产品	关键部件	计算机

（2）产品结构文件（BOM）。产品结构文件表明了产品结构、构成产品的各元件的数量和层次，以及制成最终产品的各个阶段先后顺序。图 8-5 为一个电吹风的产品结构图。电吹风由开关装置、壳体、电驱动装置、电热元件四个部件组成，电吹风与四个部件是父子关系。同理，开关装置是开关、电源线的父项，开关、电源线是开关装置的子项。以此类推，电吹风的产品物料清单如表 8-3 所示。该清单不仅列出了电吹风的所有组件，而且反映出产品的结构层次和数量关系。

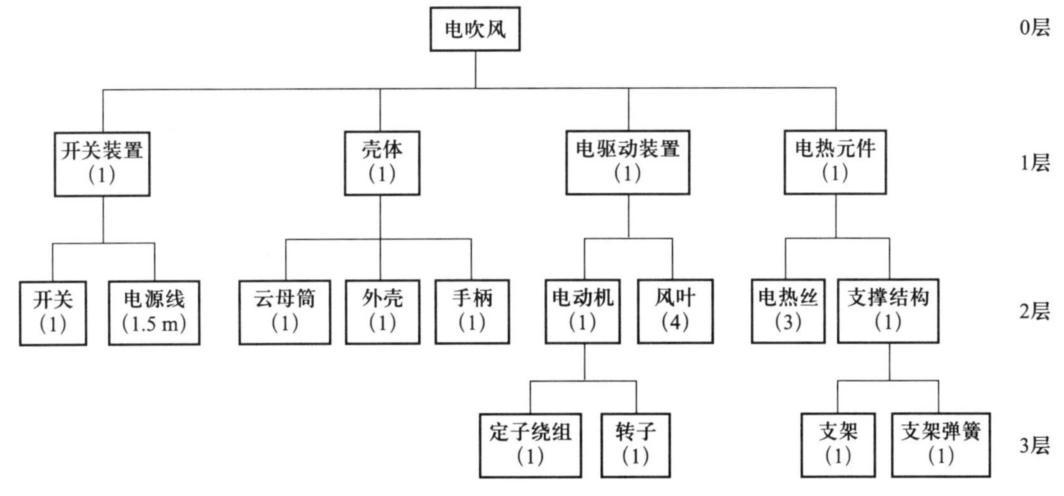

图 8-5　电吹风的产品结构图

表 8-3　电吹风的物料清单

产品物料号:2000		产品名称:电吹风		层次:0
物料号	物料名称	数量	计量单位	层次
20100	开关装置	1	个	1
•20110	开关	1	个	2
•20120	电源线	1.5	米	2
20200	壳体	1	个	1
•20210	云母筒	1	个	2
•20220	外壳	1	个	2
•20230	手柄	1	个	2
20300	电驱动装置	1	个	1
•20310	电动机	1	个	2
••20311	定子绕组	1	组	3
••20312	转子	1	个	3
•20320	风叶	4	片	2
20400	电热元件	1	个	1

续表

物料号	物料名称	数量	计量单位	层次
•20410	电热丝	3	段	2
•20420	支撑结构	1	个	2
••20421	支架	1	个	3
••20422	支撑弹簧	1	个	3

将零部件生产或采购的提前期(LT)反映在产品结构树内,即形成带时间坐标的产品结构图。图 8-6 为带时间轴的电吹风的产品结构树。

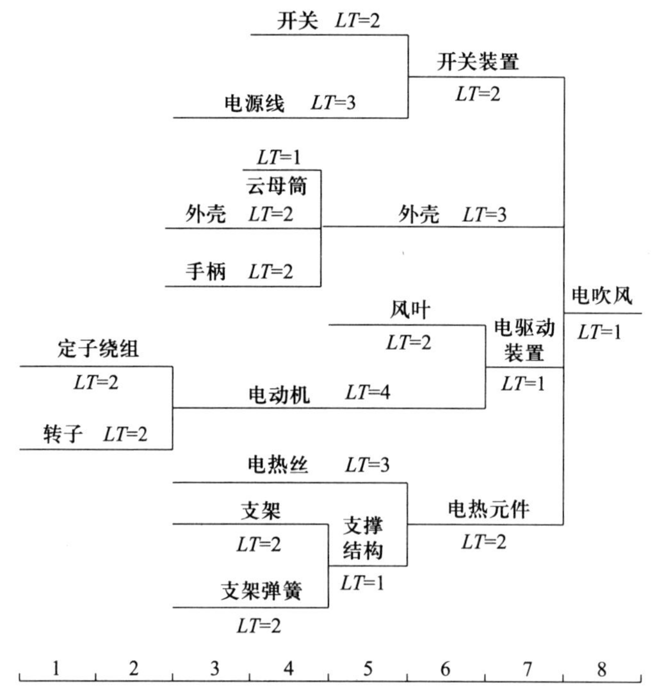

图 8-6　带时间轴的电吹风的产品结构树

(3) 库存状态文件。库存状态文件记录了每一个库存物料的库存现状信息,包括物料名称、提前期、总需要量、预计到货量、现有数、净需求量、计划发出订货量。物料库存量随着生产的进行不断变动,因此库存状态文件记录的是状态信息。表 8-4 为电吹风的部件开关装置的库存状态信息。

物料的总需要量是由其父项的计划发出订货量以及父子间的数量对应关系决定的。父项的计划发出订货量就是子项的总需求量。在本例中,已知电吹风在第 6 周、第 9 周、第 11 周的总需求量为 300 个,由于一个电吹风包含 1 个开关装置,所以在第 6 周、第 9 周、第 11 周的总需求量都是 300 个开关装置。已知第 1 周开关装置的现有数 20 个,加上第 2 周预计到货量 400 个,第 2 周的现有数 = 400+20 = 420 个。第 6 周时,开关装置的总需求量为 300 个,因此第 6 周的现有数 = 420-300 = 120 个。在第 9 周,开关装置总需求量为 300 个,而库存量仅为 120 个,因此本周现有数 = 120-300 = -180 个,本周现有数小于零,说明尚有部分需求得不到满

表 8-4 开关装置库存状态文件

部件开关 LT=2	周次										
	1	2	3	4	5	6	7	8	9	10	11
总需求量						300			300		300
预计到货量		400									
现有数	20	420	420	420	420	120	120	120	-180	-180	-480
净需求量									180		300
计划发出订货量							180		300		

足，这就是净需求量。所以，在第 9 周净需要量是 180 个。由于开关装置的提前期是 2 周，若要在第 9 周到货 180 个，需要提前两周下单。因此第 7 周下订单，订货量=180 个。在第 11 周时，总需求量为 300 个，由于上周现有数小于零，说明没有剩余量来满足本周需求，因而本周净需求量=总需求量=300 个，需要提前 2 周下单或生产，第 9 周计划发出订货量是 300 个。

其中，现有数的计算如式 8-1 所示。

$$本周现有数=上周现有数+本周预计到货量-本周总需求量 \qquad (8-1)$$

现有数与净需求量的关系为：①若前一周现有数大于零，则按式 8-1 计算本周现有数，如果计算的结果大于零，说明本周的需求得到满足，净需求量为 0；如果本周现有数小于零，说明本周尚有部分需求量得不到满足，这部分就是净需求量，即本周净需求量=|本周现有数|。②若前一周现有数小于零，说明没有剩余的物料来满足本周的需求，本周的净需求量=本周总需求量。

2. MRP 输出

根据管理需要，MRP 系统提供各种生产和库存控制报告。包括：

（1）零部件投入出产计划。该计划规定了零部件的投入数量、投入时间、出产数量和出产时间。如果某些零部件要经过几个车间加工，则将其投入出产计划分解为分车间零部件投入出产计划。分车间零部件投入出产计划规定了每个车间一定时间内零部件的种类及相应的投入数量、投入时间、产出数量、产出时间。

（2）原材料需求计划。规定产品、每个零件所需原材料的种类、需要数量及需要时间，并按原材料种类、型号、规格汇总，以便物料管理部门制定采购计划以及物料供应计划。

（3）互转件计划。该计划规定互转零部件的种类、数量、转出车间、转出时间、转入车间和转入时间。

（4）库存状态记录。提供各种原材料、外购件、零部件的库存状态数据，包括库存水平、在途库存、订货批量、库存位置等库存状态数据，供随时查询。

（5）工艺装备机器设备需求计划。提供加工每种零部件不同工序所需的工艺装备和机器设备的编号、种类、数量及需要时间。

（6）各种辅助报告。计划将要发出的订货、已发出订货的调整、生产与库存费用的预算报告和各种统计报告，包括零部件完工情况统计、外购件及原材料到货情况统计等。

8.2.3 MRP的处理过程

物料需求计划（MRP）的处理过程是利用主生产计划，在分析产品结构的基础上，根据产品结构各层次物料的从属和数量关系，以每个物料为计划对象，考虑各物料提前期，以完工日期为时间基准倒排编制各种物料的采购计划和生产计划。

MRP处理过程的核心是物料需求计划。物料需求涉及总需求量、预计到货量、净需求量、计划产出量等相关信息。MRP列表计算物料需求的过程时，根据产品结构树显示的物料间的层次与数量关系，自顶向下逐层得到各物料的计划产量和产出时间。MRP处理的关键在于：①找出上层元件（父项）与下层元件（子项）间的联系。父项的计划订货时间是子项的需求时间，且父项计划订货量与子项的总需求量满足产品结构中的数量关系。②若某一元件在多个层次出现，为了计算方便，将其作为其所在层次中最低层的元件来处理。例如，例8-1中元件C出现在层次1和层次2，说明产品A和部件B都是元件C的父项，逻辑上将C作为层次2的元件进行计算处理。如图8-7所示。

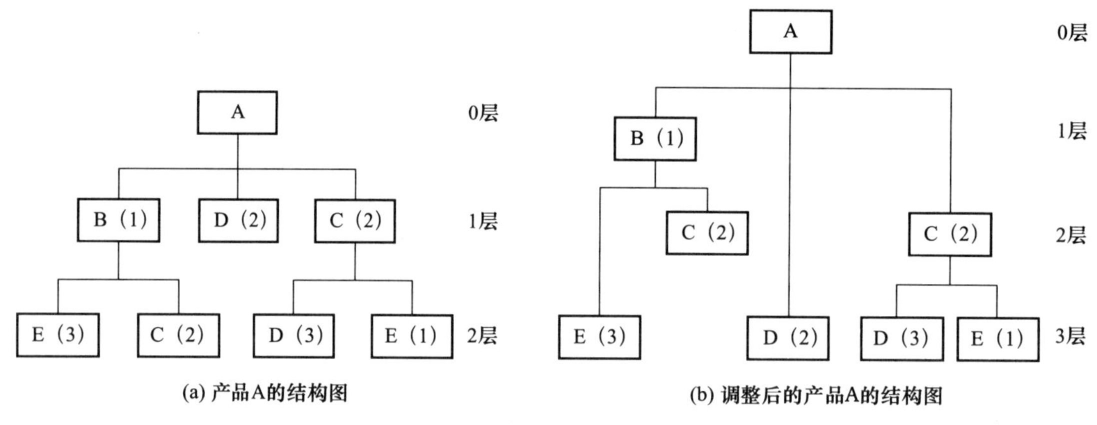

(a) 产品A的结构图　　(b) 调整后的产品A的结构图

图8-7

【例8-1】 已知A产品（其结构如图8-7所示），第8周的总需要量为10台，第11周为15台，成品库存为零。元件B现有数为2，第1周预计到货10；元件C现有数为6，第2周预计到货10；A、B和C的提前期分别为2周、1周、2周。求元件A、B、C的计划发出订货量与时间（不考虑安全库存量和批量）。

解：计算过程自顶向下、逐层处理，如表8-5所示。

从0层开始，已知产品A第8周、第11周的总需求量分别为10和15。产品A第1周开始现有数是0，在第8周之前既无到货量，也无需求量，因此前7周的现有数和净需求量均是0。第8周，产品A的总需求量为10，根据公式"本周现有数=上周现有数+本周预计到货量-总需求量"，产品A本周现有数=0+0-10=-10<0，说明本周需求未得到满足，因此产品A本周净需求=本周现有数的绝对值=10。考虑到2周提前期，在第6周计划订货量10；第11周，产品A的总需求量为15，根据现有数计算公式，产品A在11周现有数=-10-15=-25<0，由于

产品 A 上一周的现有数小于零，本周净需求量 = 总需求量 = 15，提前期为 2 周，因此第 9 周计划订货量 25。

表 8-5　MRP 的处理过程

产品项目		周次										
		1	2	3	4	5	6	7	8	9	10	11
	总需要量								10			15
A	预计到货量											
LT=2	现有数 0								−10	−10	−10	−25
周	净需要量								10			15
	计划订货量						10			15		
	总需要量						10			15		
B	预计到货量	10										
LT=1	现有数 2	12	12	12	12	12	2	2	2	−13	−13	−13
周	净需要量									13		
	计划订货量								13			
	总需要量						20		26	30		
C	预计到货量		10									
LT=2	现有数 6	6	16	16	16	16	−4	−4	−30	−60	−60	−60
周	净需要量						4		26	30		
	计划订货量				4		26	30				

产品 A 与元件 B 是父子关系，A 计划订货的时间即为 B 的需求时间，又知 1 个产品 A 包含 1 个 B 元件，因此元件 B 在第 6 周、第 9 周的总需求量分别为 10 和 15。产品 B 第 1 周开始现有数是 2，且预计到货量 10，因此第 1 周现有数 = 2+10−0 = 12。前 6 周均无需求，保持现有数 12。第 6 周，产品 B 总需求量 10，第 6 周现有数 = 12−10 = 2>0，因此净需求量 = 0；第 9 周总需求量 15，第 9 周现有数 = 2−15 = −13<0，因此净需求量 = 13，考虑到产品 B 提前期是 1 周，所以第 8 周计划订货量 13。

产品 A 与元件 B 都是元件 C 的父项，一个 A 和一个 B 分别直接需要 2 个数量的 C，因此元件 C 在第 6 周、第 8 周、第 9 周总需求量分别为 20、26、30。同理，计算得到元件 C 各周现有数、净需求量和计划订货量，如表 8-5 所示。

思考题：C 原件的订购计划分别在第 4 周、第 6 周、第 7 周订购 4、26 和 30。请分析该订购计划的优点、缺点以及改进方案。

8.3 MRP 批量的确定

利用 MRP 计算得到各种物料的净需求量之后,还必须确定每次生产或者订购的数量,即批量决策。对于内部生产的产品,需要确定的是生产批量;对于外购件,需要确定的是订购批量。确定批量的大小,对生产批量而言,需要平衡生产准备成本与存储成本;对采购批量而言,需要平衡订货成本与存储成本。MRP 系统中确定批量的方法主要有四种:按需确定批量法、经济订购批量法、最小总费用法、最小单位费用法。这里以一个案例说明前两种方法的求解过程。

【例 8-2】某多媒体设备制造企业,各周音响的需求如表 8-6 所示,其中订货成本 = 47 元/次,每周库存费用为产品价值的 0.5%,产品价值为 10 元/单位。试用按需确定批量法和经济订购批量法,确定该产品每周的订货量以及相关成本。

表 8-6 某产品需求量

周次	1	2	3	4	5	6	7	8
净需求	50	60	70	60	95	75	60	55

(1) 按需确定批量法。即订购批量恰好等于净需求。采用按需确定批量法,每周订购一次,每次订货量等于净需求量,因而每周期末无库存剩余,每周库存费用为 0。但是,每周订货成本 47 元。最终计算得到的总成本为 376 元,如表 8-7 所示。

表 8-7 MRP 按需确定批量的过程

周次	净需求量	订货量	期末剩余库存	库存费用/元	订货费用/元	总成本/元
1	50	50	0	0	47	47
2	60	60	0	0	47	94
3	70	70	0	0	47	141
4	60	60	0	0	47	188
5	95	95	0	0	47	235
6	75	75	0	0	47	282
7	60	60	0	0	47	329
8	55	55	0	0	47	376

(2) 经济订购批量法。按需确定批量法虽然没有库存,但订购次数多,订购费用高。如果减少订购次数,增加订购批量,虽然增加了库存费用,但是订购费用大大减少了,这样总的费用会更低。这就是经济订购批量的基本思想。

在本例中,首先应用 EOQ 模型确定经济订购批量 Q。

由于 8 周的总需求 = 50+60+70+60+95+75+60+55 = 525,产品年需求量(假定一年 52 周)$D=(525/8)\times 52=3\ 412.5$(单位),单位产品年库存费用 $h=0.5\%\times 10\times 52=2.6$(元/单位),订货费用 $S=47$ 元/次,利用 EOQ 模型求解经济订货批量 Q:

$$Q=\sqrt{\frac{2DS}{h}}=\sqrt{\frac{2\times 3\ 412.5\times 47}{2.6}}=351(\text{单位})$$

其次制定订购计划。在第 1 周订货，批量为 351 个，由于第 1 周开始就需要 50 个，因此第 1 周开始与结束的库存量都为 301 个。平均库存费用 = 301×10×0.5% = 15.05 元，加上订购费用 47 元，第 1 周的总成本 = 47+15.05 = 62.05 元。

第 5 周的库存量 = 16 个，无法满足第 6 周 75 个的需求。因此，第 6 周需要再下一次订单，订购量为经济订购批量 351 个。因此，第 6 周的平均库存量 = 351+16−75 = 292 个。最终，计算得到的总成本为 171.05 元，明显低于第一种订货法 376 元。如表 8-8 所示。

表 8-8　MRP 经济订货批量法确定批量的过程

周次	净需求量	订货量	期末剩余库存	库存费用(元)	订货费用(元)	总成本(元)
1	50	351	301	15.05	47	62.05
2	60	0	241	12.05	0	74.10
3	70	0	171	8.55	0	82.65
4	60	0	111	5.55	0	88.20
5	95	0	16	0.8	0	89.00
6	75	351	292	14.6	47	150.60
7	60	0	232	11.6	0	162.20
8	55	0	177	8.85	0	171.05

思考题：如何改进订购计划？即修正订购量和订购时间，既满足每周的需求，又降低总费用？

思考题：MRP、闭环 MRP、MRP Ⅱ、ERP 是什么关系？

8.4　MRP 的拓展

从 MRP 到企业资源计划（enterprise resources planning，ERP），大致经过了 MRP、闭环 MRP、制造资源计划（manufacturing resource planning，MRP Ⅱ）和 ERP 四个发展阶段。见图 8-8。

8.4.1　闭环 MRP（closed-loop MRP）

MRP 是开环系统，该系统假定生产系统的能力无穷大，这显然与实际情况不符。20 世纪 70 年代，面对企业资源有限导致生产能力与计划不匹配的问题，人们在 MRP 的基础上，发展了闭环 MRP。闭环 MRP 的“闭环”有双重意义：一是不仅考虑物料需求计划，还考虑能力需求、车间生产作业计划和采购情况；二是在计划制定和实施之后，根据反馈信息，修改计划并实施控制，形成“闭环”。

闭环 MRP 系统的出现，使生产活动中物料的管理实现了系统化。根据生产计划的要求，可以精确确定生产产品所需要的各种零部件、原材料的需求数量和需求时间，并根据生产能

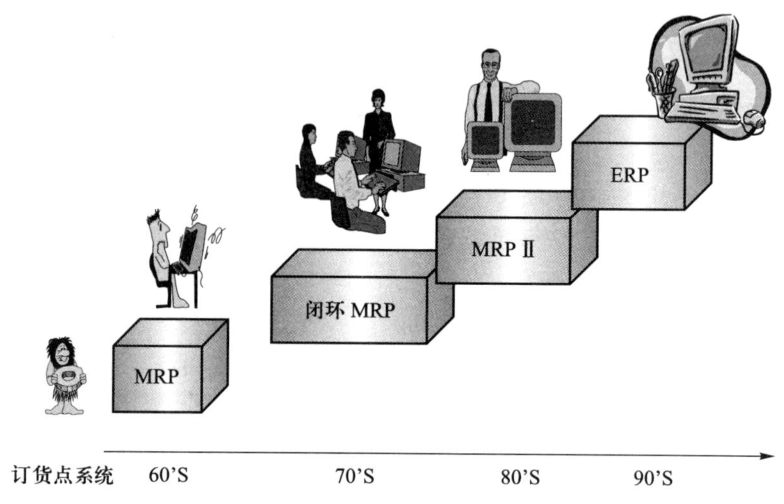

图 8-8 MRP 的发展与演变

力情况落实具体的生产任务。

闭环 MRP 的最大亮点是能力需求计划。能力需求计划是对生产过程所需的生产能力进行核算,判断是否有足够的生产能力完成生产任务。

8.4.2 制造资源计划(MRP Ⅱ)

1. 什么是 MRP Ⅱ

随着资金流日益受到人们重视,在 20 世纪 80 年代,闭环 MRP 进一步发展成 MRP Ⅱ(manufacturer resource planning,制造资源计划)。

MRP Ⅱ 突出的功能是实现了成本核算,使生产计划和财务计划联系到一起。MRP、闭环 MRP 已经将生产计划分解为人、零部件、原材料的投入生产计划,明确各时间段各类零部件、原材料的投入种类,投入数量,再考虑各物料的价格和分摊的费用,即可进行生产成本核算,描绘出资金流,从而实现了生产计划、财务管理、采购管理、工程技术和人员管理等综合管理。

2. MRP Ⅱ 的总体结构

MRP Ⅱ 的层次结构如图 8-9 所示。

从图 8-9 可以看出,MRP Ⅱ 主要包括三个层面的功能:一是决策层,主要是根据企业的综合经营计划,考虑资源与财务的情况,制定生产计划大纲,规划未来一段时间的生产目标和生产任务。二是计划层,根据企业的生产计划大纲和用户订单,制定主生产计划,进行粗能力平衡后,作为物料需求计划计算的出发点。三是执行层,对车间的生产作业与采购计划实施控制,同时对相关费用进行成本会计核算。

3. MRP Ⅱ 的新增功能

这里仅介绍粗能力计划和能力需求计划。

(1) 粗能力计划(rough-cut capacity planning,RCCP)。主生产计划层次的能力管理是粗能力计划。其功能是:通过任务与能力的模拟平衡,确保 MPS 的可行性。粗能力计划通常只

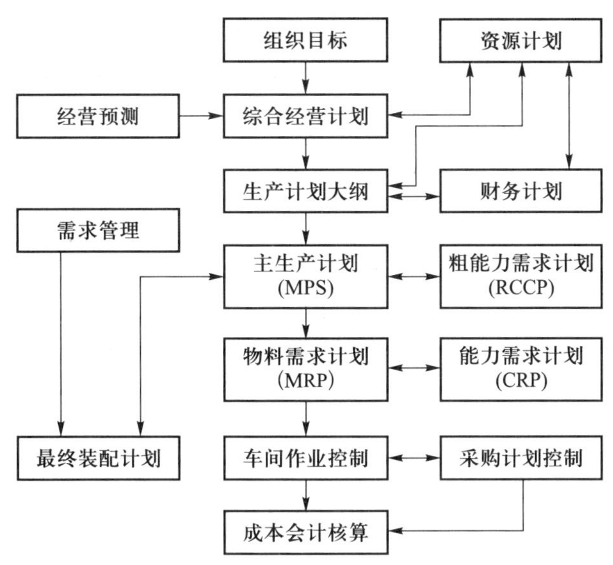

图 8-9 MRP Ⅱ 的层次结构图

对关键资源进行计算与分析。关键资源通常指瓶颈工作中心、关键供应商、不可外包的工作、资金等。粗能力计划核算瓶颈工作中心、人力和原材料是否满足 MPS 的需要。

当超过负荷时，则调整主生产计划或通过加班来增加生产能力，使得 MPS 在需求和能力之间取得平衡。

(2) 能力需求计划(capacity requirement planning，CRP)。当粗能力平衡之后，即可进行细能力平衡，即分阶段、分工作中心精确地计算出人员负荷和设备负荷，进行瓶颈预测，调整生产负荷，做好生产能力和生产负荷平衡工作，制定能力需求计划。

CRP 的建立，一方面充分利用设备和人力，另一方面减少加工等待时间，缩短生产周期，并为生产管理人员提供能力与负荷的信息。

8.4.3 企业资源计划(enterprise resource planning，ERP)

随着 MRP、MRP Ⅱ 管理思想不断发展和信息技术快速进步，20 世纪 90 年代初美国 Gartner Group 公司提出 ERP。ERP 是对企业所有资源进行有效计划和控制的集成信息系统。ERP 核心管理思想是供应链管理，其管理理念是将供应商、客户、销售代理、协作单位等共同纳入生产系统，满足企业利用全社会一切市场资源快速高效地进行生产经营的需求，不断提高效率和在市场中的竞争能力。

ERP 不仅是一种软件产品，更是一种管理思想，主要体现在：

(1) 基本哲理从以产品为核心的经营管理模式，转变为以用户为核心的经营管理模式。

(2) 企业的经营运作管理与集成的范围不再局限在企业的内部，而是拓展到企业以外，如供应商和客户。

(3) 将制造业企业的制造流程看作全社会范围内紧密连接的供应链。

ERP 的功能为：虽然 ERP 系统只是比 MRP Ⅱ 系统增加了一些功能子系统，但重要的是这些子系统的紧密联系和集成。其功能包括订单、采购、库存、计划、生产制造、质量控制、销售管理、财务管理、人事管理、项目管理等。ERP 的功能模块如图 8-10 所示。ERP 的计划层次和内容详见本章附录。

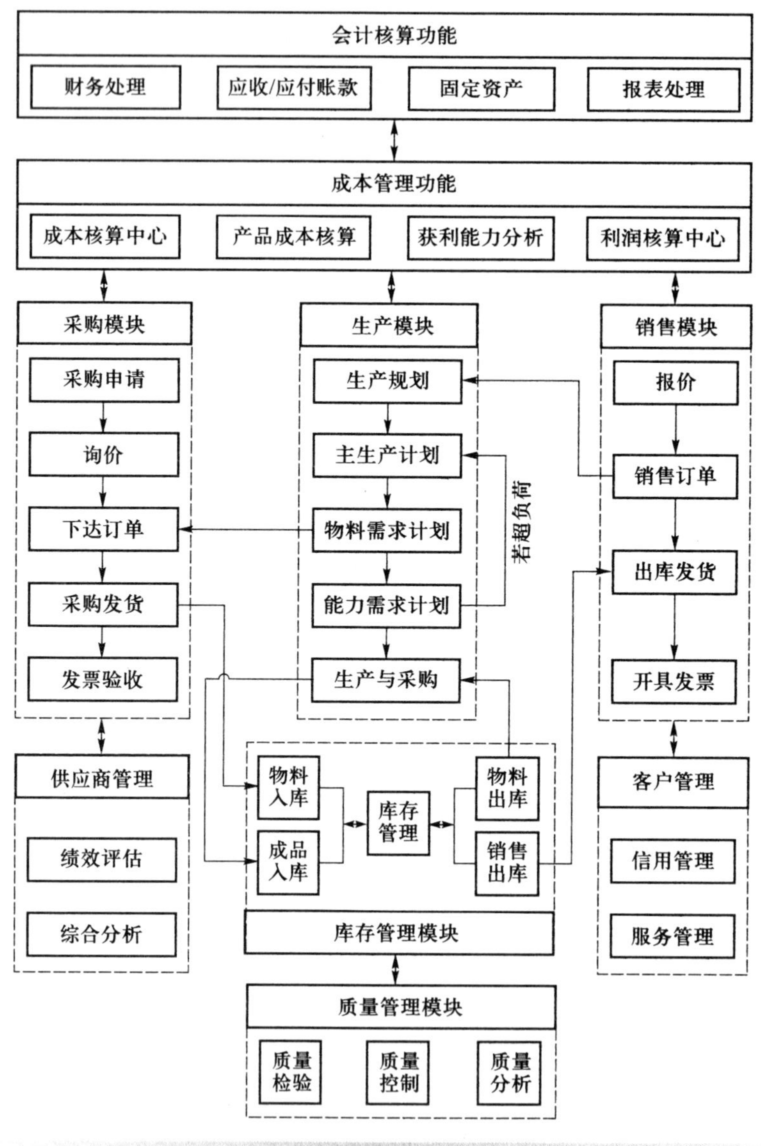

图 8-10 ERP 功能模块图

ERP 的特点如下：

(1) 超越了 MRP Ⅱ 的范围和集成功能。

(2) 支持精益生产和敏捷制造等多种制造方式。

(3) 支持动态的监控能力,提高业务绩效。

(4) 支持多公司、多地点的企业管理模式。

(5) 集成供应链管理、客户关系管理和电子商务。

企业应用 ERP,可望取得以下效果:

(1) 降低库存,减少资金占用。

(2) 合理利用资源,缩短生产周期。

(3) 降低产品成本,控制采购费用。

(4) 提高产品质量。

(5) 保证按期交货。

(6) 提高计划的可实现性。

(7) 实现均衡生产,提高劳动生产率。

(8) 强化财务管理,加速资金周转。

思考题:企业如何成功实施与应用 ERP 系统?

8.5 案例分析:宏安发动机公司的物料需求计划

背景资料:富瑞明是宏安发动机公司的生产计划主任。他刚参加了“物料需求计划(MRP)培训班”归来,学习班上专家讲授的内容,使他这位有多年实践经验的老生产计划员颇有茅塞顿开的感觉。他决定以 E-1000 型发动机的几种主要零部件为对象,用 MRP 方法试编一个生产作业计划,以消化和巩固所学的知识。

第一步:富主任先编制了一个 E-1000 型发动机的主生产作业计划,如表 8-9 所示,该计划给出了未来 12 周每周需组装的 E-1000 型发动机的数量。

表 8-9　E-1000 型发动机的主生产作业计划表

工作周	1	2	3	4	5	6	7	8	9	10	11	12
产量	15	5	7	10	0	15	20	10	0	8	2	16

第二步:富主任选择了齿轮箱和传动轴两种主要部件编制它们的物料需求计划,这两种部件与发动机的组装关系如图 8-11 所示。从 BOM 中可以看出,传动轴是齿轮箱的组成部件,齿轮箱是发动机的组成部件,三者在 BOM 中分别处于第 0 层、第 1 层和第 2 层,BOM 中还给出了这两种部件的需要量和生产提前期的资料。

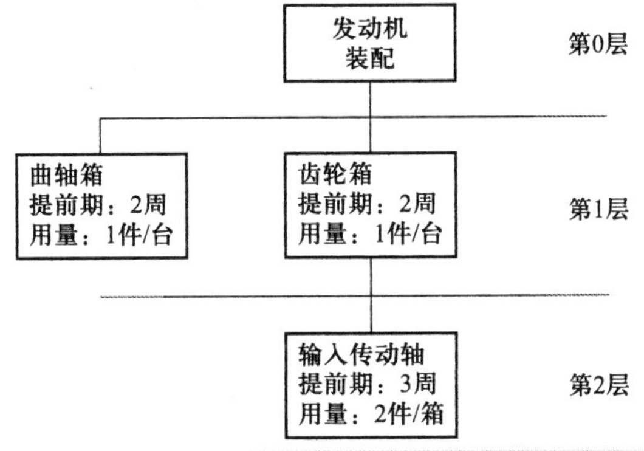

图 8-11　E-1000 型发动机的局部物料清单(BOM)

为了编制 MRP，富主任又作了以下假定：

(1) 在第 1 周开始时，齿轮箱的现有库存量为 17 件，另外还有 5 件齿轮箱的制造订单已经下达，计划于第 2 周入库，批量 20 件。

(2) 传动轴的现有库存量为 80 件，没有计划订单入库，批量 40 件。

当富主任花了两小时终于编出了 MRP 时，他发现计划的结果与他事先根据经验判断的结果大相径庭。他这才开始体会到，为什么老师一再强调 MRP 的逻辑是绕不过去的。

要求：

1. 试编制本例的齿轮箱和传动轴 MRP。

2. 确定齿轮箱和传动轴每次的计划订单下达数量和时间。(可利用以下设计好的计划表格，见表 8-10)

表 8-10 物料需求计划表

时段	1	2	3	4	5	6	7	8	9	10	11	12
毛需求量 $G(t)$												
计划入库量 $S(t)$												
计划库存量 $H(t)$ 17												
净需求量 $N(t)$												
计划订单产出 $P(t)$												
计划订单投入 $R(t)$												

本章小结

1. MRP 的基本思想是：围绕物料转化组织制造资源，在正确的时间、正确的地点，按照规定的数量得到真正需要的物料，实现按需要准时生产。MRP 基本结构是 3 个输入、2 个输出。即根据主生产计划、产品结构文件(BOM)、库存状态这 3 个输入信息，由计算机编制出各个时间段物料采购计划和生产作业计划这 2 个输出。

2. 物料需求计划(MRP)的基本处理过程是利用主生产计划，在产品结构的基础上，根据产品结构各层次物料的从属和数量关系，以每个物料为计划对象，考虑各物料提前期，以完工日期为时间基准倒排编制各种物料的采购计划和生产计划。

3. 利用 MRP 计算得到各种物料的净需求量之后，还必须确定每次生产或者订购的数量进行批量决策。确定批量的大小，对生产批量而言，需要平衡生产准备成本与存储成本；对采购批量而言，需要平衡订货成本与存储成本。MRP 系统中确定批量的方法主要有按需确定批量法、经济订购批量法。

4. MRP 是开环系统，假定生产系统的能力是无穷大的。闭环 MRP 则考虑能力需求。MRP Ⅱ 突出的功能是实现了成本核算，使生产计划和财务计划联系到一起。ERP 核心管理思想是供应链管理,是将供应商、客户、销售代理、协作单位等共同纳入生产系统的一种管理理念。ERP 的功能包括订单、采购、库存、计划、生产制造、质量控制、销售管理、财务管理、人事管理、项目管理等。

思考题

1. MRP 的基本思想是什么?
2. 阐述 MRP 系统中确定批量方法。如何修正经济批量?
3. 阐述 MRP、闭环 MRP、MRP Ⅱ、ERP 之间的关系。
4. ERP 的功能模块有哪些?
5. 布朗电器公司生产一种数字式的光碟播放机(DVD)。每一种播放机有一定量的共同组件,但也存在一定的不同组分。物料清单列出了每种必需物料、提前期和目前库存量。(括号中的数字表示每单位父级所需子级的量)

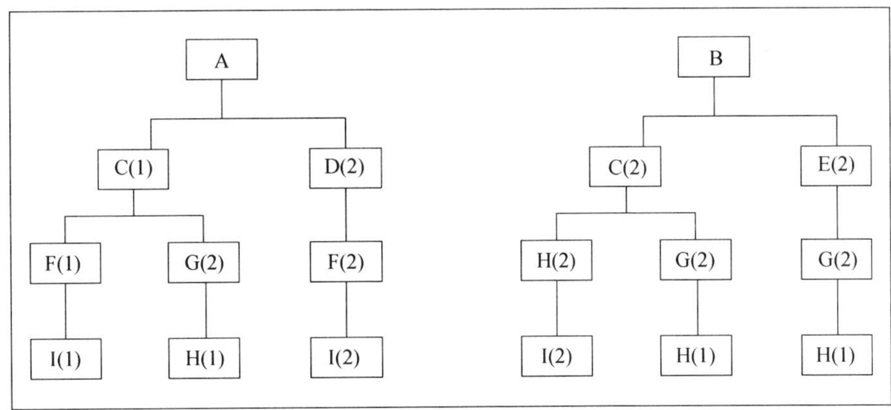

物料	当前库存量	提前期(周)
A 型 DVD	30	1
B 型 DVD	50	2
子装配件 C	75	1
子装配件 D	80	2
子装配件 E	100	1
零件 F	150	1
零件 G	40	1
零件 H	200	2
零件 I	300	2

布朗电器公司做了一个主生产计划的预测,生产精确地满足计划。主生产计划第一部分显示,在第 10 周需要 A 型产品 700 个单位,B 型产品 1 200 个单位。

要求：

利用以下设计好的MRP表格，制定一个满足需求的MRP。

物料	星期									
	1	2	3	4	5	6	7	8	9	10
A(提前期=1)										
毛需求										
现有库存 30										
净需求										
计划订单										
计划订单下达										
B(提前期=2)										
毛需求										
现有库存 50										
净需求										
计划订单										
计划订单下达										
C(提前期=1)										
毛需求										
现有库存 75										
净需求										
计划订单										
计划订单下达										
D(提前期=2)										
毛需求										
现有库存 80										
净需求										
计划订单										
计划订单下达										
E(提前期=1)										
毛需求										
现有库存 100										
净需求										
计划订单										
计划订单下达										

续表

<table>
<tr><th rowspan="2">物料</th><th colspan="10">星期</th></tr>
<tr><th>1</th><th>2</th><th>3</th><th>4</th><th>5</th><th>6</th><th>7</th><th>8</th><th>9</th><th>10</th></tr>
<tr><td>F(提前期=1)
毛需求
现有库存 150
净需求
计划订单
计划订单下达</td><td></td><td></td><td></td><td></td><td></td><td></td><td></td><td></td><td></td><td></td></tr>
<tr><td>G(提前期=1)
毛需求
现有库存 40
净需求
计划订单
计划订单下达</td><td></td><td></td><td></td><td></td><td></td><td></td><td></td><td></td><td></td><td></td></tr>
<tr><td>H(提前期=2)
毛需求
现有库存 200
净需求
计划订单
计划订单下达</td><td></td><td></td><td></td><td></td><td></td><td></td><td></td><td></td><td></td><td></td></tr>
<tr><td>I(提前期=2)
毛需求
现有库存 300
净需求
计划订单
计划订单下达</td><td></td><td></td><td></td><td></td><td></td><td></td><td></td><td></td><td></td><td></td></tr>
</table>

即测即评

本章附录

第9章 生产能力

大马拉小车浪费，小马拉大车摧残。

——无名氏

1. 掌握生产能力的定义、分类，了解影响生产能力的因素。

2. 掌握生产能力的计量单位，注意区分具体产品、代表产品和假定产品的概念和具体计算方法。

3. 掌握战略层面生产能力规划方法，了解不同规模生产方案的评价方法。

4. 重点掌握生产能力的计算方法（单台设备、设备组、车间和企业的生产能力），理解生产能力平衡工作重要性。

5. 掌握提高生产能力的途径与方法。

引导案例

有一生产千斤顶的企业，从小作坊开始，现已发展成为拥有5个生产车间、3条生产线的初具规模的企业。公司开始重视标准化和现代化管理。其中一项重要的工作就是如何评估企业年度生产能力。并以此为依据，制定年度生产计划和年度销售计划，以及开展年度财务预算工作。

生产的千斤顶主要有两种型号：型号A和型号B，见图9-1。这两种型号的千斤顶结构完全不同，因此在不同的生产线上生产，型号A在半自动化流水线上生产，型号B主要是手工装配。型号B单件产品的装配时间为5分钟。

这两种型号的千斤顶按尺寸大小又分为多种规格。型号A的千斤顶（图9-1左图）有10种规格，这10种规格的产品结构与生产工艺是相同的，仅是尺寸和重量的差异，因此在同一条生产线生产。但是由于某种最小规格的尺寸和重量仅为最大的一半，因此单件产品的生产时间有较大差异，如最小规格的A型千斤顶，单件产品的装配时间为30秒，而最大规格的A型千斤顶，单件产品的装配时间为45秒。工人装配不同产品劳动强度差异较大。

目前，企业日产量的统计方法是：将这两种型号不同规格的千斤顶数量简单累加。同时将日产量作为工人绩效工资发放的依据。工人提出不同意见，认为最大规格的A型千斤顶

图 9-1 两种型号的千斤顶

很重，消耗工时多，而且很累，但是计件工资与最小规格的差别不大，这样的计算方法不合理。

思考题：

1. 将这两种型号不同规格的千斤顶数量简单累加作为生产量，这种计算生产能力是否合理？如果不合理，应该采用什么方法计算生产能力？

2. 生产能力的计算，对于生产计划、销售计划分别有什么作用？

无论是制定长期发展战略，还是制定年度生产计划和车间层面的生产作业计划，企业都要考虑生产能力，从而实现“供需匹配”的目标。

在制定长期发展战略时，根据预测的市场需求量、新技术发展趋势和供应链管理水平等因素，规划和设计战略能力。这些战略能力包括全球范围内工厂布局和新厂房的建设、新技术和新工艺设备的购置等。

生产部门和营销部门联合制定销售与运作计划（S&OP）、综合计划，以及各自制定年度生产计划和年度销售计划时，也要认真考虑年度生产能力。一方面，年度生产能力是制定企业年度计划的重要依据之一。通过生产能力的计算，可以发现生产中的薄弱环节和富余环节，使生产的组织者、计划者做到心中有数，并采取技术组织措施，消除薄弱环节，促进生产发展，提高企业生产的经济效益。另一方面，生产能力对营销人员也很重要，在接订单时，可以根据生产能力，判断订单任务量是否超过生产能力，并与客户商定合理的交货期。

车间层面制定生产作业计划时，则要考虑关键设备能力，以及车间每天生产任务和车间各工段、各班组的生产能力，以便合理安排生产任务，解决车间计划产量和车间生产能力的矛盾。

本章首先介绍生产能力的概念、分类和影响因素。其次，阐述战略层面的生产能力规划，主要包括长期生产能力的确定，以及利用决策树对不同规模生产能力方案的评价。最后重点介绍年度生产能力的计算，包括生产能力的计量单位和各生产环节生产能力的计算。

9.1 生产能力概述

9.1.1 生产能力的定义

企业的生产能力是指企业的固定资产在一定时期(年、季、月等)内,在合理、正常的技术组织条件下,经过综合平衡后所能生产的一定种类产品的数量。

对上述定义补充说明几点:

(1) 现代工业企业的生产依赖于大量机器设备,企业的生产能力是固定资产能力的综合反映。生产能力不仅依赖先进制造设备,而且取决于掌握劳动技能的操作工人和组织生产管理水平,这些因素也直接影响生产能力。

(2) 企业的生产能力通常是按年来计算的,还可以季、月、班、小时作为计算的时间。其中轮班、小时等多作为计算流水线生产能力的时间单位。

(3) 生产能力取决于瓶颈生产环节的能力。由于产品的生产过程包括不同的生产环节,而各个生产环节的生产能力又是不平衡的,甚至有较大的差异,因此 企业生产能力是企业内部各生产环节生产能力综合平衡的结果。做好能力平衡工作,能充分利用已有的固定资产,并充分挖掘企业生产能力。

9.1.2 生产能力的分类

生产能力分类方法有几种。

(1) 按管理层次分为战略生产能力、年度生产能力和月度生产能力。与高、中、低的企业计划一一相对应,生产能力按层次高低和计划期长短分为三种:战略生产能力、年度生产能力和月度生产能力,见表 9-1。

① 战略生产能力。一年以上,属于长期能力计划,涉及新厂房建设、新设备购置、新设施布局等。这些生产性资源反映公司新的发展方向以及制造技术新趋势,需要较长时间才能获得。战略生产能力计划需要高层管理者的参与和批准。一般采用投资预算来论证投资项目的可行性。

② 年度生产能力。6~18 个月,属于中期能力计划,涉及雇员人数的变化(招聘或解聘)、转包合同的签订、新工具的增加和小型设备的购买等。一般是公司制定综合计划和年度生产计划时,由制造部门负责,其他部门(如人力资源部、财务部、市场营销部、研发部)配合,检查企业实际生产能力。

③ 月度生产能力。一个月或一周,属于短期能力。涉及每天或每周的生产调度情况,而且为了消除计划产量和实际产量的矛盾,短期计划作相应调整。影响短期生产能力的因素包括:加班、人员调动,以及生产加工路线改变和生产设备调配(生产调度方法)。一线主管(车间主任、班长)根据本部门的机器设备和人力资源情况,进行作业任务的分配和生产调度,满足每天的生产任务。

表 9-1 各个层次的需求预测、生产计划和能力计划关系

决策层	需求预测	时间跨度	决策过程	生产计划	生产能力
公司高层领导	长期产品需求预测	3~5 年	向各工厂分配生产任务	公司发展战略	战略生产能力
工厂经理（制造部经理）	一年 12 个月各产品月需求量	1 年	根据产品类型确定各季生产计划	综合计划（经营计划、综合生产经营计划）	企业的年度生产能力
车间主任	今后 5 个月各零部件月需求量	1 个月（周）	确定零部件月生产计划	生产作业计划	各车间（工段）的月度生产能力

（2）按应用上的不同要求，分为设计能力、查定能力和计划能力。

① 设计能力指企业新建、扩建或进行重大技术改造后，在设计任务书或有关技术文件中所规定的生产能力。

② 查定能力是在原定的设计能力已不符合企业的实际情况，如产品方案、生产工艺和技术组织条件等发生了重大变化，重新核定的生产能力。

③ 计划能力指企业在编制生产计划时所用的能力。一般是根据企业当时的实际生产条件、预期产能实现的生产能力。

（3）固定能力和可调能力。固定能力（fixed capacity）指由生产性资产决定的能力。可调能力（adjustable capacity）指在考虑安排劳动力的数量、每天的工作时间和班次等因素后可灵活调整的生产能力。

企业的生产能力如果按照直接参与生产的固定资产计算，是固定资产能力的综合反映。但实现这种固定能力的前提条件：一是具备相当数量的掌握必要知识和技能的劳动者；二是物料供应、工艺装备的配备也要符合要求。如果生产工人数不足，或生产物料供应中断，则固定能力大打折扣。

9.1.3 生产能力的影响因素

影响因素包括：产品的品种；各种产品的数量构成；产品结构的复杂程度；质量要求；零部件标准化、通用化水平；设备的数量；设备的性能和成套性；工艺方法；有效生产面积；企业的专业化协作水平（供应商协作水平，反映在供应商供货的数量、质量和交货期等方面）；企业的生产组织管理形式和水平；职工的业务技术和劳动积极性等。

这些因素在查定生产能力时，可归纳为三个基本因素，即固定资产的数量（包括生产中的设备数量及生产面积数量）、固定资产工作时间和固定资产的生产率定额。

1. 固定资产的数量

固定资产的数量包括生产中的设备数量及生产面积数量。计算生产能力时的设备数量，是指企业所拥有的全部能够用于生产的机器设备数，包括正在运行的机器设备，正在修理、安装或准备安装的机器设备，因生产任务不足或其他不正常原因暂时停用的设备。已经判定不

能修复决定报废的设备、不配套的设备、企业留作备用的设备，以及封存待调的设备，都不能列入生产能力计算的范围。

生产面积的数量，对于铸造车间、铆焊车间和装配车间的生产能力有重要意义。在这类车间中，生产面积是指造型、装配等的工作地、通道、工作地旁边的零部件存放地及运输设备所占面积。按照生产面积计算生产能力时，要考虑辅助面积的大小是否与生产面积相适应。辅助面积包括：工具刃磨、设备修理设施所占用的面积，仓库占用面积，车间主通道占用面积。

2. 固定资产工作时间

固定资产工作时间分为制度工作时间和有效工作时间。

（1）制度工作时间是指在规定的工作制度下，固定资产可工作或利用的时间数。年制度工作时间的计算公式如下：

$$F_{制} = (D_{历} - D_{节})f \tag{9-1}$$

式中：$F_{制}$——年制度工作时间；

$D_{历}$——全年日历日数；

$D_{节}$——全年节假日数；

f——每日制度工作小时数。

日历日数减去节假日数，即为全年制度工作日数，计 306 天。每日制度工作小时数根据企业的工作班制和设备性质而定，如机器制造企业中一般的机床设备都按两班制工作计算，每日制度工作时间为 16 小时，关键设备可按三班制计算，每昼夜工作 22.5 小时。

（2）有效工作时间是在制度工作时间中扣除设备修理停歇时间后的工作时间总数，即：

$$F = F_{制} K \tag{9-2}$$

式中：F——设备年有效工作时间；

K——时间利用系数。

系数 K 主要考虑设备检修、更换模具、调整设备时间及工人班内休息时间的影响，一般取 0.9～0.96。如两班制，时间利用系数为 0.95，则 $F = F_{制} K = 306 \times 2 \times 8 \times 0.95 \times 60 = 279\ 072$（分钟）。

注意：在计算生产面积的生产能力时用制度工作时间，而计算设备生产能力时用有效工作时间。

3. 固定资产的生产率定额

固定资产的生产率定额包括设备及生产面积的生产率定额。设备（生产面积）的生产率定额可以用设备（生产面积）的产量定额来表示，即单位设备（生产面积）在单位时间内的产量定额。

固定资产的生产率定额受产品品种构成、产品结构、质量要求、加工工艺方法、工人技术水平等一系列因素的影响，因此是决定生产能力三因素中最易变化，而且变化幅度较大的因素。

根据确定不同生产能力的要求，设备（生产面积）生产率定额可以分为设计定额、查定定额和计划定额。设计定额及查定定额是企业在若干年内应该达到的先进水平的定额。计划定额是企业在计划年度内应该达到的平均先进定额。一般讲来,计划定额水平低于设计定额和查定定额水平。

计划定额可在现行定额的基础上,考虑计划增长系数(或计划压缩系数)后确定。

确定计划产量定额的公式如下:

$$P_1 = P_0(1+\alpha) \tag{9-3}$$

式中:P_1——计划产量定额;

P_0——现行产量定额;

α——产量定额计划增长系数。

计划时间定额的计算公式如下:

$$t_1 = t_0(1-\beta) \tag{9-4}$$

式中:t_1——计划时间定额;

t_0——现行时间定额;

β——时间定额计划压缩系数。

其中,$\alpha=\dfrac{\beta}{1-\beta}$。$\alpha$与$\beta$的关系推导见本章附录。

9.2 生产能力规划

做好生产能力规划,首先要确定生产能力需求。在此基础上,再应用决策树评价与分析不同规模的生产方案。

9.2.1 生产能力需求的确定

在计算生产能力需求时,企业必须了解每一条生产线的需求、每家工厂的生产能力水平以及整个生产系统中的生产任务分配状况,一般可按照以下步骤来进行:

(1) 应用预测方法,预测每条生产线每种产品的销售情况。

(2) 计算需要投入的设备和劳动力,以便满足生产线各种产品的生产任务。

(3) 在计划期内,合理配置设备与劳动力。

做生产能力规划时,企业常常还要考虑预留一些生产能力。超过预期需求的富余生产能力又称生产能力余量,生产能力余量作为设计生产能力与实际生产能力之间的缓冲。例如,某产品的预计年需求为 1 000 万,设计生产能力定为 1 200 万。生产能力余量即为 20%。这 20 个百分点的生产能力余量即意味着 83%的生产能力利用率(100%除以 120%)。下面以具体例子说明以上三个步骤的应用。

【例 9-1】 确定生产能力需求。

某公司生产两种口味的沙拉配料:保罗口味和纽曼口味。每种口味的沙拉配料有两种包装样式:瓶装和一次性袋装。公司管理层准备制定需求计划,确定今后的生产设备和劳动力的需求。

解:第一步,预测每条生产线上每种产品的销售情况。市场部提供了今后 5 年产品的市场需求预测报告，见表 9-2。

表 9-2 产品 5 年需求预测 单位：千（瓶、袋）

年份	1	2	3	4	5
保罗口味					
瓶装	60	100	150	200	250
一次性袋装	100	200	300	400	500
纽曼口味					
瓶装	75	85	95	97	98
一次性袋装	200	400	600	650	680

第二步，计算需要投入的设备和劳动力。目前公司有 3 台装瓶机，每台每年可装 150 000 瓶。每台装瓶机需要两名操作工，并且该机器既可以对纽曼口味的产品也可以对保罗口味的产品进行装瓶。现共有装瓶工人 6 名。另外，公司还有 5 台装袋机，每台每年可装袋 250 000 袋。每台机器需要 3 名操作工，也可均用于两种产品的生产，现共有袋装机操作工 20 名。

把表 9-2 中两种口味的沙拉配料每年所需的瓶装和袋装的数量分别相加，就可以得到生产线的预计总需求。见表 9-3。

表 9-3 产品今后 5 年预测的总需求 单位：千（瓶、袋）

年份	1	2	3	4	5
瓶装	135	185	245	297	348
一次性袋装	300	600	900	1 050	1 180

下面计算第一年需要多少设备与劳动力。

总瓶装生产能力为：

3 台 ×150 000 瓶/台 = 450 000 瓶/年

135/450 = 0.3，即第一年需要的生产能力为总生产能力的 30%。

0.3×3 = 0.9，即第一年需要 0.9 台装瓶机。

总袋装生产能力为：

5 台 ×250 000 袋/台 = 1 250 000 袋/年

300/1 250 = 0.24，第一年需要的生产能力为总生产能力的 24%。

0.24×5 = 1.2，即第一年需要 1.2 台装袋机。

第一年的劳动力需求是由第一年的机器需要量决定的。第一年工人的需要量（劳动力需求）计算如下：

第一年瓶装生产线：0.9×2 = 1.8 名操作工。

袋装生产线：1.2×3 = 3.6 名操作工。

第三步，在计划期内，合理配置可获得的设备与劳动力。

以此类推，得到其余年份生产能力的利用率、设备需求数和劳动力需求量。如表 9-4 所示。

表 9-4 各年的设备数和劳动力需求量

年份	1	2	3	4	5
袋装生产线					
生产能力利用率(%)	24	48	72	84	94
设备需求	1.2	2.4	3.6	4.2	4.7
劳动力需求	3.6	7.2	10.8	12.6	14.1
瓶装生产线					
生产能力利用率(%)	30	41	54	66	77
设备需求	0.9	1.23	1.62	1.98	2.31
劳动力需求	1.8	2.46	3.24	3.96	4.62

9.2.2 利用决策树评价不同规模的生产方案

决策树分析法是一种运用概率与图论中的树对决策中的不同方案进行比较,从而获得最优方案的风险型决策方法。下面举例说明。

【例 9-2】决策树解决不同规模的生产方案

有一计算机商店的店主正在考虑其今后 5 年的经营计划。过去几年里,商店的销售量持续上升,形势良好。因此店主设计了三个方案:第一是新建,扩大现有计算机商店的经营规模。第二是扩建,将计算机商店迁至新址。第三是不扩建。如果 1 年后出现销售量大幅增长的话,那么第二年再重新考虑扩大经营。当然 1 年以后就会有竞争对手进入本地市场而无法扩大经营的风险。另外,已知高需求的可能性为 55%,低需求为 45%。其他决策所需的信息如下:

(1) 采用新建方案,将出现大批的计算机爱好者,由此带来销售量增长,销售收入约为 195 000 美元/年。当然,新建方案的另一种可能是增长的销售量不理想,这种情况下,销售收入预计为 115 000 美元/年。新建费用为 210 000 美元。

(2) 采用扩建方案也有两种可能。一是销售量显著上升,则销售收入为 190 000 美元/年;二是销售量的增长不理想的话,销售收入应为 100 000 美元/年。扩建费用都为 87 000 美元。

(3) 采用不扩建方案。如果销售量显著上升的话,销售收入预计为 170 000 美元/年;如果销售量的增长不理想的话,则销售收入为 105 000 美元/年。

解:我们利用决策树帮助该商店寻找问题的最佳方案,见图 9-2。图 9-2 中有两个决策节点(由方框引出)和三个机会节点(由圆圈引出)。

图 9-2 的右侧,列出各种可能性的预期收益。具体计算过程如表 9-5 所示。

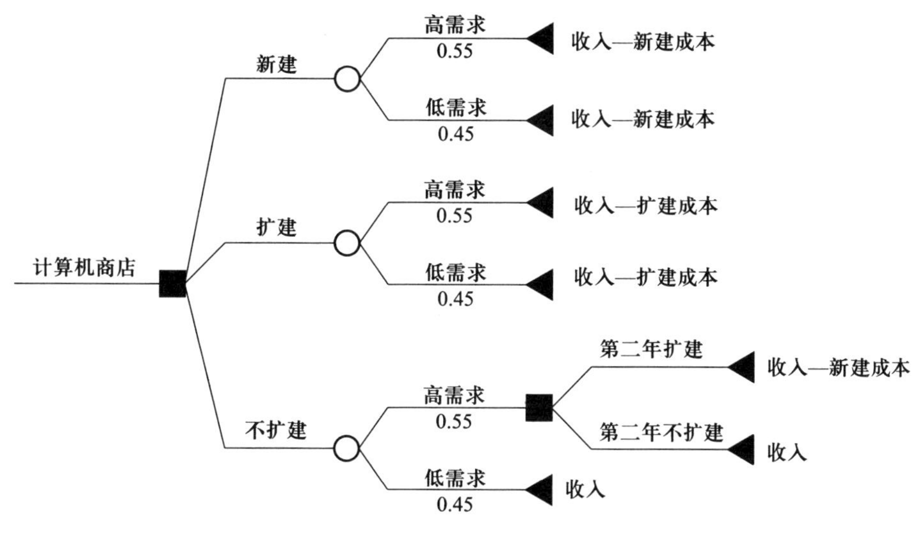

图 9-2 计算机商店问题的决策树

表 9-5 预期收益计算表 单位:美元

各种可能的情况	收益	成本	净值
新建,需求猛增	195 000×5 年	210 000	765 000
新建,需求微涨	115 000×5 年	210 000	365 000
扩建,需求猛增	190 000×5 年	87 000	863 000
扩建,需求微涨	100 000×5 年	87 000	413 000
不扩建,需求猛增	170 000×1 年	87 000	843 000
第二年再扩大规模	190 000×4 年		
不扩建,需求猛增	170 000×5 年	0	850 000
且不再扩大规模			
不扩建,需求微涨	105 000×5 年	0	525 000

1. 新建方案

高需求收益=收益-成本=195 000×5-210 000=765 000(美元)

低需求收益=收益-成本=115 000×5-210 000=365 000(美元)

由于高低需求的概率分别为 0.55 和 0.45,有:

新建预期收益=0.55 ×高需求收益+0.45 ×低需求收益

=0.55×765 000+0.45×365 000=585 000(美元)

2. 扩建方案

高需求收益=收益-成本=190 000×5-87 000=863 000(美元)

低需求收益=收益-成本=100 000×5-87 000=413 000(美元)

由于高低需求的概率分别为 0.55 和 0.45,有:

新建预期收益=0.55 ×高需求收益+0.45 ×低需求收益

=0.55×863 000+0.45×413 000=660 500(美元)

3. 不扩建方案

在高需求情况下,有两种情况:

① 第二年扩建,这种情况的收益=170 000×1+190 000×4-87 000=843 000美元。

② 第二年不扩建,这种情况的收益=170 000×5=850 000美元。

可以看到第二年不扩建而维持原状,预期收益高于第二年再扩建的预期收益值,所以删去第二年扩建分枝。这说明,如果第一年没有采取行动,并且销量猛增的话,第二年进行扩建已经毫无意义了。

高需求收益=收益-成本=170 000×5=850 000(美元)

低需求收益=收益-成本=105 000×5-0=525 000(美元)

由于高低需求的概率分别为0.55和0.45,有:

新建预期收益=0.55×高需求收益+0.45×低需求收益

=0.55×850 000+0.45×525 000=703 750(美元)

新建方案预期收益585 000美元,扩建方案预期收益为660 500美元,不扩建方案预期收益为703 750美元,见图9-3。因此,最佳选择是不扩建方案,一直维持规模按兵不动。

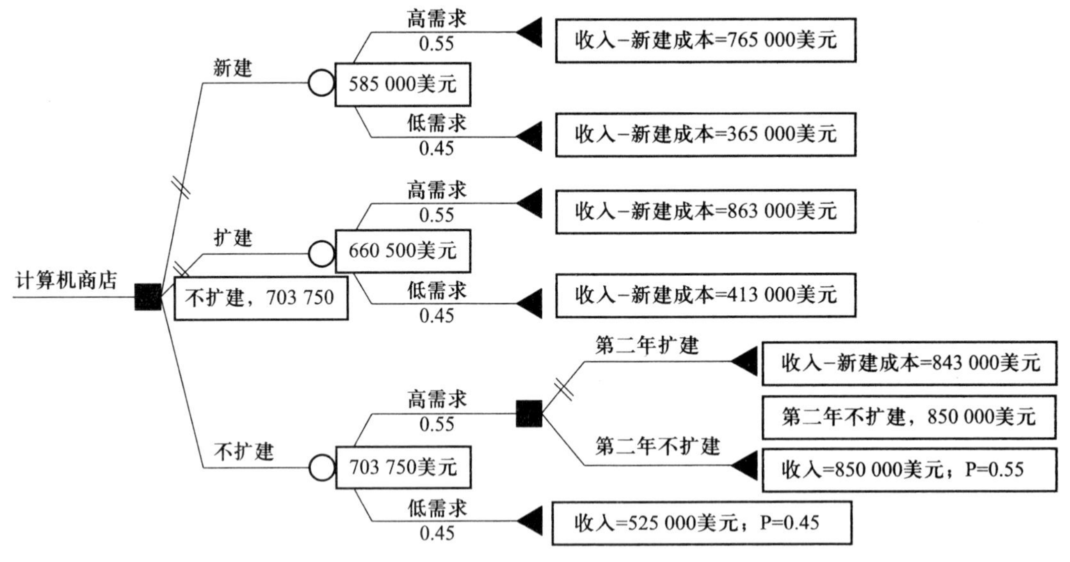

图9-3 决策树分析

资料来源:例9-1和例9-2根据任建标译著改编。理查德·B. 蔡斯. 运营管理. 9版.任建标,译. 北京:机械工业出版社,2003:364-367.

9.2.3 扩大生产能力时的注意事项

企业在扩大生产能力时,最主要的是要考虑到以下三点:

1. 保持生产系统平衡

在一家完全平衡的工厂里,生产第一阶段的产出恰好完全满足生产第二阶段投入的要求;生产第二阶段的产出又恰好完全满足生产第三阶段投入的要求。以此类推。然而,在实际生产中,这种情况几乎是不可能实现的,而且是不必要的。有两个原因:其一,每一生产阶段的最佳生产率水平通常并不一样。比如,第一阶段每月生产 90~100 单位产品时效率最高,而第二阶段,每月生产 75~85 单位时效率最高,第三阶段每月生产 75~85 单位时效率最高。其二,变化的产品需求以及来自生产过程本身的一些问题也会导致不平衡的现象发生。

解决生产系统不平衡的方法有很多:①增大瓶颈阶段的生产能力。可采用的措施有:加班工作、租用设备、通过转包形成额外的生产能力等。②可以在生产瓶颈之前预留缓冲库存,以保证瓶颈环节持续运转。③如果某一部门的生产依赖于先前某一部门的生产,那么就重复设置前一部门的生产设备,以便充足地生产供应后续部门的生产所需。

2. 生产能力扩容的频率

在扩大生产能力时,需要考虑两种成本,即生产能力升级过于频繁和迟缓分别造成的成本。

生产能力升级过于频繁造成的成本非常昂贵。其一,升级时必须购买新设备,新设备的购置费用高。其二,旧设备的拆卸和更换,以及为使用新设备对工人的培训等,这些工作都产生了直接成本。其三,在设备更新期间,生产场地或服务场所的闲置将带来机会成本。

反之,生产能力升级过于迟缓也会让企业付出昂贵的代价。由于每次升级的间隔期较长,都需要投入大笔资金购买设备以便大幅度提高生产能力,这样一来必然会导致相当数量的闲置资源。这些闲置生产能力上的投资就将作为日常管理费用计入成本,这就造成了资金占用和投资浪费。

3. 外部生产能力(外包)

在有些情况下,可以采用一种更经济有效的办法,即不扩大企业的生产能力,而代之以利用现有的外部生产能力来增加产量。

9.3 年度生产能力的计算

生产能力以实物指标作计量单位。企业生产的产品不同,以及不同的生产类型,采用实物计量单位也明显不同。计算年度生产能力时,首先要明确采用计量单位。然后依据计算单台设备和设备组的能力,再计算生产线和工段的生产能力。最后计算整个车间生产能力。

9.3.1 生产能力的计量单位

生产能力的实物计量单位有具体产品、代表产品及假定产品。

(1) 具体产品。对于产品品种单一的大量生产企业,一般用具体产品表示一个企业的生产能力。比如,某汽车制造厂的年生产能力是 20 万辆小轿车,某化肥厂的年生产能力是 30 万吨合成氨等。

(2) 代表产品。对于多品种产品生产的企业,在结构、工艺和生产加工时间相似的产品中,选取具有典型性、最能代表企业的专业方向的产品作为代表产品。如电视机厂、电动机制造厂这类生产系列化产品的企业,常用代表产品反映企业的生产能力。

如何选出代表产品?一般是选择产量与劳动量乘积最大的产品,作为代表产品。代表产

品与具体产品产量之间的换算,通过换算系数来实现。换算系数为具体产品与代表产品的时间定额的比值,即:

$$K_i = \frac{t_i}{t_{代}} \tag{9-5}$$

式中:K_i——产品 i 的换算系数;

t_i——i 产品时间定额;

$t_{代}$——产品时间定额。

【例 9-3】 设车间生产 A、B、C、D 四种产品,这些产品的结构与工艺相似,根据产量及劳动量的大小,选定 B 产品为代表产品。如表 9-6 所示。

表 9-6 代表产品换算为具体产品的计算过程表

产品名称 ①	生产纲领(台) ②	单位产品总劳动量(台时) ③	产量与劳动量乘积 ④=②×③	产品换算系数 ⑤	换算为代表产品产量(台) ⑥=②×⑤
A	2 100	20	42 000	20/40=0.5	1 050
B	1 500	40	60 000	1	1 500
C	1 000	50	50 000	50/40=1.25	1 250
D	800	60	48 000	60/40=1.5	1 200
合计	5 400				5 000

上述结果表明,生产纲领产量(计划总产量)为 5 400 台,折合代表产品 B 的产量 5 000台。

(3)假定产品。对于产品品种数较多,且各种产品的结构、工艺和劳动量构成差别较大的情况,不能用代表产品来代表其他产品。此时可用假定产品作为计量单位,应用假定产品来表示企业的生产能力。

假定产品是由各种产品按其产量比重构成的一种假想产品。如果企业生产纲领规定生产 A、B、C 三种结构、工艺不相似的产品,其产量分别为 600、300 和 100,即三种产品的产量比重为 $\theta_A=0.6$,$\theta_B=0.3$,$\theta_C=0.1$,则一个假定产品中含 0.6 个 A 产品、0.3 个 B 产品和 0.1 个 C 产品。

假定产品劳动量的计算公式为:

$$t_{假} = \sum_{i=1}^{n} t_i \theta_i \tag{9-6}$$

式中:$t_{假}$——单位假定产品的劳动量;

t_i——i 产品的时间定额;

θ_i——i 产品的产量比重;

n——产品品种数。

【例 9-4】 假定产品生产能力的计算(见表 9-7)。

表 9-7 假定产品的工时定额

产品名称	计划产量 ①	各产品产量比重 ②=①/Σ①	各产品的工时定额(小时/台) ③	假定产品的工时定额(小时/台) ④=②×③
A	56	26.4%	9.6	2.53
B	72	34.0%	7.8	2.65
C	48	22.6%	1.8	0.41
D	36	17.0%	6.5	1.11
合计	212			6.7

(1)一台假设产品中含 0.264 台 A 产品,0.34 台 B 产品,0.226 台 C 产品,0.17 台 D 产品。

(2)假设产品的单台定额 = 26.4% × 9.6 + 34.0% × 7.8 + 22.6% × 1.8 + 17.0% × 6.5 = 6.7(小时)。

在产品品种繁多而又不稳定的单件小批生产企业中,也常采用产品的某种技术参数作为计量单位,如发电设备的功率(千瓦)数;在铸造、锻压、金属结构等工厂、车间,也常采用重量单位。

9.3.2 各生产环节生产能力的计算

下面分别说明各生产环节生产能力的计算方法。

1. 单台设备及流水线生产能力的计算

大量生产企业,按流水线组织生产时,生产能力按每条流水线核算。流水线的生产能力取决于承担每道工序设备的生产能力。因此,生产能力的计算从单台设备开始。单台设备生产能力的计算公式如下:

$$M_{单}=\frac{F}{t} \qquad (9-7)$$

式中:$M_{单}$——单台设备生产能力(台或件);

F——单台设备计划期(年)有效工作时间(小时);

t——产品的工序时间定额(时/件)。

如果工序由一台设备承担,单台设备的生产能力即为工序生产能力。如果工序由 S 台设备承担,工序生产能力为 $M_{单}\cdot S$。流水线的生产能力在各道工序的生产能力综合平衡的基础上确定。装配流水线生产能力的确定方法与加工流水线相同。

2. 设备组生产能力的计算

在成批及单件小批生产企业,当工段按工艺原则或对象原则组织时,生产能力的计算通常从设备组开始。构成设备组的基本条件是它们在生产中的互换性,也就是设备组中的任何设备在大体上相同的时间内,可以完成分配给该设备组加工的任何相同工序,并能达到规定的质量标准。

设备组生产能力的计算公式如下：

$$M_{组}=\frac{F\cdot s}{t} \tag{9-8}$$

式中：$M_{组}$——设备组的生产能力；

s——设备组的设备数量；

t——制造单位产品（具体、代表或假定产品）所需要该种设备的台时数。

设备组生产能力的计算公式也可写成：

$$M_{组}=F\cdot S\cdot P \tag{9-9}$$

式中：P——单台设备小时产量定额（台、件或千克）。

当造型设备的生产率以造型个数表示，而设备组的生产能力以重量为计量单位时，设备组生产能力的计算公式如下：

$$M_{型}=F\cdot S_{型}\cdot P_{型}\cdot W_{型}/1\ 000 \tag{9-10}$$

式中：$M_{型}$——造型设备组的生产能力（吨）；

$S_{型}$——造型设备台数；

$P_{型}$——单台造型设备生产率（个/小时）；

$W_{型}$——每个铸型铸件平均重量（千克/个）。

铸造车间熔炼工段熔炼设备的生产率为每小时的铁水产量，而生产能力应以合格铸件重量表示。因此，熔炼设备的生产能力按下式计算：

$$M_{熔}=F\cdot S_{熔}\cdot P_{熔}\cdot \alpha \tag{9-11}$$

式中：$M_{熔}$——熔炼设备组生产能力（吨）；

$S_{熔}$——熔炼设备数；

$P_{熔}$——熔炼设备生产率（吨/小时）；

α——合格铸件百分率。

以上几个公式中的 F，均为单台设备计划期（年）有效工作时间，但不同设备的 F，根据其工作制度及修理停工率不同，而取不同数值。

下面以金属切削机床为例计算设备组生产能力。例 9-5 以代表产品为计量单位，计算设备组生产能力。例 9-6 以假定产品为计量单位计算设备组生产能力。

【例 9-5】设车间生产 A、B、C、D 四种结构与工艺相似的产品，根据产量及劳动量的大小，选定 B 产品为代表产品，其单位产品在铣床上的台时消耗为 5 小时，设铣床组共有 6 台铣床，每台铣床的全年有效工作时间为 4 650 小时，则铣床组的生产能力（以代表产品 B 的产量表示）为：

$$M_{铣}=\frac{F\cdot s}{t}=\frac{4\ 650\times 6}{5}=5\ 580(\text{B 产品})$$

将以代表产品 B 表示的产量换算为各具体产品产量的换算过程及结果见表 9-8。

上面结果表明，计划总产量是 5 400 台，折合代表产品 B 的产量是 5 000 台，以代表产品计算的生产能力是 5 580 台。

表 9-8 代表产品换算为具体产品的计算过程表

产品名称	生产纲领（台）	单位产品总劳动量（台时）	产品换算系数	换算为代表产品产量（台）	换算后产量比重（%）	以代表产品表示的生产能力（台）	换算为具体产品表示的生产能力（台）
①	②	③	④	⑤=②×④	$⑥=\frac{⑤}{\Sigma ⑤}$	⑦	$⑧=⑦×⑥×\frac{1}{④}$
A	2 100	20	0.5	1 050	0.21	5 580	2 344
B	1 500	40	1	1 500	0.30		1 674
C	1 000	50	1.25	1 250	0.25		1 116
D	800	60	1.5	1 200	0.24		893
合计	5 400			5 000	1.00		6 027

【**例 9-6**】以假定产品为计量单位计算设备组生产能力。

设车床组有 15 台车床，生产 A、B、C、D 四种结构、工艺不相似的产品，每台车床全年有效工作时间为 4 700 小时，各种产品的计划年产量、单位产品的车床台时消耗定额及以假定产品为计量单位计算车床组生产能力的计算过程见表 9-9。

表 9-9 假定产品的生产能力计算表

产品名称	计划产量（台）	各产品产量比重（%）	单位产品台时消耗定额（车床）	单位假定产品车床台时消耗	以假定产品表示的生产能力（台）	换算为具体产品的生产能力（台）
①	②	$③=\frac{②}{\Sigma ②}$	④	⑤=Σ④×③	$⑥=\frac{4\ 700×15}{⑤}$	⑦=⑥×③
A	100	0.25	200	150	470	117.5
B	80	0.20	270			94
C	160	0.40	100			188
D	60	0.15	40			70.5
合计	400	1.00				470

3. 工段（车间）生产能力计算

首先要看生产能力是取决于设备还是生产面积。如果取决于设备，则在确定工段（车间）生产能力的基础上，对各设备组的生产能力进行综合平衡工作，即可计算工段（车间）的生产能力。如果取决于生产面积，如地面造型工段（车间）、装配工段（车间）等生产能力，按生产面积进行计算。

（1）生产能力取决于设备情况下工段（车间）生产能力的计算。各设备组的生产能力一般是不相等的。因此，通常以主要设备组的生产能力作为综合平衡的依据。所谓主要设备组是指加工劳动量比重最大的或者贵重的而无代用设备的设备组。生产能力不足的设备为薄弱环节，要制定消除薄弱环节的措施，应尽可能利用富余环节的能力来补偿薄弱环节。

例如，铸造车间通常以造型、熔炼工段为车间主要工段。因此，车间生产能力以造型设备组、熔炼设备组的生产能力为依据进行平衡。当然,在确定车间生产能力时,还要考虑型砂准备、型芯、烘干、清理、退火、吊车等各个环节的能力配合情况。

锻造车间生产能力,主要以锻锤等设备组的生产能力为依据。但是也要考虑加热炉、吊车等环节能力的配合情况。

(2)生产能力取决于生产面积情况下工段(车间)生产能力的计算。生产能力取决于生产面积的工段(车间),如地面造型工段(车间)、装配工段(车间)等的生产能力,按生产面积进行计算。

装配工段(车间)的生产能力可按下式计算:

$$M_{装}=\frac{F_{制}\cdot A}{\alpha\cdot t} \tag{9-12}$$

式中:$M_{装}$——装配工段(车间)的生产能力(台);

$F_{制}$——计划期(年)制度工作时间(小时);

A——装配工段(车间)生产面积;

α——单位产品占用生产面积;

t——单位产品装配时间。

单位产品占用生产面积包括产品尺寸、工人的工作位置、大型零部件储存面积。单位产品装配时间与产品装配劳动量及同时参加装配工作的工人数有关。

地面造型工段生产能力的计算公式如下:

$$M_{型}=A_{型}\cdot P_{型} \tag{9-13}$$

式中:$M_{型}$——造型工段的生产能力(吨);

$A_{型}$——造型生产面积;

$P_{型}$——单位造型面积合格铸件年产量(吨/平方米·年)。

9.3.3 企业生产能力的确定

企业生产能力在各车间生产能力综合平衡的基础上确定。

企业生产能力综合平衡的内容主要包括两个方面:一是各基本生产车间能力的平衡;二是基本生产车间与辅助生产车间及生产服务部门之间的能力平衡。

平衡各基本车间的能力时,首先要确定主要车间,并以主要车间的生产能力作为平衡的依据。在包括各个工艺阶段的机器制造企业中,通常以机械加工车间为主要车间,因此机械加工的劳动量比较大,并有一些贵重设备。基本车间和辅助车间生产能力的平衡,一般是以基本车间的生产能力为基准,核对辅助车间生产能力协调配合情况。

思考题:如何提高生产能力?

本章小结

1. 企业的生产能力是指企业的固定资产在一定时期(年、季、月等)内,在合理、正常的技术组织条件下,经过综合平衡后所能生产的一定种类产品的数量。

2. 与高、中、低的企业计划一一对应,生产能力按层次高低和计划期长短分为三种:战略生产能力、年度生产能力和月度生产能力。按应用上的不同要求,分为设计能力、查定能力和计划能力。企业的生产能力还可分为固定能力和可调能力。实现固定能力的前提条件:一是具备相当数量的掌握必要知识和技能的劳动者;二是物料供应、工艺装备的配备符合要求;三是劳动力数量的安排、每天的工作时间和班次等因素,都可以灵活地调整生产能力。

3. 长期生产能力的规划,根据市场的需求,应用决策树评价不同规模的生产方案。步骤包括:①应用预测方法,预测每条生产线每种产品的销售情况。②计算需要投入的设备和劳动力。③合理配置计划期内设备与劳动力。

4. 生产能力的实物计量单位有具体产品、代表产品及假定产品。①在产品品种单一的大量生产企业中,用具体产品表示企业的生产能力。②多品种生产的企业,常用代表产品反映企业的生产能力。在结构、工艺和单件生产加工时间相似的产品中,一般是选择产量与劳动量乘积最大的产品,作为代表产品。③在产品品种数较多,各种产品的结构、工艺和劳动量构成差别较大的情况下,应用假定产品来表示企业的生产能力。

5. 年度生产能力计算的流程从基层开始,自下而上地进行。首先要明确采用的计量单位。然后依据计算的单台设备和设备组的能力,再计算生产线和工段的生产能力。最后计算整个车间生产能力。

思考题

1. 试述企业生产能力的概念和种类,以及决定生产能力的基本因素有哪些。
2. 生产能力的计量单位有哪几种? 各适用于什么情况?
3. 如何确定企业的生产能力?
4. 如何进行生产任务与生产能力的平衡?
5. 合理利用和提高生产能力的途径有哪些?
6. 某机械加工车间,铣工工段有 5 台万能铣床,每台铣床每月 42 个工作班,每班 8 小时,且有效工作时间率为 95%。试计算铣工工段每月的生产能力是多少。
7. 接上题,铣工工段加工 A、B、C、D 4 种产品,4 种产品的产品结构和工艺过程均不相同,计划产量和工时定额如表 9-10 所示,试计算该工段每月生产各种产品的能力。

表 9-10 各种产品的计划产量和工时定额表

产品名称	计划产量(台)	各产品的工时定额(小时/台)
A	56	9.6
B	72	7.8
C	48	1.8
D	36	6.5
合计	212	

即测即评

本章附录

第10章　生产作业计划的编制

1. 了解生产作业计划编制的定义、内容和意义。

2. 了解生产作业计划工作的管理组织和管理体制，了解厂部和车间有关编制生产作业计划的权限。

3. 掌握4种车间之间作业计划的编制方法，了解这四种方法的适用范围。

4. 掌握车间内部作业计划的编制。

引导案例

有一制造企业生产经理，他主要的负责工作内容包括：①设计组织结构；②明确各岗位职责；③生产作业计划与控制；④物流管理；⑤5S现场管理；⑥资料归档。

公司主要生产阀芯、阀套等零部件，并将这些自制零部件与外购件组装成产品。如图10-1所示。目前公司接到一个3 000件产品的大订单。因此他面临两大问题：①3 000件产品的生产任务，能否完成？如不能，应该增加多少设备？②如何制定生产作业计划，特别是各个零件投产顺序如何确定，以便缩短生产周期时间，保证按期交货？

首先，生产能力调查与分析，见表10-1。应用时间研究，计算目前的产能和生产任务所需要的设备台时。其次，将图10-1中的零件分为关键件和一般件，重点解决关键件的生产作业计划与排序。对于一般外购件，则重点做好采购工作和供应商管理工作。

思考题：

1. 如何制定合理的月度生产作业计划，以保证生产订单任务完成？

2. 制定生产作业计划需要哪些资料数据？

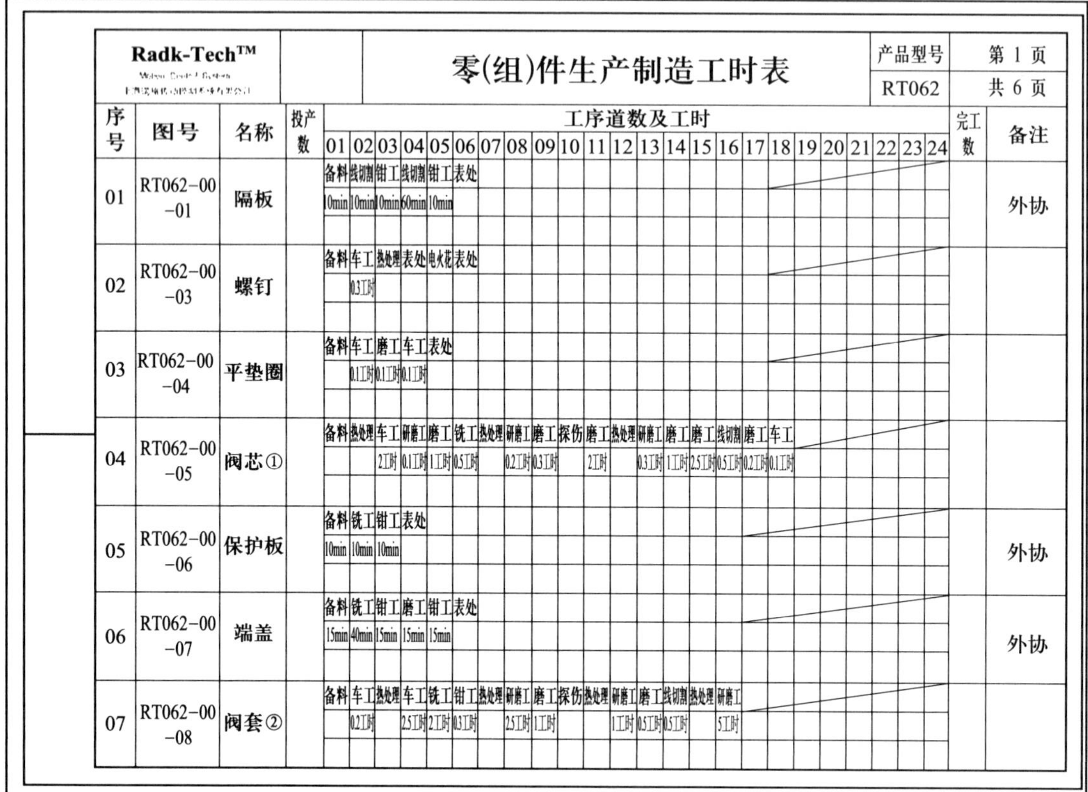

Radk-Tech™

零(组)件生产制造工时表

产品型号	第 1 页
RT062	共 6 页

序号	图号	名称	投产数	01	02	03	04	05	06	07	08	09	10	11	12	13	14	15	16	17	18	19	20	21	22	23	24	完工数	备注
01	RT062-00-01	隔板		备料	线切割	钳工	线切割	钳工	表处																				外协
				10min	10min	10min	60min	10min																					
02	RT062-00-03	螺钉		备料	车工	热处理	表处	电火花	表处																				
					0.3工时																								
03	RT062-00-04	平垫圈		备料	车工	磨工	车工	表处																					
					0.1工时	0.1工时	0.1工时																						
04	RT062-00-05	阀芯①		备料	热处理	车工	研磨工	磨工	铣工	热处理	研磨工	磨工	探伤	磨工	热处理	研磨工	磨工	磨工	线切割	磨工	车工								
						2工时	0.1工时	1工时	0.5工时		0.2工时	0.3工时		2工时		0.3工时	1工时	2.5工时	0.5工时	0.2工时	0.1工时								
05	RT062-00-06	保护板		备料	铣工	钳工	表处																						外协
				10min	10min	10min																							
06	RT062-00-07	端盖		备料	铣工	钳工	磨工	钳工	表处																				外协
				15min	40min	15min	15min	15min																					
07	RT062-00-08	阀套②		备料	车工	热处理	车工	铣工	钳工	热处理	研磨工	磨工	探伤	热处理	研磨工	磨工	线切割	热处理	研磨工										
					0.2工时		2.5工时	2工时	0.3工时		2.5工时	1工时			1工时	0.5工时	0.5工时		5工时										

(01–24 列总标题：工序道数及工时)

图 10-1 各零件加工工序及所需的工时

表 10-1 生产设备型号及数量

设备名称	设备型号	数量
车床	CA6140A	1 台
	CA6136	1 台
	616A	2 台
	CM6125	2 台
线切割	DK7725	1 台
钻床	Z403	1 台
	Z512B-1	1 台
	WD-Z3040	1 台
	Z5030A	1 台
…		…
磨床	M143213	1 台
	MA6025	1 台
	M7120E	1 台
	M7132H	1 台

制定好年度生产计划之后,还要进一步细化,为执行层面(车间、工段、班组和工作地)制定生产作业计划;为了保证生产作业按计划贯彻执行,还要对生产作业进行控制。因此,生产作业计划工作是生产计划工作的继续,包括生产作业计划的编制和生产作业控制。

编制生产作业计划有哪些内容?由谁制定生产作业计划?如何编制生产作业计划?这是本章所要介绍的内容,重点介绍车间与车间之间作业计划的编制和车间内部作业计划的编制。

10.1 生产作业计划编制概况

10.1.1 生产作业计划编制的定义、内容和意义

1. 什么是生产作业计划的编制

生产作业计划的编制,就是在综合考虑各分厂、车间、关键设备的生产能力的基础上,将企业年度、季度生产计划,以及订货合同所规定的生产任务(出产产品品种、数量和期限),分配到企业内部各生产环节(车间、工段、班组、工作地)。以月、旬、周、日、轮班乃至小时为计划单位,具体安排产品及其零件、部件的生产进度。

2. 生产作业计划的内容

生产作业计划从期限上分,有季、月、旬、周(五日)、日、轮班作业计划;从执行计划的生产环节分,有车间、工段、班组、工作地(生产工人)作业计划。任何一种生产作业计划都是两者的结合,如车间月作业计划、工段旬作业计划、班组轮班计划。具体编制哪几种作业计划,根据企业生产的特点来决定。

生产作业计划的编制,按其编制范围可分为车间之间作业计划的编制和车间内部作业计划的编制。车间之间作业计划的编制,要解决各车间之间的生产在品种、数量和时间上的衔接问题,它一般由厂部生产科(或者集团公司的生产部)负责;车间内部作业计划的编制,主要解决工段或工作地之间的生产衔接问题,由车间计划调度人员负责。

3. 编制生产作业计划的意义

生产作业计划是生产计划的具体执行计划。编制生产作业计划意义在于:保证按生产计划完成生产任务,按订货合同规定的产品品种、数量和交货期交货;为组织均衡生产创造条件,从而大大提高生产效益。

10.1.2 生产作业计划工作的管理机构和管理体制

由谁编制生产作业计划?这就涉及生产作业计划工作的管理机构和管理分工。通常按集中领导和分级管理的原则,建立生产作业计划工作的管理机构,并确定各级的分工。

(1)厂级设生产科(或处),科内设作业计划组、生产调度室、作业统计组、外协组等,分别负责生产作业计划编制、生产调度、作业统计及在制品管理、外购件等工作。

(2)车间内部设有计划调度组,负责车间内部生产作业计划的编制、生产调度、作业统计等工作。工段通常由工段长负责日常生产任务的分配,大型工段可设专职计划调度员。

(3) 生产科与车间计划调度组分工。生产科与车间计划调度组如何分工？这与生产类型和厂级对车间控制权限大小有关。

① 大量大批生产,生产条件稳定,生产过程连续程度要求高。为了加强厂级的集中统一管理,一般采用较集中的计划方式。即生产科编制车间月生产作业计划时,以零件为计划单位,并按日安排其投入、出产进度。

② 多品种单件小批生产,生产条件不太稳定,为了给基层生产环节较多的机动灵活性,一般采用较分散的计划方式;生产科以部件或零件组为计划单位给车间下达计划,并按旬控制制品的投入、出产进度。

③ 成批生产企业的计划方式可介于上述两者之间。

厂部生产科编制车间生产作业计划时,不仅要为各车间规定每月的生产任务,而且要将月任务在月内进行日历分配,即按更短的时间阶段(如旬、周或日)来规定各车间的生产任务。

日历分配时间阶段的长短,反映了厂部对车间所生产制品的投入、出产期限控制的粗细程度。日历分配时间阶段规定得越短,厂部对生产进度控制得越细,上下车间在同一产品的投入、出产时间上的衔接就越紧凑。这有利于缩短产品生产周期。但车间组织生产的机动性小,厂部计划工作量大。

在单件小批生产中,由于品种多,生产不稳定,就应把分配任务的时间阶段规定得长些,如按旬分配任务,给车间在安排生产上以较大的灵活性。但在生产条件比较稳定的情况下,如定期轮番的成批生产中,如果将车间生产任务的投入、出产期限控制到旬,则不利于缩短生产周期。

由此可见,日历分配时间阶段的长短既反映了厂部和车间在编制生产作业计划分工范围和计划权限上的不同,也影响着生产的经济效益。因此,要根据生产的具体情况,正确选择日历分配时间阶段。

一般来说,生产类型越接近大量大批,编制计划时采用的计划单位越具体(如零件),则分配任务的时间阶段也规定得越短。例如,在大量流水生产以零件为计划单位时,可将月任务分配到日,即规定每日产量;成批生产以零件组为计划单位,投入、出产进度可控制到周或五日;单件小批生产以成套部件或成套产品为计划单位,以旬为日历分配时间阶段较为合适。

随着信息化水平提高,总公司加强了对子公司和分公司资源(人、财、物)的控制,总公司制定详细的生产作业计划。分公司或车间主要是执行功能,其计划功能大为削弱。由于分公司和车间参与度不高,权力有限,而承担责任更大,因此积极性不高。

10.1.3 编制生产作业计划的资料

所需要的资料有:

(1) 企业产品出产进度计划和订货合同。

(2) 生产技术准备计划、设备维修计划、工具生产计划及其执行情况。

(3) 设计及工艺文件。包括:①产品图纸、产品装配系统图;②产品零件分车间明细表;③主要件、关键件、标准件等明细表;④产品工艺规程、工艺装备明细表,以及其他有关技术资料。

(4) 原材料、外购件、外购工具的供应和库存情况,动力供应及厂内运输情况。

(5) 产品劳动定额及其完成情况、现有生产能力及其利用情况的资料。

(6) 上期生产作业计划的执行情况及生产作业统计资料。

(7) 产品的期量标准及其贯彻情况。

由于企业生产类型、产品结构复杂程度及生产组织方式等不同,生产作业计划的编制也有很大差别。因此,要根据不同的情况,选用不同的编制方法。

10.2 车间之间生产作业计划的编制

编制任何一种车间的生产作业计划,都要考虑两个问题:一是采用什么计划单位;二是如何规定计划期各车间的生产任务和进度。

10.2.1 规定车间任务的计划单位

计划单位就是编制生产作业计划时,规定生产任务所用的单位。编制厂级生产作业计划时采用什么计划单位,反映了生产作业计划编制中厂级和车间级的分工和相互关系,这里主要指的是厂部和机械加工及毛坯准备车间的分工。对于装配车间,通常以产品或部件(当装配部件时)为计划单位。而对加工及毛坯准备车间,则根据不同情况,可以选用下列四种不同的单位。

(1) 成套产品,即以构成产品的全套专用零件作为一个统一的计划单位。在给车间下达的生产任务中,仅写明产品名称、规格、型号。各车间都有由该车间负责生产的产品零件明细表,以便车间负责产品中具体零件的生产安排。

这种计划单位的优点是:厂级计划工作简便;计划下达较快,有利于车间及早做好生产前的准备工作;车间有较大的主动性和灵活性;有利于加强车间成套生产毛坯和零件的责任心。

这种计划单位的缺点是:产品中生产周期较短的毛坯和零件,将在仓库中停滞较长的时间,才能投入加工和装配,增大了在制品和流动资金的占用量。因此,这种计划单位只能对结构简单、生产周期较短的单件小批生产适用。

(2) 成套部件,即以构成产品中每个部件的整套零件作为计划单位。厂部以成套部件为单位给车间下达计划任务,车间要有由该车间负责生产的产品各部件的零件明细表。

成套部件计划单位具有与成套产品相同的优点。此外,以这种计划单位编制计划时,可以根据各部件的装配周期以及投入总装配时间不同,分别规定各成套部件的投入与出产进度,从而减少毛坯及零件在仓库中的停滞时间,相应地减少在制品和流动资金的占用量。但是,当部件中各零件及毛坯的生产周期长短不一时,生产周期短的零件和毛坯仍然有等待时间。这种计划单位适用于结构复杂、零件多、生产周期长的单件小批生产的大型和重型产品。

(3) 零件组,是将产品中具有相同特点的零件划分为组,作为计划单位。零件分组的标志是:结构工艺相似,生产间隔期相等,生产周期及投入装配的时间相近。

按零件组计划单位编制生产作业计划的优点是:便于组织同类型零件集中生产;因为分组时考虑了生产间隔期、生产周期和投入装配时间等因素,零件在生产中停滞的时间减少,可以相应地减少在制品及流动资金占有量。这种计划单位的缺点是:将零件按部件和产品组织成套的工作比较复杂。这种计划单位适用于定期轮番生产的成批产品。

(4) 零件,是以产品中每种具体零件作为计划单位。这种计划单位的优点是零件在车间之间的进度衔接比较紧凑,可以减少在制品及流动资金占有量。但其缺点则是厂级计划工作量将大为增加。特别当企业产品品种繁多、结构复杂时,厂级作业计划的编制将过于复杂,亦不容易切合车间的生产实际,车间安排生产的主动性、灵活性差。当计划不切合实际时,可能造成零件不能按时成套,影响装配。因此,这种计划单位只适用于大量大批生产的产品,或结构简单的成批生产的产品,以及各种产品中的标准件、通用件和生产周期长的关键零件。

综上所述,四种计划单位各有优缺点,并且各自适用于不同的情况。因此,必须根据企业产品的生产类型、产品结构复杂程度以及生产周期长短等,正确选择计划单位,以取其所长,避其所短。既能使厂部生产科适当控制产品的生产进度,又能充分发挥车间在组织生产方面的积极性和主动性,取得良好的经济效果。

规定车间任务的计划单位,即可以此为基础确定各车间生产任务。确定各车间计划期(季或月)的生产任务,主要是根据生产计划中规定年、季度分月的出产任务,各项期量标准,以及其他必要的资料。具体确定生产任务的方法,随生产类型及使用的计划单位不同而不同。常用的方法有四种:在制品定额法、累计编号法、生产周期法和订货点法。下面分别阐述各种方法的特点及具体运用。

10.2.2 在制品定额法

在制品定额法以在制品定额及其与实际结存量的差额情况作为主要依据,确定各车间生产任务。此法适用于大量生产的企业,并以零件为计划单位。

在计算各车间生产任务时,已知:①计划期产品出产任务(由生产计划及订货合同规定);②各车间库存在制品占用量定额;③期初预计实际在制品占用量。如何根据产品出产任务,确定最后车间的出产量?

解题思路:按工艺顺序确定出各车间生产任务时,先计算装配车间的生产量和投入量,然后是加工车间,最后是毛坯准备车间的生产量和投入量。在同一车间即先计算出产量,后计算投入量。

各车间投入量的计算方法,用公式表示如下:

$$Q_{入} = Q_{出} + Q_{废} + (Z_{内定} - Z_{内实}) \tag{10-1}$$

式中:$Q_{入}$——某车间投入量;

$Q_{出}$——本车间的出产量;

$Q_{废}$——本车间内部可能发生的废品数;

$Z_{内定}$——车间内部在制品占用量定额;

$Z_{内实}$——期初预计车间内部在制品实有数。

各车间出产量的计算公式如下:

$$Q_{出} = Q_{后投} + Q_{销} + (Z_{库定} - Z_{库实}) \tag{10-2}$$

式中:$Q_{出}$——某车间出产量;

$Q_{后投}$——后续车间投入量；

$Q_{销}$——本车间外销半成品数量；

$Z_{库定}$——车间内部库存在制品占用量定额；

$Z_{库实}$——期初预计实际库存在制品数。

【例 10-1】根据生产计划及订单，确定产品甲的装配生产量为 1 000。已知甲产品由 1 件轴(编号 01-1)和 4 个齿轮(编号 01-4)组成。产品生产各阶段的在制品占用量定额、期初预计在制品实有数和库存在制品占用量定额，以及允许废品损失如表 10-2 所示。试制定各车间投入量与出产量计划。

表 10-2 各车间在制品占用量定额及库存在制品占用量定额

		产品甲	轴	齿轮
装配车间	车间在制品占用量定额	100		
	期初预计在制品实有数	80		
零件库	外销零件数		100	700
	库存在制品占用量定额		200	500
	期初预计库存在制品实有数		150	400
加工车间	车间在制品占用量定额		150	800
	期初预计在制品实有数		110	750
	允许废品损失		50	70
毛坯库	外销半成品数		—	—
	库存在制品占用量定额		100	400
	期初预计库存数		80	300
毛坯车间	车间在制品占用量定额		100	400
	期初预计在制品实有数		120	500
	允许废品损失		50	100

解：具体计算如表 10-3 所示。

表 10-3 某月各车间投入量与出产量计划计算表

产品及零件名称代号			产品甲	轴 01-1	齿轮 01-4
每台产品中零件数				1	4
装配车间	出产量	①	1 000		
	车间在制品占用量定额	②	100		
	期初预计在制品实有数	③	80		
	投入量	④=①+②-③	1 020	1 020	4 080
零件库	外销零件数	⑤		100	700
	库存在制品占用量定额	⑥		200	500
	期初预计库存在制品实有数	⑦		150	400

续表

产品及零件名称代号			产品甲	轴 01-1	齿轮 01-4
加工车间	出产量	⑧=④+⑤+⑥-⑦		1 170	4 880
	车间在制品占用量定额	⑨		150	800
	期初预计在制品实有数	⑩		110	750
	允许废品损失	⑪		50	70
	投入量	⑫=⑧+⑨-⑩+⑪		1 260	5 000
毛坯库	外销半成品数	⑬		—	—
	库存在制品占用量定额	⑭		100	400
	期初预计库存数	⑮		80	300
毛坯车间	出产量	⑯=⑫+⑬+⑭-⑮		1 280	5 100
	车间在制品占用量定额	⑰		100	400
	期初预计在制品实有数	⑱		120	500
	允许废品损失	⑲		50	100
	投入量	⑳=⑯+⑰-⑱+⑲		1 310	5 100

10.2.3 累计编号法

累计编号法是利用生产提前期标准，并根据平均日产量将提前期转化为提前量，然后用累计号数确定各车间生产任务的一种方法。此法适用于成批生产企业定期轮番生产的产品。在成批生产中，生产科为各车间编制生产作业计划确定月度生产任务时，既要注意每种制品在各车间之间数量上的协调，亦要考虑时间上的衔接。用累计编号法就可以解决这个问题。

累计编号法中产品的累计数从年初或从出产该产品的时间起计算。从年初开始计算，即年初出产的第一台产品的累计编号数为1，随着出产数量增加，累计数逐渐增大。

用累计编号法确定各车间生产任务的步骤如下：

（1）求出各车间计划期末生产某种制品应达到的累计数。各车间计划期末出产和投入累计数的计算公式如下：

$$L_{出} = L_{装出} + D_{出} \cdot q \tag{10-3}$$

$$L_{投} = L_{装出} + D_{投} \cdot q \tag{10-4}$$

式中：$L_{出}$——某车间计划期末出产累计数；

$L_{装出}$——装配车间计划期末出产累计数；

$L_{投}$——某车间计划期末投入累计数；

$D_{出}$——该车间出产提前期；

$D_{投}$——该车间投入提前期；

q——装配车间平均日产量。

（2）计算各车间计划期的投入（或生产）任务。将计划期末各车间应达到的投入（或出产）累计数，减去该车间期初已达到的投入（或出产）累计数，即可求得该车间计划期的投入（或出产）任务。用公式表示如下：

$$Q_{出} = L_{出} - L_{出初} \tag{10-5}$$

$$Q_{投} = L_{投} - L_{投初} \tag{10-6}$$

式中：$Q_{出}$——某车间计划期出产量；

$Q_{投}$——某车间计划期投入量；

$L_{出初}$——该车间计划期初已达到的出产累计数；

$L_{投初}$——该车间计划期初已达到的投入累计数。

（3）对批量的修订。按上面公式计算出各车间的投入量（或出产量）后，还应按零件（或毛坯）的批量进行修正，使车间的投入（或出产）量与批量呈整数倍关系。

【例 10-2】产品出产进度计划规定产品甲每月出产 40 台，产品装配及零件组 A 的毛坯准备及加工阶段的批量、生产间隔期、生产提前期如表 10-4 所示。利用表中数据及月产量，计算各车间每月投入、出产累计数及生产任务。

表 10-4 产品甲及零件组 A 的期量标准

期量项目＼工艺阶段		产品装配（甲产品）	零件加工（零件组 A）	毛坯准备（零件组 A）
提前期（天）	出产	0	20	46
	投入	10	30	56
年初结存数量/累计	出产	0/0	20/30	30/80
	投入	10/10	20/50	0/80
批量（台份）		10	20	40
生产间隔期（天）		6（周批）	12（半月批）	24（月批）

解：平均日产量为：

$$q = \frac{40}{24} \approx 1.67（件/天）$$

（1）各车间 1 月末生产和投入累计数的计算。

装配车间：$L_{出}^{装} = L_{装出} = 40$

$L_{投}^{装} = L_{装出} + D_{投}^{装} \cdot q = 40 + 10 \times 1.67 = 56$

加工车间：$L_{出}^{加} = L_{装出} + D_{出}^{加} \cdot q = 40 + 20 \times 1.67 = 73$

$L_{投}^{加} = L_{装出} + D_{投}^{加} \cdot q = 40 + 30 \times 1.67 = 90$

毛坯车间：$L_{出}^{毛} = L_{装出} + D_{出}^{毛} \cdot q = 40 + 46 \times 1.67 = 116$

$L_{投}^{毛} = L_{装出} + D_{投}^{毛} \cdot q = 40 + 56 \times 1.67 = 133$

（2）各车间 1 月份的投入（或生产）任务。

装配车间：

$$Q_{出}^{装} = L_{出}^{装} - L_{出初}^{装} = 40 - 0 = 40$$

$$Q_{投}^{装} = L_{投}^{装} - L_{投初}^{装} = 56 - 10 = 46$$

加工车间：

$$Q_{出}^{加} = L_{出}^{加} - L_{出初}^{加} = 73 - 30 = 43$$

$$Q_{投}^{加} = L_{投}^{加} - L_{投初}^{加} = 90 - 50 = 40$$

毛坯车间：

$$Q_{出}^{毛}=L_{出}^{毛}-L_{出初}^{毛}=116-80=36$$

$$Q_{投}^{毛}=L_{投}^{毛}-L_{投初}^{毛}=133-80=53$$

计算结果见表 10-5 第 5 列。

（3）各车间 1 月份任务量 Q 的调整。

产品装配批量为 10 台份，调整后月任务 $Q_{出}^{装}=40$，$Q_{投}^{装}=40$；

产品加工批量为 20 台份，调整后月任务 $Q_{出}^{加}=40$，$Q_{投}^{加}=40$；

毛坯准备批量为 40 台份，调整后月任务 $Q_{出}^{毛}=40$，$Q_{投}^{毛}=40$。

计算结果见表 10-5 第 6 列。

各工艺阶段 1 月份累计数等于计划期初累计数加上调整后的月任务 Q。

如加工工艺，1 月初累计数：$L_{出初}^{加}=30$，调整后的月任务 $Q_{加出}=40$，$L_{出}^{加}=L_{出初}^{加}+Q_{出}^{加}=30+40=70$；$L_{投初}^{加}=50$，调整后的月任务 $Q_{投}^{加}=40$，$L_{投}^{加}=L_{投初}^{加}+Q_{投}^{加}=50+40=90$。

1 月份各车间投入、出产累计数及生产任务计算过程列于表 10-5 中。

表 10-5　1 月份车间投入、出产累计数及月任务计算表

产品及零件名称	生产车间		1 月末投入、出产累计数计算	计划期初（年初）累计数	当月任务	调整后的月任务 Q	调整后 1 月末的投入生产累积量 L
①	②		③	④	⑤=③-④	⑥	⑦=④+⑥
产品甲	装配	出产	40	0	40	40	40
		投入	40+10×1.67=56	10	46	40	50
零件组 A	加工	出产	40+20×1.67=73	30	43	40	70
		投入	40+30×1.67=90	50	40	40	90
	毛坯准备	出产	40+46×1.67=116	80	36	40	120
		投入	40+56×1.67=133	80	53	40	120

用同样方法计算 2 月份各车间的生产任务及投入、出产累计数（见表 10-6）。

表 10-6　2 月份累计数及生产任务计算表

产品及零件名称	生产车间		2 月末投入、出产累计数计算	月初累计数	当月任务	调整后的月任务 Q	调整后 2 月末的投入出产累计数 L
①	②		③	④	⑤=③-④	⑥	⑦=④+⑥
产品甲	装配	出产	80（1 月、2 月两月装配出产累计数）	40	40	40	80
		投入	80+10×1.67=96	50	46	40	90
零件组 A	加工	出产	80+20×1.67=113	70	43	40	110
		投入	80+30×1.67=130	90	40	40	130
	毛坯准备	出产	80+46×1.67=156	120	36	40	160
		投入	80+56×1.67=173	120	53	40	160

比较1月、2月两个月的累计数及生产任务计算过程,可以发现,表10-5和表10-6中的第5列,对应行的数值完全相等;第6列调整后的月任务数也相等。而且各车间的投入、出产任务数相等,即都等于产品的月产量(40台份)。如果继续进行3月份累计数的计算,也会得到相同的结果。

这说明,当产品出产量每月相等时,对于生产间隔不超过一个月的制品,可以不通过累计数的计算来确定其在各车间的月投入、出产任务,而直接将各车间每月投入、出产任务规定为产品月产量相等;各车间每月投入、出产累计数则为上月累计数与本月生产任务之和。

表10-7即按此法编制的各车间年度分月投入、出产累计数及生产任务计划表。

表10-7 年度分月各车间投入、出产累计数及生产任务计划表

产品及零件名称	生产车间		年初结存数量/累计	时间(月)					
				1	2	3	4	5	6
产品甲	装配	出产	0/0	40/40	40/80	40/120	40/160	40/200	40/240
		投入	10△/10	40/50	40/90	40/130	40/170	40/210	40/250
零件组A	加工	出产	20*/30	40/70	40/110	40/150	40/190	40/230	40/270
		投入	20△/50	40/90	40/130	40/170	40/210	40/250	40/290
	毛坯	出产	30*/80	40/120	40/160	40/200	40/240	40/280	40/320
		投入	0/80	40/120	40/160	40/200	40/240	40/280	40/320

注:Δ为车间内在制品数;*为仓库内在制品数。

表10-7中,年初结存数为各车间及仓库内的实际在制品数(或预计数)年初结存累计数,由装配出产开始反工艺顺序进行累计计算,如装配投入累计是装配出产累计与装配车间在制品之和(10=0+10),加工出产累计数是装配投入累计数与库存在制品数之和(30=10+20)。以此类推。

在每月编制车间月生产作业计划时,如上月实际累计数与计划表中规定的数不符,可以通过增加(或减少)当月任务量来补足短缺数(或压缩多余数)。产品出产量发生变化时,要对年度分月计划表中各车间生产任务及累计数作相应调整。

10.2.4 生产周期法

生产周期法是利用产品生产周期标准和生产提前期标准,根据各项订货交货日期的要求,来规定各车间每月投入、出产任务,以及确定产品中各部件及其专用零件在各车间或生产时间的方法。此法适用于单件小批生产。

首先按产品各自的交货日期、各工艺阶段提前期标准,画出每件产品的总进度。然后利用产品劳动量日历分配图表,根据产品生产进度,按车间、按工种计算各时间阶段(如月或旬)的生产任务量。当车间在某个时间阶段的任务与生产能力不平衡时,可以调整其中某种或几种产品的生产进度。但是必须注意尽可能满足合同规定的交货期要求。

综合平衡及调整各产品投入出产综合进度图表(见图10-2)之后,还要利用在制品统计资

料、毛坯的齐备情况，以及零件的成套情况和产品交货期，编制月度计划。

由于单件小批生产的企业，产品的品种多，任务不稳定，在用生产周期法确定各车间生产任务时，既要解决产品在各车间生产中生产时间和投入时间的正确衔接问题，又要考虑各个车间计划生产任务与生产能力的平衡，以及各时间阶段(如每月)生产任务量的平衡问题，从而保证均衡生产和生产任务的完成。

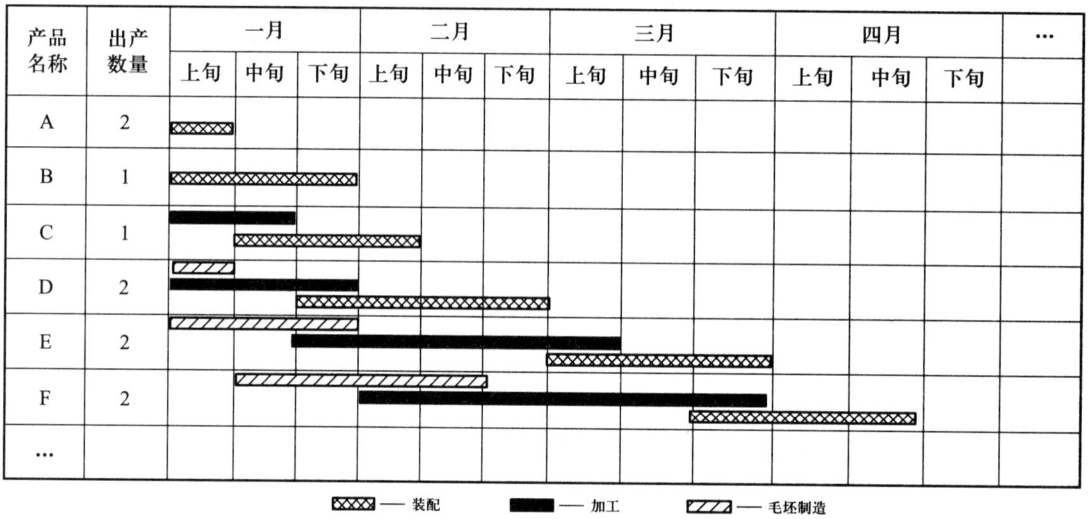

产品名称	出产数量	一月			二月			三月			四月			…
		上旬	中旬	下旬	上旬	中旬	下旬	上旬	中旬	下旬	上旬	中旬	下旬	
A	2													
B	1													
C	1													
D	2													
E	2													
F	2													
…														

▨—装配　■—加工　▨—毛坯制造

图 10-2 年度分月产品投入出产综合进度图表

10.2.5 订货点法

订货点法是指当仓库中在制品储备量下降到订货点的时候，生产车间开始批量生产。此法适用于产品中标准件、通用件的生产。关键在于：如何确定批量大小以及开始生产时间？

在回答这两个问题之前，首先分析在仓库中的三种储备量定额，即：①最小储备量 $Z_{小}$，为保险储备量或安全库存(Safety Stock)。②最大储备量 $Z_{大}$，为最小储备量与周转储备量之和。③周转储备量即零件(毛坯)的制造批量 Q。

制造批量可用最小批量法或经济生产批量法确定，$Q=\sqrt{\dfrac{2DS}{H}}$，其中，D 为年需求量，S 为设备调整费用(元/次)，H 为单位产品库存费用(元/件·年)。对于体积小、价格低的标准件，批量可取较大值，例如，以季平均需要量作为制造批量。

订货点储备量可用下式计算：

$$Z_{订}=LT_{订}\cdot q+Z_{小} \tag{10-7}$$

$$Z_{小}=Z\cdot\sigma \tag{10-8}$$

式中：$Z_{订}$——订货点储备量；

$LT_{订}$——订货周期，或订货提前期；

q——制品平均每日需要量；

$Z_{小}$——最小储备量；

Z——与服务水平有关；

σ——需求量的标准差。

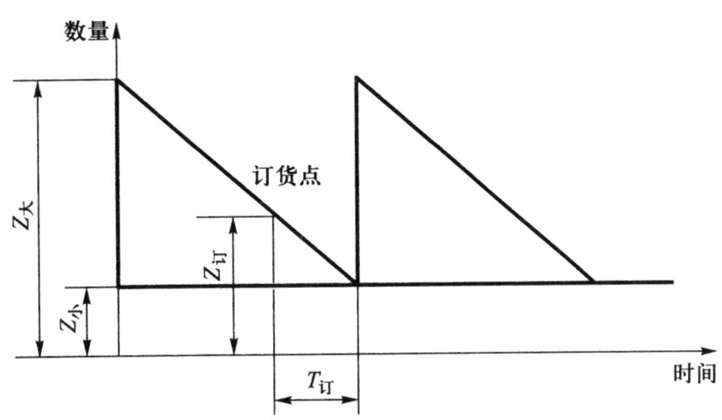

图 10-3 库存储备量与订货点示意图

图 10-3 为库存储备量与订货点示意图。当库存储备量下降到订货点水平时，仓库提出订货，一次订货数量即为周转储备量 Q。然后由生产科给车间下达生产任务，车间开始组织生产。由此可见，当库存储备量下降到订货点时，车间开始生产，影响开始生产时间的因素包括订货提前期、日需求量、服务水平及需求的方差值大小。

以上四种方法的适用范围见表 10-8。

表 10-8 确定车间生产任务的四种方法比较

方法	名称	适用
1	在制品定额法	大量生产的企业，并以零件为计划单位
2	累计编号法	成批生产企业，定期轮番生产
3	生产周期法	单件小批量生产
4	订货点法	标准件、通用件的生产

这四种方法各适用于不同的情况。但无论采用哪一种方法，都要保证各车间之间在生产产品的数量和时间方面的衔接平衡。不同的方法适用于不同的生产类型，其平衡衔接工作的侧重亦不相同。制品定额法侧重于数量的平衡衔接；累计编号法是通过将提前期转化为提前量，来求得各车间之间数量和时间上的平衡衔接；生产周期法，主要保证车间之间时间上的衔接，数量由生产计划和订货合同来确定，着重生产任务与生产能力的平衡；订货点法，要求做好仓库管理工作，对下降到订货点储备量水平的制品及时提出订货，以保证仓库储备量及时恢复到最高水平，不影响供应。

【例 10-3】表 10-9 是生产科为机加车间编制的月生产作业计划示例。该产品为单件生产类型，由于加工生产周期大于月，在月计划中列出本期应完成的任务量，并进行了任务的按旬分配。

表 10-9 机加车间×月生产作业计划

产品名称	零件或成套部件名称	任务量		期初预计完成(%)	本期计划工作量(小时)	旬任务量定额小时/累计完成			生产准备工作完成情况(%)		
		件或套	定额小时			上	中	下	毛坯	技术文件	工艺装备
G	机床	1	500	—	150	—	50/10%	100/30%	100	100	80
	主轴	1	400	—	200	—	100/25%	100/50%	100	100	100
	1 号部件组	1	1 000	—	700	200/20%	300/50%	200/70%	100	100	100
	2 号部件组	1	1 500	—	600	—	300/20%	300/40%	80	100	100

10.3 车间内部生产作业计划的编制

车间内部生产作业计划编制工作,就是将厂部给车间下达的月生产任务进一步分配到工段、班组及工作地(工人)。

车间内部生产作业计划的形式是多种多样的。从时间上分有月计划、旬计划、日(轮班)计划;从执行单位分有工段计划、班组计划、工作地(工人)计划。任何一种计划形式都是以上两者的结合,如工段月计划、工段旬计划、班组旬计划、工作地轮班计划等。

车间编制生产作业计划,由车间的生产类型、生产组织形式等因素来定。下面介绍几种车间内部的生产作业计划及其制定方法。

10.3.1 工段月生产作业计划

工段月生产作业计划,规定工段月生产任务和各项任务的生产进度。

每种生产类型的车间都要编制工段月作业计划,但计划形式和编制方法则随生产类型不同而不同。

1. 大量大批生产的车间

这类车间由于产品品种少、生产稳定,组织流水生产,每个工作地完成固定的零件工序。同时,厂部按零件单位给车间下达月生产作业计划。因此,车间编制分工段月作业计划的工作比较简单。通常是直接从车间作业计划中,按工段的专业分工,将工段的生产任务摘出,并将月任务按日进行分配。当工段内的流水线是单对象流水线时,工段月工作计划格式如表 10-10 所示。

表 10-10 工段月生产作业计划(单对象流水线)

零件编号	零件名称	月生产量(件)	日历进度当日/累计							
			1	2	4	5	…	28	29	30
02—6 ⋮ ⋮	杠杆	500	20/20	20/40	20/60	20/80	…	20/460	20/480	20/500

工段内的流水线为多对象可变流水线时，要根据规定的轮番周期标准，在一个轮番周期内各种加工对象的轮换顺序和每种零件占用的工作日数，将全月任务进行日历分配，并编制工段月生产作业计划。其格式如表 10-11 所示。

表 10-11 工段月生产作业计划

零件编号	月生产任务(件)	日历进度												
		1	2	4	5	6	7	8	9	11	12	13	14	15
01—4	1 200	120/120	120/240	120/360	120/480	120/600								120/720
01—5	600						100/100	100/200	100/300					
01—6	600									75/75	75/150	75/225	75/300	

2. 成批生产车间

成批生产中，当工段按对象专业化原则组织时，由于工段可以完成制品某一工艺阶段的全过程，所以车间为工段编制月计划，可以以制品为对象，而不具体到工序。

以机械加工车间为例，工段月计划中要规定工段在计划月内应出产的零件品种、数量和出产进度。零件品种根据车间月计划中规定的以零件组为单位的生产任务、零件明细表及工段专业分工来确定。

在成批生产中，由于零件分组时考虑了结构、工艺相似等特点，同一组零件往往由同一工段生产，也可能由不同工段生产。因此，要按工段专业分工确定由本工段负责生产的零件。

每种零件的出产量等于车间月计划中规定的期末应达到的累计数与实际库存数之差。表 10-12 为工段月生产作业计划示例。

决定零件出产进度的因素有：①厂部在车间计划中规定的零件组出产进度要求；②零件的在制情况(已投产正在加工的零件，毛坯的出产进度或库存情况)；③零件的加工周期；④设备的负荷情况。

表 10-12 工段月生产作业计划

零件编号	零件名称	全月出产任务	出产进度(周)			
			1	2	3	4
001	齿轮	50		25		25
012	轴套	96	48		48	
013	小轴	200			200	

在成批生产中，由于每个工段都需要生产多种零件，对于生产周期较长的主要零件，为了更好地控制其生产进度，并缩短零件生产周期，可在月计划中以工序为计划单位。用进度表的形式规定其投入出产时间。零件的生产进度表与设备负荷图表的绘制同步进行。在绘制设备的负荷图表时，要考虑合理安排各零件的加工次序，既要缩短零件的生产周期，又要使设备的负荷比较充分，同时要满足装配的需要。

图 10-4 为零件生产进度表及设备负荷图表，其中 x-y，x 表示零件批号，Ⅰ表示本月第一批，"上" 表示上月投入批，y 表示工序号。这种图表可以由工段根据车间下达的工段月生产作业计划编制，亦可由车间计划调度组绘制。

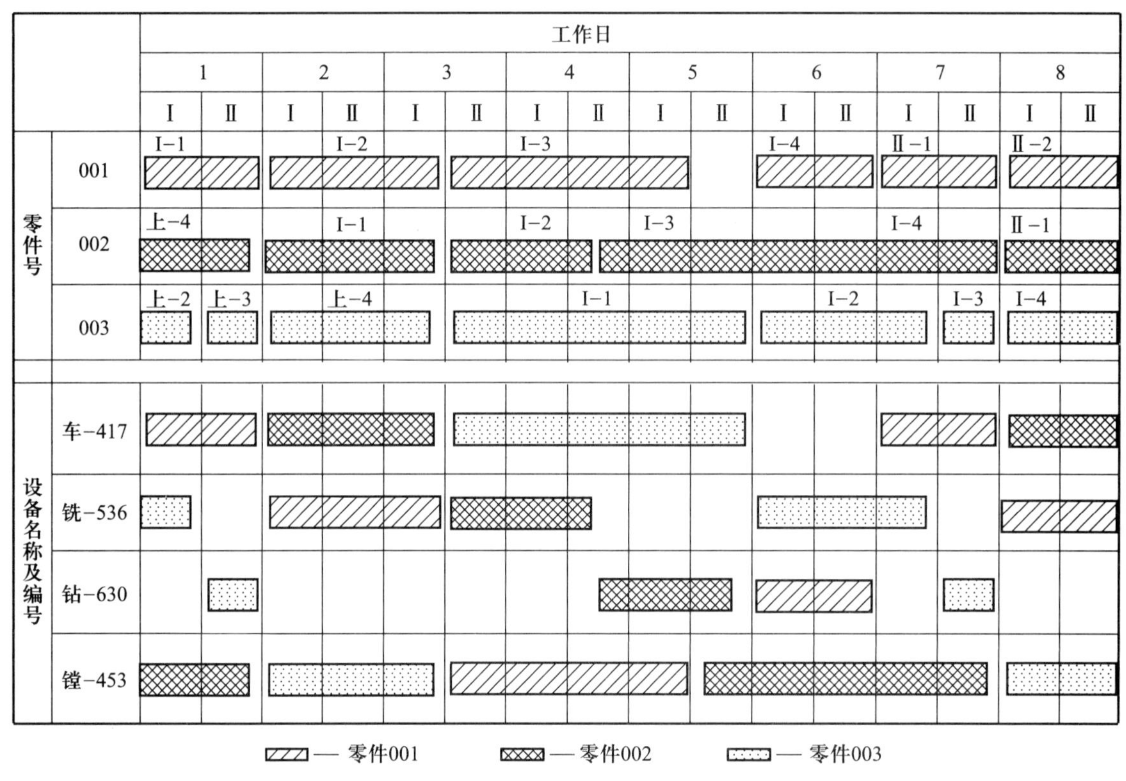

图 10-4　零件生产进度及设备负荷图表

3. 单件小批生产车间

(1) 当工段按对象专业化原则组织时，工段月生产作业计划的编制方法与成批生产相同，只是每种零件的生产数量可直接根据车间月计划中规定的零件或成套部件的数量决定。

(2) 当工段按工艺专业化原则组织时，在编制月生产作业计划前，首先要编制以零件为单位的车间月计划。编制依据是厂部以成套部件或成套产品为单位编制的车间月计划以及各产品的零件明细表。

编制工段月生产作业计划，除依据车间月计划外，还要利用零件工艺规程、工时定额、零件生产周期、期初在制品情况，以及预计下期要出产的零件等资料。根据这些资料，列出所有该工段在月内应制造的零件品种和数量。

由于每种零件的加工要经过多个工段，对于一般零件，在工段月计划中可不规定其生产速度。对于生产周期长的主要零件，为了更好地控制其生产进度，可由车间计划调度组编制零件生产进度计划和相应的设备负荷图表。零件生产进度计划规定各工序应完工日期，车间以此为依据检查和督促各工段按期完成任务。亦可根据零件生产进度计划，确定各工段月内短期（旬、周）生产作业计划中的生产任务。

10.3.2 工段旬(周)生产作业计划

在大量流水生产中,由于工段月计划中已将月生产任务分配到日,故可不编制旬作业计划;在品种多、生产不稳定的成批和单件小批生产中,则可通过旬(周)生产作业计划将月生产任务进一步具体化。

在工段旬生产作业计划中,列出工段在本旬应该生产的制品品种、数量及出产时间。现仍以机加车间对象专业化工段为例,确定旬计划中的零件品种、数量及出产时间依据包括:①工段月作业计划;②零件在制情况、零件生产周期和毛坯生产进度等;③仓库提出的配套缺件单。

工段旬生产作业计划可以用横道线规定零件的生产进度及出产时间,来作为编制轮班计划的依据。工段旬生产作业计划格式如表 10-13 所示。

表 10-13 工段旬生产作业计划

零件编号	零件名称	旬出产任务	生产进度								
			11	12	13	14	15	16	18	19	20
011	齿轮	25									
012	轴套	48									
013	大轴	200									
⋮											
054	小轴										

在计划表中画横道线,不但有出产时间,亦有投入时间。在画零件的进度线时,要考虑设备的负荷情况,做好生产任务与生产能力平衡的工作。同时还要考虑原材料、毛坯及工艺装备的准备情况。

为了做好生产任务与生产能力平衡工作,对于关键设备可以编制设备负荷表。即对于需要在关键设备上加工的零件,根据各自的工艺规程、工序时间定额和生产日期的要求,规定其在关键设备上的加工顺序和加工时间。编制关键设备负荷表,既有利于控制每个零件的生产进度,亦能使关键设备的利用更为合理。对于一般设备,可将总任务量(零件数量与单件时间定额的乘积)与设备有效工作时间进行对比。当能力不足时,可通过增加班次、与外工段协作,或调整零件生产进度等措施,使任务与能力取得平衡。

10.3.3 轮班计划

轮班计划是进行日常生产任务分配的一种方法。它规定每个工作地、每个工人在工作班内应完成的生产任务。

大量流水生产,在月生产作业计划中规定了每天的出产任务,故不必编制轮班计划。在间断流水线上,工人可按照标准工作指示图表组织生产(指示图表中的看管期产量,可根据月作业计划中规定的平均日产量确定。当日产量变化时,要重新制定标准工作指示图表)。

连续流水线，由于各道工序都必须按照规定的节拍进行生产，不必编制标准工作指示图表。但必须规定每班内工作中断次数及时间，以便工人统一时间休息及进行刃具更换等工作。每班内的中断次数及时间，随着连续流水线工作的特点不同而不同。图 10-5 为连续流水线休息及中断时间示例。

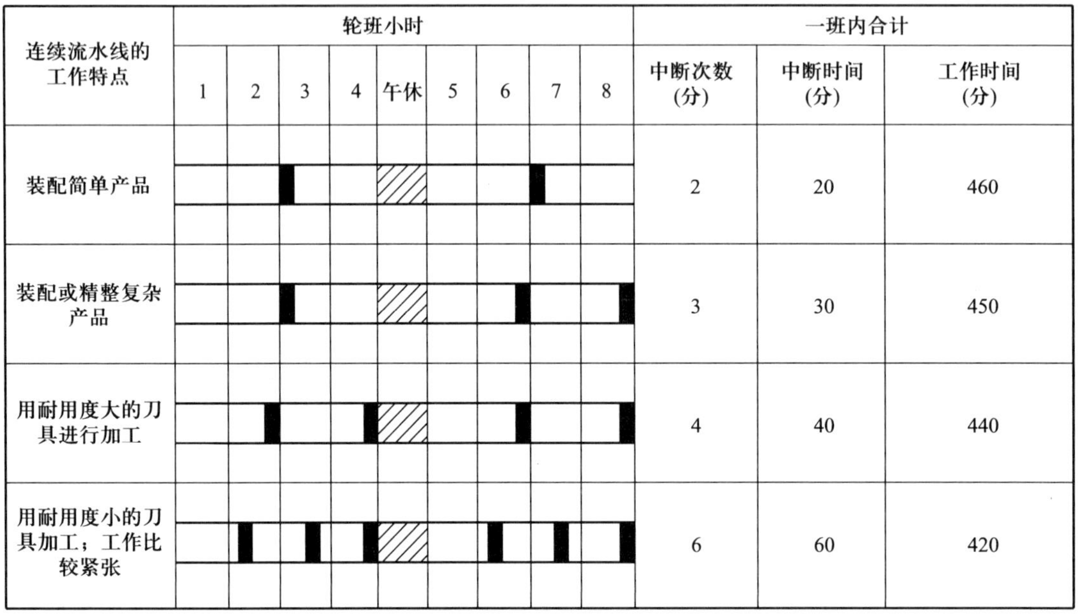

连续流水线的工作特点	轮班小时									一班内合计		
	1	2	3	4	午休	5	6	7	8	中断次数(分)	中断时间(分)	工作时间(分)
装配简单产品										2	20	460
装配或精整复杂产品										3	30	450
用耐用度大的刀具进行加工										4	40	440
用耐用度小的刀具加工；工作比较紧张										6	60	420

图 10-5 连续流水线休息及中断时间

思考题：生产中断休息是否有必要？

成批和单件小批生产的工段，都要编制轮班计划。

轮班计划由工段根据下列资料编制：①月、旬生产作业计划及其执行情况；②生产作业准备情况，如毛坯、材料、工艺装备等情况；③设备上等待加工零件的情况，如零件的要求完工时间、未完工序数、工时定额等。

轮班的形式有：①工作班任务报告。适用于工序时间短，每个工作地每天可以完成几种或几批的零件。根据批量及工时定额，计算出每种零件的工作量，确定工作班内可完成的零件品种数，列入计划后下达工作地，见表 10-14。②工票。对于工序时间长，在一个工作班内完不成一道工序的零件，可采用工票来指导工人生产，同时记录其劳动成果。工票亦是一种生产作业统计文件。③加工路线单。和工票一样，既是计划文件，亦是生产作业统计文件。它可随工作班任务报告下达工作地。加工路线单上事先填好零件的所有工序，在完成某道工序后，填写完工时间及检验结果，然后返回工段计划员处，可据此了解零件的完工情况。

表 10-14　工作班任务报告

<table>
<tr><td>车间</td><td colspan="2">工段</td><td colspan="2">小组</td><td colspan="9">工作班任务报告
年　月　日</td><td colspan="2">班次</td><td>工人姓名</td><td>工人等级</td><td>机床号</td></tr>
<tr><td></td><td colspan="2"></td><td colspan="2"></td><td colspan="9"></td><td colspan="2"></td><td></td><td></td><td></td></tr>
<tr><td colspan="4">规定任务</td><td>加工</td><td colspan="3">工时定额</td><td colspan="8">实际工时</td><td colspan="3">检查验收</td></tr>
<tr><td rowspan="2">产品型号或订货号</td><td rowspan="2">零件号</td><td rowspan="2">工序号</td><td rowspan="2">任务件数</td><td rowspan="2">路线单号</td><td rowspan="2">工作物等级</td><td rowspan="2">准备结束时间（分）</td><td rowspan="2">单件时间（分）</td><td colspan="2">起</td><td colspan="2">止</td><td colspan="2">合计</td><td rowspan="2">合格品件数</td><td rowspan="2">返修品件数</td><td colspan="2">废品</td><td rowspan="2">检查员签章</td></tr>
<tr><td>时</td><td>分</td><td>时</td><td>分</td><td>时</td><td>分</td><td>件数</td><td>工时</td></tr>
<tr><td></td><td></td><td></td><td></td><td></td><td></td><td></td><td></td><td></td><td></td><td></td><td></td><td></td><td></td><td></td><td></td><td></td><td></td><td></td></tr>
</table>

本章小结

生产作业计划工作是生产计划工作的继续。生产作业计划的编制,按其编制范围可分为车间之间作业计划的编制和车间内部作业计划的编制。车间之间作业计划的编制,要解决各车间之间的生产在品种、数量和时间上的衔接问题,一般由厂部生产科负责;车间内部作业计划的编制,主要解决工段或工作地之间的生产衔接问题,这由车间计划调度人员负责。

确定车间生产任务的方法随生产类型及使用的计划单位不同而不同。常用的方法有四种:在制品定额法、累计编号法、生产周期法和订货点法。在制品定额法适用于大量生产的企业,并以零件为计划单位,侧重于数量的平衡衔接;累计编号法适用于成批生产企业,定期轮番生产,该法是通过将提前期转化为提前量来求得各车间之间数量和时间上的平衡衔接;生产周期法适用于单件小批量生产,主要保证车间之间时间上的衔接,数量由生产计划和订货合同来确定;订货点法,对下降到订货点储备量水平的制品及时提出订货,适用于标准件、通用件的生产。

车间内部作业计划编制工作,就是将厂部给车间下达的月生产任务进一步分配到工段、班组及工作地(工人)。车间内部作业计划包括工段月生产作业计划、工段旬生产作业计划和轮班计划。

思考题

1. 什么是生产作业计划的编制？阐述生产作业计划的内容。
2. 如何制定合理的月度生产作业计划,保证生产订单任务完成？
3. 制定生产作业计划需要哪些资料数据？
4. 阐述车间之间作业计划的四种方法的内容以及适用范围。
5. 什么是车间内部生产作业计划的编制？阐述车间内部生产作业计划制定的方法。

即测即评

第 11 章 生产作业的控制

如果有疑问、有困惑甚至有什么启示，到生产现场去是最好的了。到现场去就能够清楚地判断出自己的想法是好是坏，还能发现新的问题和启示。

——大野耐一

1. 掌握生产作业控制的内容。

2. 了解生产调度的概念、目标和方法，以及调度的意义 。

3. 了解单台设备的排序问题，掌握 Johnson 方法在两台设备流水型排序问题的应用。

4. 了解生产作业统计用原始凭证，包括加工路线单、工票、工作班任务报告。掌握生产作业统计内容，包括生产进度统计、库存在制品统计、生产作业计划完成情况的统计。

5. 掌握现场管理的内容和意义，重点掌握 5S 管理。

引导案例

几种零件在两台设备上加工，且工艺顺序相同，求 min T_{max}。定额工时如表 11-1 所示，加工顺序与总时间如图 11-1 所示。

表 11-1 几种零件的定额工时

部件	车工序定额工时(小时)	磨工序定额工时(小时)
A	6	2
B	4	6
C	6	4
D	2	4

从图 11-1 中看出，一批不同零件加工，投产顺序不同，给不同设备安排不同的生产任务，设备的利用率不同，整批生产任务完成的时间也有显著的差异。这就是排序和生产作业调度工作的重要性。

思考题：

1. 这四个工件如何排序，使总流程时间最短？

2. 排序的评价指标有哪些？

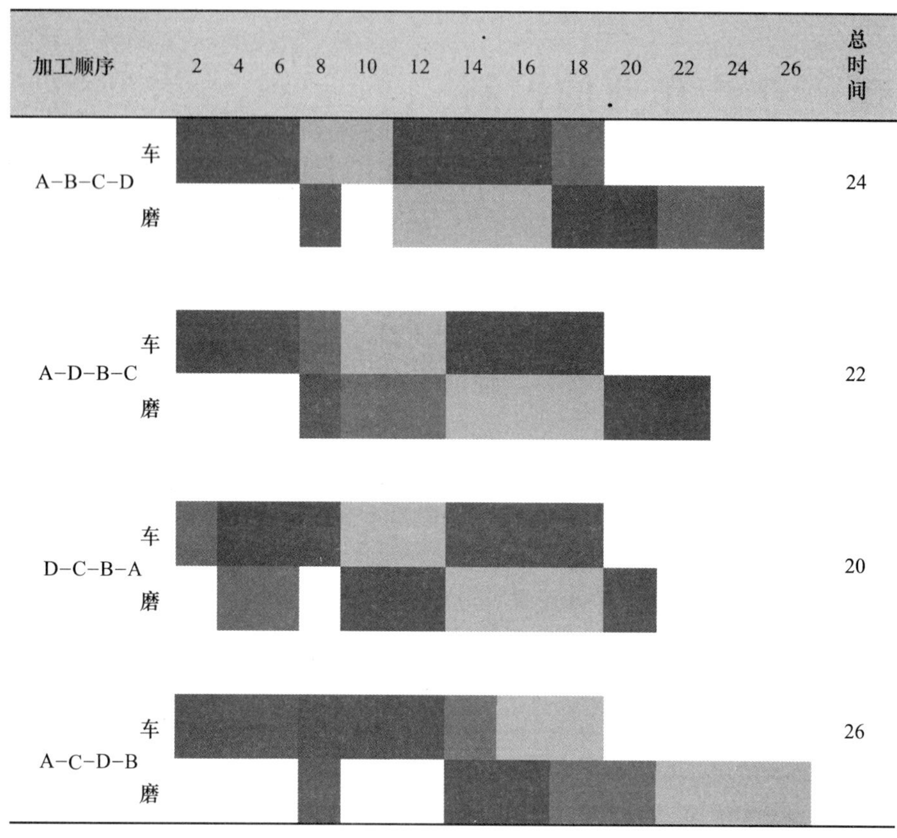

图 11-1 加工顺序与总时间

将各作业任务安排到工作地和工人,这样生产任务初步落实。为了保证生产作业按计划执行,一方面,对生产活动进行一系列监督、检查,以及对作业执行过程中发生偏差进行纠正,如赶工、重新安排生产作业等工作,生产任务受监控和纠偏后才算真正落实;另一方面,为了了解生产作业计划执行情况和生产进度的信息,就要做好生产统计工作。

由此可见,生产作业控制按其性质可分为生产调度和生产作业统计两项工作。生产作业统计是生产作业调度的基础和依据,生产作业控制的中心则是生产调度。

做好生产调度和生产作业统计工作,需要管理人员深入现场,了解有关生产的质量、进度、安全等一线信息。事实上,由于现场管理直接影响生产质量、进度和成本,因此只有做好现场管理,才能真正做好生产作业控制工作。

本章首先介绍生产作业控制的内容。其次介绍生产调度的概念和方法,重点介绍调度的 SPT 规则、FCFS 规则、EDD 规则,以及经典的约翰逊方法。再次阐述生产作业统计的工作,包括进度统计、库存统计和生产作业完成情况统计。最后介绍如何做好现场管理,重点介绍 5S 管理,以及现场问题的分析与处理。

11.1 生产作业控制的内容

生产作业控制的内容包括:生产前督促有关部门做好生产作业准备工作;生产中做好生产调度和生产作业统计工作,检查生产作业执行情况,并通过控制投料数量、调配劳动力和设备等措施,保证生产作业按计划完成;重视现场管理,做好产品质量、生产进度和生产成本控制工作,防范生产安全事故。

(1) 生产前督促有关部门做好生产作业准备工作。生产作业准备工作的内容包括:①原材料、毛坯的准备;②图纸及技术文件的准备;③工艺装备的准备;④设备及运输工具的准备等。

这些工作分别由各业务部门(供应科、技术部门)及辅助车间和车间内的辅助工段(如机修、运输、工具车间及基本车间内的修理工段、工具室等)负责进行。生产作业准备工作齐全与否,对于确保生产作业计划顺利执行起着重要作用。生产作业控制部门既要检查准备工作的进行情况,又要协助有关部门解决准备工作进行中出现的问题。

(2) 生产中做好生产调度和生产作业统计工作。一方面,检查生产作业计划的执行情况,掌握生产动态,了解实际生产进度与计划之间的偏差,根据偏差产生的原因采取相应的措施。如通过检查,发现由于在制品不配套可能影响进度,则必须加快短线零件的制造进度,必要时调整短期计划,保证月、旬计划完成。

另一方面,根据生产需要,控制投料数量,全力调配劳动力。例如,根据工人的技术专长、操作水平分配相应的工作;流水线上的工人缺勤及时补充;为了缩短某项工作的工序生产周期,调用其他部门的多余劳力临时支援等。为了使厂内运输流畅,保证生产顺利进行,检查和调整厂内运输工作。

(3) 重视现场管理。采用 5S 方法管理现场。

11.2 生产调度工作

11.2.1 基本概念、排序问题分类及目标

排序理论和方法是编制车间作业计划的基础。在介绍生产调度之前,首先介绍几个重要概念。

1. 有关生产调度的几个重要概念

(1) 排序(sequencing)。确定工件在机器上的加工顺序。

(2) 编制作业计划(scheduling)。确定工件的加工顺序,确定机器加工每个工件的开始时间和完成时间。

(3) 派工(dispatching)。按作业计划的要求,将具体生产任务安排到具体的机床加工。

(4) 赶工(expediting)。在实际进度已落后于计划进度时采取的行动。

2. 排序问题分类及目标

(1) 排序问题的分类。

① 按机器分为单件作业排序和流水作业排序。单件作业排序的特征为:工件的加工路线不同;流水作业排序的基本特征为:所有工件的加工路线完全相同。

注意区分加工路线与加工顺序。假定 n 个工件要经过 m 台机器加工,某个工件经过车、铣、钻、磨的路线加工,就是加工路线,由加工工艺决定。加工顺序是指每台机器加工 n 个工件的先后顺序,这是排序问题。

② 按工件到达车间的情况分为静态和动态。静态指所有工件都已到达,对工件一次排序;动态指工件陆续到达,要随时安排它们的加工顺序。

③ 按目标数量分为单目标和多目标。

(2) 排序评价指标。

对加工顺序安排是否合理,其评价指标包括:① 最大流程时间 F_{max},指一批工件经过 n 台设备,从第一个工件在第一台机器开始加工时算起,到最后一个工件在最后一台机器上完成加工时为止所经过的时间。排序目标是最大流程时间最短。②平均流程时间,指各等待加工零件流程时间的平均值。③最大延期量 D_{max},指等待加工零件中完工日期超过交货期的最大值。④平均延期量,指各等待加工零件延期量的平均值。

(3) 排序目标。排序的主要目标包括:

① 满足交货日期的需要。这是作业排序的最基本目标。因为客户往往将是否按期交付作为评价和选择供应商的重要指标。

② 降低在制品库存,加快流动资金周转。有效的作业排序可以减少工件的等待时间,加快工件在整个生产过程中的流动速度,相应地降低在制品库存,进而提高资金的周转速度。

③ 降低机器设备的准备时间和准备成本。多品种、小批量生产带来了频繁的设备调整问题,在作业排序时,要在满足交货时间要求的条件下,尽量延长机器设备的连续加工时间,或采用成组技术减少设备调整费用。

④ 充分利用机器设备和劳动力。好的作业排序使得机器设备和劳动力负荷均衡,确定生产过程处于均衡、连续、有节奏的状态。

11.2.2 单台设备的排序

单台设备的排序指只有一道工序的多个零件在同一台设备上加工的排序问题。假定各零件加工时间为 t_i,目标为平均流程时间最短(min T)。如何实现这个目标?这就是 SPT 规则。

SPT 规则:零件按加工时间的多少安排加工顺序,加工时间最少者最先安排。

n 个零件,零件 i 的加工时间为 t_i 。这些零件只在一台设备上加工,不论加工顺序如何,最大流程时间 T 是一个固定值:

$$T = \sum_{i=1}^{n} t_i \tag{11-1}$$

式中:t_i ——零件 i 的加工时间;

n ——零件种数。

但是,排序会直接影响平均流程时间 $\overline{T}$。

平均流程时间 $\overline{T}$ 的计算公式如下:

$$\overline{T}=\frac{\sum_{j=1}^{n}T_j}{n} \tag{11-2}$$

式中：T_j ——第 j 个零件的流程时间（j 为排列顺序）。

由 $T_j = T_{j-1} + t_j$ 得：

$$T_1 = T_0 + t_1 = t_1（其中\ T_0 = 0）$$
$$T_2 = T_1 + t_2 = t_1 + t_2$$
$$T_3 = T_2 + t_3 = t_1 + t_2 + t_3$$
$$\vdots$$
$$T_n = T_{n-1} + t_n = t_1 + t_2 + t_3 + \cdots + t_{n-1} + t_n$$

$$\sum_{j=1}^{n}T_j = T_1 + T_2 + \cdots + T_n = nt_1 + (n-1)t_2 + (n-2)t_3 + \cdots + t_n \tag{11-3}$$

由上式可知，为使 $\overline{T}$ 最小，必须使 $t_1 < t_2 < t_3 < \cdots < t_n$，即零件按加工时间的多少安排加工顺序，加工时间最少者最先安排。

【例 11-1】设有 5 种零件在同一台设备上加工，其加工时间及交货期如表 11-2 所示。试求加工顺序，使平均流程时间最少，并计算其值大小。

表 11-2 5 种零件的加工时间及预定的交货期

零件编号	L_1	L_2	L_3	L_4	L_5
加工时间（天）	5	2	1	3	4
预定交货期（第几天）	10	14	8	7	5

解：按 SPT 规则，加工时间最少者最先安排。因此，加工顺序为 L_3、L_2、L_4、L_5、L_1。

11.2.3 两台设备流水型排序

一批零件的生产流程相同，即都经过两道工序或两台设备加工。如何排序才能实现最大流程时间最少的目标？

设 t_{iA}、t_{iB}分别为零件 i 在第一台设备 A、第二台设备 B 上的加工时间，则用约翰逊法确定零件加工顺序。步骤如下：

第一步，列出所有零件的加工时间表。

第二步，找出最短加工时间。如果最短的加工时间属第二工序，则将该零件排在最后，如属第一工序，则排在最前面。

第三步，删除已排定加工顺序的零件。

第四步，重复第二步、第三步，直至所有零件加工顺序排定为止。

【例 11-2】5 种零件在两台设备上加工，且工艺顺序相同，零件的加工时间见表 11-3，试安排其加工顺序，使其最大流程时间最少，并求 min T_{max}。

表 11-3 5 种零件加工时间

零件编号		L_1	L_2	L_3	L_4	L_5
加工时间	t_{iA}	5	3	10	8	7
	t_{iB}	6	9	4	2	1

解:应用约翰逊法求解,具体过程如表 11-4 所示。

表 11-4 应用约翰逊法求解过程

加工顺序安排			零件编号				
			L_1	L_2	L_3	L_4	L_5
□ □ □ □ L_5	加工时间	t_{iA} t_{iB}	5 6	3 9	10 4	8 2	7 ①
□ □ □ L_4 L_5		t_{iA} t_{iB}	5 6	3 9	10 4	8 ②	
L_2 □ □ L_4 L_5		t_{iA} t_{iB}	5 6	③ 9	10 4		
L_2 L_1 L_3 L_4 L_5		t_{iA} t_{iB}	5 6		10 ④		

用横道图法求得 5 种零件的最大流程时间为 34 小时(见图 11-2)。

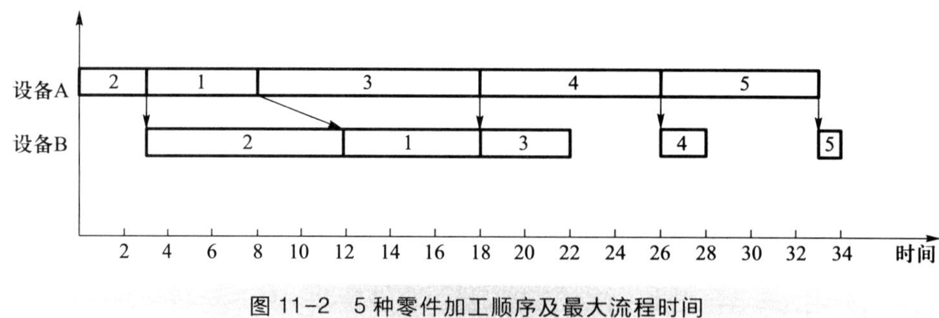

图 11-2 5 种零件加工顺序及最大流程时间

11.2.4 排序规则

排序优先规则包括:

(1) 按到达的先后顺序(FCFS),即最先到达的零件先加工。

(2) 按加工时间多少顺序(SPT),即加工时间最少的最先加工。

(3) 按交货期宽裕时间的顺序(SLACK),从交货期中减去总加工时间,从宽裕时间最小的零件开始加工。

(4) 按留待的总作业时间多少的顺序(MWKR),从留待加工的作业时间合计为最大的任务开始,依次进行加工。

(5) 按留待加工工序多少的顺序(MOPR),不考虑加工时间,而仅考虑工序的多少,留待加工工序越多,等待加工时间也越多,因此,尽可能先加工。

在实践中,有时可将几种规则加以组合。对于一般零件采用 FCFS 规则;对配套缺件采用 SLACK 规则;对工序多、生产周期长的零件采用 MWKR 或 MOPR 规则等。

利用 SPT、EDD、FCFS、SCR 等优先规则进行作业排序的排序结果在这几个指标上存在着比较大的差异,详见下面例子。

【例 11-3】某加工车间要为 2003 年 9 月加工的 6 批产品进行作业排序,每批的件数相同,都是 1 000 件,公司对各种产品的加工时间都设定了定额工时,销售部门提出了各种产品的预定交货期,如表 11-5 所示。

表 11-5 产品加工定额工时及预定交货期

产品	加工定额工时(天)	预定交货期
BY050	10	2003 年 9 月 22 日
GL310	7	2003 年 9 月 15 日
GM270	8	2003 年 9 月 17 日
BY471	6	2003 年 9 月 20 日
LN002	4	2003 年 9 月 25 日
LY120	5	2003 年 9 月 18 日

根据 FCFS、SPT、EDD 和 SCR 四种规则,分别计算不同排序方案的总流程时间、平均流程时间、平均延期交货天数和平均在制品库存数。

解:(1) 遵循 FCFS 规则排序。FCFS 的排队顺序是按照待加工的产品从上一道工序转到该加工工序的先后顺序来确定的,即这 6 批产品的加工顺序应为 BY050—GL310—GM270—BY471—LN002—LY120,其排序结果如表 11-6 所示。

表 11-6 FCFS 规则的排序结果

加工顺序	加工时间(天)	流程时间(天)	预定交货日期	延期交货天数
BY050	10	10	22 日	0
GL310	7	17	15 日	2
GM270	8	25	17 日	8
BY471	6	31	20 日	11
LN002	4	35	25 日	10
LY120	5	40	18 日	22
合计	40	158		53

总流程时间 = 158(天)

平均流程时间 = 总流程时间/型号数 = 158/6 = 26. 3(天)

平均延期交货天数 = 延期交货总天数/型号数 = 53/6 = 8. 83(天)

时间跨度 = 40(天)

平均在制品库存数 = 总流程时间/时间跨度×批量 = (158/40)×1 000 = 3 950(件)

（2）采用 SPT 规则。SPT 优先规则为优先选择加工时间最短的产品。根据 SPT 规则，这6 批不同产品的加工顺序应为 LN002—LY120—BY471—GL310—GM270—BY050，其排序结果如表 11-7 所示。

表 11-7　SPT 规则的排序结果

加工顺序	加工时间（天）	流程时间（天）	预定交货日期	延期交货天数
LN002	4	4	25 日	0
LY120	5	9	18 日	0
BY471	6	15	20 日	0
GL310	7	22	15 日	7
GM270	8	30	17 日	13
BY050	10	40	22 日	18
合计	40	120		38

总流程时间 = 120（天）

平均流程时间 = 120/6 = 20（天）

平均延期交货天数 = 38/6 = 6. 3（天）

时间跨度 = 40（天）

平均在制品库存数 = 120/40×1 000 = 3 000（件）

（3）采用 EDD 规则。EDD 规则将最早预定交货期限作为优先选择标准。根据 EDD 规则，这 6 批产品的加工顺序为 GL310—GM270—LY120—BY471—BY050—LN002，其排序结果如表 11-8 所示。

表 11-8　EDD 规则的排序结果

加工顺序	加工时间（天）	流程时间（天）	预定交货日期	延期交货天数
GL310	7	7	15 日	0
GM270	8	15	17 日	0
LY120	5	20	18 日	2
BY471	6	26	20 日	6
BY050	10	36	22 日	14
LN002	4	40	25 日	15
合计	40	144		37

总流程时间 = 144（天）

平均流程时间 = 144/6 = 24（天）

平均延期交货天数 = 37/6 = 6. 17（天）

时间跨度 = 40（天）

平均在制品库存数 = 144/40×1 000 = 3 600（台）

（4）采用 SCR 规则。SCR 规则为优先选择关键比例最小的产品，关键比例 =（预期交货期-当前日期)/余下的加工时间。根据 SCR 规则,这 6 批产品的加工顺序为 GM270—GL310—BY050—BY471—LY120—LN002,排序结果如表 11-9 所示。

表 11-9 SCR 规则的排序结果

加工顺序	关键比例	加工时间(天)	流程时间(天)	预定交货日期	延期交货天数
GM270	2.13	8	8	17 日	0
GL310	2.14	7	15	15 日	0
BY050	2.2	10	25	22 日	3
BY471	3.33	6	31	20 日	11
LY120	3.6	5	36	18 日	18
LN002	6.25	4	40	25 日	15
合计		40	155		47

总流程时间 = 155(天)

平均流程时间 = 155/6 = 25.8(天)

平均延期交货天数 = 47/6 = 7.83(天)

时间跨度 = 40(天)

平均在制品库存数 = 155/40×1 000 = 3 875(台)

将以上 4 种规则的排序结果汇总,如表 11-10 所示。

表 11-10 四种规则的排序结果比较

规则	平均流程时间(天)	平均延期交货天数	平均在制品库存数
FCFS	26.3	8.83	3 950
SPT	20	6.3	3 000
EDD	24	6.17	3 600
SCR	25.8	7.83	3 875

从以上例子可知,FCFS 和 SCR 两种规则的效率较低,既导致较高的平均流程时间,又造成较多的在制品库存。一般而言,SPT 和 EDD 是两种较优的排序规则,是企业排序常用的规则。SPT 规则可使工件的平均流程时间最短,减少在制品的库存数量,从而减少企业的资金占用,降低成本。EDD 规则可使工件延期交付时间较小,能够导致较高的客户满意水平。

案例分析11-1

易拉罐彩印作业的排序

某易拉罐生产企业,目前生产中的瓶颈是彩印工序。生产不同的易拉罐,就要停机更换油墨和样板。生产的品种数多达 400 个;品种切换次数为 80～100 次/月;每次切换的时间为 40 分钟/次。企业亟须解决两个突出问题:

(1) 如何减少品种切换次数,从而减少彩印设备调整时间,提高生产时间,解决生产任务紧的问题?

(2) 品种切换时都要清洗不同颜色的油墨，一方面清洗油墨造成油墨浪费，因为油墨价格高；另一方面，如果清洗不干净，会降低下个品种产品的印刷质量。如何解决这两方面的矛盾？

解题思路：生产三个品种，即纯爽啤酒罐（见图11-3）、青威啤酒罐（见图11-4）、鲜帝啤酒罐（见图11-5）。由于后两种啤酒罐的颜色比较接近，故把这两个品种放到一起生产。

图 11-3 纯爽啤酒罐

图 11-4 青威啤酒罐

图 11-5 鲜帝啤酒罐

11.2.5 生产调度制度

生产调度工作是一项非常细致和复杂的工作,没有正确的工作方法,是不可能做好调度工作的,因而要建立健全生产调度制度。

1. 值班制度

为了经常检查计划和上级指示的执行情况,连续而系统地掌握生产情况,随时处理生产中临时发生的问题,厂部和车间都应建立调度值班制度,做到“生产不间断,调度不间断”。

调度员在值班期间,应按班或小时不断地检查车间、班组作业计划的完成情况,检查有关决议和重点任务的执行情况。记录和发出企业、车间领导人的生产命令及向各车间提出的要求,并经常检查督促执行情况,及时处理生产中临时发生的问题,并将自己值班期间生产中发生的问题、采取的措施和执行的结果,详细地记录在调度日记上,以便研究、检查和进一步处理,从而不断总结经验,促进生产发展。

2. 调度报告制度

为使各级调度人员和生产领导人及时掌握生产情况,企业各级调度机构都要建立一套报告制度。

各班组每班均应将本班执行计划任务的情况报告给车间计划调度组。各车间计划调度组应定期将作业计划执行情况报告给总调度室(生产科),总调度室(生产科)应根据各车间的调度报告及各中间仓库的收发日报等资料,将各主要部件和关键件的生产情况、产品成套情况、产品出产进度、生产领导人有关指示的执行情况以及生产中存在的关键问题等,写成生产日报,每日报告党委、生产副厂长、总工程师等企业领导人,并发至有关科室和车间。

除定期报告外,各级调度人员还应经常地把生产中的主要问题和工作情况及时向有关领导汇报,以取得领导支持,做好调度工作。

3. 调度会议

调度会议是调度工作的重要方法,是在调度工作中发扬民主、集中领导、统一指挥生产的良好形式。通过调度会议,可以广泛听取各方面的意见,了解存在的问题,检查协调生产进度,针对生产中的薄弱环节,制定有效措施,加以解决。

调度会议一般分厂部与车间两级。厂部调度会由生产副厂长主持,由主管调度工作的科长召集,总工程师、各车间主任及有关科室的科长参加;车间调度会由车间主任主持,由计划调度组长召集,车间技术副主任、工具室负责人、机械员、调度员、各班组长和生产科主管调度员参加。

4. 现场调度

现场调度就是到生产现场去讨论和解决问题的调度方法。采用这种方法,一般由生产领导者亲自到现场去,同调度员、技术员和工人共同讨论和研究生产中亟须解决的关键问题。最后,由生产领导者作出决定,各部门去执行。这种方法可以有效地发挥各方面的力量和智慧,调动各方面的积极因素,使问题得到及时和正确的解决。

11.3 生产作业统计及在制品管理

为了控制生产作业,及时了解生产作业计划执行情况,以及生产进度的信息,就必须做好生产统计工作。

11.3.1 生产作业统计工作概述

生产作业统计是对产品生产过程中的材料投入、工件移动和产品出产所做的记录、整理和分析工作。通过生产作业统计,既可了解生产计划的完成情况,为生产调度工作提供信息,也可为编制下一期的生产计划提供数据资料。生产作业统计的要求是准确、及时和全面。

生产作业统计内容如下:

(1) 生产进度的统计。

(2) 库存在制品统计。统计在制品,是因为在制品对生产进度、占用资金量影响较大。

(3) 生产作业计划完成情况的统计。

11.3.2 生产进度的统计

在机器制造企业中,主要是统计毛坯制造、零件加工及产品装配的生产进度,包括投入、出产进度及工序进度。

统计生产进度要将实际进度与计划进度进行比较,判断是否与计划规定的进度相一致。当实际与计划产生偏离时,找出偏离的原因,并采取相应的措施。

实际投入(出产)进度与计划进度的偏离,可以用同一时间计划与实际投入(出产)累计数量上的差异来反映。

为便于进行比较,可绘制一些检查生产进度的图表,如图 11-6 及图 11-7 所示。图 11-6 是用于大量生产中检查产品(或零件)出产进度的图表。从计划与实际累计产量线垂直方向的偏差,可以看出实际进度与计划进度偏差程度。图 11-7 是单件生产中,检查产品各工艺阶段投入和出产进度的图表。

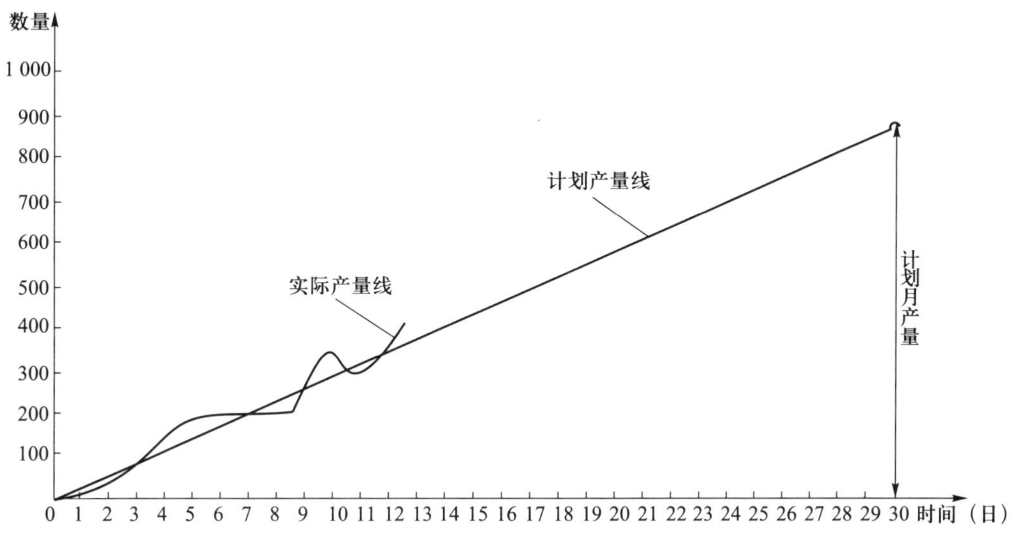

图 11-6 计划与实际进度对比

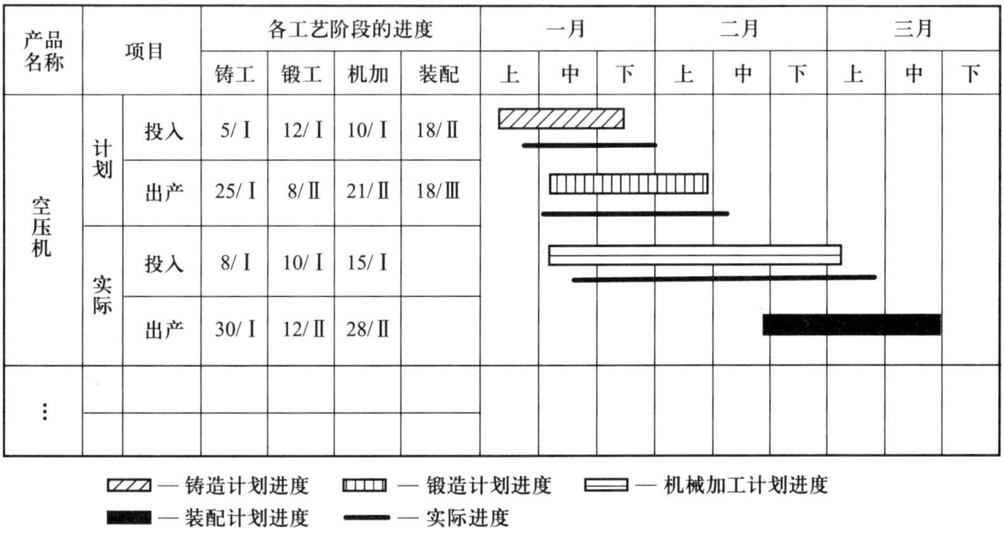

产品名称	项目		各工艺阶段的进度				一月			二月			三月		
			铸工	锻工	机加	装配	上	中	下	上	中	下	上	中	下
空压机	计划	投入	5/Ⅰ	12/Ⅰ	10/Ⅰ	18/Ⅱ									
		出产	25/Ⅰ	8/Ⅱ	21/Ⅱ	18/Ⅲ									
	实际	投入	8/Ⅰ	10/Ⅰ	15/Ⅰ										
		出产	30/Ⅰ	12/Ⅱ	28/Ⅱ										
⋮															

— 铸造计划进度　— 锻造计划进度　— 机械加工计划进度
— 装配计划进度　— 实际进度

图 11-7 空压机计划与实际生产进度对比表

在成批生产和单件小批生产中,对于一些工序多、生产周期长的零件,不仅要控制其投入、出产进度,还要控制其生产工序进度。

为控制工序进度,要提供工序进度的统计资料。通常可以在车间计划调度组或工段建立工序进度统计卡。工序进度统计卡的格式如表 11-11 及表 11-12 所示。由统计人员利用加工路线单、工票、入库单等原始凭证提供的数据,逐日填写。表 11-11 适用于成批生产,而表 11-12 用于单件生产。两者的不同点在于成批生产的零件要统计累计数。成批生产在编制计划时,用累计编号表示月任务量,因此,在统计任务完成情况时,亦要统计累计数。只有当统计卡片上的生产日期与累计数,都与计划规定的相一致时,才能认为生产进度符合计划要求。

表 11-11 成批生产零件工序统计卡片

日期		计划生产		零件工序统计卡片	件号	件名
月	日	当批	累计			

投料				工序																入库			
														…									
日期		当日	累计	日期		合格	返修	废品	日期		合格	返修	废品	…	日期		合格	返修	废品	日期		当日	累计
月	日			月	日				月	日					月	日				月	日		

表 11-12 单件生产零件工序统计卡片

产品型号:		零件工序进度卡				计划台份:								
零件编号	件名	材质	每台件数	计划任务	项目	工　序							入　库	
						1	2	3	4	5	…		时间	数量
					工序时间数量									
					工序时间数量									
					⋮									

案例分析11-2

清整工序流程卡（见表 11-13）

表 11-13 清整工序流程卡

版本/修改号：C/O　　　　　　　　文件编号：HTMQTFQZ001

某实业有限公司（压铸）

清整工序流程卡

清整科科长	仓管员	清整统计	巡检	班长

责任部门：压铸 部 清整 科____组　　　　填写日期：____年__月__日__班

产品代码	产品型号	产品名称	生产线	本工序代码	本工序名称	流水号	上工序代码	上工序操作者

投料		不良品		合格数		在制		工序代码	备注：
当班	留存	工废	料废	当班	留存	当班	留存		

1. 不良原因：	2. 处理措施：	3. 结论：

说明：1. 此卡作为员工计件数量统计的依据，无此卡或遗失或填写不规范的均不纳入计件产量统计；

2. 在生产过程中，本工序发生工、料废时，由操作者隔离、统计，并报当班班长，由检验判定；

3. 流水号与产品实物一一对应（包括首件产品），若增加流水号须在备注栏注明；

4. 生产交班时，涉及上述加工状态的物料数量须操作者签字确认，并由当班班长和检验签字确认后方完成交班；

5. 仓管员只签收最终入库流程卡，并将财务联收存登记后交财务存档。

①清整科（白）　②财务（红）　③流转卡（蓝）

11.3.3 库存在制品统计

库存在制品统计包括库存在制品数量统计和在制品成套性检查。

1. 库存在制品数量统计

库存在制品数量统计是在制品管理的一项重要内容，它要为编制作业计划提供准确的库存在制品。

为了统计毛坯和零件的库存量，在中间仓库（毛坯库及零件库）中建立毛坯及零件的统计台账。台账格式如表 11-14 所示。由仓库保管员根据完工入库单、领用单等原始凭证填写。

表 11-14 零件统计台账

<table>
<tr><th rowspan="2">仓库</th><th rowspan="2">零件号</th><th rowspan="2">零件名称</th><th rowspan="2">每台件数</th><th rowspan="2">材质</th><th rowspan="2">单价</th><th colspan="4">存放地点</th></tr>
<tr><th>区</th><th>架</th><th>层</th><th>位</th></tr>
<tr><td></td><td></td><td></td><td></td><td></td><td></td><td></td><td></td><td></td><td></td></tr>
</table>

<table>
<tr><th colspan="2">日期</th><th rowspan="2">凭证号</th><th colspan="2">收入</th><th colspan="2">发出</th><th rowspan="2">结余</th><th rowspan="3">备注：</th></tr>
<tr><th>月</th><th>日</th><th>当日</th><th>累计</th><th>当日</th><th>累计</th></tr>
<tr><td></td><td></td><td></td><td></td><td></td><td></td><td></td><td></td></tr>
</table>

库存在制品数量统计主要要求统计数准确，要保证账物相符。如果统计数不准确，作为编制生产作业计划的依据，将会造成计划任务量过多或不足。过多造成在制品积压，过少则会出现缺件现象。

为了保证在制品数量统计的准确性，要做好一系列管理工作：

（1）建立健全在制品出、入库制度和手续。出入库时，要注意核对原始凭证和实物数量。

（2）加强保管，防止丢失和损坏。

（3）运输过程中防止磕碰和划伤。

（4）定期清点盘存，发现账物不符，及时办理增减手续。

（5）由于保管不善或设计更改造成的废品要及时隔离，防止与合格品混杂。

成批生产中，多采用累计编号法计算生产任务。在制品在生产过程中或流转过程中，由于各种原因发生的增减现象，如生产报废、废件回用、磕碰损失、盘点盈亏、零件销售、销售退回等，都要求从发生单位起，反工艺顺序修改各台账中的累计数。

2. 在制品成套性检查

成批及单件生产中，由于零件都按各自的生产进度在车间内流转，但最终要成套投入装配，因此装配前的成套性检查极为重要。检查库存毛坯和零件的品种是否齐全，数量是否足够，品种不全或数量不足者均为缺件。成批生产的成套性检查，可借助检查各种零件的库存累计数来进行。累计数低于检查时应达到数值的零件，即被认为是缺件（也称短线件）。

【例 11-4】根据装配需要，计划期初要求零件的累计数达到 500 台份，经统计各零件的库存累计数如表 11-15 所示。从表 11-15 中可以看出，02 号及 04 号零件由于累计数不足 500 台份，视为缺件。

通过成套性检查，可以及时发现短缺品种和数量，并填写缺件表，提交生产管理部门及有关车间，根据缺件产生的原因，采取相应的措施。

表 11-15 零件库存统计

零件号	每台件数	库存累计数	累计台份	缺件
①	②	③	④=③/②	⑤
01	1	520	520	
02	2	980	490	√
03	3	1 575	525	
04	1	470	470	√

为了确切掌握在制品数量,要对库存在制品进行定期清点、盘存以及经常性的抽查。在制品的盘盈盘亏,以及由于运输保管不当造成丢失或报废现象,要相应地填写盘盈盘亏单、丢失单、报废单等原始凭证,以便据此对在制品统计账目作相应的修改。

11.3.4 生产作业计划完成情况的统计

对于各个生产工人(工段、车间)生产作业计划完成情况,统计内容包括完成的产量(实物数量及产值或工时)、完成计划产量的产品品种、成套性和均衡性,以及反映质量情况的各项数据统计,如合格品率、次品率和废品率。

1. 产量指标的统计

产量指标是生产作业计划的一个重要指标,它从总体上反映企业各单位在计划期内的生产成果。产量指标是绝对数,但是考核产量计划完成情况,则要计算相对数,即计算产量计划完成率 L_Q。其计算公式如下:

$$L_Q = \frac{Q_{实}}{Q_{计}} \times 100\% \tag{11-4}$$

式中:$Q_{实}$——考核期的实际产量;

$Q_{计}$——考核期的计划产量。

2. 品种指标的统计

统计品种指标是为了督促各车间、工段按规定的品种计划进行生产。前一工艺阶段按规定的品种进行生产,是后一工艺阶段完成品种计划的前提。对毛坯和加工车间来说,完成规定的品种,即意味着保证生产的成套性。因此,品种指标可以和成套性指标结合起来考核。装配车间按规定的品种计划进行生产,是履行供货合同的前提。

考核品种计划完成情况的方法有两种:

第一种方法,将完成计划产量的品种数与计划品种数进行对比。其计算公式如下:

$$L_P = \frac{P}{P_{计}} \times 100\% \tag{11-5}$$

式中:L_P——品种计划完成率;

P——完成计划产量的品种数;

$P_{计}$——计划规定的品种数。

第二种方法,按每一品种的产量计划完成情况,计算品种计划完成率。其计算公式如下:

$$L_P = \frac{\sum_{i=1}^{P} \frac{Q_{实i}}{Q_{计i}}}{P_{计}} \tag{11-6}$$

式中：$Q_{实i}$ ——品种 i 实际产量（超过计划产量时，以计划产量计算）；

$Q_{计i}$ ——品种 i 的计划产量；

$P_{计}$——计划品种数。

上式中 $Q_{实i}$ 要扣除超计划产量部分，是为了防止以某一品种的超产，掩盖另一品种的欠产，造成某些品种不足，而另一些却积压的现象。

3. 成套性指标的统计

统计成套性指标，是为了促进车间不断改进计划和调度工件，按规定的品种按时生产足够数量的毛坯和零件，以保证产品的按时出产。通常用成套率来检查零件的成套性程度，成套率的计算方法有两种：

第一种方法，按实际完成的零件套数计算。即以实际完成的零件套数与计划成套台份数相比，计算其比值，其中实际完成的零件套数，取最短线件的产量。成套率的计算公式如下：

$$L_T = \frac{B_{实}}{B_{计}} \times 100\% \tag{11-7}$$

式中：L_T ——成套率；

$B_{实}$——按最短线件计算的实际成套数；

$B_{计}$——计划成套台份数。

【例 11-5】设某产品中四种零件当月 10 日止，计划成套台份数为 100，每台产品零件数、计划与实际产量如表 11-16 所示，计算其成套率。

表 11-16　零件成套率信息

零件号	每台件数	生产量（件）		产量计划完成（%）	实际生产量（台份）
		计划	实际		
01	2	200	214	107	107
02	3	300	285	95	95
03	1	100	110	110	110
04	2	200	186	93	93

解：从表 11-16 中可看出最短线件为 04 号零件，其实际产量为 93（台份），即实际成套数 $B_{实}$为 93，因此成套率为：

$$L_T = \frac{B_{实}}{B_{计}} \times 100\% = \frac{93}{100} \times 100\% = 93\%$$

第二种方法，按完成计划产量（以台份计）的零件种数计算，即将完成计划产量的零件数与成套零件组中的零件种数相比。其计算公式如下：

$$L_T = \frac{P_{实}}{P_{套}} \times 100\% \tag{11-8}$$

式中：$P_{实}$——完成计划产量的零件品种数；

$P_{套}$——成套零件组的零件种数。

上例 11-4 中,成套零件组中有四种零件,其中 01 及 03 号完成计划产量(因此也保证了成套性),则 L_T 值为:

$$L_T = \frac{2}{4} \times 100\% = 50\%$$

4. **生产均衡性指标的统计**

生产均衡性是指各单位在计划期各相等的时间阶段内完成相等或均衡递增的生产量。统计生产均衡性指标,是为了促进各生产单位提高生产均衡性。生产均衡性是指各单位的均衡性程度。

衡量生产均衡性程度的方法很多。下面介绍均衡率法。

均衡率法即计算均衡率指标。均衡率反映计划期各时间阶段完成计划程度的综合水平。用这种方法的前提是,有明确的按时间阶段规定的生产任务量。具体计算公式如下:

$$L_j = \frac{\sum_{i=1}^{n} \frac{Q_{实i}}{Q_{计i}}}{n} \times 100\% \tag{11-9}$$

式中:L_j——均衡率;

$Q_{实i}$——i 时间阶段的实际完成任务量(扣除超计划部分);

$Q_{计i}$——i 时间阶段的计划任务量;

n——考核期划分的时间阶段数。

计算各时间阶段完成的生产任务量时,除了超过计划规定部分的产量不予计算外,未列入该时间阶段计划内的产品及其零部件,其产量也不予计算。这样规定是为了促使各生产单位严格按计划规定的品种和数量,按期完成生产任务,避免造成在制品的积压和不成套。

【例 11-6】某装配线某月上旬计划任务与实际完成任务情况如表 11-17 所示。 根据表中资料,计算该装配线上旬的日均衡率。

表 11-17 装配线均衡率的基础数据

项目 \ 日期	1	2	3	4	5	6	7	8	9
计划任务(件)	80	80	80	80	80	80	80	80	80
实际完成(件)	83	76	86	72	85	84	76	80	76

$$解:L_j = \frac{\frac{80}{80}+\frac{76}{80}+\frac{80}{80}+\frac{72}{80}+\frac{80}{80}+\frac{80}{80}+\frac{76}{80}+\frac{80}{80}+\frac{76}{80}}{9} \times 100\%$$

$$= \frac{8.75}{9} \times 100\% = 97.2\%$$

用均衡率来说明生产的均衡性程度的前提条件是,各时间阶段的计划任务量要均衡(相等或均衡递增)。

11.3.5 生产作业统计用原始凭证

一切健全的生产作业统计，来源于原始凭证所提供的必要的、准确的数据。为此，要根据企业的生产特点及各项管理工作的需要，正确规定原始凭证的种类，每种原始凭证的记录内容、表格形式、填写份数及传递路线等。设计原始凭证既要考虑满足管理工作的需要，又要力求简明扼要，便于填写和管理。生产作业统计用的原始凭证种类很多。下面列举几种常用的原始凭证。

1. 加工路线单

加工路线单格式见表 11-18。它是一种按零件设置的原始凭证，即一批（成批生产）或一个（单件生产）零件只用一张票据。表的左部工序栏的内容在零件投入生产前，即由车间计划调度组根据零件的工艺规程全部填好，同时填好单件定额。在零件投入生产后，根据每道工序的完工情况，由检验人员填写检查结果各栏。由检查员签章后的检查结果，作为作业统计用的原始记录。

表 11-18 加工路线单及副券

××工厂	车间	工段	加工路线单号			投料日期	签发人
						月 日	
产品型号或订货号	件号	件名	材质	每台件数	投入量	代用单号	回用单号

工序			计划任务			检查结果						
序号	名称	单件定额	加工日期（日/月）	机床号或工人姓名	任务件数	合格件数	回用件数	返修件数	废品件数		验收日期（日/月）	检查员印
									工废	料废		

成品入库第一副券			毛坯投入第一副券		
车间	加工路线单号		车间	加工路线单号	
订货号	零件号		订货号	零件号	
入库数量			发给件数		
日期	交库人	验收人	日期	发放人	验收人
成品入库第二副券			毛坯投入第二副券		
车间	加工路线单号		车间	加工路线单号	
订货号	零件号		订货号	零件号	
入库数量			发给件数		
日期	交库人	验收人	日期	发放人	验收人

加工路线单作为一种计划统计文件，有以下优点：①每批或每种零件的加工信息集中在一张票据上，可以大大减少票据的数量和填写工作量；②路线单上事先填好加工顺序，有利于遵守工艺纪律和保证产品质量；③零件从领料开始到完工入库，都用同一张票据，可以保证领料数、合格数、废品数、入库数，互相接头对缝，防止错数、乱数现象的产生；④加工路线单上的日期，还可作为分析和确定零件生产周期的依据。

加工路线单的缺点则是当零件加工工序多，生产周期长时，在随零件流转过程中易丢失。对于这类零件可将加工路线单与工票结合使用，即将加工路线单保留在任务分配箱内。

2. 单工序工票

单工序工票简称工票，见表 11-19。工票与加工路线单所记录的内容基本上是一样的，不同点在于它以工序为对象设票，即一道工序一张票。工票也同样是一种计划统计文件。计划员用作给工人下达轮班任务的派工单；加工完毕后，由工人填写起止时间，作为核算实耗工时的依据。检查员填写检查结果，作为统计产量的依据。工票是一序一票，使用灵活。

表 11-19 工 票

<table>
<tr><td rowspan="2">产品号</td><td rowspan="2">件号</td><td rowspan="2">件名</td><td rowspan="2">序号</td><td rowspan="2">序名</td><td rowspan="2">单件定额</td><td rowspan="2">每台件数</td><td colspan="2">投入件数</td></tr>
<tr><td>当批</td><td>累计</td></tr>
<tr><td></td><td></td><td></td><td></td><td></td><td></td><td></td><td></td><td></td></tr>
</table>

<table>
<tr><td rowspan="2">日期</td><td rowspan="2">班次</td><td rowspan="2">工作者
姓名</td><td colspan="3">加工时间</td><td colspan="2">完成</td><td colspan="6">检验结果</td><td rowspan="2">备注</td></tr>
<tr><td>起</td><td>止</td><td>工时</td><td>件数</td><td>工时定额</td><td>合格</td><td>回用</td><td>返修</td><td>工废</td><td>料废</td><td>检查印</td></tr>
<tr><td></td><td></td><td></td><td></td><td></td><td></td><td></td><td></td><td></td><td></td><td></td><td></td><td></td><td></td><td></td></tr>
</table>

3. 工作班任务报告

格式见表 10-14，它是按工段进行作业统计的原始凭证。

除了以上三种既作计划文件又作统计文件的原始凭证外，在生产作业统计中使用的原始凭证还有：领料单，反映领用材料数量及日期；完工入库单，记录毛坯、零件及成品入库数量及时间；废品通知单，记录废品数量、产生原因及责任者；废品回用单，记录回用废品的数量；返修通知单，记录返修件的数量、结果及工时；工序协作单，记录车间之间协作任务的数量及完工情况；停工单，记录停工工时及原因等。

11.4 现场管理

什么是现场管理？为什么要重视现场管理？如何做好现场管理？下面一一回答这些问题。

11.4.1 现场管理的意义

工厂中常见的现场管理问题有：仪容不整的工作人员；机器设备保养不当；原材料、半成品、成品、待修品、不合格品等随意摆放；工夹具、量具放置不规范；通道被占；工作场所脏污。

这些现场管理问题直接影响生产质量、进度和成本。因此，有人说，工厂是最好的展览室——现场差，则市场差。客户选择供应商时，一般会到生产现场去考察。通过现场考察，确定供应商是否具备完成订单的生产能力和技术水平。

11.4.2 什么是现场管理

既然现场管理如此重要，如何理解现场管理？现场管理是为满足顾客需求（交货期、品质、价格、售后服务），通过众人的智慧与努力，持续不断改进工艺和生产流程，推广和应用现代管理方法，加强设备管理和产品质量管理，解决现场“脏、乱、差”问题，实现Q（quality，质量）、C（cost，成本）、D（delivery，交货期）、P（production，效率）、S（safety，安全）、M（morale，员工士气）六大管理目标。

做好现场管理，关键在于人的思想和主观能动性。因此现场管理的主要思路为：不断提高人的素质，发挥人的积极性和创造力。

案例分析11-3

丰田喜一与现场管理

有一天，丰田喜一（丰田汽车创办人）巡视工厂，看到一名员工搔着头，喃喃自语地说研磨机不运转了，丰田喜一看了那位作业员一眼，然后卷起自己的袖子，把双手伸进油底盘，捞出两手满满的沉淀物，丰田喜一将沉淀物放至一旁，告诉作业员及旁边的管理人员：不把手弄脏，怎么把工作做好？丰田喜一的这则故事已经成为丰田公司的重要文化资产。

资料来源：丰田公司内部文件《丰田模式》。

好的现场管理，主要标志如下：

(1) 均衡生产，调度有序；

(2) 产品质量，控制有力；

(3) 定员定额，先进合理；

(4) 物流有序，原辅材料，供应及时；

(5) 纪律严明，考核严格；

(6) 设备完好，运转正常；

(7) 安全第一，消除隐患；

(8) 堆放整齐，文明生产；

(9) 信息畅通，原始记录齐、准、快、明；

(10) 士气高涨，协调一致。

11.4.3 5S 管理

如何做好现场管理？现场管理常用的方法包括5S 管理、目视管理、定置管理等。这里重点介绍5S 管理。

5S 管理指对生产现场各生产要素,如物料、工具和设备,不断地进行整理(seiri)、整顿(seiton)、清扫(seiso)、清洁(seiketsu),以达到提高素养(shitsuke)目的。

(1) 整理:不需要的东西下决心扔掉。生产物料、生产工具众多,工人花很多时间来找。寻找物料和工具不是工作,是典型的浪费。因此 5S 第一步工作就是整理:不需要的东西下决心扔掉。

整理的有效方法是“红标签工作”。红标签工作是指在不需要的东西上贴上红标签,不管是谁都能一眼看到这些不要的东西。之所以叫红标签,是因为标签一般由红色的纸做成,非常显眼。

红标签工作的步骤如下:

① 红标签实施过程的发起。

□ 成员组成:由生产、原材料、管理等的负责人组成。

□ 实施期限:一个月左右。

② 红标签对象的决定。

□ 直接生产部门的库存——原材料、零部件、半成品、成品。

□ 直接生产部门的设备——机器、工具、推车、托盘、作业台、椅子、桌子、架子。

□ 间接生产部门的机器——计算机、打字机、传真机和复印机。

□ 间接生产部门的备用品——陈列橱、锁、图书、杂志等。

③ 明确红标签基准。以什么基准,判断需要的和不需要的东西? 一般可以以时间为基准。例如,“过去一个多月没有使用过的物料”贴上红标签;“今后一个多月预计不会使用的”贴上红标签;其他判断的基准,如次品或不明物品等,见表 11-20。

表 11-20　红标签示例

产品名称:
数　　量:
理　　由:不要、不急、次品、不明、剩余材料、其他
处置方法:废弃、退还、另外保管、其他
日　　期:

④ 贴红标签和对贴红标签物品的处理。小组成员和现场的监督人员巡视,并进行客观的判断。贴上红标签时,说明理由以及处置方法。同时做成淘汰品一览表(见表 11-21)并保留记录。

表 11-21　淘汰品一览表

产品名称	产品号	数量	金额	区别处理	备注

(2) 整顿:想要的东西随时能取出来。整理好的零部件、材料和工具都要有各自的场地和摆放位置。一般是按使用频率高低由近到远摆放,经常用的放得近。

整顿主要做好这三个方面工作:一是场地标示,标明物品存放的地点。二是数量标示,使用标明物品数量的生产推车和托盘,清楚标明物品的数量。三是用完的物品归还原位,工装器具按类别、规格摆放整齐。

判断整顿是否到位的标准为：产品的位置、数量都让人一目了然，过目知数，就说明整顿到位了，见图 11-8。

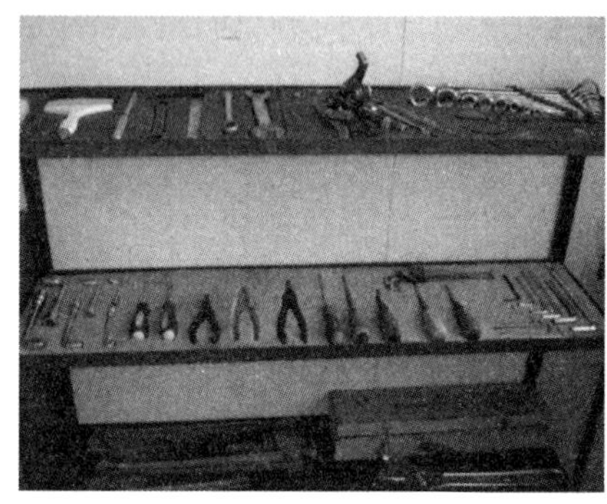

图 11-8　整顿好的物品摆放

（3）清扫：把工作场所打扫干净，清除作业现场的垃圾。清扫有两种类型：一种是清洁环境的"卫生型清扫"；另一种是使机器能一直处于良好的状态，并进行改进的"保养型清扫"。如图 11-9 所示。保养型清扫通过清扫检查和保养使机器保持最佳状态。这种清扫本质上讲是改善，应该大力推行。

图 11-9　卫生型清扫和保养型清扫

安全和卫生优先于一切,应该培养员工“良好的工作环境由自己的手来创造”的理念。改变检查前临时突击,为了不被扣钱而打扫卫生的想法和做法。

(4)清洁:使整理、整顿后的状态得以维持和继续。整理、整顿、清扫这三项工作的坚持与深入,就是清洁。包括对人体有害的油、尘、噪声、有毒气体的根除。清洁、美化现场,使职工愉悦。

不仅工作环境要清洁,工作人员着装、仪表也要清洁。更高层面的清洁,则是工作人员精神上“清洁”。上至领导,下至员工,团结向上,有朝气,相互尊重,有一种催人奋进的气氛。

(5)素养:形成制度,养成良好习惯。

为了做好5S管理工作,除了组织保障之外,还须建立科学合理的考核制度,参见表11-22。

表11-22 5S核查明细表

5S	检查项目		差	一般	中等	较好	很好	合计
整理	1	是否已制作红标签	1	2	3	4	5	20
	2	现场是否有不需要的物品	1	2	3	4	5	
	3	是否把非急用品、保管物品拿出了作业区域,放置地方是否明确	1	2	3	4	5	
	4	是否把私有物品带入生产现场	1	2	3	4	5	
整顿	5	布告栏、桌子上、桌子里面是否整理了	1	2	3	4	5	20
	6	是否决定和标示了工具的放置地点	1	2	3	4	5	
	7	有没有标示材料、产品、工具、容器等的放置地点	1	2	3	4	5	
	8	过道是否有杂物	1	2	3	4	5	
清扫	9	清扫是否已经形成了习惯	1	2	3	4	5	20
	10	是否决定了每个区域清扫的负责人	1	2	3	4	5	
	11	作业区域、过道中的垃圾是否清理了	1	2	3	4	5	
	12	整个工作环境是否窗明几净	1	2	3	4	5	
清洁	13	工作环境乱了是否立刻整理	1	2	3	4	5	20
	14	脏了是否立刻清洁	1	2	3	4	5	
	15	工作环境清洁度如何	1	2	3	4	5	
	16	3S是否已经成为习惯	1	2	3	4	5	
素养	17	打招呼是否声音洪亮、精神抖擞	1	2	3	4	5	20
	18	全体员工是否始终微笑、目光炯炯有神	1	2	3	4	5	
	19	对前后工序的延误是否互相帮忙	1	2	3	4	5	
	20	对来访者是否会立即注意到	1	2	3	4	5	
5S稳定度综合分数			/100					

11.4.4 现场问题的分析与处理

现场问题处理的业务流程为:①当问题发生时先到现场;②检查实物;③当场采取紧急措施;④发掘真正原因并予以排除;⑤标准化,防止再发。

案例分析11-4

纸盒厂的现场问题分析案例

某工厂生产纸板容器,作为高级食品的包装。有一天,该公司的业务张经理接到一位愤怒的客户的紧急电话,要求对所有纸盒退货,他立刻开车到这位客户的工厂,对此抱怨做第一手的调查研究。

他到了客户工厂,便遭到一顿臭骂。"你们的纸盒差劲透了!"这位客户一遇到张经理就破口大骂,"我们的生意到此为止,因为你的纸盒凹陷破裂,我的生产线被迫停顿。我有三个紧急订货没办法交货,这些客户整个早上都一直在电话中向我吼叫。把你的卡车叫来,把这些破烂运回去!"

这些足够使人一整天都懊恼不已的话,在耳旁如雷轰鸣,张经理在心中从1默数到10,做了个深呼吸,开始在脑中分析此事件对客户的影响:

(1) 客户深感挫折及愤怒。他把情绪一股脑儿发泄出来,因为没有别人会倾听他的发泄,并给他任何实质性的帮助。

(2) 客户需要尽快获得一些好的纸盒,以便送交那些紧急订货。

(3) 客户的金钱和商誉正遭受损失,他需要避免这些损失。

(4) 这些纸盒出了某种差错,其原因必须迅速找出来。

(5) 不管这个问题的原因为何,必须予以改正,使客户满意,而且以后不再发生,否则会失去这家客户的生意。

(6) 如果纸盒破裂的原因在我们的工厂,则这只不过是某一重大问题的开端而已。

张经理告诉客户,他了解情况有多么严重,并承诺尽快解决,使这位客户满意。他马上打电话到公司,要求立刻送来一车经过仔细检查的纸盒。他也获得总经理的允诺,如果这些纸箱真的有毛病的话,将赔偿这位客户的损失。他把所采取的这些行动向客户报告,向他保证他已经做了一些有用的事情了。然后张经理开始询问有关该项损害的问题。损害是什么样子,在什么地方初次发现,什么时候第一次出现等。他获悉一直到那天早上为止,纸盒都没发生过问题,他也知道没有别的客户提出有关这类纸盒的抱怨。

他询问客户,该厂的物料搬运系统是否有了改变。事实上,他们现在正在使用一部新式侧抓式堆高机在装货区作业。张经理和客户到达装货区时,被送来的纸盒也刚好抵达。他们看到这部堆高机的一双搬运臂高度不一致,以致搬运堆叠纸盒的栈板时并不平衡,所以在卸货时把某些纸盒打破。这位客户对于找出了问题根源相当满意,而这个原因产生在客户的工厂,而非纸盒制造厂。经过调查后,损坏不再出现。双方既没有取消生意往来,也没有退货。张经理和客户成了好朋友,客户有点不好意思,但肯定他的服务是第一流的。

思考题：

1. 张经理是如何处理客户投诉的？张经理的现场处理方法有什么启示？

2. 如果张经理立刻就去追查这些纸盒破损的原因，或者他留在自己的办公室中，只是立刻补送一批纸盒让那部新的堆高机继续破坏的话，情况会怎样呢？

分析：张经理并没有立刻采取行动，他先观察分析，把状况分解开来，将之分成各个组成因素。然后找出6个主要的有关事项：客户的挫折与愤怒、需要良好的纸盒、需要免于遭受损失、必须找出破损的原因、必须使顾客满意，以及确保此一问题不能影响其他客户。

他很快制定出这些事情的优先顺序：首先运纸盒给客户；其次向他保证，他不会遭受损失；最后找出引起此问题的原因，予以解决。由于张经理能够利用一点时间，将此状况彻底思索一遍，他为自己及大家都节省了许多时间。

本章小结

生产作业控制，按其性质可分为生产调度和生产作业统计两项工作。生产统计是生产调度的基础和依据，生产作业控制的中心则是生产调度。生产调度主要任务是安排加工顺序。对加工顺序安排合理与否的评价尺度有：最大流程时间 F_{max}、平均流程时间、最大延期量 D_{max}、平均延期量。

生产作业控制的内容包括以下几项：①检查生产作业准备工作的进行情况，包括：原材料、毛坯的准备；图纸及技术文件的准备；工艺装备的准备；设备及运输工具的准备等。②检查生产作业计划的执行情况，掌握生产动态，了解实际生产进度与计划之间的偏差，根据偏差产生的原因，采取相应的措施。③根据生产需要，合理调配劳动力。检查和调整厂内运输工作，使厂内运输流畅，保证生产顺利进行。④重视现场管理。

生产作业统计用原始凭证，包括加工路线单、工票、工作班任务报告。生产作业统计内容，包括生产进度统计、库存在制品统计、生产作业计划完成情况的统计。

现场管理的主要思路为：不断提高人的素质，发挥人的积极性和创造力。对产品质量和工作质量的管理，是优化生产现场管理的关键；对设备与物流的管理是优化生产现场管理的重点。5S管理指整理、整顿、清扫、清洁、素养。现场问题处理的业务流程为：①当问题发生时先到现场；②检查实物；③当场采取紧急措施；④发掘真正原因并予以排除；⑤标准化，防止再发。

思考题

1. 生产作业控制工作的具体内容有哪些？
2. 生产作业统计中的原始凭证有哪几种？
3. 生产作业统计包括哪些内容？如何做好生产作业统计工作？
4. 什么是现场管理？现场管理内容是什么？

5. 什么是5S管理？如何推行5S管理？

6. 请描述现场问题处理的业务流程。举个例子说明具体如何应用。

即测即评

本章附录

第 4 篇　生产系统控制

第 3 篇讲述了生产部门如何制定年度生产计划（第 7 章），如何制定生产作业计划（第 10 章），以及如何执行计划（第 11 章）。仅仅这些还满足不了生产管理的工作要求。还需要：物料仓储部门提供生产所需要的各种物料；设备管理部门维护保养和设备更新，减少故障发生，保证设备正常运转；质量管理部门对物料、在制品和成品进行质量检验和质量控制；工业工程部门测定工时标准作为制定生产计划与核算工时薪酬的依据，以及提供科学工作方法提高工作效率；人力资源部门根据员工业绩发放绩效工资，激励员工，调动员工的积极性。

因此，本篇从生产管理五要素——人、机、料、法、环的角度，进一步讨论如何做好物料管理（第 12 章）、工作研究（第 13 章）和员工管理（第 14 章）等内容。只有生产管理部、采购部、质量管理部、设备管理部、人力资源管理部等部门协同控制产品的成本、质量和交货期，企业才能实现年度利润目标。否则，各部门辛苦一年该有的利润将以跑、滴、冒的形式消失于无形。

第12章　物料管理

兵马未动，粮草先行；生产未动，物料先行。

——无名氏

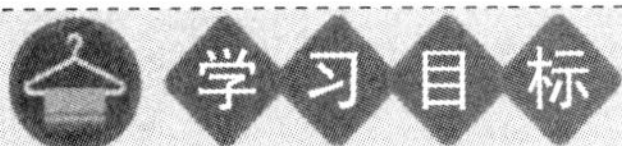

1. 了解物料的分类、物料管理的任务、内容和流程。

2. 掌握物料管理组织结构的设计，重点掌握生产管理部门、采购部门、仓储部门三个部门的归属关系。

3. 了解物料消耗定额的定义及其在编制物料需求量时的作用，注意区分物料消耗定额和物料供应定额。

4. 掌握利用定额计算法和MRP制定物料采购计划，区分物料需求量、物料计划平衡表和物料采购计划表三者的关系。

5. 掌握物料订购策略——P系统和Q系统，重点掌握经济订购批量的计算、考虑安全库存量的再订购点的计算、P系统中最高库存量的计算。

6. 了解采购制度、物料验收的流程和管理办法，掌握领、发、退料管理和盘存管理。

引导案例

王经理因工作需要更新办公室的1台便携式计算机、1台台式计算机。由于王经理就职于事业单位，购买计算机需要通过政府采购。于是他委托采购负责人采购标准配置的便携式计算机，但台式计算机需要定制——加4GB内存，不需要显示器。采购负责人告诉王经理，“内存条价格与显示器价格差不多。你这种型号的台式计算机也是5 300元。便携式计算机报价是6 300元”，“由于政府采购压价太低，供应商没有利润空间，仅提供少数型号的机型”。

采购负责人上政府采购网选购完计算机3天以后，标准配置的便携式计算机到货。王经理问采购负责人：“台式计算机什么时间到货？”“至少还需要1周时间，因为这是定制的计算机，所以出货速度没有标配的快。”采购负责人回答。

又过了1周，台式计算机也到了。王经理委托计算机中心技术人员验货。打开箱子发现主机接口的设计已经改变，无法连接到现有的显示器上。采购经理说加上一个转换器即可，但要另外付费。王经理说:“我买的是标准产品,不兼容问题应该由供应商负责。否则我就退货。”最后采购经理答应由他负责与供应商免费要来转换器。

1周以后,转换器到了,合同与发票也到了。于是技术人员连接上台式计算机,检验内存大小,以及内存条与机器的兼容性。技术人员告诉王经理:“确实加了4G内存,新加内存条兼容性也好。”

“不是内存条加上去就行吗?”王经理问。

“不是的,有时新增内存条不兼容,出现显示不稳定。”“一般的内存条不会出现那种情况,但是两根内存条如果工作频率不一样,计算机会把高频的内存自动降至跟低频内存同样的频使用,所以性能下降了。另外不同规格的内存,可能采用的芯片也不同,容易造成运行时不稳定,如常死机,常弹出一些莫名的错误窗口等。”听完技术人员介绍,王经理才明白增加内存条还有技术要求,不是简单随便买一条插进去就行。

报销也是个很烦琐的过程,上单位财务系统网络填写请购单,发短信请经费主管审批和开支票,最后拿着支票、采购合同和发票去财务报销。虽然王经理与经费主管关系不错,毕竟未经请求就采购,王经理预感会遭受经费主管批评,甚至驳回……

思考题:

1. 王经理说:“我买的是标准产品,不兼容问题应该由供应商负责。”如何看待这件事?为什么采购经理同意由他负责与供应商免费要来转换器?

2. 请问一个合格的采购经理需要哪些技能和品行要求?

3. 如何检验货物?

4. 举例说明你购买商品的经历有什么问题,又是如何解决的?你购买商品的经历给你带来什么经验与教训?

当年度生产计划确定后,物料管理部门,通常是采购部门和仓储部门,围绕年度生产计划,依据物料消耗定额,计算物料需求量,并制定年度物料供应计划。在此基础上,根据各种物料的库存量和库存要求,制定年度物料采购计划。同时,做好物料库存管理和领发料管理,按生产作业计划及时供料,保证生产所需各种物料的供应。

为了完成年度生产任务,需要哪些种类的物料(订什么)?这些物料需求量是多少(订多少)?如何购买这些物料(订购策略)?向谁购买这些物料(供应商管理)?如何管理好这些物料管理(仓储管理)?物料是发放到生产单位还是让用料单位领取(领、发、退料管理)?这些都是物料管理的主要问题。下面一一回答物料管理主要问题。

12.1 物料管理概况

12.1.1 物料管理的目标和意义

什么是物料?生产所需要的一切东西即是物料。按用途分,广义的物料分为原材料、辅助材料、燃料和动力、工具及修理备用件等,而不仅仅是原材料。按来源可分为自制物料、外购物料这两种。

物料管理的目标是：保证生产所需物料的保质、保量及时供应，同时降低物料成本。

为什么要重视物料管理？事实上，物料管理的意义在于以下三个方面：

首先，做好物料管理工作，是企业生产任务按计划完成的前提与保障。不论哪种物料不能及时供应，都会给生产带来不利的影响。可谓“巧妇难为无米之炊”，没有原材料就无法生产。

其次，做好物料管理工作，有利于降低产品成本。统计表明：机械产品的材料费用占成本的比重极大，一般可达60%~70%。加强物料管理，一方面通过合理使用材料，降低材料的消耗；另一方面，建立合理的物料库存量物资储备，减少流动资金占用，加快资金周转速度。这两方面工作对产品成本的降低有着重要影响。

最后，物料管理对提高产品质量也有较大的影响和作用。影响产品质量的因素很多，除了产品的设计、工艺的改进、新设备的采用之外，还取决于供应原材料的质量。

综上所述，物料管理是一项具有重要意义的管理工作。

12.1.2 物料管理的任务和工作内容

物料管理主要包括3个方面内容：①物料采购；②物料库存管理，或仓储管理；③领、发、退料管理。由于原材料占物料的主要部分，因此狭义的物料管理主要指原材料管理。

对于制造业的物料管理部门，其任务和工作内容主要是，根据生管、物管、品管、工程、维护保养、研发等用料部门提出的请购单，经领导核准后，再办理购买各种不同种类及数量的物料。同时，将所采购的物料验收入库，并保证用料单位在需求的时间领到需要数量的物料，保证生产任务完成。具体任务和工作内容如下：

（1）根据生产计划和物资消耗定额，编制物料采购计划与供应计划。

（2）对物料分类管理，确定正常的物料储备量定额。根据月生产进度，制定A、B、C三类物料的订购策略，各种物料保持合理的库存水平。

（3）保证按期、按质、按品种、按数量，及时供应企业生产所需要的各种物料；注重余料的回收（退料管理），做好废料管理。

（4）做好采购人员的行为规范与稽核，避免采购人员与供货商串通，提高采购价格。

（5）做好供货商管理，包括供货商选择、供货商绩效评价与分析。

（6）做好日常物料管理工作，包括：①自制与外包的分析与建议。②调查供应来源及购料市场，调查分析市场供需情况和价格变化，在此基础上审核供货商报价，开展采购商务谈判。③指导与建议供货商有关采购事务及技术，与供货商洽商，安排参观工厂等事宜。④填制请购单，核对请购单的物料名称、规格、品质要求，并签订采购合同。⑤追踪供货商交货情况，并处理交货验收结果。⑥评估和改进采购方案，例如，采购需求计划与预算的拟订、采购品的价值分析以及对供货商的绩效作评估分析等。⑦领、发、退料管理。⑧盘点管理。

12.1.3 物料管理流程

负责物料管理的部门是采购部门和仓储部门，但是与生产部门、财务部门也密切相关。

计划部门根据销售部门接到的客户订单，制定综合计划，综合计划分解即得到主生产计划（MPS），主生产计划经过 MRP 运行后输出生产作业计划和物料需求计划。

一方面，采购部门根据主生产计划和物料消耗定额制定年度采购计划；另一方面，采购部门根据生产部门的请购单，向供货商下达采购订单。供货商备货，并发货到仓储部门。仓储部门对货物进行检验和接收，对检验合格的物料开出付款凭证，以便财务部门付款给供货商。

生产部门根据物料需求计划，向仓储部门提出领料需求。仓储部门根据领料单，发料出库。仓储部门另一项重要工作就是成品管理。生产部门根据工票完成产品加工后，即进行产品入库，并根据销售部门的提货单给客户发货。为了保证账、物、信息一致，仓储部门会同生产部门、财务部门，定期开展库存盘点工作，见图 12-1。

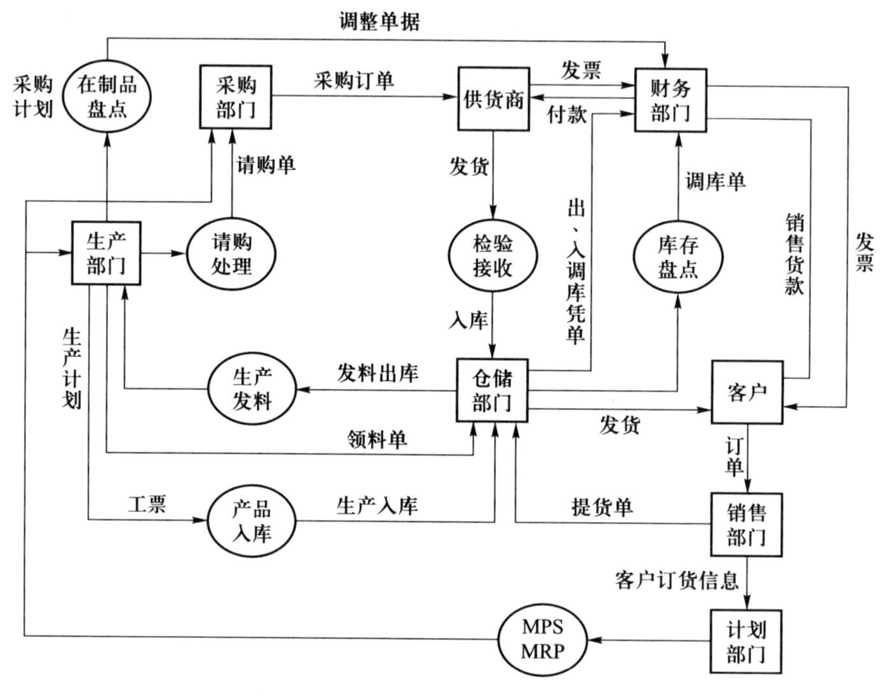

图 12-1 物料管理业务流程

12.2 物料管理组织结构设计

做好物料管理工作需要组织保障，即从制度保障与组织结构顶层设计上，确保物料管理有效运行。下面介绍如何按行业特点、生产任务、客户和内控需求，设计物料管理部门的组织结构，规定物料管理部门的职责、归属关系、权力与工作责任、人员管理。

物料管理主要包括物料采购、物料仓储管理和领、发、退料管理这三方面工作。因此，许多企业分别设有采购部门和仓储部门。由于采购工作的好坏直接影响物料成本、物料的质量和物料是否及时供应，物料管理组织结构的类型，可以按采购部门在企业组织结构中归属划分为分权式、集权式、混合式等类型。

12.2.1 分权式组织

企业中的采购部门一般指采购科。

1. 采购科归属于生产部

图 12-2 显示采购科归属于生产部，其主要职责是协助生产部门，保障生产计划顺利进行。其工作重点是：及时提供适质适量的原材料及零部件。

这种结构适合于生产导向的企业，其采购作业比较简单，且供应来源比较稳定。

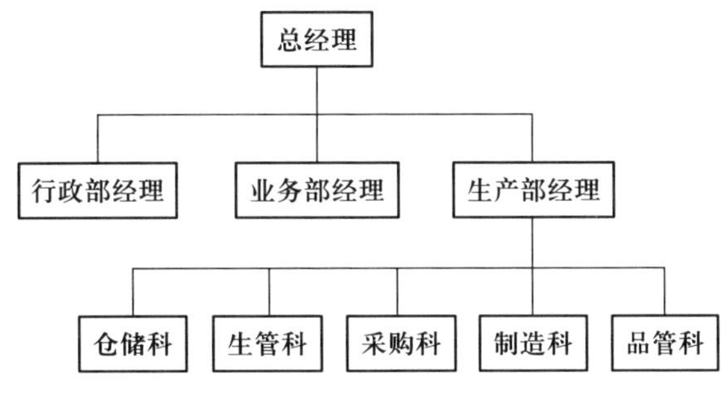

图 12-2 采购科归属于生产部

2. 采购科归属于管理部

图 12-3 显示了采购科归属于管理部，采购科的主要任务是获得较低价格及较好的付款方式，以达到降低采购成本的目的。但是，有时采购科为了争取较好的交易条件，延误生产部门用料的时机，或购入品质不理想的料品。

由于采购科独立于生产部之外，对生产单位产生制衡作用，发挥降低成本的效能。

采购科归属于管理部，适合于生产规模庞大、物料种类繁多、价格变动频繁、采购工作必须兼顾企业产销整体利益均衡的情况。

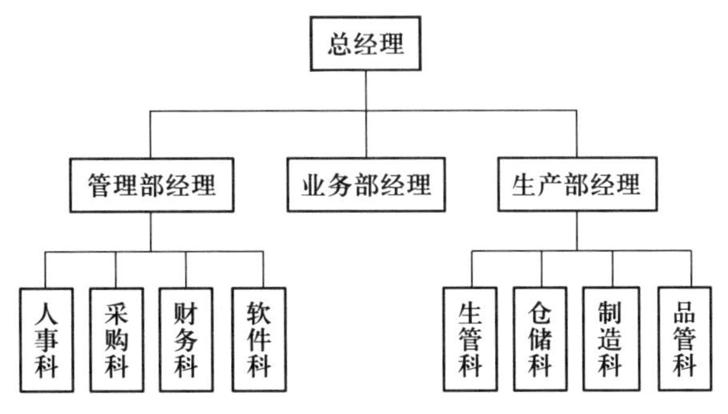

图 12-3 采购科归属于管理部

3. 采购科归属于营销部

如图 12-4 所示，采购科归属于营销部，这种模式适用于行销导向的企业，购入的物品经过简易加工或包装等作业程序后即可销售。加工业、买卖业、产品代理业等非生产行业较多采用此模式。

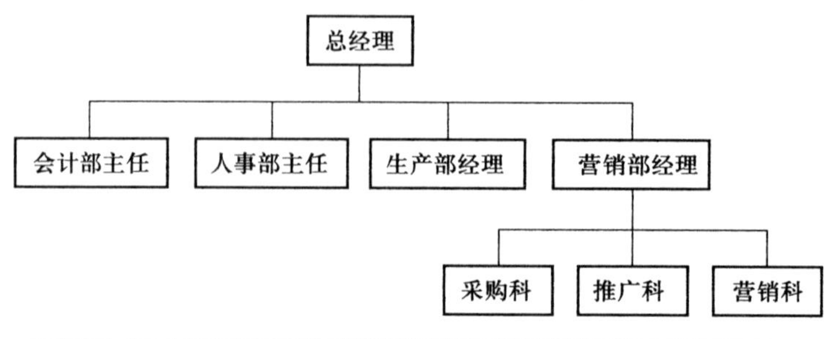

图 12-4 采购科归属于营销部

4. 采购科归属于资材部

图 12-5 显示采购科向资材部经理负责,其主要功能在于配合生产与仓储单位,完成物料整体的供给作业。

采购科归属于资材部,比较适合物料需求变动大、不易管制的企业,或采购科需要经常与其他相关单位协商生产排程及密切配合物料供应的企业。

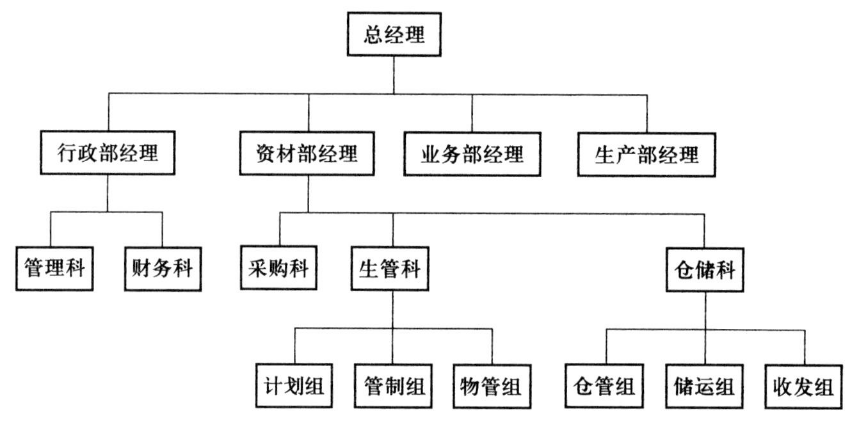

图 12-5 采购科归属于资材部

12.2.2 集权式组织

图 12-6 显示采购部门直接归属于总经理,采购部门的主要功能在于发挥整体供料优势,降低采购成本,使采购部门成为企业创造利润的部门之一。采购部门直接归属于高阶管理层,突出采购部门的地位与权力,因而责任重大。

采购部门直接归属于总经理,比较适合生产规模不大但物料或物品占产销成品比率较高的企业。

12.2.3 混合式组织

混合式采购部门是指兼具分权与集权功能的部门。整体性及大宗采购、资材采购信息等采用集权方式管理。事业分部或地区需要的采购业务,则采取分权方式办理。这种混合式组织结构适合于大中型企业或集团公司。

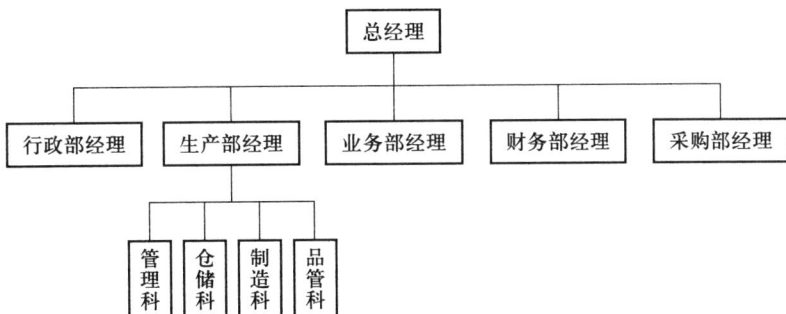

图 12-6 采购部归属于总经理

12.2.4 采购部门的内部分组

采购部门的内部分组,是指将采购部门应负责的各项业务按组进行分工。采购部门的内部分组方式,可按物品类别分组、按采购来源分组、按采购作业阶段分组等。具体说明如下:

1. 按物品类别分组

图 12-7 中的采购科,按物品类别分别设立原料、燃料、设备、办公用品、维修五组,而原料组可再细分为铅、铜、化学品、电器及机械组,交由不同的采购人员来承办。

按物品类别建立采购部门,采购人员会特别专精于其经办的项目,比较能够发挥其专业采购的能力,适用于采购物品种类繁多的企业。

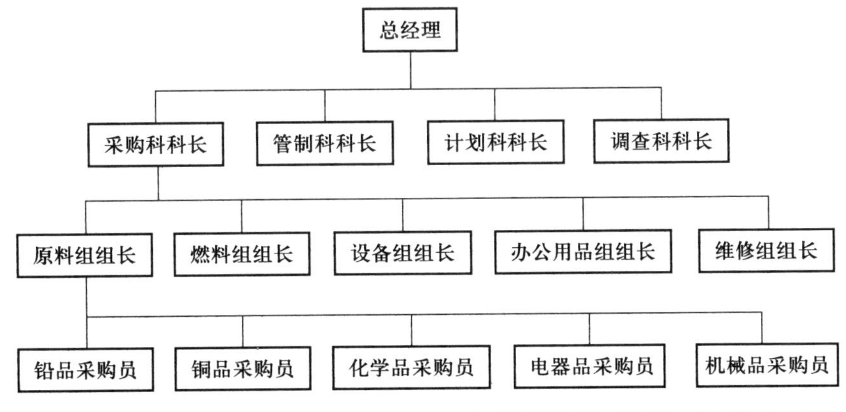

图 12-7 某金属制造公司采购科内部组织图

2. 按采购来源分组

按物品的采购来源,分别设立国内采购部及国外采购部,主要是基于国内、国外采购的手续及交易对象有显著差异。这种采购方式对于采购人员有不同的工作条件要求,因而分别设立部门以利于管理。

如图 12-8 所示,国外采购部(外购部)归属于业务处管辖,国内采购部(内购部)归属于厂务处管辖,通常由其中一部门主办,另一部门协办,这样国内、国外采购才可通过比较成本、品质等的优劣而采取较有利的采购方式。

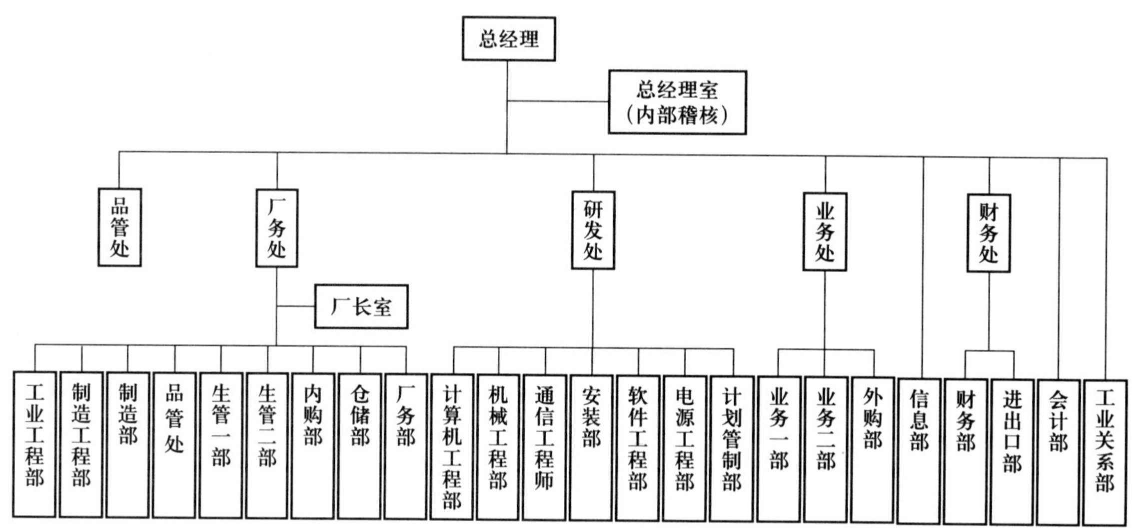

图 12-8 某电子公司国内外采购部门的组织定位图

3. 按采购作业阶段分组

如图 12-9 所示，按采购作业阶段分组的方式，是指按照采购作业阶段，将寻找供货商、询价、比价、议价、签约、催货、履约管理、验收、付款等项目，分别由不同的采购人员办理，以此产生内部牵制作用，达到防止舞弊的目的。

各作业阶段均可安排具备相关采购专业背景的人担任，这样可以做到采购工作品质较高，但可能产生内部协调困难、采购周期过长等问题。按采购作业阶段进行分工并建立部门的方式，适用于采购量较大、程序繁杂且作业过程较专业、交货期较长以及采购人员多的企业。

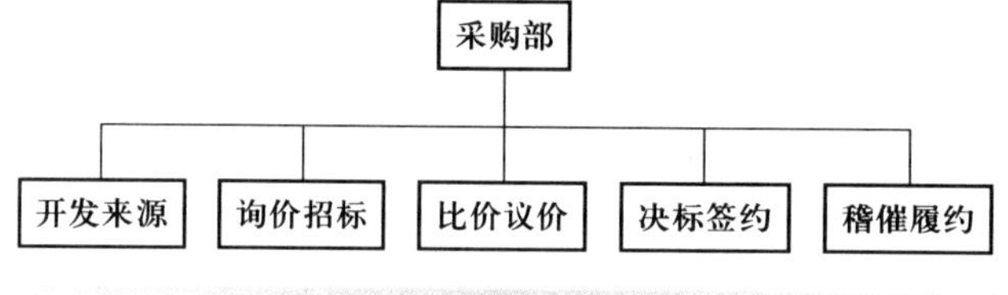

图 12-9 按采购作业阶段分组图

【例 12-1】某塑料公司采购部组织图。

图 12-10 所示为某大型塑料制品公司采购事业部的内部分工图。其具体工作如下：

- 拟订采购计划与预算；
- 追踪与管理采购工作；
- 研究替代品；
- 预测价格与供给；
- 举办员工教育训练；
- 采购人员的绩效评估；
- 评选与评鉴供应商；
- 管理采购文书与档案；

- 集中统筹采购业务；
- 操作系统的改善与计算机优化。

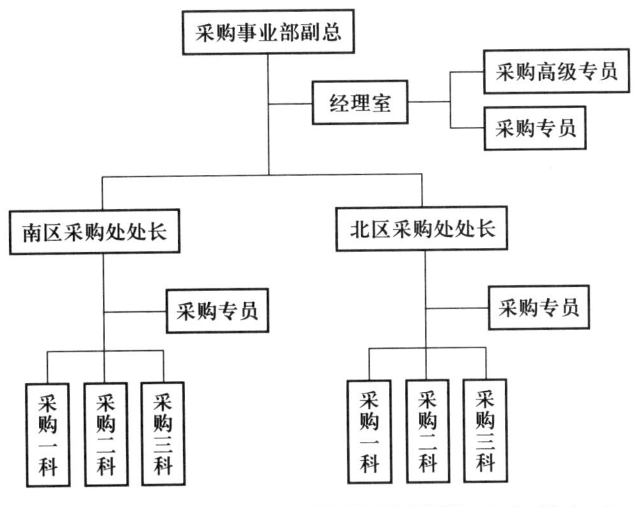

图 12-10 某大型塑料制品公司采购事业部分工图

企业规模较大，工厂分散，且各工厂的生产设备、原材料供应来源都具有独特性，差异较大。如果采用集中采购，容易耽误进度，影响生产部门的投料生产。因此，决定采用分散采购制，分设北区采购处和南区采购处，各自办理所需货品的采购事宜。各区按物品类别分组，如北区采购处下设采购一科、二科和三科，分别负责采购机械、电器和化学品。

12.3 物料采购计划制定及采购流程

物料消耗定额是编制物料供应计划和计算物资需要量的依据。

12.3.1 物料消耗定额

物料消耗定额是指在一定的时期内和在一定的生产技术条件下，为制造单位产品或完成某项生产任务所必须消耗的物料数量标准。如果没有消耗定额或者缺乏先进而可靠的消耗定额，就不可能真实地反映生产的物资需要量，从而引起采购与供应上的混乱，出现乱购乱订的现象。供应量过多或不足，都会给企业生产带来损失和浪费。

主要物料的消耗定额，以产品或其零部件为单位进行计算。辅助材料、燃料、动力等，以产品为单位进行计算比较困难。一般以某些与它们的消耗有直接关系的参数为依据和计量单位，确定消耗定额。这些计量单位有产品的重量、加工工时、面积等。下面分别介绍主要原材料消耗定额的制定和辅助材料及其他材料消耗定额的制定。

1. 主要原材料消耗定额的制定

主要原材料是直接构成基本产品实体的材料，它的消耗定额是按单位产品和分零件制定的。为了正确制定原材料消耗定额，首先必须了解原材料消耗的构成，各种消耗之间的关系以及定额内应包括的项目。企业主要原材料消耗的构成，如图 12-11 所示，由三部分组成，即有效消耗、工艺性损耗及非工艺性损耗。

（1）有效消耗是指构成产品或零件净重部分的材料消耗，也是保证产品达到规定的功能和技术要求所必需的材料损耗。

（2）工艺性损耗是指产品或零件在加工过程中，为改变它们的形状、尺寸和性能而产生的难以避免的损耗，如机械加工中的铁屑、锻造中的飞边、铸造中的冒口等。这部分损耗是由采用不同工艺加工方法和材料、规格、型号以及毛坯的特点所决定的。

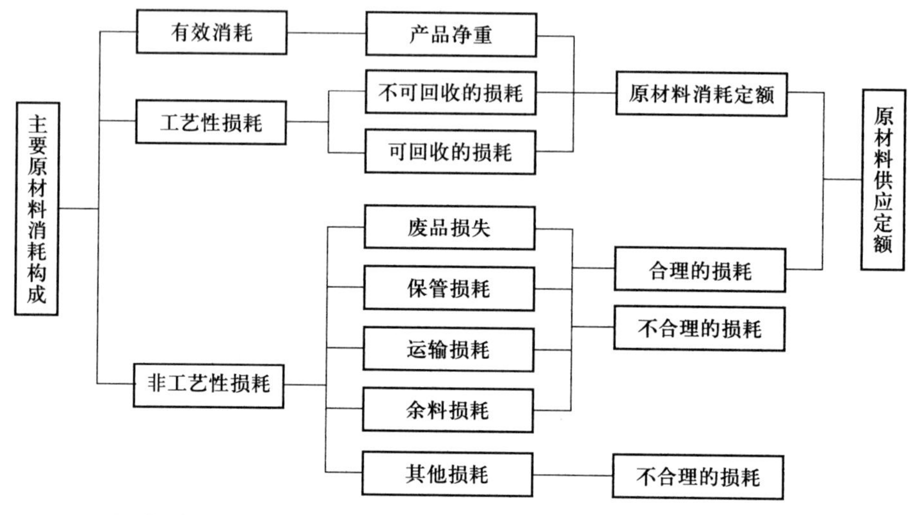

图 12-11 主要原材料消耗的构成

（3）非工艺性损耗是指由于技术上和非技术上的原因而造成一部分原材料损耗，如废品损失、运输损耗、保管损耗等。其中有的属于正常的不可避免的损耗；另一部分则属于可以避免的损耗，它是由于管理不善、使用不当而造成的非正常的损耗。以废品损失为例，废品产生的原因有两种：一种是由于操作人员的工作责任心不强或不按规定的技术要求操作而产生的废品，这就属于可以避免的损耗；另一种是工艺技术本身还不可能完全保证所有产品的质量都达到规定的要求而产生的废品，如铸件的合格率通常比较低，其主要原因是铸造工艺目前在技术上还不能达到完全不生产废品的水平。

物料消耗定额主要是第一部分和第二部分物资消耗的总和，即有效消耗和工艺性损耗。其他各种非工艺性损耗，不论是正常的还是非正常的损耗，一般都不应计算在物资消耗定额内。但是，考虑到物资管理水平和一部分非工艺性损耗难以避免的实际情况，为了补充这部分物料的损耗，应当在物料消耗定额的基础上，按一定的比例计入物资供应定额。

这样，就形成了两种材料定额，分别起着不同的作用：物料消耗定额是企业内物资管理部门根据生产任务向车间发料和进行核算的依据；物料供应定额是企业计算物资总需要量，向厂外有关部门进行申请和采购的依据。两者之间的关系可用下式表示：

$$W_{供} = W(1 + \alpha_{供}) \tag{12-1}$$

式中：$W_{供}$——物资供应定额（公斤/件）；

W——物资消耗定额（公斤/件）；

$\alpha_{供}$——供应系数（%）。

【例 12-2】铸件消耗定额的制定。

铸件消耗定额由铸件毛坯重量和铸造过程工艺性损耗的重量组成。对于几何形状比较简单的铸件,根据铸件毛坯图纸,按各部分形状尺寸计算出各部分体积,加和之后乘以材料比重求得。对于形状复杂的铸件,可通过铸件毛坯实测过秤求得,即对清理合格的铸件,过秤称出重量,每种铸件应称出一定件数后求其平均重量。

铸件消耗定额可利用下式求得:

$$W_{铸} = W_{铸毛}(1 + \alpha_{铸}) \tag{12-2}$$

式中:$W_{铸毛}$——铸件毛坯重量(千克);

$W_{铸}$——铸件消耗定额(千克);

$\alpha_{铸}$——铸造过程工艺损耗占铸件毛重的百分比。

铸造过程工艺性损耗包括浇口、冒口、炉耗、氧化、飞溅铁水等。在计算消耗定额时,应把可回收部分去掉。

由于铸件是由多种配料熔炼而成的,因此,在制定铸件消耗定额的同时,还要计算各种炉料的消耗定额。炉料消耗定额通常都按每吨合格铸件来确定。

生产一吨合格铸件所消耗的各种炉料可按下式确定:

$$W_{炉} = \frac{1\ 000}{\alpha_{成}}\rho_{炉} \tag{12-3}$$

式中:$W_{炉}$——某种炉料消耗定额(公斤);

$\alpha_{成}$——合格铸件成品率(%);

$\rho_{炉}$——该种炉料的配料比(%)。

设生产某种铸件,其合格铸件成品率为 70%,各种炉料配料比为:生铁 53%,硅钢 3%,废钢 20%,回炉铁 24%,则各种炉料消耗定额为:

$$W_{生铁} = \frac{1\ 000}{0.70} \times 0.53 = 757(千克)$$

$$W_{硅钢} = \frac{1\ 000}{0.70} \times 0.03 = 43(千克)$$

$$W_{废钢} = \frac{1\ 000}{0.70} \times 0.20 = 286(千克)$$

$$W_{回炉铁} = \frac{1\ 000}{0.70} \times 0.24 = 343(千克)$$

2. 辅助材料及其他材料消耗定额的制定

1) 辅助材料消耗定额的制定

辅助材料品种很多,应用范围也很广,通常按不同的计量单位,用经验统计法或实验测定法确定其消耗定额,即根据辅助材料的消耗量和相应的计量单位数,确定每计量单位的消耗量。具体的计量单位有以下几种:

(1) 单位产品。这是与产品数量有关的辅助材料,如包装用辅助材料,通常确定单位产品的包装材料消耗量。

(2) 产品面积或重量。电镀、油漆、热处理等工艺过程用辅助材料,规定产品单位表面积或单位重量的消耗量。

(3) 设备开动台时。这种计量单位适用于润滑油、磨料、冷却液等与设备开动有关的辅助材料,规定每单位设备开动台时的消耗量。

(4) 工作人员。劳动用品(如工作服、手套等)按每个工作人员确定其消耗量。

(5) 产品产量。凡是难以找出与上列参数有直接联系的辅助材料,可按单位产品产量规定其消耗定额。

有些辅助材料与主要原材料消耗成一定比例,如型砂、填料、溶剂,可根据主要原材料消耗定额及辅助材料与主要原材料的比例,确定单位产品的辅助材料消耗量。

2)燃料、动力消耗定额的制定。燃料在生产中按用途分两类:一类是工艺用燃料;另一类是动力用燃料。

(1) 工艺用燃料一般是按产品(或零件和毛坯)重量来计算消耗定额,如一吨铸件需要多少焦炭,每吨锻件需要多少煤炭。

(2) 动力用燃料是用以生产本企业需要的那一部分能源,如电力、蒸汽、煤气等。因此,动力用燃料应以每度电、每立方米蒸汽、每立方米煤气所消耗的燃料作为标准来确定它的定额。由于燃料的种类和质量的差异,它们的发热量各有所不同。

为了定额计算的统一,消耗定额均应以标准煤来计算(7 000 千卡/千克),当燃料具体种类和质量确定之后,再根据其发热量换算成实际的消耗定额。

企业动力消耗定额,如电、水、蒸汽、煤气、压缩空气等,也同样根据不同用途和特点分别加以确定。例如,用于机械加工设备的电力,可以按开动台时和电动机的功率来确定电力消耗定额。

其他各类用途的消耗定额的确定,如工具和修理用备件亦可参照上述方式。

12.3.2 物料供应计划编制

物料供应计划是企业在计划期内为保证生产任务的完成,确定各种物料需要量而编制的计划。它是企业组织厂内物料供应工作,厂外进行订货采购的依据,是做好物料管理工作的重要手段。企业编制物料供应计划的主要内容有:确定各种物料的需要数量、编制物料计划平衡表,以及物料申请计划和采购计划。

1. 计算物料需要量

物料需要量是指企业在计划期内为满足生产经营活动各方面需要而应消耗的物料数量。它不仅包括基本生产的需要,也包括辅助生产、新产品试制、技术革新以及其他各种需要。

企业各种物料需要量,首先应按照不同用途和不同种类分别计算,然后把同类物料合并汇总而得出。这里介绍定额计算法。

定额计算法是以物资消耗定额和工作任务量的大小为依据来确定物料需要的一种方法。这种方法具有准确可靠的优点。目前该法多用于基本生产的原材料和一部分有消耗定额的辅助材料需要量的计算。这种方法计算物料需要量的公式如下:

$$Q = NW(1 + \alpha_{供}) \tag{12-4}$$

式中：Q——某种物料需要量；

N——工作任务量；

W——物料消耗定额；

$\alpha_{供}$——供应系数。

供应系数$\alpha_{供}$是以百分比表示的物料消耗定额，以及其他各种消耗或损耗，如保管、运输、废品等损失。但是，可回收利用的损耗应从中减除。

从式 12-4 看出，计算物料需要量时，需要物料消耗定额数据。这就是为什么说，制定物料供应计划与采购计划，其依据不仅是年度生产计划，而且需要物料消耗定额数据。

2. 编制物料计划平衡表

物料计划平衡表是编制物料申请计划和采购计划的基础。物料需要量是以计划期内生产任务作为主要依据计算的。但没有把期初和期末物料储备变化这个因素考虑在内。因此，它还不能直接用于编制物料申请计划和采购计划，必须经过对物料需要量、期初和期末物料储备量三个方面计算。编制物料计划平衡表之后，其所得的结果才能作为物料需要的数量，列入实际物料需求表之内。这就是物料需要量、物资计划平衡表和物资申请计划或采购计划三者之间的关系。

物料申请的数量可用下列公式表示：

$$Q_0 = Q - H_{01} + H_{02} \tag{12-5}$$

式中：Q_0——计划期某种物料申请数量；

Q——计划期某种物料需要量；

H_{01}——计划期初物料储备量；

H_{02}——计划期末物料储备量。

式 12-5 中有关计划期物料需要量的计算方法已经在前面介绍过了。现在仅就期初及期末物料储备量确定的一般方法介绍如下：

计划期末物料储备量是为了保证下一个计划期生产任务的需要，预计在本计划期末物料储备的数量。物资储备是一个变量，允许在一定范围内变动。它的最大值是经常储备定额和保险储备定额之和，最低值是保险储备定额。因此不能以其中任何一个极限值作为期末物料储备量之用。

在通常情况下，当产品结构没有根本的变化，期末物料储备量可为库存储备定额的 50%～70%。在特殊情况下，例如生产任务的变动、产品结构和加工工艺的改变、新旧产品的交替等，期末物料储备则可低于平均库存储备量。

计划期初物料储备量是上期末库存物料剩余量结转到计划期初的仍可继续使用的物料储备量。因此，它反映了上期末和计划期初实际库存物料数量。但是，由于组织订货、签合同、编制物料供应计划等工作，通常需要在计划期前 2～3 个月就开始进行，所以无法取得上期末库存的实际数字，只能采取概算的方法求得。概算的公式如下：

$$H_{01} = H'_{01} + Z_1 - Z_2 \tag{12-6}$$

式中：H_{01}——本期末，或下一计划期初物料储备量；

H'_{01}——编制物资计划时实际库存储备；

Z_1——至本期末预计进货数量；

Z_2——至本期末预计消耗数量。

3. 编制物料采购计划

企业根据已编制的物料平衡表所得的结果，就可以按物料管辖范围，提出物料申请计划和采购计划，并组织上报和落实，见表 12-1。

表 12-1 A 类物料采购计划表

购备时间：3 个月

安全存量：半个月的计划用量

名称	规格	7 月底库存	8 月				9 月				10 月				11 月			
		仓库	计划进厂量	总存量	计划用量	本月结存	计划进厂量	总存量	计划用量	本月结存	计划进厂量	总存量	计划用量	本月结存	计划进厂量	总存量	计划用量	本月结存
		2 400	1 500	3 900	2 600	1 300	1 700	3 000	2 000	1 000	2 600	3 600	2 400	1 200	1 800	3 000	2 000	1 000

12.3.3 物料采购的流程

物料采购的流程如图 12-12 所示。首先将综合计划分解，得到主生产计划。主生产计划、库存信息以及 BOM 作为 MRP 输入，输出物料需求计划，该计划回答以下问题：什么时间需要什么物料？每种物料量是多少？

采购部门除了根据年度生产计划，制定年度采购计划之外，还经常受用料单位委托，采购生产急需物料或者零星物料。采购部门进行采购，其作业包括：要求供应商报价，通过比价、采购谈判，与供应商签订订购合同。合同里详细规定物料名称、规格、质量等级、数量、交货期限，并且约定延期交货处罚条款，以及付款方式。对于采购部门而言，采购作业的控制点包括供应商选择与定期审核、价格与交期的约定、订货合同的审核，以及对重要物料订单的跟催。

供应商货物运输到厂后，仓储部门会同采购部门、质量部门对物料进行验收，检验物料数量、质量。对不合格产品，汇报领导，领导确认与签字后退回。接收的货物开具付款凭证，会计部门凭此将货款付给供应商。具体物料采购制度可参见附录 12-1、附录 12-2。

12.3.4 应用 MRP 制定物料采购计划

12.3.2 节主要介绍手工编制物料供应计划方法，考虑到 MRP 系统广泛应用，本节举例说明如何应用 MRP 制定物料采购计划。

【**例 12-3**】物料需求量的计算及订购计划的制定。

某产品结构如图 12-13 所示。

D 件既是 A 产品中的两个父体件 B 及 C 的子件，又是其他产品的通用件。因此，在表 12-2 中除计算了 A 产品对 D 件的需要量外，还计算了其他产品对 D 件的需要量。

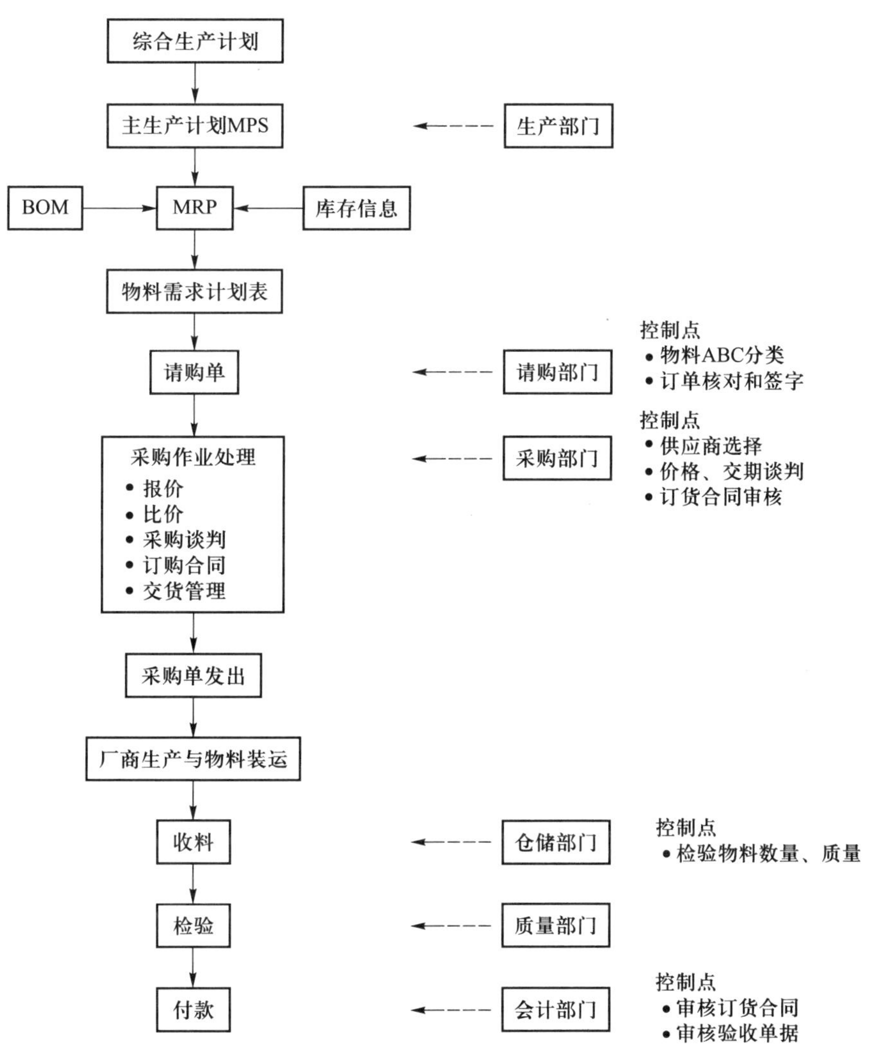

图 12-12 采购作业流程

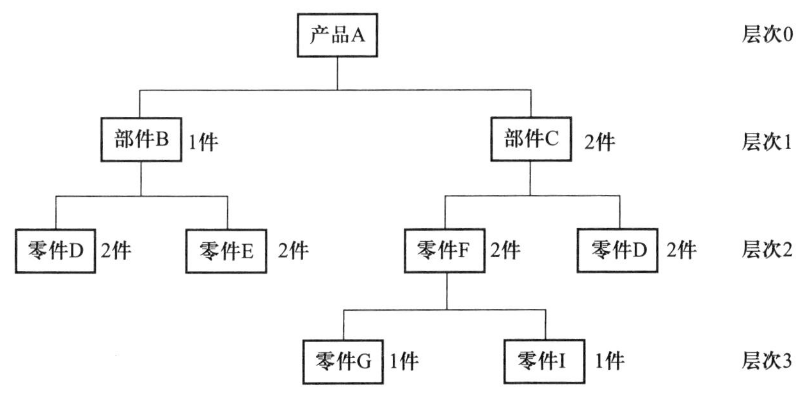

图 12-13 产品树型结构层次图

表 12-2 物资需要计划的计算表(一)

时间(周) \ 月	1月				2月			3月			
	1	2	3	4	5	6	7	8	9	10	…
D 件需要量(部件 B)	150				150				150		
D 件需要量(部件 C)			300				300				
其他产品 D 件需要量	10	10	10	10	10	10	10	10	10	10	
合计	160	10	310	10	160	10	310	10	160	10	

D 件不是外购件,而是自制件。已知 D 件现有库存量 60 件,第 1 周预计出产量 500 件。D 件的加工批量为 500 件,生产投入提前期 2 周。每件 D 的材料消耗定额为 2 千克/件。除了 D 之外,其他部件生产也需要与 D 件同类的材料,具体见表 12-3。材料订货批量为 2 500 千克,材料的订货提前期 2 周,材料的库存量为 1 500 千克。试求出制造 D 件和其他件的同一种材料需要量、订货数量和时间,以及进货的数量和时间。

表 12-3 其他部件生产需要与 D 件同类的材料

时间(周)	1	2	3	4	5	6	7	8	9	10
其他部件与 D 件需求同类材料	500	600	100	400	300	500	200	700	500	400

解:通过表 12-4 的计算,得到制造 D 件和其他件的同一种材料需要量是,第 3 周需要 2 500件,第 7 周需要 2 500 件。订购计划是分别在第 1 周、第 3 周订购 2 500 千克材料。

表 12-4 物资需要计划的计算表(二)

时间(周)件	1	2	3	4	5	6	7	8	9	10	…	备注
D 件需要量(件)	160	10	310	10	160	10	310	10	160	10		加工批量:500 件 投入提前期:2 周 材料消耗定额:2 千克/件 材料订货量:2 500 千克 订货提前期:2 周
D 件出产量(件)	500				500				500			
D 件库存量 60(件)	400	390	80	70	410	400	90	80	420	410		
D 件投入量(件)			500				500					
D 件材料投入量(千克)			1 000				1 000					
其他与 D 件同类材料投入量(千克)	500	600	100	400	300	500	200	700	500	400		
共计材料需要量(千克)	500	600	1 100	400	300	500	1 200	700	500	400		
材料库存量 1 500(千克)	1 000	400	1 800	1 400	1 100	600	1 900	1 200	700	300		
材料进货量(千克)			2 500				2 500					
材料订货量(千克)	2 500				2 500							

思考题:

1. 编制物料采购计划时需要哪些资料? BOM 表、材料消耗定额、年度生产计划表、采购提前期、库存量等信息在编制物料采购计划时起了什么作用?

2. 比较分析手工编制物料采购计划和应用 MRP 编制物料采购计划的差异。

3. D 物料定额为 2 千克/件,这是物料消耗定额还是物料供应定额?

12.4 物料库存储备的补充

本节前面所介绍的物料供应计划是以年度生产计划为依据而编制的,反映企业在一个比较长的期间内对物料的总需要量,而日常生产对物料的需求由库存储备量来保证。为了使物料供应不间断,物料供应部门要及时对库存储备进行补充。这就涉及订购策略的问题。下面介绍订购策略。物料采购制度及案例分析见附录 12-1。

12.4.1 订购策略

常见的订购策略有三种:

1. 固定量系统(*Q* 系统)

固定量系统是指订货点和订货量为固定的库存控制系统,如图 12-14 所示。当库存下降到预定的订购点(reorder level ,RL)时,系统就向供应商发出订单,每次订货量都是固定量 Q(一般为经济订购批量,具体计算见 12.4.2 节经济订货批量模型 EOQ)。经过一段时间之后收到订货,库存水平上升 Q。

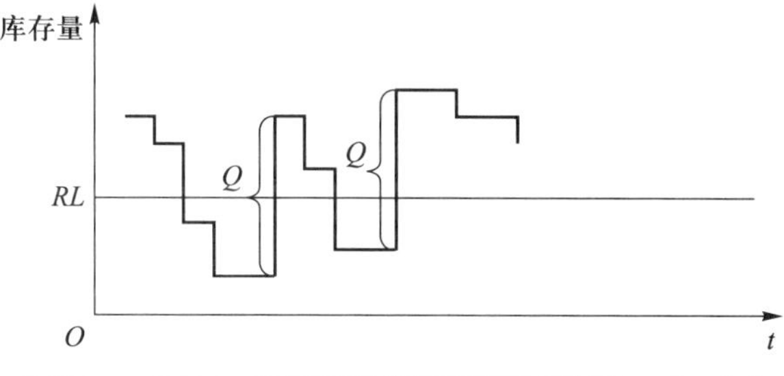

图 12-14 固定量系统

提前期是指发出订货单至收到货物的时间间隔,包括订货准备时间、发出订单、供应方接受订货、供应方生产与产品发运、产品运输、产品到达、提货、验收、入库等过程。提前期一般为随机变量,这就是为什么确定订货点时要考虑安全库存的原因。安全库存(safety stock,SS)也称安全存储量,又称保险库存,是指为了防止不确定性因素(如大量突发性订货、交货误期等特殊原因)而预计的保险储备量(缓冲库存)。

为了确认现有库存量是否达到订货点 RL,须随时检查库存量,并随时发出订单。这样,增加了管理工作,但是好处在于库存量受到严格控制。因此,固定量系统适用于重要物资的库存控制。

为了减少管理工作,实践为采用双仓系统(two bins system)。双仓系统是将同一种物资分放两仓(或两个容器),其中一仓使用完之后,库存控制系统就发出订货。在发出订货后,就开始使用另一仓物资,直到到货,再将物品按两仓存放。

固定量系统的优点为:由于每次订货之前要详细检查和盘点库存(看是否降到订货点),能及时了解和掌握库存动态,并严格控制库存量。

固定量系统的缺点为:对于物资种类多且订货费用高的情况很不经济,因此固定量系统通常应用于重要物资、重要零配件的管理。

2. 固定间隔期系统(*P* 系统)

为了弥补固定量系统管理工作量大的不足,提出了固定间隔期系统。该系统是每经过一个固定的时间段 T,则发出一次订货,订货量为将现有库存补充到预定的值 S,见图 12-15。当经过固定间隔期 T 时,发出订货,这时的库存为 L_1,订购为 $Q_1=S-L_1$,经过 LT 到货,库存量增加 Q_1。再经过固定间隔期 T 之后,又发出订货,这时库存量降到 L_2,订货量为 $Q_2=S-L_2$,经过一段时间 LT 后到货,库存量增加 Q_2。

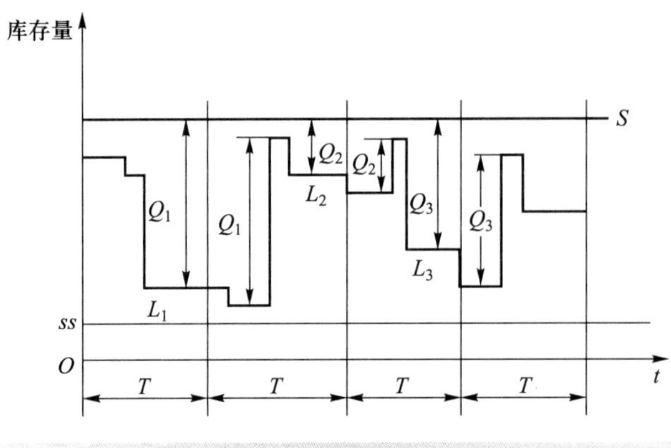

图 12-15 固定间隔期系统

固定间隔期系统的优点为:不需要随时检查库存量,只要按固定间隔期订货即可,各种不同的物资又可以同时订货,从而简化了管理,也节省了订货费。所以固定间隔期系统在实践中广泛应用。

固定间隔期系统的缺点为:当前库存水平 L 很高时,订货量少,很不经济。

3. 最大最小系统

前面介绍 Q 系统时,已指出当 L 很高时,订货量少不经济。为了克服这一点提出了最大最小系统。该系统在固定间隔期系统的基础上,再增加一个订货点 s。当经过时间间隔 T 时,如果库存量降到了 s 以下,则发出订货;否则再经过时间 T 后再考虑是否发出订货。最大最小系统本质上讲是一种固定间隔期系统。

系统图如图 12-16 所示。当经过间隔时间 T 之后,库存量降到 L_1,L_1 小于 s,发出订货,订货量为 $S-L_1$,经过一段时间 LT 到货,库存量增加 $S-L_1$。再经过时间 T 后,库存量降到 L_2,L_2 大于 s,不发出订货。又经过时间 T,库存量降到 L_3,L_3 小于 s,发出订货,订货量为 $Q_3=S-L_3$,经过一段时间 LT 到货,库存量增加 $Q_3=S-L_3$。如此循环。

12.4.2 经济订货批量模型

上一节介绍的三种订购控制系统,定性地回答了订购系统中何时订货、每次订多少这些最主要的问题。本节介绍经济订货批量模型(economic order quantity, EOQ)和周期检查模型(periodic review model),说明这两个模型如何定量地计算确定出订购时机和订购量。

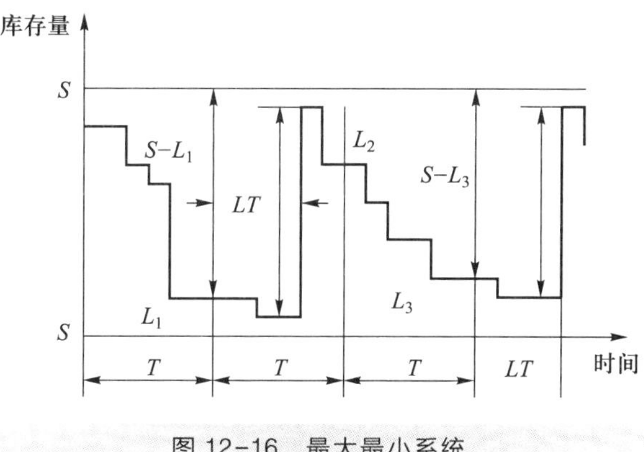

图 12-16 最大最小系统

经济订货批量模型产生于 1915 年，最早由哈里斯(F. W. Harris)提出。库存控制目的是在库存服务水平与库存费用之间寻求平衡点。所以在讨论库存模型前，首先讨论库存相关费用分析。

1. 问题描述

图 12-17 描述的经济订货批量模型，企业库存初始量为 Q，库存以恒定速率即 d 需求率消耗，当库存到达订货点 RL 时，发出订货且订货量为 Q，经过提前期 LT 之后，企业库存消耗到零，此时订货到达，库存瞬间补足到 Q。问题是 Q 为多少时，企业的总成本最低。

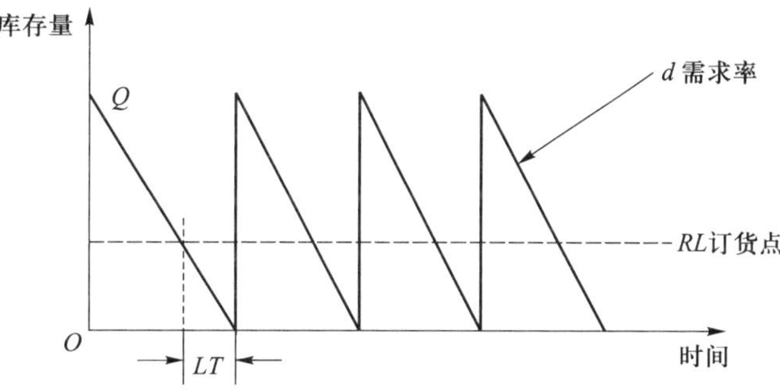

图 12-17 经济订货批量模型下的库存量变化

为了求出最小成本，我们需要分析在库存期间的总成本包括哪些。

(1) 维持库存费(holding cost)，记为 C_H，是维持库存必需的费用。包括资金成本、仓储空间费用、税收和保险、物品变质和陈旧化损失等。

① 资金成本。资金成本是维持库存物品本身所需要的花费。库存的资源本身有价值，库存占用这部分资金造成机会成本损失。

② 仓储空间费用，包括建造仓库、配备仓储有关设备设施，以及仓库的供暖、照明、维修等开支。随着第三方物流发展，企业将仓储功能外包给专业物流公司，虽然节省了仓储费用，但相应地要支付租赁仓库的费用。

③ 物品变质和陈旧化损失。物品仓储过程中如药品过期、变质等，以及由于技术进步导致产品快速更新换代、产品贬值，典型的如芯片这类电子产品。

④ 税收和保险。不同地区的税率和评估办法有所不同。一般根据一个时期内的平均库

存水平来收取税费。保险费用是根据一段时间内的风险估计值或损失值来确定的。损失值取决于产品价值大小及其存储设备。例如,对于容易被盗的贵重产品和危险产品而言,它们的保险费用就很高。此外,保险费用也会受到设施条件的影响,如使用安全监控和自动喷淋消防系统或许有助于降低风险,因而会降低企业的保险费用。

(2) 订货费为(reorder cost),记为 C_R。订货费用与下订单、货物到达之后的验收入库活动有关。包括与供应商谈判、准备订单、收货检查等。

(3) 采购费用(purchasing cost),记为 C_P。采购费用即采购物品的费用,与产品单价和订货数量有关。

(4) 缺货费用 (shortage cost),记为 C_S。反映失去销售机会带来的损失、信誉损失以及影响生产造成的损失。它与缺货多少、缺货次数相关。

2. 经济订货批量模型的假设条件及符号

根据以上对经济订货批量模型有关问题的描述,提出以下假设条件:

(1) 采用固定量系统。

(2) 市场需求率恒定,年需求量以 D 表示,单位时间需求率以 d 表示。

(3) 订购均无价格折扣;订购的货物及时到达,不存在缺货情况;补充率为无限大,全部订货一次交付。

(4) 订货提前期已知,且为常量。

(5) 维持库存费是库存量的线性函数。

有关符号如下:

Q:经济订购批量;

D:年总需求量;

d:需求率(件/天);

S:单次订货费用(元/次);

H:单位产品的库存费用(元/(件·年));

C_H:维持库存费用;

C_P:采购费用;

C_R:订货费用;

C_S:缺货费用;

C_T:总的库存费用。

3. 模型的建立与求解

由于需求是以需求率 d 消耗库存,平均库存为 $Q/2$,且假定维持库存费与库存量现行比例关系,因此维持库存费 $C_H=H\cdot Q/2$;年需求率为 D,经济订货批量为 Q,年订货次数为 D/Q,且每次订货费为 S,因此订货费 $C_R=S\cdot D/Q$;由于假定不存在缺货损失,即 $C_S=0$;C_P 与订货批量大小无关,仅与单价 P 和年需求量 D 有关,因此购买费 $C_P=P\cdot D$ 为常量。

年库存总费用是前述 4 种费用之和:

$$\text{年库存总费用}(C_T)=\text{维持库存费}(C_H)+\text{购买费}(C_P)+\text{订货费}(C_R)+\text{缺货损失费用}(C_S) \tag{12-7}$$

$$C_T=C_H+C_P+C_R+C_S=H\cdot Q/2+S\cdot D/Q+P\cdot D \tag{12-8}$$

将各项费用与订货批量 Q 的关系描绘如图 12-18 所示。由于采购费 $C_P=P\cdot D$ 是常量，与 Q 无关，因此优化 Q 时可以不考虑 C_P。总费用 C_T曲线为 C_H曲线与 C_R曲线叠加。当订货批量为 Q 增加时，平均库存为增大，相应的维持库存费用增加。另一方面，当 Q 增加时，年订货次数减少，因此订货费用减少。所以，有一最优 Q 值，使得总费用最低。

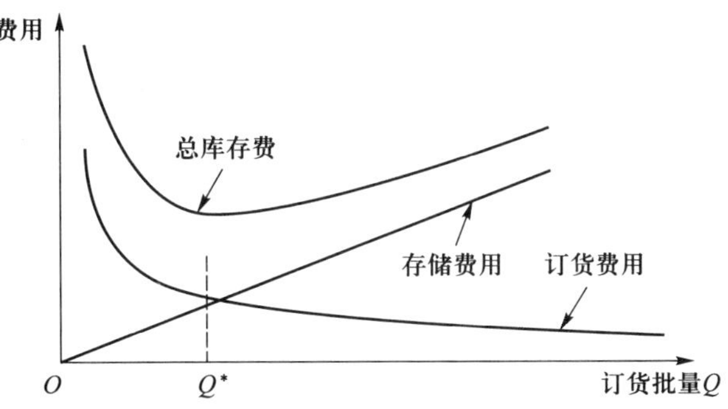

图 12-18 库存各项费用与订货批量 Q 的关系

为了求出最优经济订货批量 Q^*，使得总库存费用 C_T最小，对式 12-8 中 Q 求导，令 C_T一阶导数为零，即可得经济订货批量 Q^*：

$$Q^*=\sqrt{\frac{2DS}{H}} \tag{12-9}$$

假定提前期和需求率已知为常量，可得订购点 RL(reorder level)：

$$RL=d\cdot LT \tag{12-10}$$

由式 12-9 可知，经济订货批量随单位订货费 S 增加而增加，随单位维持库存费 H 增加而减少。可以理解为：难采购的物品一次订货批量要大一些，占用资金量大、价格昂贵物品则订货批量小，这些都与人们的常识一致。

【例 12-4】某款注射针头的需求量是 1 000 单位，订货费是 10 元/次，库存保管费是 0.5 元/(单位・年)。试求经济订购批量。

解：已知 $D=1\ 000$ 单位；$S=10$ 元/次，$H=0.5$ 元/(单位・年)，则：

$$Q^*=\sqrt{\frac{2DS}{H}}=\sqrt{\frac{2\times1\ 000\times10}{0.5}}=\sqrt{40\ 000}=200(\text{单位})$$

经济订购批量为 200 件。

【例 12-5】S 公司以单价 10 元每年购入某种产品 8 000 件。每次订货费用为 30 元，资金年利息率为 12%，单位维持库存费按库存货物价值的 18%计算，每次订货的提前期为 2 周。试求经济订货批量、年订购次数、订货点、最低年总成本。假定 1 年=52 周。

解：$P=10$ 元/件，$D=8\ 000$ 件/年，$S=30$ 元。$LT=2$ 周。H 则由两部分组成：一是资金利息；二是仓储费用。即 $H=10\times12\%+10\times18\%=3$ 元/(件・年)。

因此有：

$$Q^*=\sqrt{\frac{2DS}{H}}=\sqrt{\frac{2\times8\ 000\times30}{3}}=400(\text{单位})$$

年订货次数为：

$$n=\frac{D}{Q^{*}}=8\ 000/400=20(\text{次})$$

订货点为：

$$RL=d*LT=(D/52)\times LT=(8\ 000/52)\times 2=307.7(\text{单位})$$

最低年总费用为：

$$\begin{aligned}C_T&=P\cdot D+(D/Q)\cdot S+(Q/2)\cdot H\\&=8\ 000\times 10+(8\ 000/400)\times 30+(400/2)\times 3=81\ 200(\text{元})\end{aligned}$$

通常情况下，企业会设置一定的安全库存(SS)，以便满足客户的额外需求，从而保证规定的客户服务水平。之所以设置一定的安全库存量，原因在于：客户的需求是变化的，而非企业所假定的均匀需求；订货的提前期，由于供应商无法按时供货、运输延误等原因，也存在不确定性。

因此计算再订购点(RL)包括两个部分：一部分是客户需求期望值，即客户需求率为 d，在提前期 LT 已知的情况下，计算出的客户平均需求；另一部分是安全库存量(SS)，即企业为满足客户可能增加的订货量或者订购货物不能按时到达额外增加的库存量。所以再订购点(RL)可表示为：

$$RL=d\cdot LT+SS \tag{12-11}$$

图 12-19 用来描述订购点和服务水平关系。服务水平指顾客订货得到完全满足的次数与订货发生的总次数的比值。如服务水平为 95%，即顾客订购 100 次，有 95 次完全满足顾客需求。

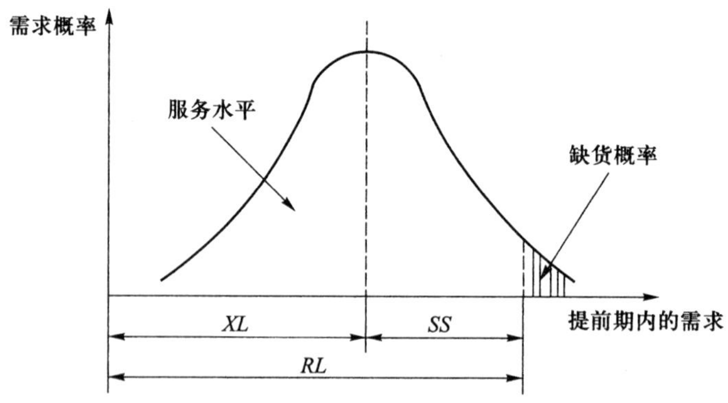

图 12-19 提前期内需求的概率分布

提前期内客户的需求均值 $u=d\cdot LT$，提前期内客户的需求量的标准差$=\sigma_{dLT}$，由于 $SS=x-u$，$Z=\frac{x-u}{\sigma_{dLT}}$。因此有：

$$SS=Z\sigma_{dLT} \tag{12-12}$$

图 12-20 是订货点、库存量和安全库存三者关系图。

【例 12-6】已知平均需求=200 箱/天；提前期=4 天；每天需求的标准差=150 箱。每次订货费用 20 元/次，单位库存成本 2 元/年·箱。试求经济订货批量及要求服务水平为 95%情况

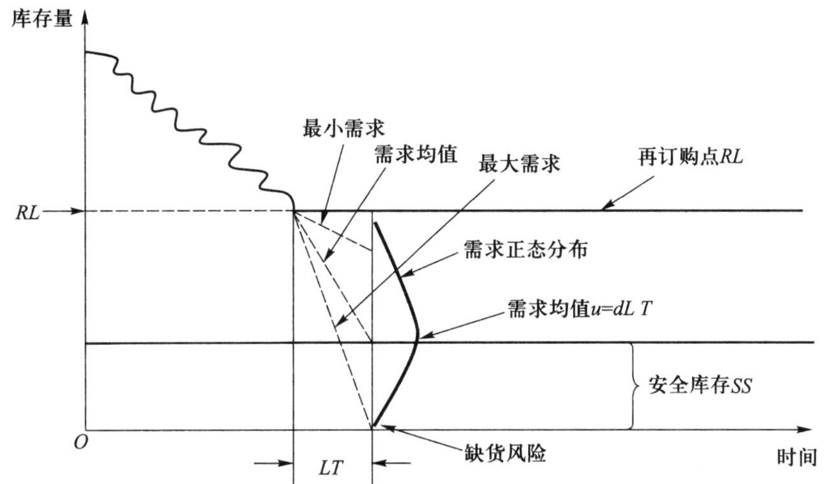

图 12-20 订货点和库存量关系图

下再订货点的大小。(假定每年营业 50 周,每周营业 5 天)

$$解:Q=\sqrt{\frac{2DS}{H}}=\sqrt{\frac{2\times5\times50\times200\times20}{2}}=1\ 000(箱)$$

$$RL=(\bar{d}\times LT)+Z\times\sqrt{LT\times\sigma_d^2}$$

$$=200\times4+1.65\times\sqrt{4\times150^2}=1\ 295$$

$$n=\frac{D}{Q}=\frac{5\times50\times200}{1\ 000}=50$$

系统决策准则:只要库存位置降到 1 295 箱,就向供应商订货 1 000 箱,每年需要订货 50 次,并且订货时间间隔为 5 天。当然,两个订货之间的实际时间会随着需求而变化。我们称这种决策系统为 Q 系统,Q 系统未来 16 天计算如表 12-5 所示。

表 12-5 Q 系统计算表

天	实际需求量	实际库存量	在途量	总的库存量	订购数量	接收数量
1	111	1 100		1 100	1 000	
2	217	989	1 000	1 989		
3	334	772	1 000	1 772		
4	124	438	1 000	1 438		
5	0	1 314		1 314		1 000
6	371	1 314		1 314		
7	135	943		943	1 000	
8	208	808	1 000	1 808		
9	315	600	1 000	1 600		
10	0	285	1 000	1 285	1 000	

续表

天	实际需求量	实际库存量	在途量	总的库存量	订购数量	接收数量
11	440	1 285	1 000	2 285		1 000
12	127	845	1 000	1 845		
13	315	718	1 000	1 718		
14	114	1 403		1 403		1 000
15	241	1 289		1 289	1 000	
16	140	1 084	1 000	2 048		

$Q=1\ 000$,$RL=1\ 295$。

表 12-5 中,第 2 天的实际库存量为 989 箱,低于再订购点 $RL=1\ 295$ 箱,为什么第 2 天不下订单呢? 原因在于:除了实际库存量,另有 1 000 箱在途量。

总的库存量=实际库存量+在途量=989+1 000=1 989>1 295。

所以第 2 天不下订单,12.4.1 节谈到 Q 系统中库存量一旦降到订购点就下订单。这里的库存量不是实际库存量,而是包括在途量的总库存量。

上例中服务水平 95%时,$z=1.65$,安全库存量 $SS=1.65\times300=495$。服务水平 98%时,$z=2.055$,安全库存量 $SS=2.055\times300=617$。服务水平 99%时,$z=2.325$,安全库存量 $SS=2.325\times300=698$,比 95%的服务水平安全库存量整整提高了(698-495)/495=41%。因此,管理部门对于服务水平以及库存水平之间的权衡要慎重。

思考题:顾客是上帝,要做好客户服务工作,我们要保证客户 100%的供货水平。试从服务水平与库存量之间关系分析这个服务口号的科学性与必要性。

思考题:平均需求=200 箱/天,每天的标准差=150 箱。请问如何得到?

【例 12-7】某商场对大屏幕液晶电视的需求服从正态分布 $N(52,2^2)$,每天需求标准差是 2 台,提前期恒定为 10 天,服务水平保持在 95%。求解这家店的订购点是多少?

解:由题可知 $\bar{d}=52$ 台/天, $\sigma_d=2$ 台,$LT=10$ 天,服务水平为 95%,则在 $Z=1.65$,有:

$$
\begin{aligned}
RL &= \bar{d}\times LT+Z\times\sigma_d\times\sqrt{LT} \\
&= 52\times10+1.65\times2\times\sqrt{10} \\
&= 520+10.4=530.4(\text{台})
\end{aligned}
$$

思考题:以上是在提前期内服务水平已知,d 和 LT 都是常量且相互独立的情况下计算 RL,如果提前期内需求率(d)和提前期(LT)不符合这种假定条件,我们如何计算 RL 呢?

12.4.3 周期检查模型(periodic review model)

周期检查模型又称 P 模型,该模型解决如何确定(s,S)和订购间隔期 T,满足库存服务水平的同时降低库存费用。

【例 12-8】例 12-6 中已知 $EOQ=1\ 000$ 箱,需求 $d=200$ 箱/天。所以,在需求稳定的假定条件下,最优的检查间隔时间为:

$$T=\frac{Q}{d}=\frac{1\ 000}{200}=5(\text{天})$$

$$\begin{aligned}RL_p &= m'+s' \\ &= (T+LT)\times d+z\cdot\delta' \\ &= (5+4)\times 200+1.65\times\sqrt{(5+4)\times 150^2} \\ &= 1\ 800+1.65\times 450 \\ &\approx 2\ 542\end{aligned} \tag{12-13}$$

这里的 RL_P 其实就是 (s,S) 中的 S。

P 系统决策计算如表 12-6 所示。

从表 12-6 可以看出,应用 P 系统进行库存管理,即每 5 天下一次订单,订购数量是将现有库存量补充到规定的水平 2 542。这里规定的水平 2 542,即 12.4.1 节中固定间隔期系统中的 S。值得注意的是,现有库存量除了实际库存量之外,还包括已订购但尚在运输途中还未入库的量。这部分库存称为在途库存(pipeline stock,PS)。

表 12-6 *P* 系统计算表

天	实际需求量	实际库存量	在途量	总的库存量	订购数量	接收数量
1	111	1 100		1 100	1 442	
2	217	989	1 442	2 431		
3	334	772	1 442	2 214		
4	124	438	1 442	1 880		
5	0	1 756		1 756		1 442
6	371	1 756		1 756	786	
7	135	1 385	786	2 171		
8	208	1 250	786	2 036		
9	315	1 042	786	1 828		
10	0	1 513		1 513		786
11	440	1 513		1 513	1 029	
12	127	1 073	1 029	2 102		
13	315	946	1 029	1 975		
14	114	631	1 029	1 660		
15	241	1 546		1 546		1 029
16	140	1 305		1 305	1 237	

$T=5$,$RL=2\ 542$。

P 系统需要 $1.65\times450=743$ 箱作为安全库存，而对于相同服务水平的 Q 系统，只需要安全库存量为 $1.65\times300=495$ 箱。可见，对于同样的服务水平，P 系统的安全库存量高于 Q 系统。原因在于：P 系统要保证 $P+LT$ 期间的供货，而 Q 系统只需要防止 LT 期间的缺货即可。

思考题：为什么 P 系统要保证的供货期为 $P+LT$，而不是 P？

比较 P 系统与 Q 系统（见例 12-5 和例 12-6）。可以看出：固定量系统要对库存连续盘点，一旦库存水平达到再订购点，立即进行订购。相反，固定间隔期系统仅是在盘点期进行库存盘点。P 系统由于固定的订购时间，具有较少的库存记录的优点。但是从平均库存量，以及安全库存量上看，P 系统要高于 Q 系统。两者对比可以归纳为表 12-7。

表 12-7 固定量系统和固定间隔期系统比较分析

特征	固定量系统	固定间隔期系统
订购量	Q 是固定的	Q 是变化的
何时订购	当库存量降到再订购点	在盘点期到来时
库存记录	每次出库都做记录	只在盘点期记录
库存大小	小	大
维持所需时间	由于记录持续，所以较长	较短
安全库存量	小	大

思考题：如何在实际中应用 Q 系统和 P 系统？

当必须按指定的间隔期进行订货和送货时，则使用 P 系统。如每周把罐头食品送到食品店。当从同一供应商订购多种货物，并且同时运回来时，应该使用 P 系统。这种情况下，供应商更愿意将这些货物合成一个订单。另外，P 系统使用那些不保持永久记录的廉价物品。如制造过程中使用的螺母和螺栓。

实际应用时，还可以混合应用 P 系统和 Q 系统。当进行定期检查时，如果库存位置高于订购点，就不订货。如果库存量小于订购点，就订货，并将库存位置补充到最大指标水平。

思考题：按库存的作用分，库存可分为哪几种？

按库存的作用分，库存可以分为周转库存、安全库存、在途库存和调解库存。

（1）周转库存（cycle stock，CS），也称经常库存，是一种周期性变化的库存。当在一批物料入库后达到最高点，随着生产消耗，到下一批物料入库前降到最低。周转库存的大小取决于每次采购物料的数量。

（2）安全库存（SS），也称保险库存，是为了防止需求和供应的非预期变化可能带来的物料短缺而保持的库存，其大小受需求和供应的不确定性和期望的服务水平的影响。

（3）在途库存（PS），是在运输途中尚未入库的订购量。

（4）调节库存，是针对生产与供应的不均衡而设置的。例如，季节性需求的产品，尽管淡季需求极少，但为了生产能力的均衡，还是要安排生产，生产出来的产品作为调节库存，以备旺季需求。调节库存又称季节库存（seasonal stock）、预期库存（anticipation inventory），有时是为了工人休假日及因设备计划检修需要事先储备的物料。

12.5 物料的仓储管理

根据制定的物料采购计划完成订购工作之后，即进入物料的仓储管理环节。物料的仓储管理主要包括物料的验收入库、领发退料管理，以及物料盘存管理工作。对于生产上急需物料，或者迟迟未到物料，则还要做跟催工作。

12.5.1 物料的验收入库

供应商将物料送到仓库后即开始验收工作。验收工作核心是检验物料的品质和数量，目的在于确保物料的品质。

物料从进厂、抽样检验判定为允收还是退货，到最终的入库和财务的结账，涉及多个环节和多个部门。具体流程如图 12-21 所示。注意，对抽样检验判定不合格的物料需要领导审批是有条件接收还是退货。对于送到生产单位后发现的不合格物料则要退回仓库，并在厂商下一次送货时用这些不合格品交换合格品。

物料验收管理的规章制定和具体管理办法可参见附录 12-2。

12.5.2 领发退料管理

物料验收入库后，相关部门(生产、研发等)可依据需要，填写领料单据至库房领料，此即领料作业。如果仓库依据工单，主动配发物料至生产部门，此即发料作业。领料作业和发料作业统称为领发料作业。

1. 领料管理

领料是指物料由制造部门的人员在产品制造之前填具领料单，注明名称、规格、用途、编号等项目向物料仓库单位领取物料的过程，即由制造部门负责领料的人员，开具经由用料主管核章后的领料单赴物料仓储部门进行领取物料的作业流程。

领料方式对物料控制不是很严格，在以下情况下才采用领料方式，而不是发料方式。

(1) C 类物料，种类多价值少，可以不严格控制而采用领料方式。

(2) 生产计划经常变更、物料计划做得不好、进料经常延迟。这些原因致使物料很难采取主动掌握的发料方式，而采用领料方式。

(3) 物料的间接需求，如制造部门维修不良品所需要的零部件，以及设计部门所需要的零部件。

(4) 领料方式已经采用多年，不想改变。

领料作业一般程序如下：

(1) 生产单位物料缺乏时，填写领料单申请领料。

(2) 需经生产单位主管签核同意。

(3) 生产单位向仓库领料。

(4) 由仓管人员将领料单一联送至生产单位，其余的三联送交至厂务单位、库房的料账处理单位及会计单位。

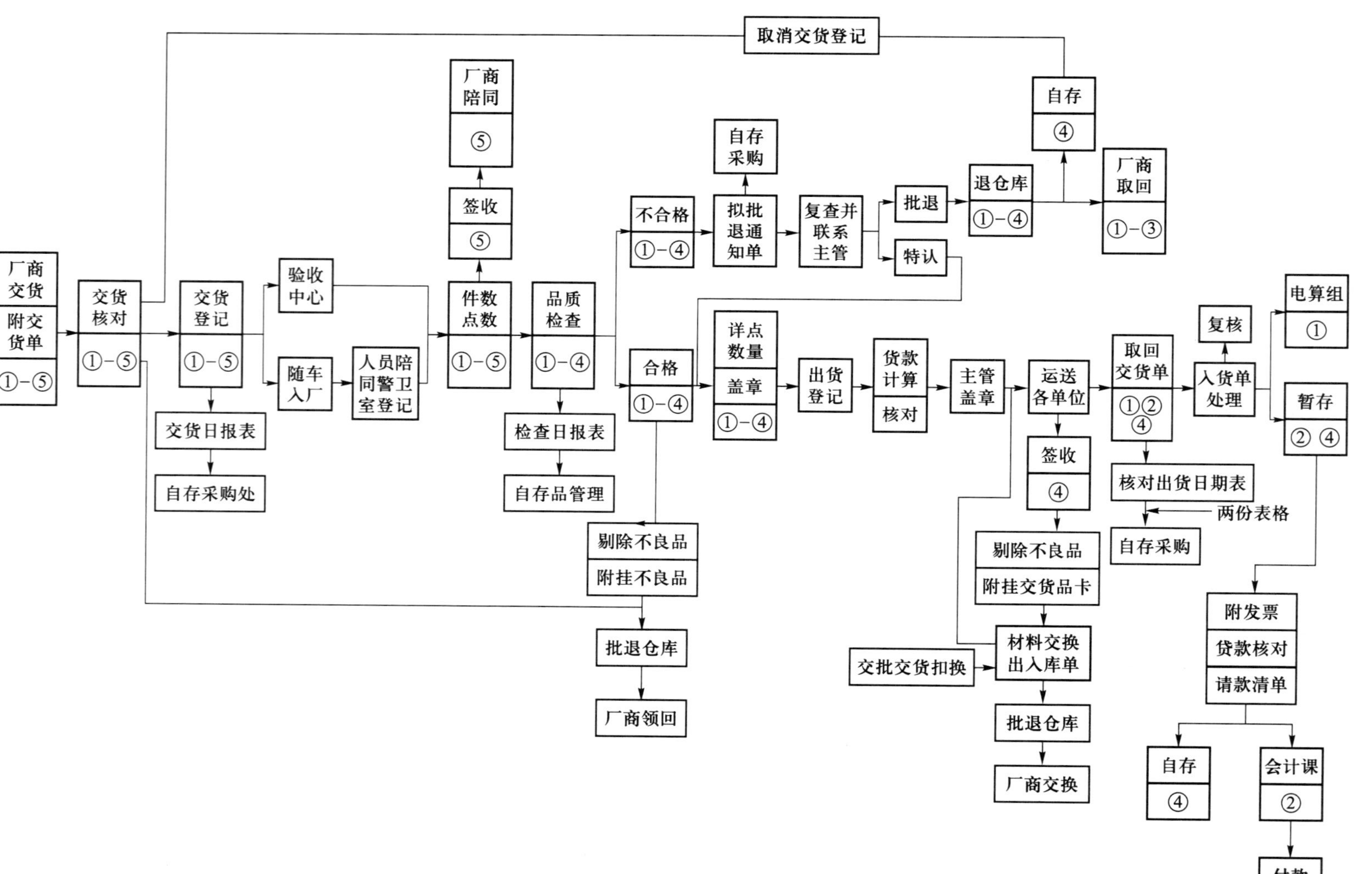

图12-21 物料验收入库流程

(5) 领料单交给厂务单位,厂务单位再审核是否有异常状况,如有异常状况,检讨其原因并加以改善。具体如图 12-22 所示。

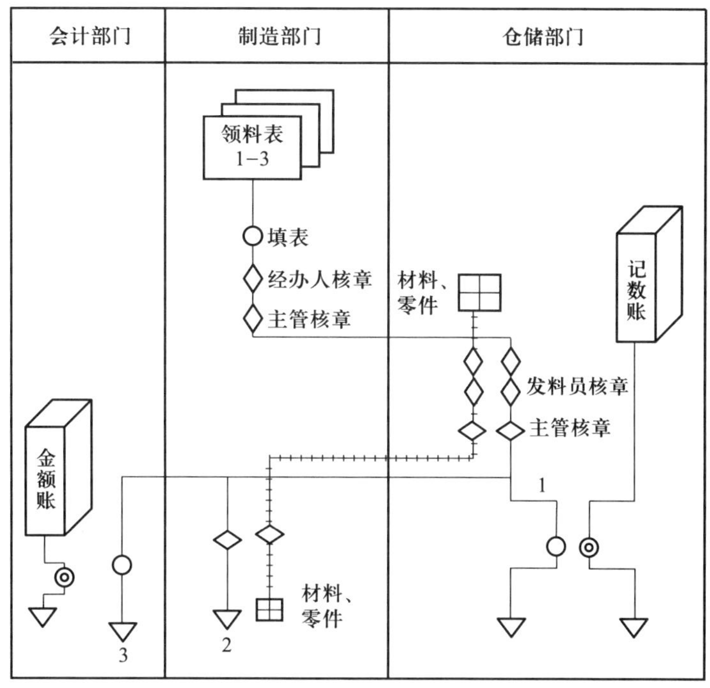

图 12-22 C 级物料领料流程图

2. 发料管理

仓储部门根据生产计划,将仓库储存的物料直接向制造部门的生产现场发放的现象,称为发料。发料作业相对于领料作业,仓储部门能够主动掌握物料,仓储管理较为顺利,有利于加强制造部门用料、损耗、不良的控制,有利于成本会计的记账,有利于生管(生产管理)部门制造日程的安排。

发料作业的基础和条件为:①生产计划体系已经建立且达到稳定状态。在生产计划稳定的条件下,生管部门开立的工作指派,以及仓库管理部门的备料都能顺利进行,这样发料工作也就顺利进行。②建立物料消耗定额及损耗率的标准。③生产平衡有序,避免了停工待料问题。

发料的形式主要有两种:一种是企业发料员将物料备妥并发送到制造部门,而不是让制造部门的人员到物料仓储部门领料;另一种是让制造部门人员直接到仓储部门领料。

发料的作业程序有两种:一种是工厂生管部门开立制造命令单给仓储部门,由仓储部门填具发料单。若仓储部门发觉物料不足,即将制造命令单退给生管部门,要生管部门重新填记制造命令单而改变生产计划;若仓储部门物料充足,则由发料人员备妥物料,并连同领料单、制造命令单送交制造部门准备制造。图 12-23 为发料流程图。

另一种发料程序是:由生管部门根据制造日程表先开立发料表送仓储部门核对物料,将核对后的发料表送回生管部。若物料不足,则生管部门改变生产计划,重新开立发料表;若物料

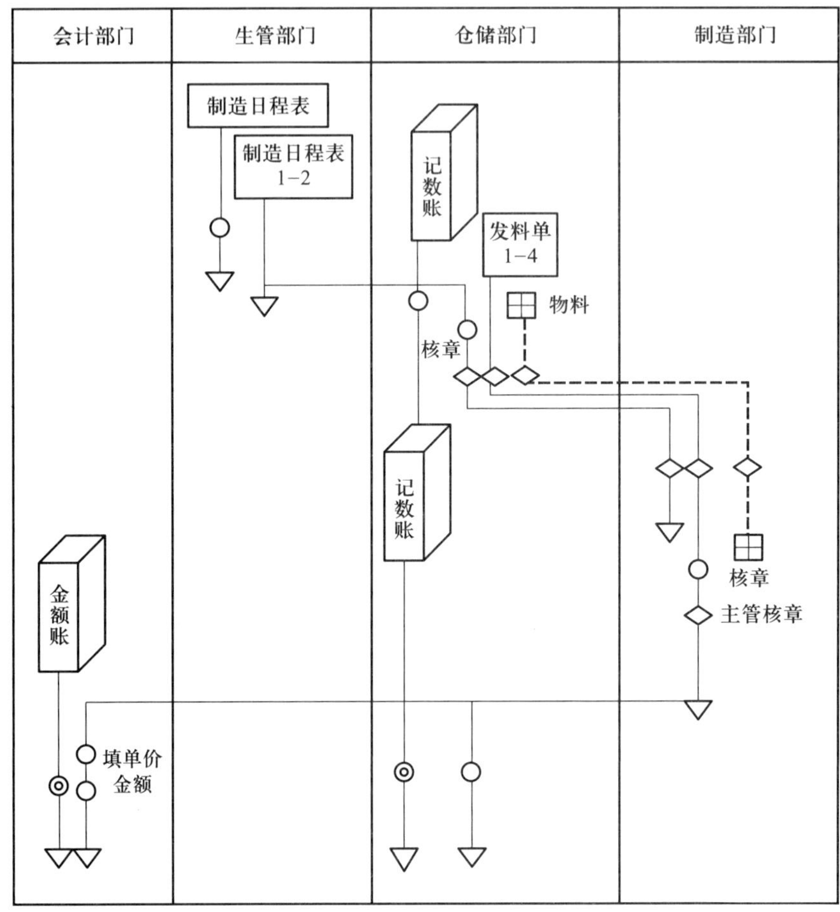

图 12-23 A、B 类发料流程图(一)

充足,则生管部门再开立制造命令单送交制造部门,发料表则送交仓储部门,物料备妥后发料至制造部门。如图 12-24 所示为 A、B 类发料流程图。

发料表一式四联,分别给制造部门、仓储部门、生管部门和会计部门。领、发物料的管理办法参见附录 12-3。

3. 退料管理

除了领发料管理,还有一项重要工作就是退料管理,特别是加强呆料管理。

退料缴库是指由制造现场将多余的物料或不良料退回物料仓储部门缴库的作业过程。制造现场进行物料退回缴库的对象包括以下几项:①规格不符的物料;②不良的物料;③报废物料;④可加工的半成品;⑤超发的物料;⑥呆料。

退料的作业流程如下:①退料单位填写退料单;②库房依退料单查验数量、种类,无误签核后留一联,将其余三联送至退料单位、厂务部、财务部;③库房作料账记录,厂务部查明原因。

退料缴库内容应包括:物料的编号、来源、名称、规格、单位、数量等。其事务流程则是经过制造部门、仓储部门、品控部门、会计部门。而其控制要点可参见附录 12-4。

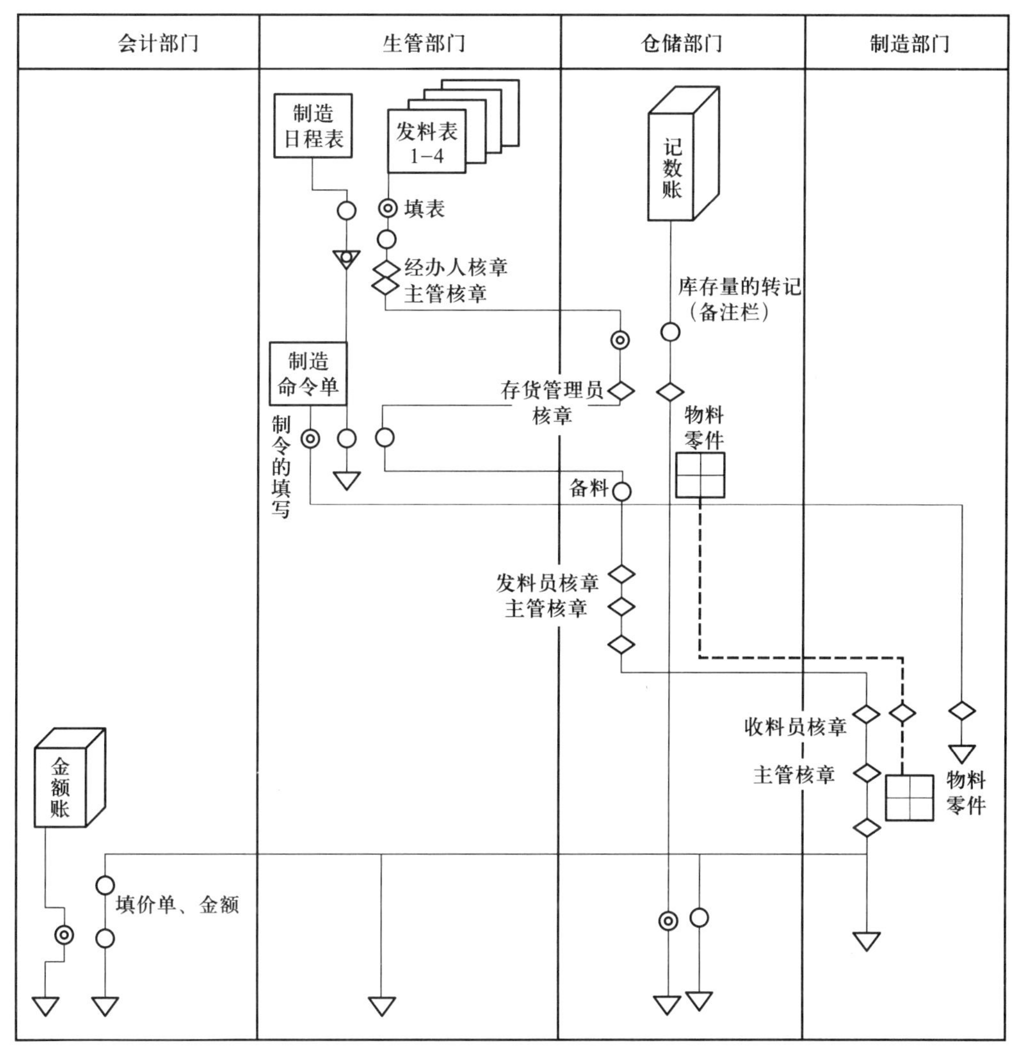

图 12-24　A、B 类发料流程图（二）

12.5.3　物料盘存管理

物料品种众多，每一种品种又有不同规格，各种规格的库存物料（原材料、在制品、生产辅料等）出库入库频繁，因此准确地记录各种物料信息（如名称、规格、编号、数量、存放位置等）是一件较烦琐和细致的工作。由于工作量大，会经常出现账、物不一致现象，因此需要对物料盘存管理。

为了做好物料盘存管理工作，首先要做好物料信息记录工作；其次对物料开展 ABC 分类管理；最后对物料或库存进行周期盘点。

1. 出入库信息记录

准确地记录物料信息，不仅方便快速准确地从庞大仓库中找到生产急需原材料、工具生产辅料，而且方便联系供应商，为订购货物提供方便。出库、入库信息的准确性也为成本核算提供了依据。出、入库信息单据如表 12-8 和表 12-9 所示。

表 12-8 入库信息单

编号： 入库时间：____年____月____日

货物名称	型号	编号	数量			单价	金额	付款方式		备注
			进货量	实点数	量差			转账	现付	

审核： 送货人： 仓库管理员：

表 12-9 出库信息单

客户名称：________________ 发货日期：____年____月____日

发货仓库：________________ 储存凭证号码：________

仓库地址：________________

货物名称	型号	领用单位	单价	数量	金额	是否包装	备注

2. 库存 ABC 分类

ABC(activity based classification)分类法又称重点管理法。ABC 分类法是由意大利经济学家维尔弗雷多·帕累托首创的。1879 年，帕累托在研究个人收入的分布状态时，发现少数人的收入占全部人收入的大部分，也即我们经常说的“二八原则”。

1951 年，管理学家戴克(H. F. Dickie)将其应用于库存管理，命名为 ABC 分类法。按其重要程度、消耗数量、价值大小、资金占用情况，分为 A、B、C 三大类，实施重点管理、照顾一般。具体分类如下：

A 类：品种少，一般约占企业所需全部物资品种的 15%，而占用资金较多，占 70%~80%。A 类物品应严格控制，一般采用固定量系统控制，经常检查和盘点，保持库存记录的准确性。

B 类：品种约占 30%，资金占 15%~25%，可适当控制和管理。

C 类：品种占 60%~65%，资金约占 5%，一般采用定期检查。例如，向同一供应商同时订购各种物品，每半年或一年订购一次。如图 12-25 所示。

【例 12-9】有 10 种物品，年使用量及单价如表 12-10 所示，请进行 ABC 分类管理。

表 12-10 物品清单

物品	每年使用量(件)	单位成本(美元/件)
1	5 000	1.50
2	1 500	8.00
3	10 000	10.50

续表

物品	每年使用量(件)	单位成本(美元/件)
4	6 000	2.00
5	7 500	0.50
6	6 000	13.60
7	5 000	0.75
8	4 500	1.25
9	7 000	2.50
10	3 000	2.00
合计		

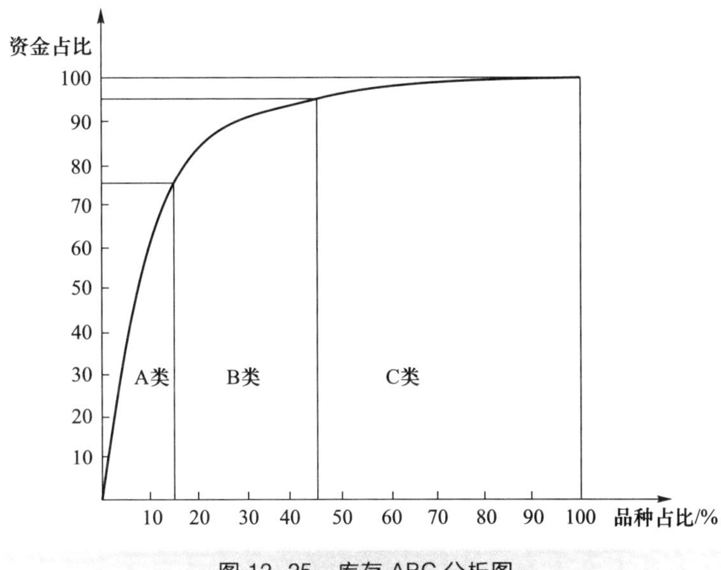

图 12-25　库存 ABC 分析图

解:计算各种物品占用的资金额(美元),以及资金占用比例(%)。

占用的资金额=单价×每年使用量

资金占用比例=资金占用额/$\sum$(各物品占用资金额)×100%

打开 EXCEL 界面,将原始数据输入 EXCEL 表内,上式的计算结果如图 12-26 所示。

根据图 12-26, ABC 分类的结果如表 12-11 所示。

表 12-11　ABC 分类结果

分类	物品号码	种类的占有比(%)	占所有资金的比例(%)
A	3、6	20	73.2
B	2、4、9	30	16.3
C	1、5、7、8、10	50	10.5
总计		100	100

	A	B	C	D	E	F
1	物品	每年使用量	单位成本(美元/件)	资金占用额(美元)	资金所占比例	累计资金所占比例
2	3	10000	10.50	105000	41.2%	41.2%
3	6	6000	13.60	81600	32.0%	73.3%
4	9	7000	2.50	17500	6.9%	80.1%
5	4	6000	2.00	12000	4.7%	84.8%
6	2	1500	8.00	12000	4.7%	89.5%
7	1	5000	1.50	7500	2.9%	92.5%
8	10	3000	2.00	6000	2.4%	94.8%
9	8	4500	1.25	5625	2.2%	97.1%
10	7	5000	0.75	3750	1.5%	98.5%
11	5	7500	0.50	3750	1.5%	100.0%
12	总计			254725		

F8 =E8+F7

图 12-26 计算结果

3. 库存的周期盘点(cycle counting)

为了保证物料库存信息的准确性,需要经常对库存进行盘点,检查库存数量与账目信息是否一致。如果出现盘亏和盘盈情况,则调整账目信息并找出差错的原因,以防止类似事情发生。

为了减少盘点工作量,不同种类的物料盘点频次是不同的。对于 A 类物品经常性检查,比如每月盘点一次,确保此类重要信息准确性;B 类物品检查频率可低一点,比如每季节盘点一次;C 类这种不重要的物品可以每半年检查一次。

【例 12-10】某公司有大约 5 000 种库存物品,为了保证库存信息准确,请给该公司制定盘点策略。

解:(1)应用库存 ABC 分类方法,将物品分为 A、B、C 三类。A 类物资有 500 种,B 类物资有 1 750 种,C 类物资有 2 750 种。

(2)制定盘点策略,即:A 类物资的盘点周期是每个月(20 个工作日)盘点一次,B 类物资每季节(60 个工作日)盘点一次,C 类物资每 6 个月(120 个工作日)盘点一次。

(3)计算每天 ABC 物品盘点的数量,见表 12-12。

表 12-12 盘 点 策 略

项目种类	数量	盘点周期	每天盘点的物品数量
A	500	每月(20 个工作日)	500/20 =25 种/天
B	1 750	每季节(60 个工作日)	1 750/60 =29 种/天
C	2 750	每半年(120 个工作日)	2 750/120=23 种/天
			合计 77

从表 12-12 可知,每天盘点 77 种物品。这种做法与一年一次的大规模盘点相比,好处在于:①盘点工作量分散,盘点工作更有效率;②通过周期盘点,及时发现实物库存与记录情况之间的差异,有利于较早纠正,减少了物品保管不当造成的损失。

12.6 智能库存管理及其新技术

12.6.1 自动化立体仓库 AS/RS(automatic storage & retrieval system)

自动化立体仓库一般有几层、十几层乃至几十层高的货架储存单元,用相应的物料搬运设备进行货物入库和出库作业。由于这类仓库充分利用空间储存货物,故其又称“立体仓库”。

自动化立体仓库具有节约用地、减轻劳动强度、消除差错的优点,极大地提高仓储自动化水平及管理水平,并大幅度地降低储运损耗、提高物流效率。自动化立体仓库通过企业制造的物联网,与生产线紧密相连,成为计算机集成制造系统(computer integrated manufacturing system,CIMS)及 FMS(柔性制造系统)的关键环节。如图 12-27 所示。

图 12-27 自动化立体仓库

12.6.2 AGV

automated guided vehicle,简称 AGV,通常也称 AGV 小车,指装备有自动导向系统,沿预定的路线自动行驶,将货物或物料运送到目的地的运输车。并可根据仓储货位要求、生产工艺流程等改变而灵活改变行驶路程。与传统的输送带和刚性的传送线相比,AGV 运行路径改变的费用非常低廉。

AGV 一般配备有装卸机构,可以与其他物流设备自动接口,实现货物和物料装卸与搬运全过程自动化。此外,AGV 依靠自带的蓄电池提供动力,运行过程中无噪声、无污染,满足清洁生产要求。比如海尔集团于 2000 年投产运行的开发区立体仓库中,9 台 AGV 组成了一个柔性的库内自动搬运系统,成功地完成了每天 23 400 次的出入库货物和零部件的搬运任务。图 12-28 所示为 AGV 小车正在运输物料。

图 12-28 AGV 小车

12.6.3 RFID

RFID 系统的基本工作原理是:阅读器与标签之间通过无线信号进行信息交换。在仓库管理中,RFID 技术广泛用于存取货物与库存盘点,实现自动化的存货和取货等操作,增强了作业的准确性和快捷性,节省了劳动力。图 12-29 所示为一个手持阅读器扫描射频识别标签,通过扫描实现信息传入和发出。

图 12-29 RFID

12.6.4 customizing(定制化或个性化)

customizing 是指现代仓储由单一的保管功能,转变为拣选、配送、流通加工、包装、信息处理等多项功能,从而满足客户需求,实现仓储增值的新型仓储运营模式。比如,一个储存计算机零部件的仓库,不仅可以为客户提供软件下载、维修服务,还可以根据客户要求提供贴标签和条形码以及包装服务,这样当产品送到零售商店时就已经可以直接销售了。

联邦快递在孟菲斯(美国田纳西州西南部城市)机场设有仓储,隔夜转运的产品也具有增值功能。比如你的计算机坏了,需要换一台新的计算机。联邦快递从仓库中领取一台新计算机发送给你,第二天你会收到新的计算机。当你的旧计算机回到仓库修好后,将发给另一个客户。可见,customizing 是差异化策略的一种,具有低成本和快速反应的特点。

12.6.5 cross-docking(直拨)

直拨是指物品在物流环节中,不经过中间仓库,直接从一个运输工具换载到另一个运输工具的物流衔接方式。在将商品存入仓库之前,分销商将收到的货物以直拨方式发送,满足客户延期交付的订单。应用直拨最典型的企业是沃尔玛。

直拨策略,显著地降低了物流成本,减少了分销成本。由于补货迅速,客户服务水平很高。目前随着仓库需要处理的订单增多,更多的分销中心运用直拨方式来提高效率。尽管直拨可以减少产品处理、库存和设施成本,但对供应商的紧密合作和即时的信息交换有较高的要求,如紧急调度和准确的入站产品标识的能力。

本章小结

广义的物料分为原材料、辅助材料、燃料和动力、工具及修理备用件等,而不仅仅是原材料。物料管理主要包括 3 个方面内容:①物料采购;②物料库存管理,或仓储管理;③领发退料管理。物料管理的目标是:保证生产所需物料的保质、保量和及时的供应,同时降低物料成本。

物料管理组织结构的类型,可以按采购部门在企业组织结构中归属划分为分权式、集权式、混合式等类型。采购部门的内部可按物品类别分组、按采购来源分组、按采购作业阶段分组等。

物料消耗定额是指在一定的时期内和在一定的生产技术条件下,为制造单位产品,或完成某项生产任务所必须消耗的物料数量标准。物料消耗定额是企业内物资管理部门根据生产任务向车间发料和进行核算的依据;物料供应定额是企业计算物资总需要量,向厂外有关部门进行申请和采购的依据。企业编制物资供应计划的主要内容有:确定各种物资的需要数量、编制物资计划平衡表、制定物资申请计划和采购计划。

常见的订购策略有三种:①固定量系统(Q 系统);②固定间隔期系统(P 系统);③最大最小系统。固定量系统指当库存下降到预定的订购点时,系统就向供应商发出订单,每次订货量都是固定量 Q。固定间隔期系统是指每经过一个固定的时间段 T,则发出一次订货,订货量为将现有库存补充到预定的值 S。最大最小系统仍是一种固定间隔期系统,只不过它需要确定一个订货点 s,当经过时间间隔 T 时,如果库存量降到了 s 以下,则发出订货;否则再经过时间 T 后再考虑是否发出订货。

物料验收入库后,相关部门(生产、研发等)可依据需要,填写领料单据至库房领料,此即领料作业。仓储部门根据生产计划,将仓库储存的物料直接向制造部门的生产现场发放的现象,称为发料。退料缴库是指由制造现场将多余的物料或不良料退回物料仓储部门缴库的作业过程。

思考题

1. 什么是物料？什么是物料管理？物料管理的目标是什么？
2. 如何设计物料管理组织结构？并举例说明。
3. 什么是物料消耗定额？如何利用定额计算法制定物料采购计划？
4. 阐述物料需求量、物料计划平衡表和物料采购计划表三者的关系。
5. 阐述物料订购策略的内容、优缺点以及适用范围。
6. 什么是物料管理的 ABC 分类管理法？

即测即评

本章附录

附录 12-1

附录 12-2

附录 12-3

附录 12-4

第13章 工作研究

选择合适且技术熟练的工人；研究这些工人工作中基本操作或动作，以及使用的工具。用秒表记录每一动作所需时间，加上必要的休息时间和延误时间，找出最快的工作方法。消除所有错误动作、缓慢动作和无效动作，将最快最好的动作和最佳工具组合起来，从而确定工人“合理的日工作量”。

——“管理之父”泰勒

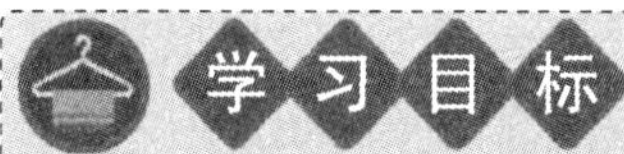

1. 理解工作研究的指导思想、内容和意义。
2. 了解方法研究的分析层次和分析技术，重点掌握5W1H提问和ECRS四大原则。
3. 掌握程序分析、操作分析和动作分析的原理和方法。
4. 了解时间研究的步骤，掌握标准时间的构成，重点掌握评比率、宽放率确定的方法。

引导案例

上海大众汽车有限公司（简称大众）装配生产桑塔纳汽车。生产所需的喇叭，由上海交通实业电器有限公司（简称交通实业）提供。交通实业完成喇叭生产后，经过二次包装运送至离厂3千米之外的仓库存放一个月。然后按计划将喇叭发送到6千米之外的大众CKD[①]仓库。24小时之后，用铲车将喇叭送至喇叭预装工作位，CKD仓库与预装工位距离为150米。操作人员经二次开箱，把零件放到一个简易工作台上（见图13-1）。放置过程中出现多次的弯腰动作，工作台上的紧固件等工件混合放置，喇叭装配时间为12分钟。具体程序分析见表13-1。

通过调查研究，发现存在以下问题：

（1）工作台上的零件混合放置，操作工人花较多时间寻找装配所需要的零件。

（2）喇叭从纸盒内取出，需要经二次开箱。开箱后纸箱、纸盒需要清理，一方面增加了较多的辅助工作工时。另一方面，这些喇叭包装的纸箱、纸盒无法回用，包装费用大，无形增加了零件成本。

① CKD是英文completely knocked down的缩写，意思是“完全拆散”。换句话说就是产品装配时，各种零部件以完全拆散的状态搬运到装配线，再把各种零部件组装成产品。因此，CKD仓库是指放置装配所需各种零部件的仓库。

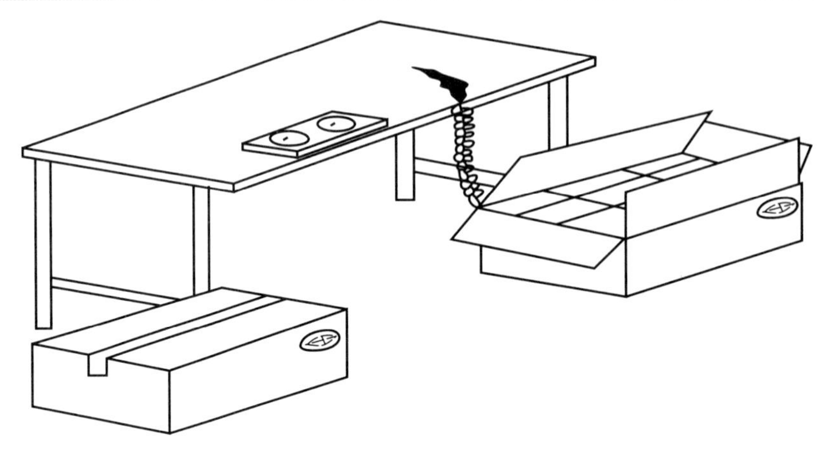

图 13-1 喇叭预装工位

表 13-1 程序分析表(改进前)

序号	工作描述	符号					距离(米)	时间(小时)
		储存 ▲	搬运 ➡	操作 ●	检验 ■	延续 ◗		
1	供应商将喇叭送至储存仓库						3 000	
2	喇叭存放在仓库1个月							600
3	喇叭从储存仓库运至生产厂家的CKD仓库						6 000	
4	喇叭存放在CKD仓库							24
5	将喇叭从CKD仓库送至预装工位						150	
6	喇叭装配							0.02
Σ		2	3	1				

(3) 弯腰从纸盒内取出喇叭然后放到工作台上。工人弯腰次数频繁,费时又费力,增加了劳动强度,消耗工时较多。

(4) 零件在储存仓库存放周期长达 1 个月,不仅占用了周转资金,而且占用了仓储空间。

总的来讲,有三个方面问题:①零件从供货商到厂家的预装工作位,运输(搬运)、储存占了很大的比重,而真正创造价值的装配作业仅为 20 分钟,仅占总时间的 0.03%。②工作方法不科学,工人劳动强度大。③物料浪费多,资金周转期长。成本高,生产效率挖掘空间大。

改进方案:

(1) 按精益生产的思想,喇叭供应商按时、按需直接送到厂家的预装工位,消除不必要的搬运、储存、等待时间,并有利于资金周转与仓库空间的高效利用。

(2) 改进零件包装形式,用塑料周转箱(见图 13-2 左图)替代原来的纸盒、纸箱的包装。

(3) 根据人类工程学的原理，设计了一个新的工作位（见图 13-2 右图），替代原来的工作台。

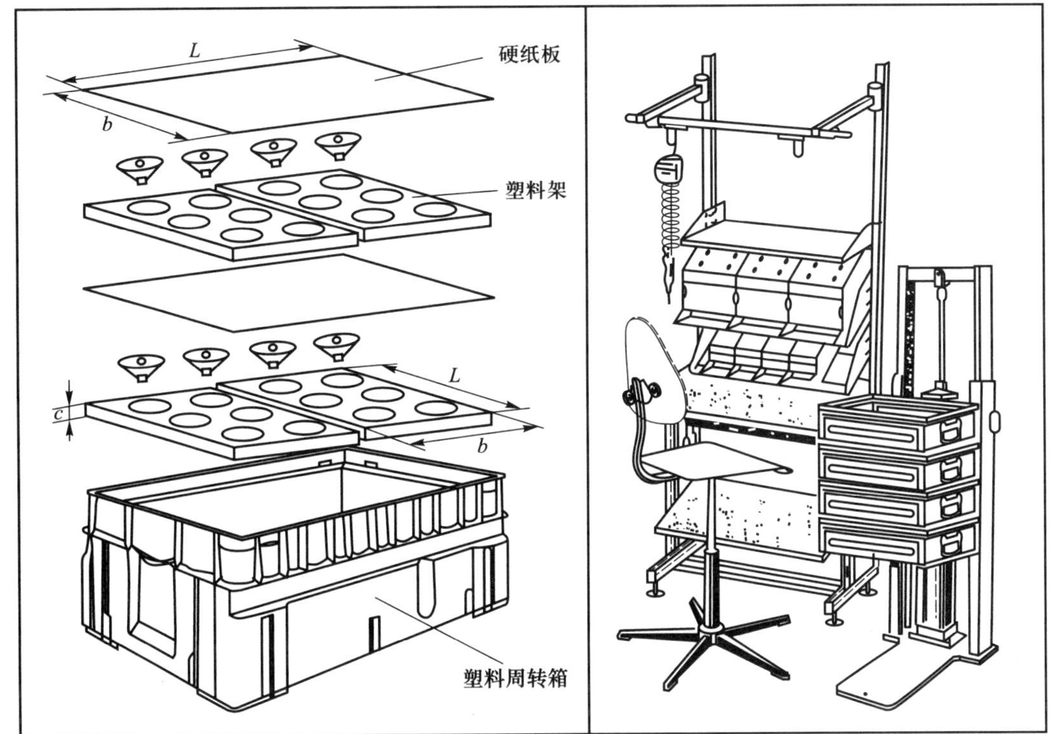

图 13-2　新改进的塑料周转箱及工作台

改进效果与经济效益分析：

(1) 采用新的零件包装形式——塑料周转箱，效果为：①消除包装工序，节省劳动力四个人。②一年包装费用节约 9.36 万元，扣除塑料周转箱的投资费用 0.36 万元，降低了生产成本 9 万元。③减少了生产过程中重复出现的搬运、存放等工作，将无效生产时间转换成有效生产时间，提高了工作效率。

(2) 由于设计了新的工位器具，工作位布置符合人体工效学，工人操作坐立适宜。同时减少了许多不必要的非生产性的动作（弯腰拿取喇叭、选择紧固件等），缩短了动作距离，提高了工人的生产效率，降低了工人的疲劳程度。

(3) 缩短了库存周期，减少了周转资金，改进前库存周期为一个月，改进后为 4 天左右，压缩了 20 天左右，流动资金占用量减少了 24.4 万元。同时减少了仓库库位面积 40 平方米。改进后的程序表如表 13-2 所示。

综上所述，应用工作研究产生良好的效益。工作研究对提高企业的素质，实现精益生产，推动企业的发展起到很大的作用。总结多年的实践，资深工业工程师的体会为：

(1) 工时的节约是最大的节约。大批量生产过程中，每个动作都要成千上万次地重复出现，即使只节省几个动作、几秒钟时间，都会带来很大的经济意义。同时也使机床设备、工具、

表 13-2 程序分析表（改进后）

序号	工作描述	符号					距离（米）	时间（小时）
		储存▲	搬运➡	操作●	检验■	延续◖		
1	供应商将喇叭送至储存仓库						3 315	
6	喇叭装配							0.02
∑			1	1				

能源等都相应地减少磨损或消耗。因此，工时的节约会引起企业人力、物力、财力一系列的节约。

(2) 传统的劳动定额管理方法用多发奖金来增产，修改产品定额，降低工时。这种做法发展到一定程度，将超过工人的承受能力。相反，工作研究采用改进工作方法、改进工位布置、改善工夹具等，降低疲劳程度、减少工时，从而提高劳动生产率。

思考题：

1. 何为精益生产？

2. 阐述工作研究的指导思想、主要内容、特点和目的。

在不投资或少投资的情况下，如何提高企业生产效率，降低生产成本？答案就是工作研究。从小的方面讲，通过动作研究，减少工人无效低效动作，这是"管理之父"泰勒早期从事的科学管理内容之一。同时，对操作分析，工作时双手配合，人机联合操作，提高生产率。从大的方面讲，通过程序分析，优化生产流程，改进车间布局，缩短搬运路线和生产周期。在工作研究的基础上，开展作业测定，制定出合理的工时定额，并将其作为衡量生产能力、制定生产计划的依据。

本章首先介绍工作研究概念和意义。其次，详细介绍工作研究的两大内容——方法研究和作业测定。方法研究包括程序分析、操作分析和动作分析。作业测定包括作业分解、作业时间测定、正常时间评定、宽放率确定和最终标准时间的制定。最后介绍工作研究的实施步骤。如图 13-3 所示。

13.1 工作研究概况

13.1.1 什么是工作研究

工作研究（work study，或 job study），是指利用方法研究（methods study）和作业测定（work measurement）两大技术，分析影响工作效率的因素，改进工作方法，最终制定标准工作方法和作业的标准时间，从而消除人、物料、财力和时间方面的浪费，减轻工作强度，提高生产率和整体效益的一门科学管理技术。

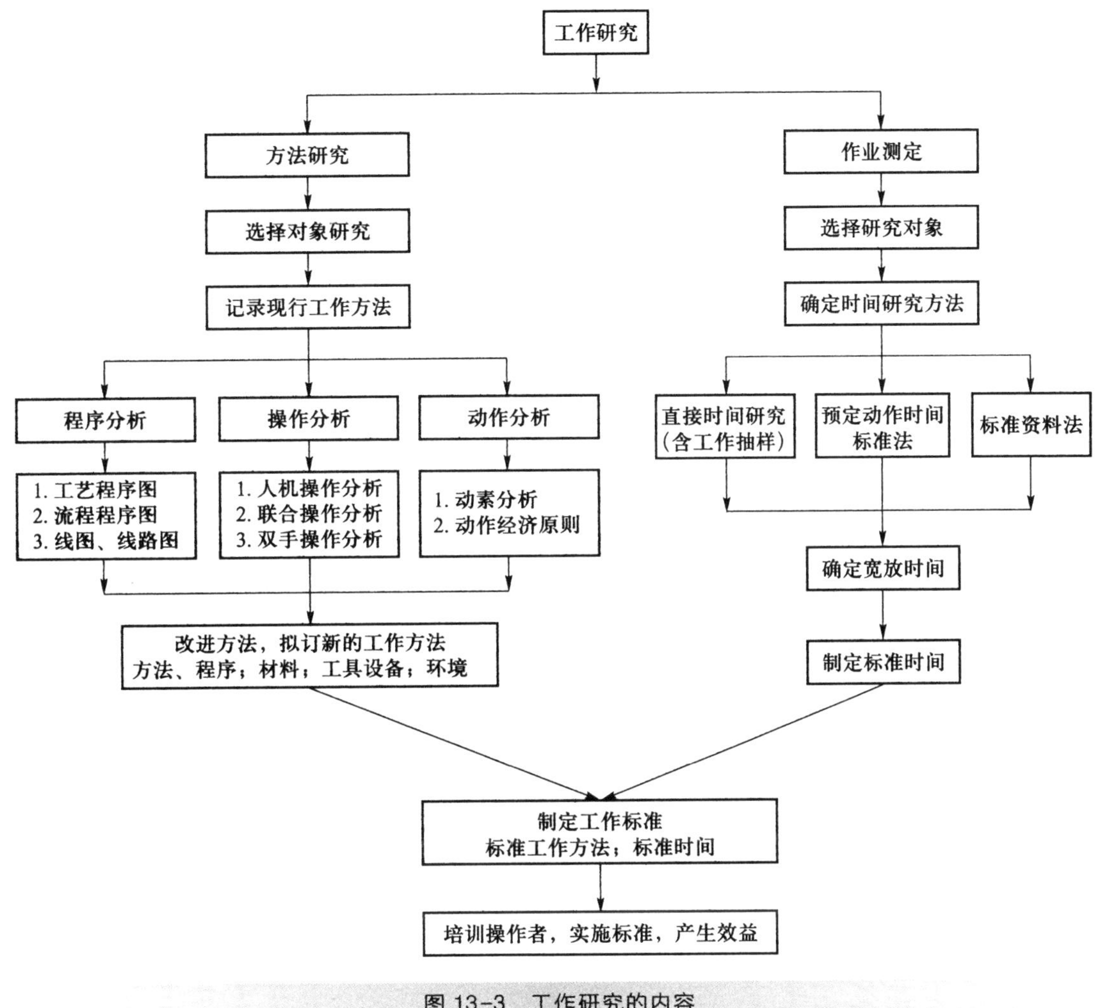

图 13-3 工作研究的内容

13.1.2 工作研究的内容

工作研究由方法研究与作业测定组成。方法研究主要是寻求最经济合理的工作方法，追求方法有效性，减少人员、机器、物料和操作的浪费，并使方法标准化。作业测定是在制定经济合理的工作方法的基础上，测定时间标准。工作研究最终目的是使人、机、物都贡献于有价值的工作上。

13.1.3 工作研究作用和意义

工作研究内容包括方法研究和作业测定（或称时间研究）两大部分。方法研究价值在于改进工作方法，取得“一改善、二节约、三提高”效果。①“一改善”即改善工作环境；②“二节约”即节约生产场所、节约原材料；③“三提高”即提高管理水平、提高劳动生产率、提高产品质量。

作业测定（时间研究）作用为：①测定员工工作业绩，用于工资发放和作为奖励依据；②核定单位产品加工工时，并用加工工时进行产品成本核算和产品价格估算；③单件产品工时也是核算生产能力、生产日程安排计划和生产调度的重要依据。

13.2 方法研究

13.2.1 方法研究的内容

从宏观到微观，方法研究的内容包括程序分析、操作分析和动作分析。

程序分析主要以整个生产过程为对象。如制造业产品的生产流程包括原材料进厂、入库、领料、加工、装配、检验、成品存库与出库。程序分析就是研究分析一个完整的工艺程序，从第一个工作地到最后一个工作地进行全面研究，分析有无多余的作业、程序是否合理、搬运是否太多、等待时间是否太长等，从而进一步改善工作程序和工作方法。程序分析目的在于：①取消不必要的程序（工艺、操作、动作）。②调整布局，以节省搬运。③合并、重排和简化程序，设计更效率的程序。

操作分析是将操作者（人）、操作对象（物）、操作工具（机）三者科学地组织与安排，从而减轻工人的劳动强度，减少作业时间的消耗，保证工作质量。

动作分析主要研究人操作时的各种身体动作，以取消多余动作，简化操作，减轻疲劳，最终制定出最佳的动作程序。表 13-3 举例说明三者之间的关系。

表 13-3 方法研究的分析层次及分析技术

	工序	作业单位	作业要素	动作单位	基本元素
作业划分	基于加工过程单元的作业划分	基于作业单元的作业划分	基于作业要素的动作划分	基于动作单元的动作划分	基于动作要素的动作划分
工艺分解	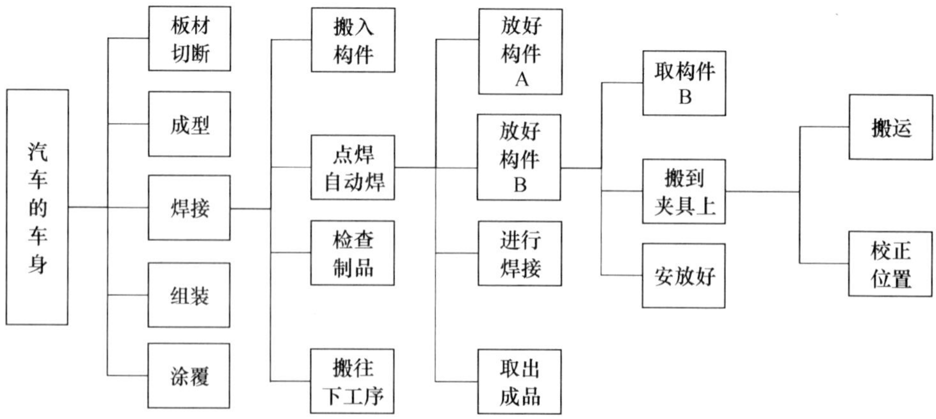 汽车的车身	板材切断 成型 焊接 组装 涂覆	搬入构件 点焊自动焊 检查制品 搬往下工序	放好构件A 放好构件B 进行焊接 取出成品	取构件B 搬到夹具上 安放好 搬运 校正位置
分析技术	程序分析		操作分析		动作分析

13.2.2 程序分析

1. 程序分析技巧——5W1H 提问和 ECRS 四大原则

程序分析技巧包括:①一个不忘,即不忘动作经济原则;②四大原则,即取消、合并、重排、简化;③五个方面,即操作、运输、贮存、检查、等待;④六大提问(5W1H 技术),即对对象、方法、人员、时间、地点、原因进行提问。

(1) 5W1H 提问。之所以叫 5W1H 提问,是因为提问由以下 5 个问题组成:what——做什么?where——何处做?when——何时做?who——由谁做?how——怎么做?why——为什么这样做?由于要考虑改善的成本,因此还增加了一个提问。how much——这么做需要多少费用?能产生什么经济效益?见表 13-4。

表 13-4 5WIH 分析表

六问 \ 提问	第一次提问	第二次提问	第三次提问	结论
	现状	为什么	能否改善	新的方案
对象(what)	做什么	为何要做它	能否做别的	应该做什么
地点(where)	何处做	为何在此做	能否在别的地点做	应该在什么地点做
时间(when)	何时做	为何在此时做	能否在别的时间做	应该在什么时间做
人员(who)	由谁做	为何由他做	能否由别人做	应该由谁做
方法(how)	如何做	为何这样做	能否用别的方法做	应该如何做

(2) 分析时的 ECRS 四大原则。对现行的方案(工作)进行严格考核与分析,目的是建立新方法。在建立新方法时,要灵活运用下列四项原则。

① 取消(eliminate)。取消一切不必要的工作。首先考虑工作能否取消,如能取消的话,当然是最大的改善。

② 合并(combine)。如不能取消,则应考虑可否将两个或更多工作合并。

③ 重排(rearrange),即重排工作的程序。通过改变工作程序,达到改善工作的目的。

④ 简化(simple),即简化工作。经过取消、合并、重组之后,对工作进行深入的分析研究,简化方法和动作,从而提高新的工作方法效率,降低成本。

(3) 分析时的五个方面。程序分析可从五个方面着手。

① 操作分析。这是最重要的分析,涉及产品的设计。如通过产品设计变动,很可能改变整个制造过程;或通过操作分析省去某些工序,减少某些搬运工作。

② 运输分析。运输分析需考虑搬运重量、距离及消耗时间。运输方法和工具的改进,可减少搬运人员的劳动强度和搬运时间;调整厂区或车间,或设备合理布置,也可缩短搬运的距离与时间。

③ 检查分析。检查目的是剔除不合格的产品。应根据产品的功能和精度要求,选择合适的检查方法,并决定是否设计更好的工夹具、量具等。

④ 贮存分析。贮存分析应着重对仓库管理、物资供应计划和作业进度进行检查分析,以保证材料及零件及时供应,避免不必要的物料积压。

⑤ 等待分析。等待是浪费，尽可能减少。要分析引起等待的原因，如由设备造成的原因，则可从改进设备着手。

实际分析时，对以上五个方面，按照5W1H提问技术进行分析，然后按照取消、合并、重排、简化四大要点进行处理，寻求最经济合理的方法。

2. 程序分析符号

程序分析的基本记录符号为：

(1) ○，表示操作。它是工艺过程、方法或工作程序中的重要步骤，如搅拌、机加工、打字等。

(2) ⇨，表示搬运、运输。 它是工人、物料或设备从一处向另一处的移动。

(3) □，表示检验。检查物料的品质和数量。

(4) D，表示暂存或等待。作业进行中的等待，如前后两道工序间处于等待的零件、等电梯、公文等候批示等。

(5) ▽，表示受控制的储存。它是物料按要求存入仓库或从仓库发放，保存货品。

(6) ⧇，表示同时或同一工作场所，由同一人执行操作与检验两种工作。

3. 程序分析案例

【例13-1】 接收和检查飞机零件的线路和流程图。

(1) 记录。图13-4为线路图，表示某飞机工厂仓库原来的平面布置。物品从送货车到零件架的运输路线以粗线表示。各种活动均用符号绘于线上。

图13-5是流程图。其工作的顺序为：从送货车上卸下装飞机零件的箱子（零件又分别装在纸盒内），箱子从送货车尾部的一块斜板上滑下，滑向“开箱处”，并一一码垛起来，等待开箱。开箱时将其搬下，取出送货单，把箱子一一装上手推车，推到接收台，并放于地上。稍等片刻，开箱，零件逐件从纸盒中取出，对照送货单点数。然后放回纸盒，又将纸盒放入箱内，再把箱子搬到接收台的另一边，等待运往检查台。到检查台后，箱子仍放在地上等待检查。检查时又必须将纸盒从箱中取出，零件逐件从纸盒中取出，逐件检查、测量，放回纸盒再放回箱内。等待片刻，将箱子运往点数台。拆箱、开纸盒、点数，重新放进纸盒及箱内，再次等待，用手推车运到零件架上贮存，等待送装配车间。

(2) 考察分析。从线路图中可以看到，零件箱在运往零件架的路上兜了圈。从流程图上则可以看到物品进仓库的各种程序，用提问技术，严格考察，就会发现以下问题。如：

问：第二个操作是码垛，第三个操作是卸箱，既然要卸箱为什么又要码起来？

答：因为卸车比办接收快，为避免地上到处都是箱子，只好码起来。

问：接收、检查、点数的地方为什么离得那么远？

答：无意中安置在那里的。

问：有无更好的办法？

答：可以放在一起。

问：应放在何处？

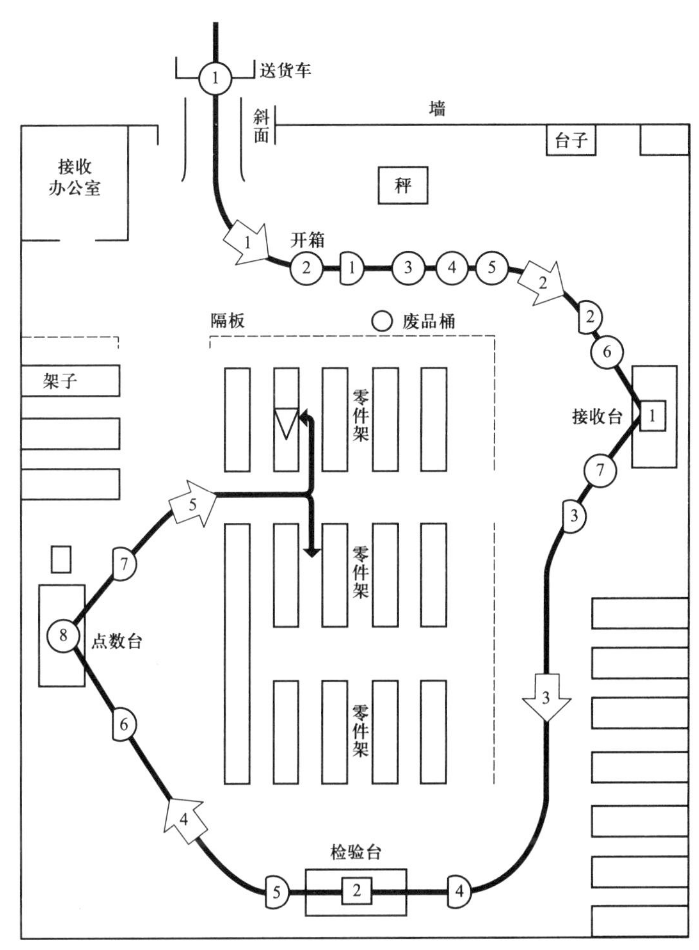

图 13-4　外来零件的检验与点数线路图

工艺流程图：	人员/物料/设备型			
图号：				
作图表的对象： 成箱的 BX487T 形块（一箱 10 盒）	活动	现行的	建议的	节约
活动：T 形块的接收、检查及点数，并存入箱内	操作 ○	2		
	运输 ⇨	11		
	等待 D	7		
	检查 □	2		
	贮存 ▽	1		
方法：现行的	距离（m）	56.2		
地点：收货部	时间（人-h）	19.6		
操作人：　　编号：	成本： 人工 材料	 $10.19 —		
制表人：　　日期： 审定人：　　日期：	总计	$10.19		

说明	数量(箱)	距离(m)	时间(min)	符号					备注
				○	⇨	D	□	▽	
1. 从货车卸下，置于斜板上		1.2			●				2人
2. 在斜板上滑下		6	10		●				2人
3. 滑向贮藏处并码垛		6			●				2人
4. 等待启封		—	30			●			
5. 卸箱垛		—			●				
6. 移开盒子，交付票取出		—	5	●					2人
7. 置于手推车		1			●				
8. 推向收货台		9	5		●				2人
9. 从推车上卸下		—	10			●			
10. 置箱于工作台		1	2		●				2人
11. 从箱中取出纸盒，启封检查									
12. 重新装箱		—	15				●		仓库员
13. 置箱于手推车上		1	2		●				2人
14. 待运		—	5			●			
15. 运向检查工作台		16.5	10		●				1人
16. 待验			10			●			箱在车上
17. 从箱和盒中取出T形块		1	20				●		检查员
18. 对照图纸检查，然后复原									

接上图

19. 等待搬运工		—	5			●			箱在车上
20. 推置点数工作台		9	5		●				1人
21. 等待点数		—	15			●			箱在车上
22. 从箱和盒中取出T形块		—	15	●					仓库工
23. 在工作台上点数及复原						●			
24. 等待搬运工		—	5		●				箱在车上
25. 运至分配点		4.5	5						1人
26. 存放								●	
共计		56.2	174	2	11	7	2	1	

图 13-5 外来零件的检验、点数的流程程序图(原方法)

答:可放在接收台处。

问:为什么物品要绕一圈才能放到零件架上?

答:因为贮存处(零件架)的门在检查台的那边。

如果继续考察,还会发现其他问题。

(3) 改进。图 13-6、图 13-7 为工作研究人员提出的解决办法。从图中可以看到,在接收台的对面开了一个进库的新入口,使箱子可沿最短路线运进库房。新方法是:箱子从送货车滑下滑板,直接放到手推车上,并送到开箱处。就在车上开箱,取出送货单。然后运到收货台,等待片刻,打开箱子,把零件放到工作台上,对照送货单点数并检查。检查与点数的工作台现已布置在收货台旁,因为可以用手传递零件来检查、测量并点数。最后,把零件放回纸盒,重新装箱,运入仓库放置于零件架上。

由程序图(见图 13-6)可见,检查已从 2 次减为 1 次,运输从 11 次减为 6 次,而等待则从 7 次减为 2 次,运输的距离从 56. 2m 减到 32. 2m。

13. 2. 3 操作分析

1. 什么是操作分析

通过对以人为主的工序详细研究,使操作者、操作对象和操作工具三者科学地组合、合理地布置与安排,达到工序结构合理、减轻劳动强度和作业的工时消耗,以提高产品质量和产量为目的而进行的分析,称为操作分析。

根据不同的调查目的,操作分析可分为三种基本类型:人机操作分析(含闲余能量分析)、联合操作分析、双手操作分析。这里仅举例说明人机操作分析。

2. 人机操作分析

在现代化生产中,机器设备几乎都是全自动或半自动的,操作机器的工人变成了“监督”

工艺流程图：	人员/物料/设备型			
图号： 页号： 总页数：	总计			
作图表的对象： 成箱的BX487T形块（一箱10盒）	活动	现行的	建议的	节约
	操作 ○	2	2	—
活动：T形块的接收、检查及点数，并存入箱内	运输 ⇨	11	6	5
	等待 D	7	2	5
方法：建议的	检查 □	2	1	1
	贮存 ▽	1	1	—
	距离(m)	56.2	32.2	24
地点：收货部	时间(人–h)	19.6	11.6	8.0
操作人： 编号： 见“备注”栏	成本：			
	人工	$10.19	$6.03	$4.16
	材料	—	—	—
制表人： 日期：	总计	$10.19	$6.03	$4.16
审定人： 日期：				

说明	数量(箱)	距离(m)	时间(min)	符号 ○	⇨	D	□	▽	备注
1. 从货车卸下，置于斜板上		1.2	5		●				2人
2. 在斜板上滑下		6			●				2人
3. 置于手推车		1			●				
4. 推置启箱处		6	5		●				
5. 移开箱盖		—	5	●					
6. 推向收货台		9	5		●				
7. 等待卸车		—	5			●			
8. 从箱中取出纸盒，打开									
9. 并将T形块放在工作台上			20				●		检查员
10. 进行点数及检查									
11. 点数及重新装箱				●					仓库员
12. 等待搬运工		—	5			●			
13. 运至分配点		9	5		●				
14. 存放库		—	—					●	1人
共计		32.2	55	2	6	2	1	1	

图13-6 外来零件的检查和点数流程程序图(改良方法)

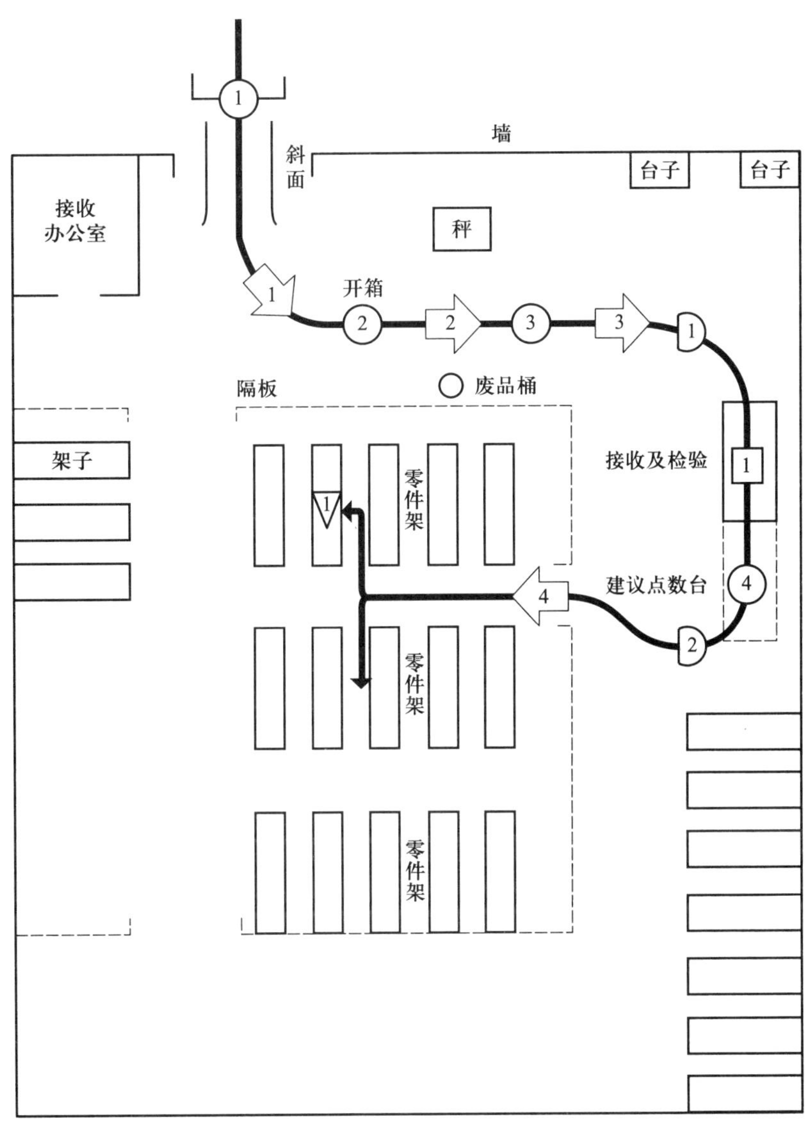

图 13-7 外来零件的检验、点数线路图(改良方法)

机器的工人。加工完一个零件的整个过程称为一个操作周期或周程。在每一操作周期中,总有大部分的闲余时间。人机操作分析就是利用人机操作图,清楚表达工人操作的手动时间和机器的机动时间。其目的是充分利用这些闲余时间,提高生产力,降低成本,提高工人收入。

人机操作图由以下部分构成:①线段长短代表时间比例,如 1 cm 代表 10 min。②用垂线间隔分开人与机,左侧为工人操作时的动作单元,记录工人每一动作单元所需时间;右侧为机器的运作。当机器加工时用实线表示,空闲时用虚线表示。③记录人与机器的操作时间之后,在图下端统计工人与机器的操作时间、空闲时间及每周工时数等。

3. 人机操作分析案例

【例 13-2】在立式铣床上精铣铸铁件的平面。

图 13-8 为在立式铣床上精铣铸件时人机操作情况的详细记录图。工作中铣床有 3/5 的

时间没有工作,这是由于当工人操作时,机床停止工作;机床自动切削时,工人则无事做。工人将工件夹紧在机床合面上和加工完后松开夹具、取下零件是必须在机床停止时才能进行的,但用压缩空气清洁零件、用样板检验工件的深度等是可以在机床开动中同时进行的。因此要缩短其流程时间,应尽量利用机器工作的时间进行手工操作。如检查工作物、去除加工面的毛刺,将加工完的工件放入成品盒,取出铸件做好加工前的准备,在放回工件的同时取出待加工工件,用压缩空气吹洗已加工的铸件等。

<table>
<tr><td rowspan="10">工作:铣制第二面　图号:B239/1
产品:B239 铸件　速度　走刀量
机器:4 号立铣　80r/min 380mm/min
制作人:______　工号:369
研究人:______　日期:1968. 8. 1</td><td colspan="2">项目</td><td>现行方法</td><td>改良方法</td><td>节省</td></tr>
<tr><td rowspan="2">工作时间(min)</td><td>人</td><td>1. 2</td><td></td><td></td></tr>
<tr><td>机</td><td>0. 8</td><td></td><td></td></tr>
<tr><td rowspan="2">空闲时间(min)</td><td>人</td><td>0. 8</td><td></td><td></td></tr>
<tr><td>机</td><td>1. 2</td><td></td><td></td></tr>
<tr><td colspan="2">周程时间(min)</td><td>2. 0</td><td></td><td></td></tr>
<tr><td rowspan="2">利用率(%)</td><td>人</td><td>60</td><td></td><td></td></tr>
<tr><td>机</td><td>40</td><td></td><td></td></tr>
</table>

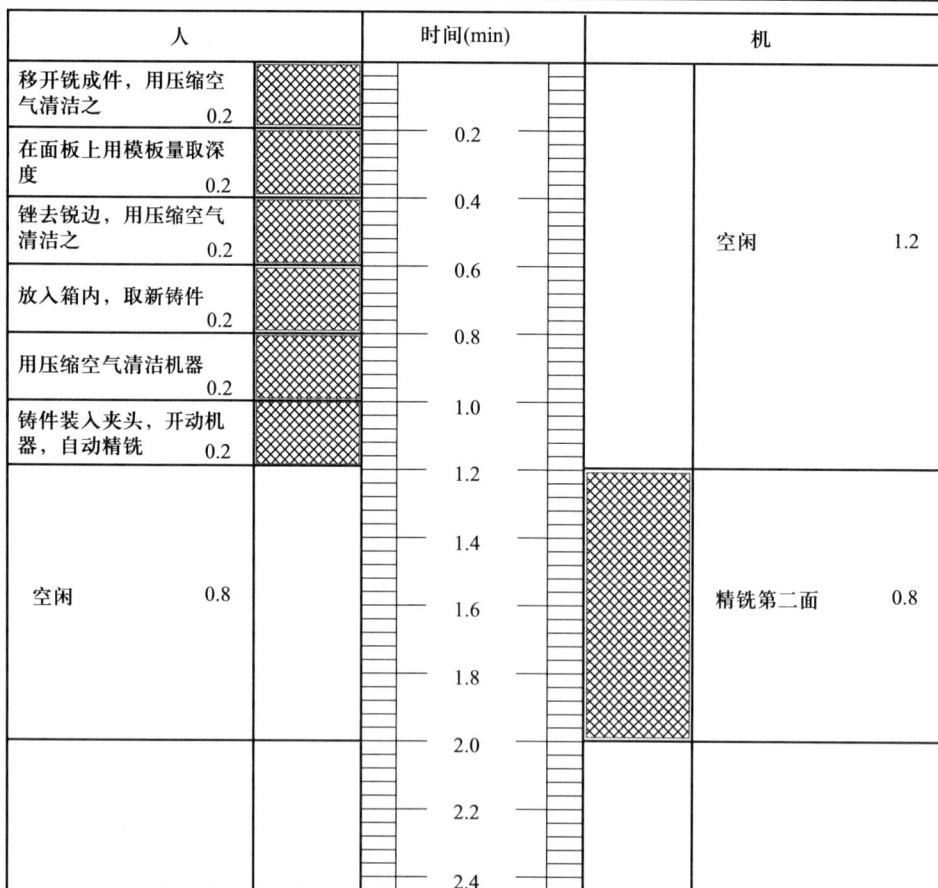

人	时间(min)	机
移开铣成件,用压缩空气清洁之 0.2	0.2	空闲 1.2
在面板上用模板量取深度 0.2	0.4	
锉去锐边,用压缩空气清洁之 0.2	0.6	
放入箱内,取新铸件 0.2	0.8	
用压缩空气清洁机器 0.2	1.0	
铸件装入夹头,开动机器,自动精铣 0.2	1.2	
空闲 0.8	1.4	精铣第二面 0.8
	1.6	
	1.8	
	2.0	
	2.2	
	2.4	

▨ 单独工作　□ 空闲

图 13-8　精铣铸件时人机操作图(现行方法)

图 13-9 为改进后的记录图。由图 13-9 可见，重新安排工作后，不需增加设备和工具，新的操作周期为 1.36 min，比原来的 2 min 节省了工时 0.64 min，提高工效 $=\dfrac{2-1.36}{2}=\dfrac{0.64}{2}=32\%$。

工作：铣制第二面　图号：B239/1
产品：B239 铸件　速度　走刀量
机器：4 号立铣　80r/min 380mm/min
制作人：______　工号：369
研究人：______　日期：1968.8.1

项目		现行方法	改良方法	节省
工作时间(min)	人	1.2	1.12	0.8
	机	0.8	0.8	
空闲时间(min)	人	0.8	0.24	0.56
	机	1.2	0.56	0.64
周程时间(min)		2.0	1.36	0.64
利用率(%)	人	60	83	23
	机	40	59	19

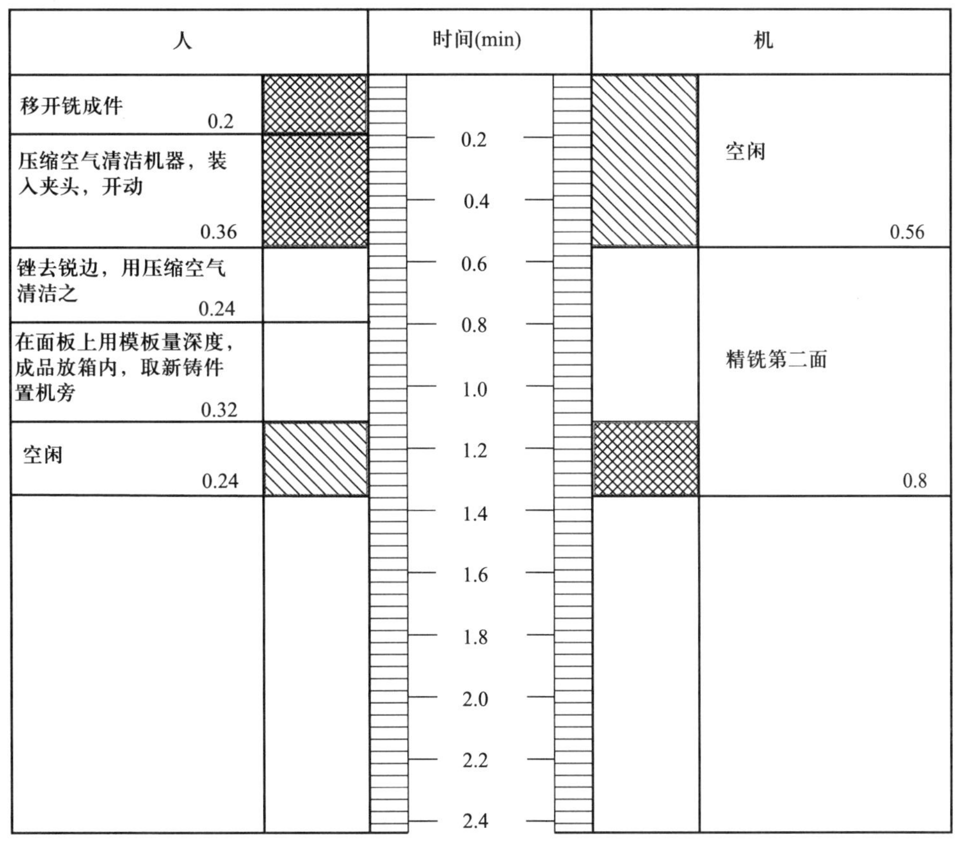

图 13-9 精铣铸件时人机操作图(改良方法)

13.2.4 动作分析

动作分析是在工作流程确定后，研究操作工人各种动作的浪费，通过删除无效动作简化操作，最终达到减少工作疲劳、提高工作效率的目的。在动作分析的基础上制定出标准的操作方法，为制定动作时间的标准作技术准备。

动作经济的10条原则分别介绍如下：

第一条原则：双手的动作应同时且对称。

【例 13-3】 将30只销子插入有30个孔的配电盘中，多数人的做法是右手从装销子的盒子内抓取一把销子，交给左手，左手握着一把销子。而第一原则主张双手同时做取销子和插销子的动作。两种方式见图13-10。

图13-10 两种方式插销子

右手一次一个地将销子插入配电盘的孔内，插完30只需30 s，采用两只手的方法将30只销子全部插入配电盘只需23 s，节约时间23%。

第二条原则：人体的动作以尽量应用最低级而能得到满意结果为妥。

工作时人体的动作可分为5级。如表13-5所示。

表13-5 人体的动作等级

级别	运动枢纽	人体运动部位
1	指节	手指
2	手腕	手指及手腕
3	肘	手指、手腕及小臂
4	肩	手指、手腕、小臂及大臂
5	身体	手指、手腕、小臂、大臂及肩

【例 13-4】 电灯开关如图13-11所示。旧式开关操作时需上下拨动，属第二级动作；新式开关操作时只需用手指压下，属第一级动作。

第三条原则：尽可能利用物体的动能，曲线运动较方向突变的直线运动更佳，弹道式运动较受控制的运动轻快，动作尽可能使之有轻松的节奏。

【例 13-5】 工人挥大锤时，常常有两种挥动方式，一种是上下，一种是圆弧形挥动，这两种结果差异很大。如图13-12所示。

上下挥动：最佳效果的效率为9.4%。动能未得到利用，为肌肉所制止。

圆弧形挥动：后面挥上，前面打下，效率可达20.2%，不易疲劳。

第四条原则：工具、物料应置于固定处所及工作者前面近处，并依最佳的工作顺序排列。

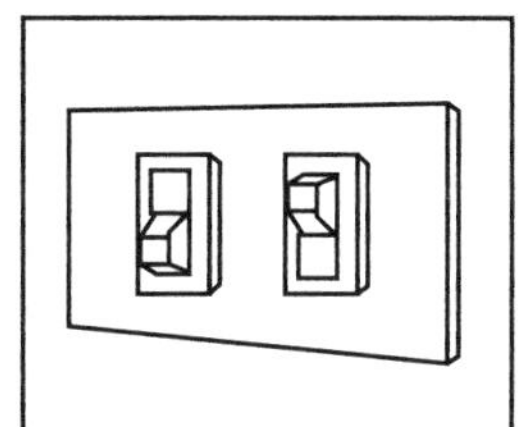
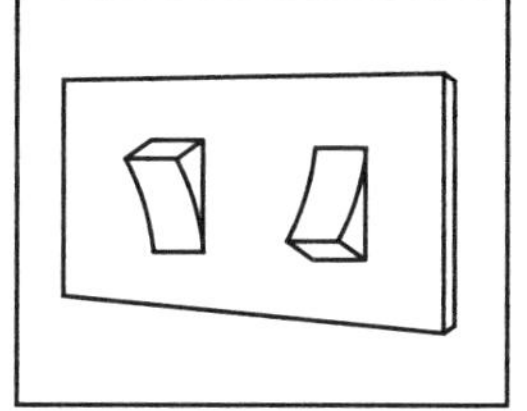

图 13-11 新旧电灯开关设计

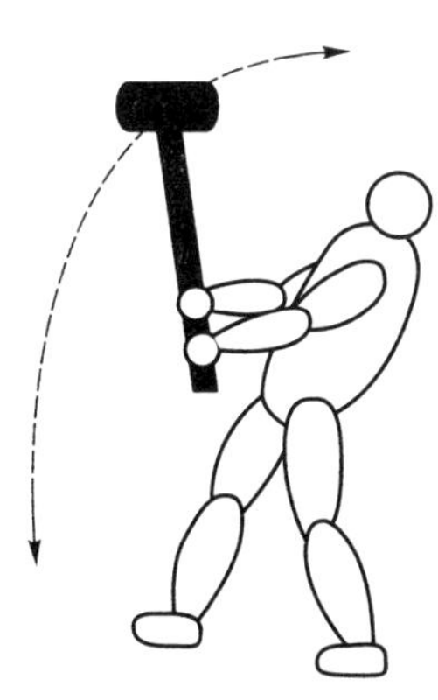
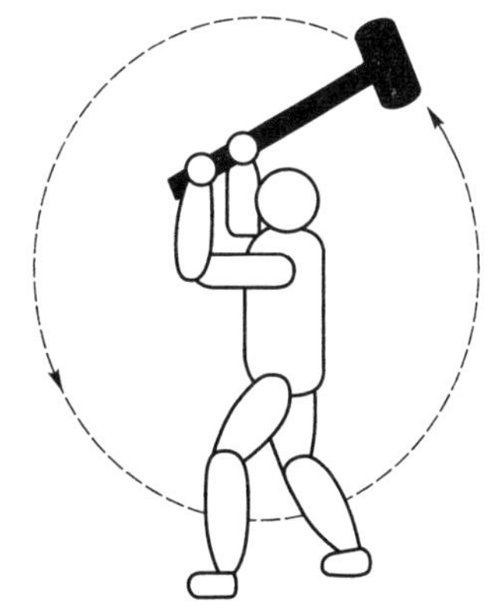

图 13-12 两种挥动模式

【例 13-6】人体第三级动作的范围,是以左右手自然下垂,以肘为中心、小臂为半径所能达到的空间范围,称为“正常工作区域”(见图 13-13),图 13-14 为水平面上正常及最大工作区域。在一般情况下,工作台上的布置,常将零件(或零件箱)呈一字排列,并且放置在最大工作区域之外,远离夹具及操作者,每次拿起零件时,操作者均需俯身,增加操作者的疲劳(见图 13-15)。正确的布置如图 13-16 所示,零件匣在适合人体双手操作的工作区域内,靠近操作者及夹具,操作者以第三级动作即可取到零件,零件匣紧靠并集中于操作者的正前方。

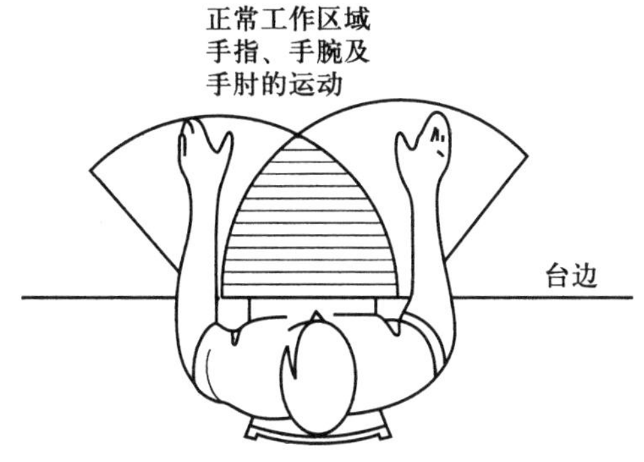

图 13-13 水面上正常工作区域

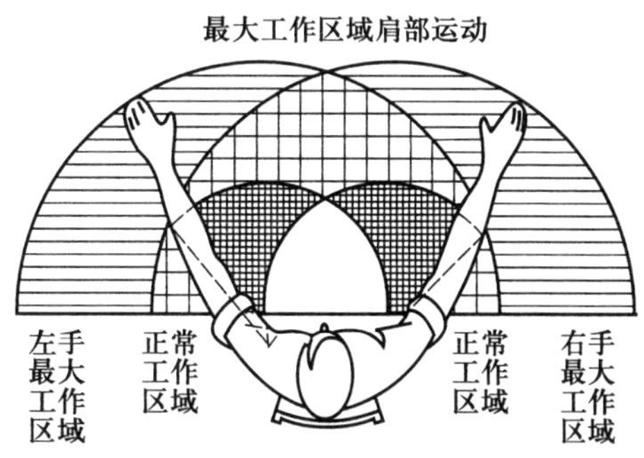

图 13-14 水面上正常与最大工作区域

【例 13-7】图 13-17 为外科医生动手术时常见的手术室布置。而图 13-18 考虑了上述原则,设计了放置器械和用品的工作台,即改进了手术室的布置。由两图的对比可知,原方案的布置会造成助理医生和护士在传递手术器械和用品上的许多无效动作和耽搁。改良后的布置

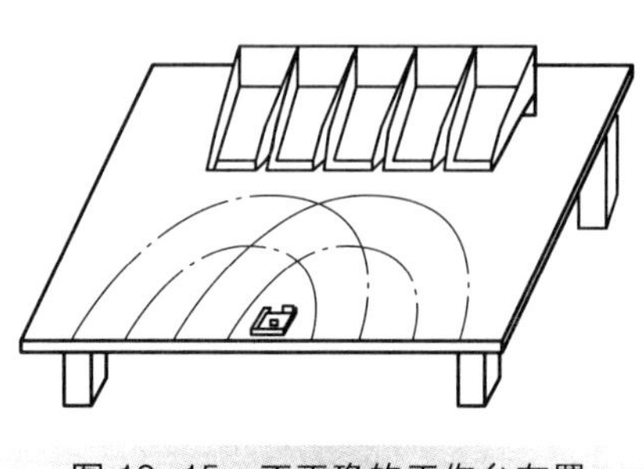
图 13-15 不正确的工作台布置

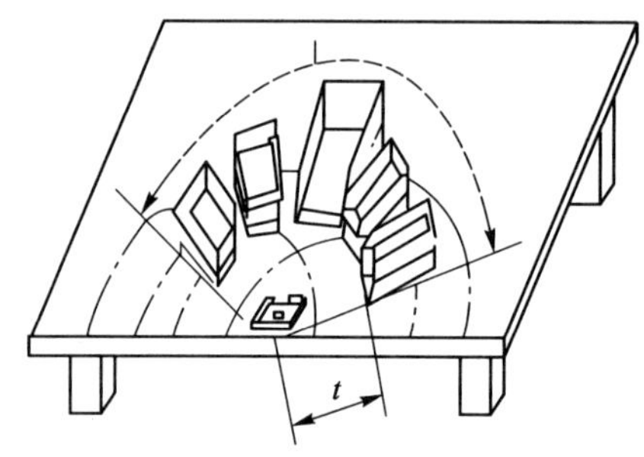

图 13-16 正确的工作台布置

使手术用的器械和用品就放在外科医生的两旁，护士们可以面对手术台，不必转身到背后的桌子上去拿所需物品。新设计的两个用品台的高度是可以调节的，并且具有可以拆卸的金属面和分开放置清洁与沾污过的手术器械的瓷盘。因此，改良方案可使外科医生及其助手和护士们的操作更加方便。

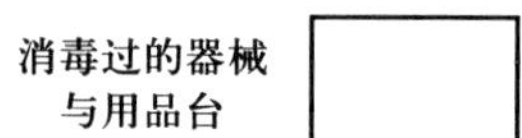

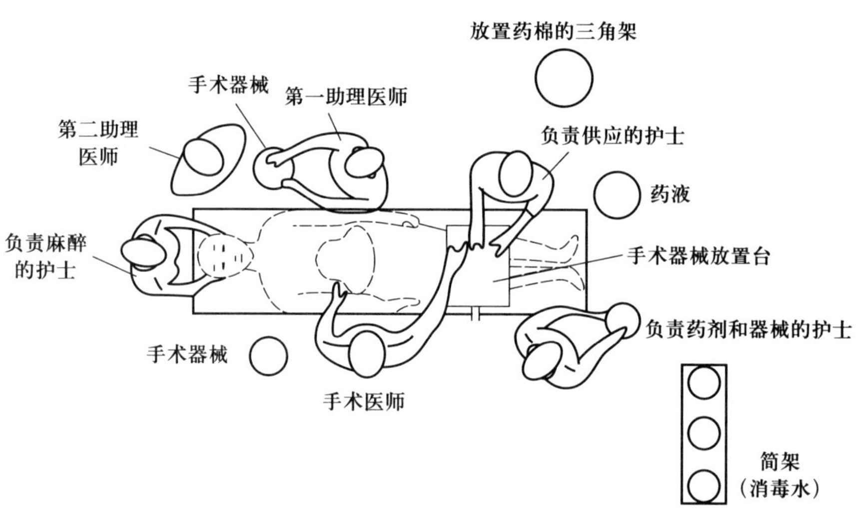

图 13-17 常见的手术室布置

第五条原则：零件、物料应尽量利用其重量坠送至工作者前面近处。

【例 13-8】为了节省时间，必须使工具、物料靠近操作者。但由于材料的堆放数量不能太少，否则补充材料的次数频繁，更不经济。数量多则堆放面积增大，因而往往有部分材料超出正常或最大动作范围之外。解决的办法是利用重力滑箱，使零件或物料利用自身的重力，斜滑到操作者的前面近手处。

将这种重量送料式的盒子（见图 13-19）做成标准器具，把零件盒做成足以储存 4 小时所需的零件或物料，产量提高 143%。

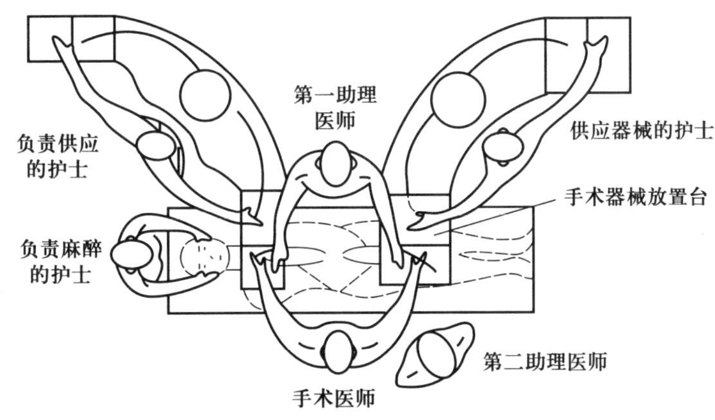

图 13-18　改良后的手术布置

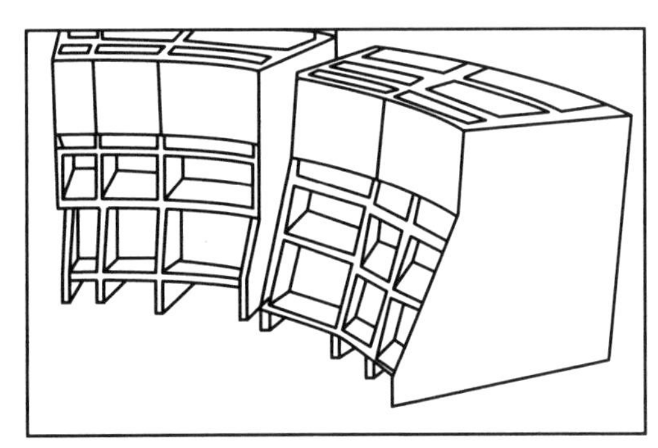

图 13-19　重力送料式标准零件盒

第六条原则:应有适当的照明设备,工作台、座椅式样及高度应使工作者保持良好的姿势及坐立适宜。

(1) 适当的照明可改善精细工作的视力疲劳。如某工厂原来装配一只电表需 45 min,且因为有些零件很小,需靠近眼睛才能看清,使眼睛过分疲劳而影响效率。照明设备经以下改善后,效率大为提高。台面上 B 为背景光线,选用暗白色或浅黄色为宜,应避免刺眼的光。当需用直接光照明时,踩下踏板 E,灯 A 即打开。经此改善,产量提高 20%(见图 13-20)。

(2) 关于座椅及工作台。图 13-21 即为一良好设计的座椅。工厂企业及机关广泛使用的工作台、工作椅,必须与使用者的各部位尺寸相吻合。合适的座椅应使坐者的重量压在臀部和骨架上,座椅的高度应稍稍低于小腿高。桌面的高度应与肘高相平,且桌面高应与一定的椅高相适应。

图 13-22 所示为桌面与座椅高度的关系,桌面应使在工作时小臂处于水平位置。若肘部低于桌面,则桌面的前沿压着小臂,会引起不舒服,桌面过低会使人驼背,对工作亦不利。站立工作时,桌面也应与肘相平。

第七条原则:尽量解除手的工作,而以夹具或足踏工具代替。

在操作过程中,常发现手在做持住的工作,把时间和力量用在非生产性的动作中。应设计出适当的钻具和夹具,以代替手去执行持住的动作;或以足踏代替手执行持住操作,而双手去

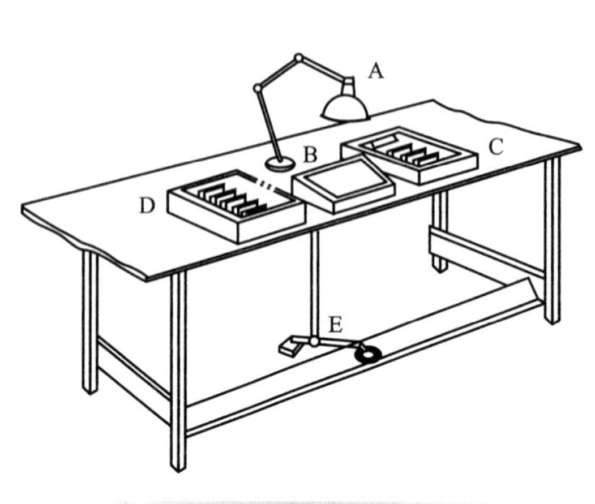

图 13-20 照明改善

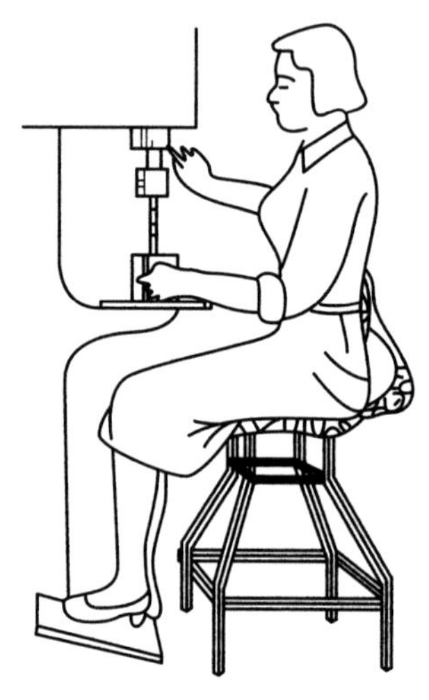

图 13-21 良好设计的座椅

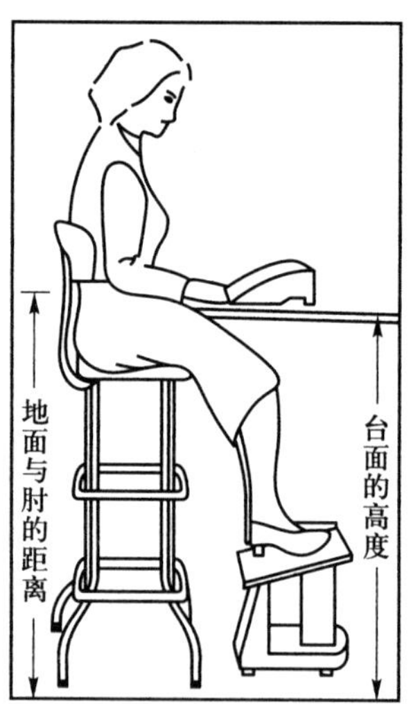

图 13-22 肘与桌面、椅高的位置

做其他具有生产性的动作。

第八条原则:可能时应将两种或两种以上工具合并为一。

【例 13-9】如图 13-23 所示为两用钉锤。

图 13-23 两用钉锤

第九条原则:手指分别工作时,各指负荷应按其本能予以分配。手柄的设计应尽可能与手接触面大;机器上的杠杆、手轮的位置应尽可能使工作者少变动其姿势。

一般情况下,人们都习惯用右手,认为右手比左手不易疲劳,而且灵巧。实际上,右手与左手能力之比为 100∶88.87,或简单认为 10∶9,相差并不大,所以可以训练双手工作。每个手指的能力则有一定的差别。如表 13-6 所示。

表 13-6 手指能力顺序

	左手				右手			
手指	小指	无名指	中指	食指	食指	中指	无名指	小指
能力顺序	8	7	5	3	1	2	4	6

第十条原则:工具及物料应尽可能预放在工作位置(事前定位)。

操作工人装配铸铁板的工序为:把螺母放到夹具里,再放一个钢垫圈在螺母上,随后将两铁板放到螺母和垫圈上面,把螺栓及上垫圈装到铁板的孔内。再从桌子的一边拿起电动扳手把它提到夹具之上,并把螺栓旋入螺母内直接紧固,最后把电动扳手送回工作台的一边。这一装配工序的正常工作时间为 19 秒,即 1 小时可完成 200 套装配件。问题在电动扳手重达 2.5 千克,在装配的过程中,每装配一套,电动扳手都必须拿起又放下各一次,而每天(8 小时)则要 3 200 次,3 200×2.5=8t/天,即操作者每天要提起 8 吨重的电动扳手。

事前定位是指把物料放到预先确定的位置上,以便需要用时能在使用它的地方拿到。有人做过试验,将工具放置的位置分为未预放、半预放和完全预放 3 种,则若以完全预放为需时 100 来表示,则半预放需时 123,未预放需时为 146。可见完全预放与未预放其效率相差 46%,见图 13-24。

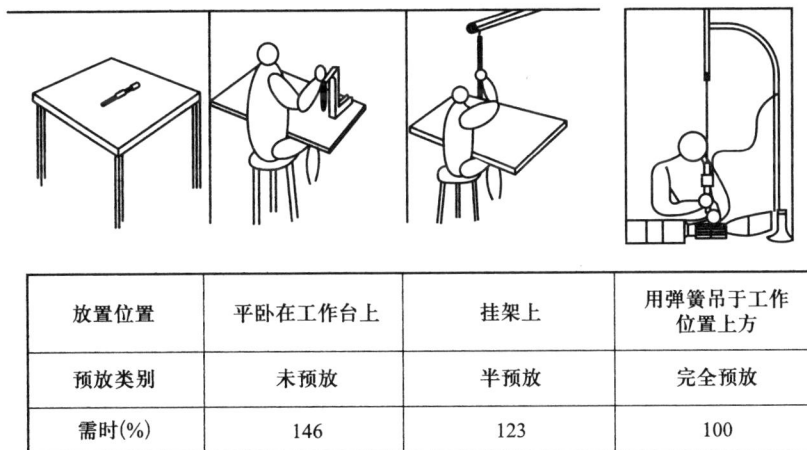

放置位置	平卧在工作台上	挂架上	用弹簧吊于工作位置上方
预放类别	未预放	半预放	完全预放
需时(%)	146	123	100

图 13-24 电动起子的试验

13.3 时间研究

13.3.1 时间研究概述

1. 时间研究的定义

时间研究是指在标准状态下,一位合格的操作者以正常速度操作所需要的时间。

由此可见,操作者必须是一个合格的工人,而且该作业必须适合他做。同时必须按正常速度工作,既不过度紧张,也不故意延误。操作者采用标准的工作方法,即操作设备、操作程序、动作、机器的运转速度及工作环境等都是标准的。

2. 时间研究的用途

工作时间标准不仅是评价生产能力、制定生产计划的依据,也是员工计件工资发放的依据,同时应用于产品成本核算。

13.3.2 时间研究的步骤

时间研究的步骤包括:①收集资料;②作业分解—划分操作单元;③测时;④评定正常时间;⑤确定宽放时间;⑥制定标准时间。

1. 收集资料

(1) 产品或零件的资料,包括产品零件的名称、材料和品质要求。

(2) 制造程序、方法、工厂或机器的资料。

(3) 操作者的资料,包括操作者姓名、性别、技术水平、学历。

(4) 研究的时间,包括开始时间、完成时间。

(5) 有关工作环境的资料,包括温度、湿度、照明、噪声以及其他影响操作者生理与心理的资料。

2. 作业分解——划分操作单元

思考题:

1. 为什么要划分操作单元?

2. 如何划分操作单元?

由于操作包含许多不同性质的动作,很难评比其快慢。因此应将操作分为若干单元,每一单元的动作性质相同,将各单元的时间加起来,即为整个操作的总时数。划分操作单元的原则如下:

(1) 每一操作单元应有明显易辨认的起点和终点。

(2) 人工操作单元应与机器单元分开。

(3) 不变单元与可变单元应分开。不变单元是指在各种情况下,其操作时间基本相等,如焊接操作中,手拿焊枪应为不变单元。而可变单元是指因加工对象的尺寸、大小、重量不同而变化的单元。在焊接操作中的焊缝所需时间随焊缝的长短而变化,故为可变单元。

3. 测时

(1) 现场记录。现场记录最常用的是连续测时法。此法为:当第一单元开始时,开动秒表,在整个研究过程中秒表指针不回零,而任其继续走动。仅当每一单元完毕时看指针并记录其表面时间,待全部记录完毕,再将两相邻单元的表面时间相减,以求得每一单元的时间。

【例 13-10】 某一操作共有 4 个单元,各单元记录如下:(秒表上 1 小格为 0.01 min,然而为简化记录起见,仅记为 09、15、28、32 等,省去记小数点的麻烦)

①		②		③		④	
T09	R09	T06	R15	T13	R28	T04	R32

R 为现场观测时,记录每一单元末的钟面上时间。

T 为该单元时间,由 R 连续相减求得。

如:第一单元时值为 9-0=9;第二单元时值为 15-9=6;第三单元时值为 28-15=13;第四单元时值为 32-28=4。

(2) 剔除异常值。记录之后,在计算平均值之前,必须剔除观测数值内的异常值。剔除异常值常用的方法是三倍标准差法。其计算方法如下:假设对某一操作单元观测 n 次所得时间为:$X_1, X_2, X_3, \cdots, X_n$。则平均值为:

$$X = \frac{X_1 + X_2 + X_3 + \cdots + X_n}{n} = \frac{\sum_{i=1}^{n} X_i}{n} \tag{13-1}$$

标准偏差为:

$$\sigma = \sqrt{\frac{(X_1 - X)^2 + (X_2 - X)^2 + \cdots + (X_n - X)^2}{n}} = \sqrt{\frac{\sum_{i=1}^{n} (X_i - X)^2}{n}} \tag{13-2}$$

正常值为 $x \pm 3\sigma$内的数值,超过者即为异常值。

偏差上限为 $x+3\sigma$,偏差下限为 $x-3\sigma$,在上限与下限之间均视为正常值,凡不在这个区内的数值,即异常值,应予以剔除。

【例 13-11】 某一操作单元,观测 20 次,其中漏记 1 次,其余 19 次观测数据如下:20、20、21、20、22、20、19、24、20、22、19、21、20、28、21、20、20、22、M、20。其中,M 表示失去记录,测时来不及记录某一个单元时间时用此字母。不能按估计随意补入,以免影响真实性。

解:$X = \frac{\sum_{i=1}^{n} X_i}{n} = \frac{399}{19} = 21$

$$\sigma = \sqrt{\frac{\sum_{i=1}^{n} (X_i - x)^2}{n}} = \sqrt{\frac{78}{19}} = 2.03 \approx 2$$

管制上限(UCL)= 21+(3×2)= 27

管制下限(LCL)= 21-(3×2)= 15

数值 28 大于 27,在管制上限之外,为异常值,应予以剔除。

4. 评定正常时间

根据上述步骤,已求出观测时间,但是观测时间仅为该操作者个人的平均操作时间,还不能作为标准时间。原因在于这个人的动作可能比标准动作快,也可能比标准动作慢。所以还需要利用“评比”予以修正。

何谓“评比”? 就是将观测到的操作者的操作速度与正常速度作比较。

什么是正常速度? 国际上是有标准的。比如:①行走——平均体力的男子,不带任何负荷,在平直道路上以 4.8 km/h 的速度行走。②分发扑克牌——30 s 内将 52 张扑克分成 4 堆的速度等。

各种操作水平与评比举例见表 13-7。

表 13-7 操作水平与评比举例

评比 正常=100	操作水平	相当行走速度 英里[①]/小时	km/h
67	甚慢;笨拙,摸索之动作 操作人似在半睡状态,对操作无兴趣	2	3.2
100	稳定,审慎,从容不迫,似非按件计酬 操作虽似乎缓慢,但经观察并无故意浪费行为(正规操作)	3	4.8
133	敏捷,动作干净利索、实际 很像平均合格之工人;确实可达到必要的质量标准及精度	4	6.4
167	甚快,操作人表现高度的自信与把握,动作敏捷 协调,远远超过一般训练有素的工人	5	8
200	非常快;需要特别努力及集中注意,但似乎不能保持长久 "美妙而精巧的操作",只有少数杰出工人才可办到	6	9.6

5. 确定宽放时间

正常时间评定时,没有考虑工人操作需要的停顿或休息。因此还需要考虑宽放时间。宽放时间的计算如下式所示:

$$宽放时间=正常时间\times宽放率 \tag{13-3}$$

宽放种类及宽放率的确定,详见本章附录。

6. 制定标准时间

由前面5个步骤可知,标准时间是最初用秒表测得的观测时间,经评比修正为正常时间。然后考虑宽放时间,最后得到标准时间。其观测时间、正常时间和标准时间三者关系如图13-25所示。

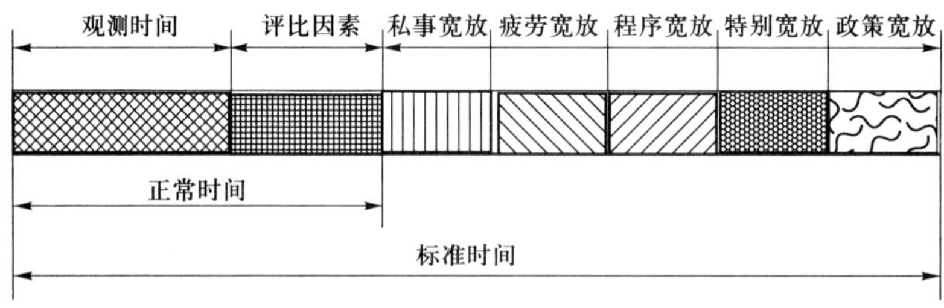

图 13-25 标准时间的构成

$$标准时间=正常时间+(正常时间\times宽放百分数)=正常时间\times(1+宽放率) \tag{13-4}$$

例如,某一单元观测时间为0.8 min,评比为110%,宽放比为5%,则:

$$正常时间=观测时间\times\frac{评比值}{正常值}=0.8\times\frac{110}{100}=0.88(\text{min})$$

$$标准时间=正常时间\times(1+宽放率)=0.88\times(1+5\%)=0.924(\text{min})$$

【例 13-12】观测某车床加工某种零件的标准时间如表13-8所示,将作业分解为5个作

① 1英里≈1.609千米。

业要素进行观测，然后求出每个作业要素的平均时间。

表 13-8 作业要素观测值

置零件于卡盘并压紧	13.2 秒
开车与进刀	3.0 秒
车削	27.0 秒
关车与退刀	12.0 秒
卸下零件	12.8 秒
小计：作业时间	68.0 秒

如果研究人员认为工人是在以 115%速度工作，比正常速度快 15%，则作业时间的观测值应调整为：

$$正常时间 = 68 \times (1+0.15) = 78.2(秒)$$

另外，调查发现个人生理需要时间占正常时间的 4%，疲劳时间占正常时间的 5%，不可避免的耽搁时间占正常时间的 3%，则总的宽放时间系数为 4%+5%+3% = 12%。

$$标准时间 = 78.2 \times (1+0.12) = 87.58(秒)$$

13.4 工作研究的实施步骤

工作研究的步骤如图 13-26 所示。

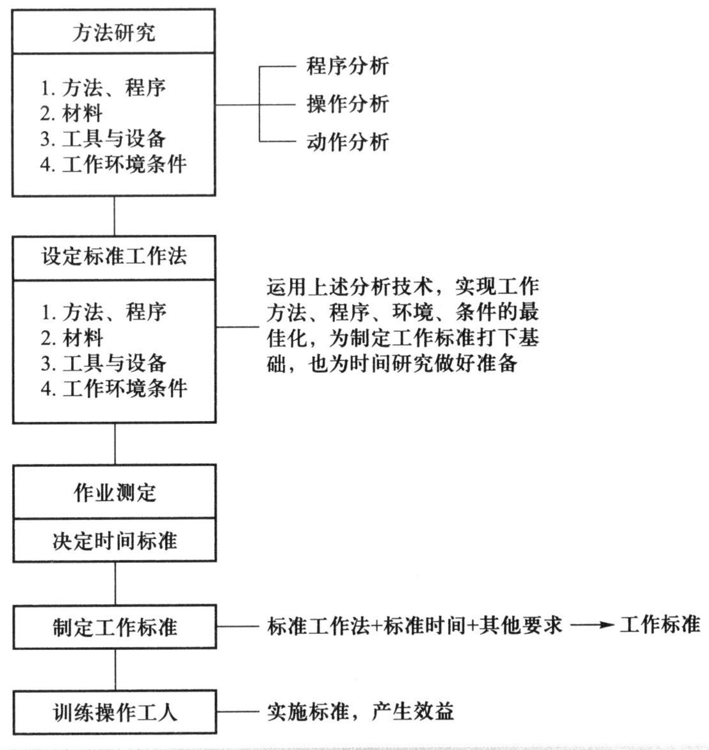

图 13-26 工作研究的实施步骤

第一步，方法研究。选择所要研究的工作。表 13-9 给出了一般的选择范围，大到制造流程，小到工人的动作，都是研究对象。选择对象时，首先考虑工作是否增益，如生产工序的瓶颈，长距离的物料搬运。其次，查明是否具备技术条件进行改进，如提高切削速度，技术上是否可行。最后考虑人的因素，工作研究以人为本，目的是让工人更轻松、更有效地工作，而不是更辛苦。

选择好研究对象后，观察现行方法，记录全部事实，以便分析。最常用的记录技术是图表法和图解法，参见表 13-9。

表 13-9 工作研究的选择范围和记录技术

作业类型	例子	记录技术
整个制造过程	从原材料投产到产品出产，包括：生产、准备、加工、装配、产品包装和发运	工艺程序图 流程程序图 流程图解（线路图、线图）
工厂平面布置： 物料的移动 工人的移动	某零件所有加工工序的过程 某零件在某工序间的移动	工艺程序图 流程程序图，线路图，线图
物料搬运	物料进出仓库	流程程序图，线路图
工作场所平面布置	钳工台上的装配工作	流程程序图，双手操作图，联合作业分析
集体作业	装配线，操纵半自动车床	联合作业分析，流程程序图
工人在工作时的动作	短循环重复工作的女工，要求高超手艺的操作	动作分析，人机程序分析图

第二步，设定标准工作方法。严格分析所记录的事实，制定新的工作方法，并评选新方法。对记录的每一件事逐项进行分析的内容包括：事情的目的、发生的地点、完成的顺序、当事人、采用的方法等。严格分析所用的方法是采用 5W1H 提问技术和 ECRS 四大原则。通过提问技术，发掘问题之所在，然后按照取消、合并、重排、简化（ECRS）原则来建立最经济的新方法。

按照上述步骤，改变工作方法和工作流程，优化工作环境，改进工具的优化组合，对新设计的方法进行可行性分析，从中选出最佳方案。

评选新方案时，考虑下述因素。

（1）经济性。比较分析每个方案成本，选择节省费用最多的方案。

（2）安全与管理。机械设备工具是否符合安全要求？是否便于维护保养，以及新方案是否有利于提高产品质量？是否有利于管理？

第三步，作业测定，计算标准时间。通过测时，利用评比系数修正，得到正常时间，进而利用宽放系数修正正常时间，最终得到标准时间。

第四步，制定工作标准。工作标准包括方法标准和时间标准。

（1）方法标准包括：制品的标准；原材料的标准化；机器设备和工具标准化；工作环境（照明、温度、湿度、噪声）标准化；动作标准化；作业指导书。

(2) 时间标准包括:人员或机器的每日工作量;单位零件或产品的标准时间;完成生产任务所需要的人数。

第五步,新方案的实施,训练操作工人,总结工作报告。按新方案培训和要求操作工人。将修订后的时间标准抄送给有关部门(质量管理、生产计划、物料采购等),同时写总结报告。其内容包括:

(1) 两种工作方法(现行的和改进的)的比较。

(2) 两种方法费用(包括材料成本、工作时间、设备、工作场所的布置等)上的比较。

(3) 工人和管理人员对新方案的体验和看法,如劳动强度有无减轻、操作方法有无改善,以及是否便于管理。

(4) 新方案的工作标准以及工作的时间标准。

本章小结

工作研究(work study,或 job study),指利用方法研究(methods study)和作业测定(work measurement)两大技术,分析影响工作效率的因素,改进工作方法。最终制定标准工作方法,以及作业的标准时间,从而消除人、物料、财力和时间方面的浪费,减轻工作强度,提高生产率和整体效益的一门科学管理技术。工作研究由方法研究与作业测定组成。方法研究主要是寻求最经济合理的工作方法,追求方法有效性,减少人员、机器、物料和操作的浪费,并使方法标准化。作业测定是在制定经济合理的工作方法的基础上,测定时间标准。工作研究最终目的是使人、机、物都贡献于有价值的工作上。

方法研究价值在于改进工作方法,取得效果包括:改善工作环境;节约生产场所、节约原材料;提高管理水平、提高劳动生产率、提高产品质量。作业测定(时间研究)用于测定员工工作业绩,作为工资发放和奖励的依据;核定单位产品加工工时,以及作为核算生产能力、生产日程安排计划和生产调度的重要依据。

方法研究的内容包括程序分析、操作分析和动作分析。程序分析时的 ECRS 四大原则指取消(eliminate)、合并(combine)、重排(rearrange)和简化(simple)。5W1H 提问指 5 个问题:what——做什么?where——何处做?when——何时做?who——由谁做?why——为什么这样做?how——怎么做?

动作经济的 10 条原则。第一条原则:双手的动作应同时且对称。第二条原则:人体的动作以尽量应用最低级而能得到满意结果为妥。第三条原则:尽可能利用物体的动能,曲线运动较方向突变的直线运动为佳,弹道式运动较受控制的运动轻快,动作尽可能使之有轻松的节奏。第四条原则:工具、物料应置于固定处所及工作者前面近处,并依最佳的工作顺序排列。第五条原则:零件、物料应尽量利用其重量坠送至工作者前面近处。第六条原则:应有适当的照明设备,工作台、座椅式样及高度应使工作者保持良好的姿势及坐立适宜。第七条原则:尽量解除手的工作,而以夹具或足踏工具代替。第八条原则:可能时应将两种或两种以上工具合并为一。第九条原则:手指分别工作时,各指负荷应按其本能予以分配。手柄的设计应尽可能与手接触面大;机器上的杠杆、手轮的位置应尽可能使工作者少变动其姿势。第十条原则:工具及物料应尽可能预放在工作位置(事前定位)。

时间研究的步骤包括:①收集资料;②作业分解—划分操作单元;③测时;④评定正常时间;⑤确定宽放时间;⑥制定标准时间。

思考题

1. 什么是工作研究?工作研究的指导思想、主要内容、特点、目的分别是什么?
2. 阐述方法研究的内容,以及方法研究的价值。
3. 什么是动作经济的10条原则?
4. 试阐述时间研究的步骤。
5. 如何评定正常时间?正常时间、观测时间和标准时间是什么关系?

即测即评

本章附录

第 14 章　员工管理

武器是战争的重要的因素，但不是决定的因素，决定的因素是人不是物。力量对比不但是军力和经济力的对比，而且是人力和人心的对比。

——毛泽东：《论持久战》

1. 了解员工管理的意义、员工管理的内容和流程。
2. 掌握工作设计的内容，分析工作设计的影响因素。
3. 了解激励的理论和方法，了解员工的心理期望及其激励方式。
4. 掌握几种计件制的计算方法。

引导案例

制造企业工作设计与员工激励

某制造公司主要生产小型家用电器，如烤炉、手持搅拌器、咖啡壶等。除了这些产品中用的小型马达、加热元件是外购之外，其他零部件则自制。产品加工包括模锻、机床加工、电镀、油漆以及装配等工序。

上述工序由 200 个工人完成，这些工人采用计时工资。发放的工资为该地区同类工资的平均水平。但是，公司总经理孙德才发现最近两个月工人缺额较多，每天的缺勤率高达 8%～10%。于是他命令人事经理王有法调查发生空缺和缺勤率高的原因。

王有法进了总经理办公室，汇报了空缺的原因。他说："目前缺的都是技术岗位的员工，这些员工都到别的公司去了。虽然没有一个公司的工资高于我们，但是别的公司福利比我们稍高一些，在当前劳力市场较紧的情况下，这个差别就有了较大的影响。"

总经理说："我建议我们好好地研究一下福利问题。等你去调查了别的企业福利情况后，看看我们公司应采取什么样的福利标准。为了提高产品质量和生产率，我们也要提高职工福利。"

1 个月后，公司改进了福利制度，这些福利包括节日、假期、医疗保险和病假等制度。改进这些制度以后，该公司在福利方面已达到该地区的中上水平。由于提高了福利水平，该公司已经能够及时雇用缺额工人，缺勤率也降低了。

虽然福利提高解决了员工空缺和缺勤率高问题，但是员工的生产率仍然不理想。除了机工车间、电镀和油漆车间生产率达到既定指标的90%，锻压车间的生产率指标仅是既定指标的70%。装配车间则更低，仅为既定指标的60%。还有质量问题突出，而且无法追溯质量责任人。

调查发现，锻压车间生产率低，原因有两个方面：①锻压车间操作工人制造冲压件，只要按下操作按钮，拿开冲压件即可，工作简单乏味。②冲压设备经常出现故障停机，从而影响生产。

装配车间虽然有工时定额要求，但是装配流水线上的工人平均分享超产奖励，缺乏激励性奖励制度，存在吃大锅饭现象。因此，工人士气低落，生产率、质量问题突出。

总经理召开会议讨论如何解决两个车间存在的问题。负责维修的董经理说："在锻压车间可以让操作工人负责设备的调整和小修理，我们维修车间负责设备的大修和定期预防维修工作。设备的小修和日常维修由操作工人自己来做，这样不仅解决设备故障停机影响生产的问题，而且由于工作扩大化，可以调动员工工作积极性，克服员工单调工作所带来的精神厌倦。"

"操作工人承担设备小修工作，那么他们就是技术工，而不是半技术工。相应地我们要给操作工人更高的工资。"人事经理的王经理插嘴说，"另外，我们还要对操作工进行培训，合适的培训师不好找，培训费用也很高。"

在讨论如何解决装配车间生产率和质量问题时，人事经理说："既然有吃大锅饭现象，那就让每个人装配全套产品，并负责包装和检验全套产品。包装以后，在箱内附上检查负责人的标签，我想我们将会更好地控制产品的质量。"

"但是装配只有一个车间，装配空间不够！"装配车间主任说。

"改造装配车间，使车间布局更合理，那么空间还是足够的。工人一直抱怨目前工时定额不合理，需要工程部门重新制定工时定额。已经有多位工人反映各人分配任务不公平，管理人员把好干的活儿、计件报酬高的活儿分配给与自己关系好的人……"

思考题：

1. 员工流失，缺勤率高，原因是什么，如何解决？

2. 如何给员工发放工资和福利？计时工资和计件工资分别有什么优点和缺点？如何应用这两种制度进行员工工资发放？

3. 如何做好工作设计？为了调动操作工的工作积极性，除了工作丰富化之外，还有什么办法？

4. 管理与组织简单产品的装配工作，有两种方式：①建立一条装配线，团队员工分别负责一道或两道装配工序，大家一起完成装配任务，并平均分享超产奖励。②每个人装配全套产品，按计件制给员工报酬。试分析这两种组织管理方式的优缺点、适用范围。

5. 激励员工是企业管理的核心问题，请结合企业案例调查研究，讨论分析如何做好这项工作。

员工管理之所以重要,原因在于:生产作业需要员工来完成。产量多少、质量高低、成本大小,很大程度上依赖员工的工作技能和工作积极性。企业管理就是管人、管钱、管物。其中,管人是最富有科学性和艺术性的工作。

正因为管理员工的重要性,企业成立专门部门——人力资源部,负责员工的招聘、岗位设计、员工考核和薪酬管理。员工管理既是总公司层面战略规划问题,又是基层员工计件薪酬和员工激励问题。

本章首先阐述员工管理的主要内容和流程。其次,阐述工作设计的内容,分析工作设计的影响因素。再次,阐述员工激励的理论和方法,并指出沟通管理意义和沟通管理的要点。最后,介绍几种工资发放方案,重点分析几种计件工资奖励制度的原理、优缺点和适用范围。

14.1 员工管理概论

14.1.1 员工管理的内容

员工管理主要内容有:①工作设计;②员工激励;③沟通管理;④员工考核和薪酬管理。其他重要内容如对员工的领导、监督暂不讨论。

14.1.2 员工管理的流程(见图14-1)

首先根据企业发展战略目标,制定年度经营目标,再将年度目标分解到各车间、各生产单位和部门。目标分解,责任到人,进行岗位分析与工作设计,明确各人生产任务、工作方法和

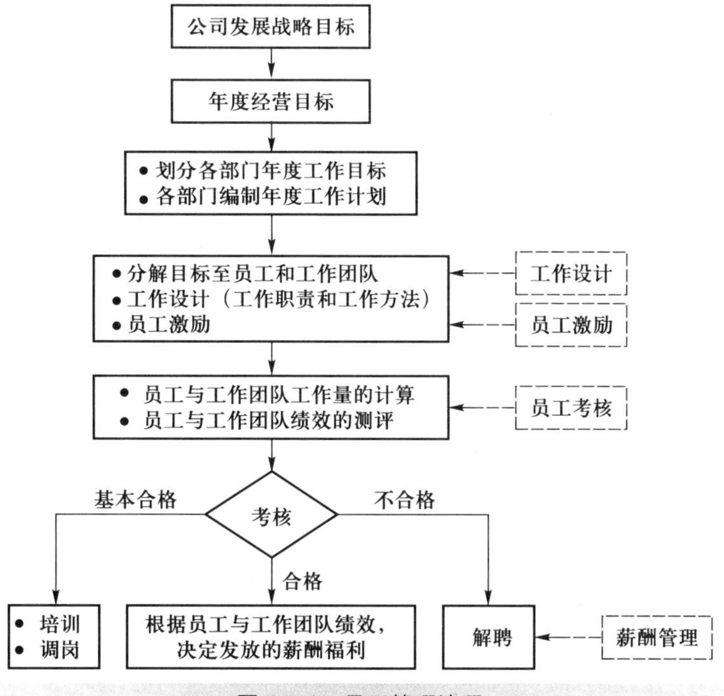

图14-1 员工管理流程

管理职责。其次,做好员工激励工作,调动员工工作积极性。同时做好员工沟通工作,避免内耗。最后对员工进行绩效考核,根据考核结果对员工进行奖惩。对于优秀员工,除了发放工资之外,还发放奖金。对于考核不合格员工,则调岗和培训,甚至解聘。

14.2 工作设计

14.2.1 什么是工作设计

工作设计指企业根据目标,并考虑员工技能和心理需求,合理分配一个人或团队的任务,指导和激励员工和团队按正确工作方法完成任务。其目的是按照企业发展目标、工作岗位对员工技术和能力要求,合理分配员工工作,明确工作责任,指导员工按科学方法和规程进行操作。通过满足员工心理需求,激励和约束员工完成生产任务。工作设计关键点和难点是如何激励和约束员工,发挥员工专业特长和工作积极性。

14.2.2 工作设计的内容

工作设计是一项复杂工作,涉及组织目标、技术和人的心理需求。必须对下列问题做出决定:谁完成工作? 在何地完成? 怎样完成? 从图 14-2 中可以看出,工作设计的内容如下:

(1) 做什么(what)。生产任务,如每周、每日加工零件的型号及数量。

(2) 由谁做(who)。有些任务和岗位对员工的能力、资历有要求。除了考虑员工能力和资历之外,还要考虑员工的情绪、责任心。有时候出于培养新员工和后备干部的考虑,优先考虑新手来承担任务。

(3) 为何做(why)。为了激励员工完成生产任务,有必要与员工说明完成该任务的意义。从员工所完成生产任务对组织目标的贡献角度来激励员工,正面引导员工。同时,说明工作具体考核要求和薪酬,将员工的贡献与自身利益紧密联系,将考核压力传递给员工,约束员工不良行为。基于正面引导激励、考核约束和薪酬奖励这 3 个方面规范员工行为,并让员工积极完成任务。

(4) 怎样做(how)。员工明确做什么、为什么要做之后,还要明确如何做更有效。这就是“怎样做”。包括:①工作研究、工作指导,详细见 13 章工作研究。②组织授权、组织协调。告诉员工哪些工作自我决策,哪些工作需要请示。

(5) 何处做(where)。工作地点、工作场所(车间和设备)。

(6) 何时做(when)。规定工作开始时间和结束时间。特别是要明确任务完成的截止日期,控制完工日期的无限期膨胀。

14.2.3 工作设计的影响因素

影响工作设计的因素包括:企业目标和部门生产任务,人的心理需求,以及技术进步对生产和人的心理所带来的影响。

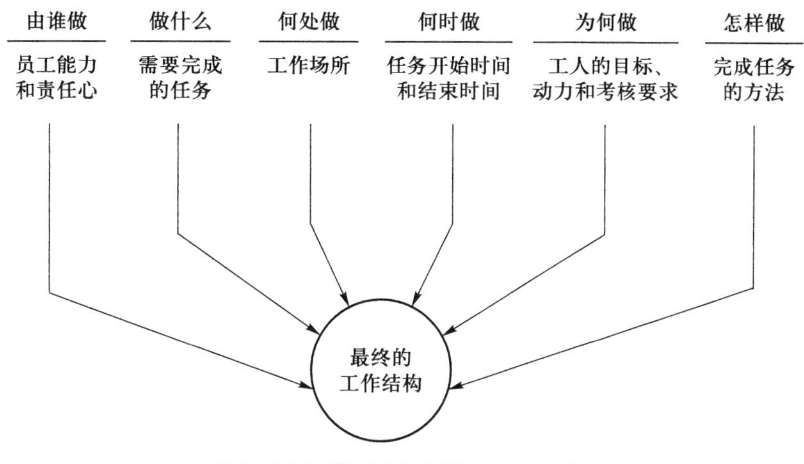

图 14-2 工作设计内容

（1）企业目标和部门生产任务。企业年度目标制定后，将目标分解、落实到各部门，各部门将本部门任务责任落实到个人。围绕组织目标，设立各种工作岗位，对各岗位规定完成的工作量、学历和资历的要求，并提供工作条件。岗位的设计遵循“因事设岗”原则，避免“因人设岗”。

（2）人的心理需求——专业化分工和工作内容丰富化，个人工作和团队工作。一方面，专业化分工和生产流水线大大促进了社会发展；另一方面，生产线流水线上的工人，工作单调乏味。因此，许多人批评“生产线上的工人像机器一样工作”。生理学家 D. A. 伯恩斯坦（Bernstein）和 T. M. 阿洛威主张用动物来完成不需要人类智力的工作，并指出：“当我们学会派鸟去做鸟的工作时，人类的生存将大大地得以改善。”专业化的利弊分析参阅表 14-1。

虽然有一小部分工人不喜欢做费脑筋工作，但是员工对生产线工作不满，这是相当普遍的现象。岗位工作设计就是要解决这个突出问题。解决的办法包括工作内容的扩大（job enlargement）和团队工作（team work）。

① 工作内容的扩大。工作内容的扩大有两类：一是内容在水平方向上扩大——工人做整个工作；二是内容在垂直方向上扩大——工人工作涉及计划、组织和检验等方面，工人对自己的工作有一定的管理权力。

下面举个简单的例子来说明工作内容扩大的意义。某公司装配生产液压泵。原来这些工作分配给 13 个工人，每人承担一小部分。这些工人是半熟练工人，对工作已经感到厌烦。这时公司每周六对工人们进行理论和实践方面的培训，让工人做更多工作——13 个岗位压缩成 7 个；等工人掌握更多技术后，进一步压缩成 4 个岗位。由于工作内容扩大和周末培训，工人们开始成为熟练工人。感觉工作充实，并自觉负起质量责任。

上面例子说明了工作内容扩大的作用与意义。但是，仍有一些问题需要解决。比如，多少道工序才合适？一人负责两道工序好，还是四道工序更好一些？工人文化程度差异对内容扩大化有什么影响？

② 团队工作。每个人工作时只负责一部分工作，如一道工序。团队工作则是由多人组成一个小组，自主决定工作方法和产出速度，共同完成工作任务，小组成员的收入与小组的产出

表 14-1 劳动专业化的利弊

专业化的好处:	
管理方面: 1. 可迅速地培训劳动力; 2. 容易招收新工人; 3. 由于工作简单和重复性强,产量非常高; 4. 由于劳动力容易替代,工人工资低; 5. 对工作流程和负荷可以严格控制。	工人方面: 1. 对产量所负的责任小; 2. 不需要脑力劳动; 3. 工人不需要或需要很少的教育即可上岗工作。
专业化的缺点:	
管理方面: 1. 由于整个产品不是某一人负责,产品质量难于控制。 2. 由于工人不满造成“隐蔽”费用,原因在于: a. 离职; b. 缺勤; c. 怠工; d. 怨言; e. 有意扰乱生产。	工人方面: 1. 工作单调重复,工人感到厌烦; 2. 难以从工作中得到满足; 3. 对工作节拍无法或很难控制,造成工人沮丧和疲劳(如在装配线上的工作); 4. 很少有提高机会,因为所做的只是整个工作的一小部分,学习机会甚微; 5. 很少有机会通过研究来显示自己的创造能力; 6. 由于工作时总用同一肌肉,因而造成局部肌肉的疲劳,易患职业病; 7. 由于工作场地布局的限制,很少有机会与其他工人交流思想。

挂钩。1972 年阿尔钦和德姆塞茨提出团队理论。该理论基本思想是:全员参与,调动每个人的积极性和创造性,取得“1+1>2”的良好效果。

典型的例子是日本的 QC(quality control)小组。该小组由来自一个班组,或不同班组的几名工人自愿组成,小组成员每周或每天碰头,研究解决工作中问题(如质量问题、操作方法问题、设备和工具改造问题),提出合理化建议,交给管理部门决策。QC 小组对日本企业的产品质量、生产率提高起了很大作用。同时,提高了员工工作积极性,改善了员工与员工之间、员工与经营者之间的关系。

团队工作是提高生产率,还是降低生产率?存在两种完全不同的观点。

A. 团队工作降低生产率的例子。阿尔钦和德姆塞茨指出团队化生产中存在“搭便车”和“吃大锅饭”问题。由于不能根据每一个成员的贡献,支付其该得的报酬,给偷懒者提供了“搭便车”机会。长此以往,贡献大的人也不再努力工作,从而导致生产率下降。这就是团队化生产引发的“搭便车”问题,最终导致企业生产率降低。

B. 团队工作提高生产率的例子。汉密尔顿(Hamilton)研究加利福尼亚州一家内衣工厂团队化生产和团体计件工资制所带来的产出效应,发现这家内衣工厂实行团队化生产和团体计件工资制后,员工的平均生产率上升了 14%。而且员工之间的生产能力差异越大,团队化生产所带来的产出效应也越大。原因是:团队化生产,引发员工之间相互学习,从而发挥了团队作用,由此提高的效率抵消与克服了“搭便车”效率低下问题,从而大大提高了生产效率。

案例分析14-1

医疗器械装配车间的工作设计

有一医疗器械生产企业，对工人的技术水平没有太高要求。装配车间的生产线工人虽然对他们的工资和工作条件比较满意，但是强烈地厌恶他们的单调工作。原因是员工孤立地固定在生产线工作岗位上，缺乏社会交往。这样工人感觉自己默默无闻，工作完全不人性化。因此有必要开展操作工人工作丰富化研究。

该车间有一条装配流水线，工人总数35人，其中29个女装配工，分别负责同一条传送线上的一道工序。其余6个人负责检验和供应原料。为了减少疲劳和避免单调感，工人们每两个小时轮换一次岗位。在目前生产管理方式中，当出现产品质量问题时，尚无人负责。

研究人员设计2种新方案，并与原方案（方案A）对比。

方案A（流水线装配）：6个工人作为辅助工，负责原料的供应，并按照流水线节奏为装配线上29个装配工人供应生产材料。

方案B（小组装配）：与方案A不同之处就是取消了传送带，但其他条件相同，操作的速度和产出量完全由工人自己来决定。

方案C（个人装配）：每个女工在她自己的岗位上完成全部9道工序，并负责领取她所需要的零件、检查零件和负责最后装配的质量。事前培训员工，并取消传送带。

经过2天运转后，方案C（个人装配）的生产率达到方案A（流水线装配）的95%，方案B（小组装配）的生产率大大落后于方案A（流水线装配）。

方案C（个人装配）的生产率在逐日增长，到第6天时平均产量已经超过了方案A（流水线装配）的平均产量。而且由于独立装配，每个工人生产率的差异显现出来，一些女工生产量超过流水线30%~40%，而且质量水平大大提高了，检验最后装配件和供应零件的6名辅助工人也取消了。

实验结果表明：凡是参加方案C（个人装配）的工人，都更加热爱工作，更加努力，并希望承担更大职责。当试验结束让她们回到原来的流水线工作岗位时，她们根本不喜欢流水线那种不需要人负责的生产方式。

思考题：

1. 为什么个人装配效率高于流水线装配效率？

2. 工作设计时，什么情况下采用个人工作方式？什么情况下采用团队工作方式？如何提高个人工作和团队工作的生产率？如何考核和激励个人和团队？

3. 技术进步。传统生产主要依靠人工，生产率取决于员工技巧是否娴熟，以及工作责任心。随着技术进步，特别是网络技术发展以及自动化生产线广泛应用，生产技术智能化程度很高，员工的手工作用下降，机器将代替工人。当然也有人提出反对意见，认为机器无法代替工人。代工王——富士康的“机器换人”就是典型例子。

案例分析14-2

包吃包住月薪3 500招不到人，富士康要上线4万台机器人

2016年国庆期间，外媒DigiTimes报道称，富士康有超过4万台机器人全面参与到公司的生产流程中。昆山富士康工厂的员工数量从以前最高的11万人缩减到目前的不足5万人。大幅度减员的原因为：一方面富士康将产能转移向中西部地区，昆山方面订单逐步减少；另一方面，机器人替代员工。普遍观点是智能机器人在制造业中更广泛地应用，这是一个不可逆转的潮流。

事实上，近年来长三角缺工率较大，富士康时常遭遇周期性缺工，包吃包住，月薪3 500元仍招不到人。随着人力成本不断攀升，规模化生产后报价降低，以及年轻人逐渐厌恶枯燥的生产线工作，在众多压力下，富士康开始着手利用机器人技术，减少人力成本。

此前，中国大陆人力成本一直低于机器人，因此富士康在大陆一直维持着近百万人的用工规模。那么，现在大规模用机器换人，与传统人力相比，工业机器人有多大优势？特别是工业机器人投资较大，需要多长时间收回投资成本？

假如一家工厂需要三个成熟的焊接工人，那么工厂每年需花费21.6万元成本，工业机器人按10年使用寿命折旧(含维护费用)来算，每年的成本约5万元，因此可以得出，在同样的效益下，工业机器人成本仅为人力成本的23%。

“短期来看，换机器人的成本比传统人力的成本高。长期看下来，一次性投入的成本是比较大，但到后面3~5年内就能收回成本。所以，从这个角度去测算的话，一次性投入使用机器人还是合算的。”

“高精密产品的生产需要一些稳定性更好、更尖端的设备，需要一些更高水平的自动化装备。由于机器人稳定性很好，又是高精尖的产品，而劳动密集型产业属于中低端的产业，因此，富士康的转型也是往中高端的产业考虑。富士康用‘机器人换人’说明其自动化水平的提高，我认为主要是从提高科技竞争力和劳动生产率两个角度来考虑的，不仅仅是从劳动力成本上升来考虑的。”亚洲制造业协会、国际机器人及智能装备产业联盟首席执行官罗军说。

据预测，到2030年，中国劳动力人数将从2015年时的8.063亿下滑至7.582亿。然而，削减成本、提高生产效率，以及投资机器人持续缩短的投资回收期，似乎才是关键的决定性因素。

富士康要上线4万台机器人，那么蓝领还有饭碗吗？工程师有自己的看法：“昆山工厂是有机器人替换，可是再多机器人还是离不开人的嘛。我们昆山工厂一直是有机器人的，已部分实现自动化无人生产。要说替代的话，1 000个机器人顶多代替100个人，不会超过10%。人员其实都是自然流失的，因为产能的减少及产能的搬迁。机器人只能做一些简单的、重复的动作，组装方面机器人是搞不定的，要靠手工组装，离不开人的。”

富士康昆山工厂的一位干部也表示，在劳动力短缺和人力成本上涨等因素的压力下，富士康肯定是希望通过机器人来弥补用工空缺并摆脱对不可持续的廉价劳动力的依赖，可是，机器人在使用方面还是有局限的，机器人只能胜任简单机械的比较前端的流水线操作，而给iPhone上组装螺丝这种需要灵活度和精准度的活儿，机器人目前还很难胜任，它们欠缺灵活性与精度，本身的维护成本高，机器人替代的工序不到50%。

虎嗅网知名作家王新喜评论表示，富士康通过大量机器人，或者说只是简单的机械臂驱动的相关生产线，可能无法适应未来苹果更高的质量要求。因为通过引进大量机器人来代替流水线工人，这意味着富士康需要长时间保留与沿袭着原有的机器人对应的生产线，但苹果对质量与品质的要求是不断变化与提升的。

王新喜表示，对于一家紧跟当前智能手机龙头订单的代工厂而言，员工比当前智能化程度不高的机器人具备更大的灵活性，一旦在苹果对新的零部件要求有变动的情况下，可以迅速配备不同的员工调整生产线，跟进需求变化。

"熟练技工与高素质的产业工人才是苹果供应商的核心优势，只有他们才能应对紧急需求的改变，提升技术标准来应对创新需求的冲击。如果机器人可以轻易代替人力生产 iPhone，那富可敌国的苹果为何不自己建立机器人工厂来批量生产呢？富士康的价值又在哪里？这值得富士康好好反思。"

资料来源：夏冰．包吃包住月薪 3 500 招不到人，富士康要上线 4 万台机器人．新浪网．

思考题：

1. 高度机械化的装配线和人工装配线相比，哪个单位产品生产成本更低？在考虑设备巨额投资费用，以及新产品不断推出，产品生命周期缩短的情况下，高度机械化装配线投资是否划算？

2. 有人认为机器将代替工人，有人则认为机器无法完全代替工人，你的观点是什么？

14.3 员工的激励

14.3.1 什么是激励

激励就是鼓舞士气，调动员工的积极性。具体讲来，激励首先是激，即激发员工的动力，让员工愿意干。其次是鼓励、奖励。当员工干得好时，领导要给员工鼓励，如掌声、奖金、晋升等。"激"与"励"前后两个阶段形成闭环系统。

影响生产率的主要因素包括：①工作环境；②员工能力；③激励。如图 14-3 所示。有效激励可显著提高员工工作积极性，唤起员工工作责任心，进而提高生产率和产品质量，因此激励员工是员工管理的重要内容。

14.3.2 工作激励的理论基础

有人认为追求权欲是重要的激励因素，有的人则认为追求高薪是重要的激励因素，还有的人则认为追求个性、自由、淡泊名利是激励的基本源泉。这里主要介绍马斯洛的需求理论、赫茨伯格的双因素理论、弗鲁姆的期望模式理论、亚当斯的公平激励理论，以及洛克(Locke)的目标设置理论。

1. 马斯洛的需求理论

马斯洛(Maslow)认为人有五种需求：

(1) 生理需求。开门七件事：柴、米、油、盐、酱、醋、茶。企业给员工的工资报酬首

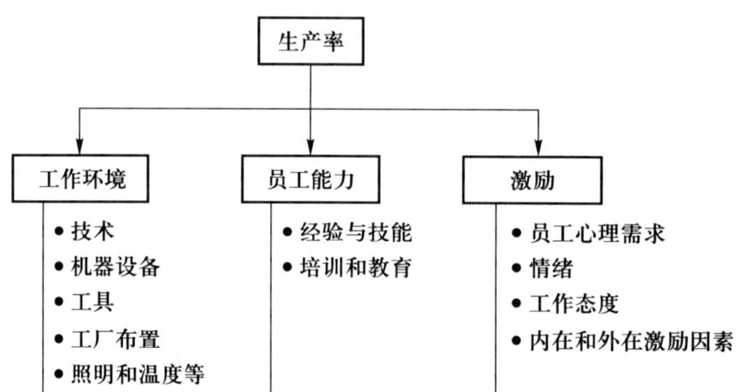

图 14-3 影响员工生产率的主要因素

先必须确保员工个人和家庭的日常生活开支。一旦吃、穿、住、行这些日常生活需求满足后,代之而起的是较高一级的需求。

(2) 安全需求。当生理需求得到满足后,安全需求将上升为主要的激励因素。安全需求包含了心理上的安全期望和生理上的安全感。生理上的安全感主要表现为人身和住所安全。

心理上的安全期望主要表现为两个方面:一是员工追求稳定的工作、稳定的收入。当企业进行变革时,容易遭到人们阻碍与反对。原因在于:变革对人们意味着某种新的、不熟悉的东西,对大家有一种心理上的威胁。二是忧患意识,对未来可能发生的困难能解决。社会发展具有高度不确定性,企业人员容易失业。因此,失业补助金、抚恤金、解雇金等形式的经济保险,就是满足人们心理安全感方面的需求。心理上的安全期望对管理来说具有特别重要的意义。

(3) 感情和归属的需求。正如家庭成员有家庭归属需求一样,员工都有希望成为工作群体中一员这种归属需求。与奖金和领导的重视相比,员工更看重小工作群体归属感,更忠心于属于自己的工作群体。

(4) 受人尊重的需求。受人尊重的需求指人们希望别人承认和赏识自己。希望自己被人赏识,受人尊重,追求威望和地位,这种对威望和地位的需求是人们获得成就的一个重要因素。即使一个平庸的员工,不想追求成就,但也希望被人尊重。"士可杀不可辱",反映了对人尊重的重要性。

(5) 自我实现的需求。自我实现的需求就是有志向的人们需要体现自我才干,实现人生价值。自我实现有多种形式,如画家、音乐家、作曲家创造作品,这是他们自我才能的体现。

但是完全地自我实现是很少见的,可能原因在于,只有最低限度的需求如生理、安全的需求必须得到满足以后,自我实现的需求才能上升为人们生活中的主要激励因素。连吃饭问题都没解决的情况下,依然坚持理想的人毕竟是少数。

马斯洛的需求层次并不是一成不变的。对一些人来说,人生的追求是获得威信、财富和社会地位,而不顾及感情和归属需求。那些面临着长期失业的人员,只期望获得基本生理需求的满足,根本不想自我实现的需求。马斯洛的需求层次理论对于员工管理是非常有价值的。

2. 双因素理论

双因素理论又称激励保健理论(Hygiene-Motivational Factors),由美国心理学家赫茨伯格于 1959 年提出。赫茨伯格认为:"激励可以减少工人的不满情绪,避免消极怠工,降低旷工率,提高产品质量。"

该理论认为,引起人们工作动机的因素主要有两个:一是激励因素;二是保健因素。为了方便理解,在此将双因素改为"内在激励因素"和"外在激励因素"。

内在激励因素指发自内心、主动要求工作的因素。这些因素包括:①兴趣爱好。热爱工作是因为工作带来快乐。②由于良好的工作成绩而得到的奖励,工作有成就感。③对未来发展的期望。④职务上的责任感和职业得到发展等。

这些因素是积极的,影响人的工作动机,并长期起主要作用,是员工工作动机的源泉。

外在激励因素指能消除员工不满的因素。这些因素虽然不能真正激发员工的积极性,却能消除员工的不满。这些因素主要包括:①薪水,包括直接发放工资(基本工资+奖金)和间接发放工资(福利)。②工作条件(劳动强度、工作时间、安全性)。工作条件好坏可从劳动强度、工作时间长短和安全性三个方面衡量。操作设备和工具先进,工作劳动强度适中。提供弹性工作时间。工作条件好,如工作场所干净卫生,温度合适,通风良好,安全舒适,没有噪声、有毒有害气体。③公司的政策和管理制度。④人事关系(同事、上下级关系)。⑤领导水平。调查表明,一个无能的领导导致员工强烈不满,领导水平高低会影响员工工作积极性。⑥地位和福利等。

内在激励因素和外在激励因素这两种因素难以区别,具有双面性。不同职业的人,不同阶层的人,对两个因素的反应是不同的。比如薪水,对生活富裕的员工是外在激励因素;对靠工资过日子的穷苦员工而言,工资是第一位的。"穷人为钱卖命,富人以钱换命。"

3. 期望模式理论

弗鲁姆(Vroom,1964)认为:某一行动的价值,以及实现目标的期望概率,这两者直接决定了激励因素的大小。用公式表示为:

$$激励=价值\times期望概率$$

这个理论说明:人们只有在预期其行动能达到其期望的目标,并有可能实现这个目标的情况下,才能激发积极性。"重赏之下必有勇夫",原因在于赏重(价值大),虽然风险大,实现的可能性小,但是激励作用大,仍有人去冒险。

4. 公平激励理论

亚当斯(Adams,1963)认为:员工激励不仅受报酬绝对数量的影响,更受到报酬相对数量的影响。该理论强调公平报酬的重要性。如果激励机制的设计违背公平原则,将导致激励效果的下降。比如,在同一单位工作的人,如果偷懒的人与勤奋的人拿到相同的工资报酬,其结果就是大家都偷懒。这个理论与我国"不患贫而患不均"具有异曲同工之理。

5. 目标设置理论

洛克的目标设置理论认为,目标是激励因素,员工管理需要给员工设置工作目标、任务和要求。

弗鲁姆的期望模式理论、亚当斯的公平激励理论、洛克的目标设置理论表明:根据人们的行为动机以及目标设置,将个人需要、期望与工作目标结合起来,能够充分调动和发挥生产者的主动性和创造性。

14.3.3 定额、计件制与员工激励

1. 计件制实施效果的差异

为了激励基层员工,泰勒时代提出的计件制,至今在长三角民营制造企业广泛应用。但是计件制实施效果差异较大,对计件制的评价也完全不同。

(1) 计件制实施效果良好的例子。有一家玻璃公司实行计件工资制。通过收集该公司3 000名工人的样本数据,实证研究业绩工资对生产率的影响。研究结果表明:①实行计件工资制后,工人的平均生产率大约提高 35%,计件工资制对工人平均产出有显著影响。②平均产出的增加,归因于业绩工资具有的激励效应和筛选效应,即基于个人产出的业绩工资吸引和保留了更多生产率高的员工。这种筛选效应在 35% 的生产率增量中约占 1/3。③业绩工资引起的平均生产率提高使企业和员工双方受益,但并不一定会增加企业的利润。原因是劳动力成本和业绩考核成本也相应上升。

(2) 计件制实施效果一般的例子。怀特(Whyte)认为:计件制只对 10%的生产工人有效,其他 90%的人不愿更多地生产,即便更多的产量意味着更多的工资收入。

2. 两类工人:群体响应者和定额破坏者

为什么 90%的员工不愿更多地生产呢?特别是当更多的产量意味着更多的工资收入时,原因在于:工人分为两类,即定额破坏者和群体响应者,这两类工人的心理期望是完全不同的。

(1) 第一类工人:群体响应者。

装配线工作的工人,由于早年努力不够,或者家庭不幸福,或个人性格偏执,因此没有受到良好教育。这些人大都学历低,没有技术,做一些单调重复的日常工作,没什么社会地位、威望,很难赢得别人的尊敬。他们满足于生理的和安全的基本需求,如能被尊敬,那就很满足了,基本没有自我实现的需求。即怀特所说 90%对奖励没有反响的人。其特点为:遵从群体关于保持一致的要求,对奖金没有反响。这些人被称为群体响应者。

群体响应者这一类工人的心理显著特征是:①上进心明显不足,尤其是那些受到挫折且心灵受到创伤的人,可能对社会不满,并怀有敌意,思想上往往顽固不化。②总是从怀疑角度看待管理。只要工作上稍有变动,就认为是增加他们的工作量,或者是要裁减工人。

群体响应者这类群体工人的心理期望是:

① 满足于现状。如果对他们提出高要求,由于他们能力有限,多年的受挫经历使其丧失信心,这种做法往往让他们失望。

② 与群体行为一致。“物以类聚,人以群分。”工人具有同样背景、同样生活水平。他们在同一车间、同一生产线,组成一个群体。虽然被人尊敬和自我实现的道路走不通,但是满足于参加一个群体,群体成员的资格也满足了他们的归属需求。

③ 参加一个群体的代价,即与大家态度和行为保持一致。由于他们以怀疑态度看待管理,他们限制产出。即使有能力超额完成任务,也不愿意通过超产,揭露群体的行为。“枪打出头鸟”的古训深入人心。因此宁愿放弃受尊敬和自我实现的机会,也不愿响应号召做定额破坏者。

（2）第二类工人：定额破坏者。

什么是定额破坏者？大约10%的工人，他们拒绝遵从群体关于保持一致的要求，对奖金作出反响。这些人被称为定额破坏者。

定额破坏者之所以积极响应公司管理要求，努力降低成本和提高生产率，原因也并不完全是为了响应企业的奖励计划。这些定额破坏者追求个人成就，通常都是“孤独人物”，一般出身于追求美德和具有经济独立意识的家庭。他们相信通过自己的努力能改变命运。

3. 定额的激励作用

上述分析表明，金钱奖励手段激励生产工人时，大多数情况下效果不明显，仅对10%的人有效。而对金钱奖励作出反应的，也不是完全为了钱，而是为了改变自己命运。事实上，许多公司对奖励计划是满意的，而且认为这些计划降低了成本，提高了生产率。两者是否矛盾？

许多奖励计划常常达到了管理人员的预期结果，可能原因在于：

第一，提出一个时间标准，往往会有助于激励员工。当有了生产标准，工人有了目标，管理人员对工人要求也心里有数了。这样就保证了工人和管理人员之间的融洽关系，从而激励员工。

第二，在定出定额时，通常开展工作研究，详细地分析和改进生产方法，其结果是更省力、更有效地完成生产任务。

第三，采用定额，同时促进管理部门改进生产管理方法，使生产流程更顺畅，减少停工待料等窝工现象，有效地提高生产效率。

4. 不同员工的心理期望与激励方式差异

（1）工程师、中层管理干部：看重升职和报酬，对上级的无能、不友好的态度以及报酬不当等深为不满。

（2）班组长：看重职务提升、被人赏识，愿意承担职责。

（3）技工：看重扩大职责、工作丰富化，以及职务的提升。

（4）女装配工：满足于能胜任工作、与班组长关系好。不在于扩大职责、职务提升。担心被解雇、不被班组长赏识。

14.4 员工的沟通管理

管理人员与员工之间关系紧张，主要根源是双方沟通工作没做好，产生误会。良好沟通，能激励员工、引导员工朝着管理目标、公司目标努力。因此，沟通好坏对员工管理尤其重要。

沟通的要点是倾听。即认真听，了解员工真实想法。对于直性子员工，他的话表明他的真实想法。但是，许多情况下，话中有话。这时，倾听就要听出员工的话中隐含的意思。另外，沟通时间是否宽裕、谈话场合和环境是否合适，这些都直接影响沟通效果。如时间太匆忙、在场的人员太多，都会影响下级反映真实情况。

案例分析14-3

交往的技巧与艺术

有一个车间主要检验电子设备仪表盘。该车间有7个工人,4男3女。其中一个叫罗宾的工人,每次从架子上拿三个仪表盘到工作台去检验,并在账上记下两倍或三倍于规定的装配工作时间。有时还会听到他在唱歌。此外,罗宾提前几分钟去吃午饭,有时还有其他员工跟他一起去。监督员李工找罗宾谈话,李工过去也是这个车间的工人。下面是监督员李工与工人罗宾的对话。

李工:“罗宾,我想和你谈谈。”

罗宾:“嗯。”

李工:“你为什么总是提前吃午饭?并且还叫别人跟你一起去。你这是违反车间秩序。”

罗宾:“我已经有一个星期没提早去了。”

李工:“不,你去了。还有另一件事,请不要一次拿三个仪表盘到工作台去检验。公司规定一次只能拿一个仪表盘,这方面的规定你是知道的。”

罗宾:“这正是我要同你谈的一件事。我有个想法……”

“不管你有什么想法,请老老实实按规章办事。”李工马上打断罗宾的话。

罗宾:“我要求调走。”

李工:“我们会考虑的。还有,不要再在车间里唱歌,你以为这是夜总会吗?”

……

两人的矛盾反映到人事部门。两人与领导的对话:

李工与人事部门领导的谈话:

“最近一个时期,我发现他总是一次检验几个仪表盘,却记录下两倍到三倍的规定组装时间。这实际是一种欺骗行为,为此我曾经几次严厉斥责过他。”

“他这么做而未受到惩罚已不是一两天了,我对他一直耐心教育。还有他上班时唱歌,影响了大家的工作效率。带人提前去吃中饭,他的这些行为对组里的其他人有很不好的影响。这次我要求领导解雇他,或者用别的方式惩罚他。对这种事不能再放任不管了。”

罗宾与人事部门领导的谈话:

“我一次就检验几个仪表盘,这种改进做法可以节省检验时间,做出的活也符合质量标准。我这样做没错。”

“至于记下两倍或三倍于规定的装配时间,也是如实记录,我们一直就是这样做的。可是监督员李工说这样做是欺骗公司。前一两天他到工作台来训斥我,说这是欺骗行为。”

“受到监督员责备我并不介意,但是我希望他尊重我,不能像小学教师训斥淘气的小孩子那样丢我的脸。自从他被提升以后,他一直就是这样放肆地训人的,他不再像过去那样友好待人了。他好像不知道该怎样管理我们这些工人。他变了,变得不像前几年同我们一起当工人时那样了。”

“实际上车间的工人们喜欢在干活时听我唱歌,但是李工却认为我在干扰他们工作。任务完成后或生产任务不紧时,我提前几分钟去吃午饭。组里还有几个人也和我一道去,这样李工就认定我是带头的,并常常为这事责骂我。我当然不愉快。"

"李工老跟我过不去,他既然看不上我,我调离岗位就是了。"

思考题:

1. 案例中,假设领导与下属的交往换成以下这种方式:

李工:"我发现你每次拿三个仪表盘到工作台去检验,你是不是在改进操作方法上有了新的主意?"

罗宾:"大部分零配件是一次拿一个。但是像这样小的仪表盘还是可以一次拿三个的,这样节省时间。"

领导者与下属交往时,鼓励下属说话,让他们明确表达感情和愿望。罗宾提前去吃午饭和唱歌的问题,同样可以用这种轻松自如的方式搞清楚。请对比分析这两种交往方式的优点、缺点。

2. 如何学会听话,即听出对方话的真实意思?结合案例谈谈你的看法。

3. 罗宾与人事部门领导反映李工的管理问题,结合整个事件,请问上级如何管理下级?

4. 员工提前去吃饭,你作为领导将如何处理这件事?

14.5 员工考评与工资发放

除了工作设计、员工激励和沟通管理之外,对员工进行考核,并依据考核业绩发放工资,也是员工管理的重要内容。

14.5.1 员工考评

评价员工干活好坏,干活多少,首先要制定评价指标体系,见表14-2。

表14-2 某公司绩效考核指标及相关定义

考核内容	考核指标	指标解释
工作业绩	产量	每班次的产量
	换型时间	每次换型时间
	投诉	以月为单位,客户投诉率PPM
	产品合格率	以月为单位,产品生产的合格率
安全及持续改善	5S	以月为单位,5S审核结果
	合理化建议	以月为单位,员工提交合理化建议数量
	工伤事故及工伤	以月为单位,工作事故及工伤次数
工作有效性	纪律性	严格遵守企业的规章制度
	协作性	与同事积极合作完成任务,服从上级安排
	出勤	个人每月事假天数

备注:PPM即100万件产品中不良品的数量;5S即整理、整顿、清扫、清洁、素养。

制造业企业对员工考评的主要指标包括：

1. 产量目标

产量目标的确定，主要依据年生产任务量大小，以及单件产品工时。确定合理产量时，要考虑到设备故障停机时间、原材料等待时间以及加工废品率等因素。

例如，2015 年客户订单需求 310 000 件，以每年 300 个工作日，每日 2 班倒计算，每班需加工数量为 310 000÷(300×2)= 517 件。经对生产线上各工位产能分析，确认瓶颈工位为测试打印工位，完成这一工位需 36 秒。以每班实际工作 7h 计算，可得每班产能为 7×3 600÷36 = 700 件>517 件，可以满足要求。考虑到系统性损失、报废、返工、设备维护时间等因素，设计每班目标产量为 700×80% = 560 件。

2. 出勤率

"一个萝卜一个坑"，为了节约劳动力成本，企业按岗位需要来招聘人。如果员工缺勤率太高，将影响生产。为了鼓励员工出勤、不请假，设立出勤率考核指标。如工人一个月里每天都来上班，没请假，则每月加全勤奖 200 元/人。

3. 5S 管理

在 11.4 节生产现场管理指出，做好 5S 管理工作，特别是保持工作台干净卫生，创造一个干净卫生的工作环境，令大家工作心情愉快，能显著提高士气。因此，将 5S 管理列入考核指标。如每天下班前 10 分钟让员工做整理和打扫卫生工作，有些公司规定：如果发现工作台和负责区域的卫生问题，将扣罚 20 元/次。

4. 合理化建议

一线员工最了解基层工作实际情况，为了鼓励大家改进工作方法，设立合理化建议奖。事实上，许多工作改进的合理化建议是由工人提出来的，这些建议极大地促进了生产率和产品质量的提高。该项奖励不在于奖励多少钱，而是工人由于感觉自己的意见被领导采纳，有了参与感而受激励。

如某著名制造公司给提合理化建议的员工奖品，包括洗手液、毛巾、雨具等。这些奖品价值都不高，但是实用。更重要的是员工其意见被采纳，感觉受重视，很有成就感，并进一步激发工作积极性。

企业可以根据自身实际情况设立其他指标，如有些企业生产调度问题突出，为了加强公司层面对各生产车间的生产调度，专门将车间是否听从调度作为考核指标。其他如工伤事故、客户投诉、产品合格率等都是重要考核指标，甚至作为发放年终奖一票否决的指标。

14.5.2 工资发放的原则、工资构成和工资发放形式

1. 工资发放的原则

完成员工业绩考核后，即可根据员工贡献大小发放奖励工资。对于制造业基层员工薪酬的发放，可遵循以下 4 个原则：

(1) 公平原则：劳资双方对工资和奖励制度都感觉公平合理。

(2) 公开原则：公布工资方案，向员工解释制定办法。实施工资方案之前，对员工解释，让每个员工明白他的报酬如何确定。

（3）保证最低收入原则：应该保证最低收入。优秀人员的奖金则另增 15%～30%。

（4）反馈原则：每年听取反馈意见。当情况变化、出现错误时能按规定程序进行修正。

2. 工资构成

基本工资、奖金与福利构成现代薪酬体系的三大支柱。接下来介绍的工资发放主要指直接工资收入，包括基本工资和奖金，而不包括间接工资或福利。

3. 工资发放形式

工资发放是个复杂问题，不同部门发放工资的方式不同。

（1）营销部门：基本工资+提成。

（2）行政管理部门：基本工资+浮动工资。

（3）生产技术工人：计件制。

不同类型专业人才，其薪酬体系也完全不同。

（1）管理人员：职位薪酬体系——薪酬与职位直接挂钩。如生产经理、公司副总经理、总经理从职位上对比，一级比一级高，相应地提高薪酬。

（2）研发人员、技术人员：技能薪酬体系——强调员工的能力和创造力。

（3）营销人员：绩效薪酬体系——奖金与销售业绩挂钩。

表 14-3 列出几种最著名的工资奖励制度。不管如何，工资发放的方案主要有两种。方案一：以工作时间为基础的制度；方案二：以工作量（产量）为基础的制度——计件工资奖励制度。

表 14-3 直接劳动力的工资支付制度

制度类别	支付办法
以工时为基础	直接以时工资、日工资、周工资、月工资计算
计件工资	直接计件工资、泰勒差别计件工资、曼彻斯特工资制度、甘特工作任务和奖金制度
间接支付法（福利）	年终奖、分红、养老金制度、股票分配、保险金、假日、休假

14.5.3 工资发放的方案一：以工作时间为基础的制度

在这种情况下，直接工资标准（时工资、日工资或周工资）是按工人在某项任务上所花时间长短支付工人工资。

【例 14-1】 工人的小时工资为 4.50 美元/小时，某工人一周工作了 40 小时，工人一周的工资 = 40×4.50 美元 = 180 美元。

14.5.4 工资发放的方案二：计件工资奖励制度

工人的工资是严格按照他的实绩来支付的，包括直接计件工资制、差别计件率、“赫尔赛”（50-50）固定分享计划，以及计件奖励工资制。

1. 直接计件工资制

管理部门规定每件产品的工资，按完成的件数来支付工资。

【例 14-2】 每钻一个钢板孔为 0.6 美分，钻 10 个孔 6 美分。如果生产人员每天钻 8 000

个孔,就得日工资=0.6美分/个×8 000个=48美元。

2. 泰勒的差别计件率

为了鼓励工人们增加产量,使产量保持在既定水平之上,泰勒设定低标准和高标准这两种计件率。当产量低时按低标准的计件率来支付工资,当产量高时按高标准的计件率来支付工资。

【例 14-3】假定标准产量为80件/天。如果工人一天完成的产量低于80件,则计件工资=0.275美元/件;产量达到或超过80件以上时,计件工资=0.35美元/件。因此,如果一个工人生产了70件,他的工资=0.275美元/件×70件=19.25美元,生产90件的工人将挣到=0.35美元/件×90件=31.50美元。

从70件到90件,增产20件,增长=(90-70)/70=29%。工资增长幅度=(31.50美元-19.25美元)/19.25美元=64%,工资增长幅度大大超过了产量增长幅度。

赞成意见为:直接计件工资制和泰勒的差别计件率是相对公平合理的两种制度,较受员工欢迎。勤奋努力的工作人员都能获得高工资报酬,工作越努力,报酬就越多。这两种计件工资制除了具有公平的感觉之外,还具有记录简单、容易解释的优点。这两种计件方法使得生产更加稳定,计算成本及安排生产计划都更加准确。泰勒研究出来的差别计件率具有历史意义。

反对意见为:上述两种计件工资方法虽然有很多优点,受到好评,但也有不同观点。①没有最低工资保证,工人感觉没保障;②员工取得业绩不单纯是个人努力,而是管理人员和企业主支持的结果。因此,员工工资增加额里有管理人员和企业主贡献,应该与大家分享。

适用条件为:有合理的工时标准。

比如,每钻一个钢板孔为0.6美分,其计算依据是什么?具体确定方法可参见第13章工作研究。每小时工资6美元,1小时1 000个孔,钻每个孔的标准时间为3 600秒/1 000个=3.6秒/个,每钻一个钢板孔可得报酬=6美元/1 000=0.006美元=0.6美分。

3. "赫尔赛"(50-50)固定分享计划

上述两种计件工资方法中,工人生产率提高而多得的报酬都归于工人,有人提出反对意见,认为员工大幅增加的薪水有主管人员、工长,以及企业主的贡献,增加的薪水应该与他们分享。

基于这种情况,邢鲁·汤尼制造公司与兰德钻机公司提出了"赫尔赛"(50-50)固定分享计划(也称"汤尼·赫尔赛收益分享计划",简称"赫尔赛计划")。其主要价值是提倡合伙观念,产量增加而增加的收益劳资双方共同分配。

具体做法为:由计划人员或工长规定完成一项任务所必需的时间,以及每日的工资。如果操作人员准时或提前完成该项工作,就给予他奖金。公司与员工是平等而公正的合伙关系,两者共享奖金,分别为所节约的时间价值的50%。

【例 14-4】规定产量标准为每日8小时生产24件,每日工资24美元。按照这个标准,每生产1件支付工资1美元。如果每日8小时生产48件,生产率就是200%,其结果是节约8小时。这项节约按50-50同管理部门分享,因此有:

生产人员的工资=24+24/2=24+12=36(美元)

每件产品支付的工资 = 36/48 = 0.75(美元/件)(而不是1美元/件)

这种分享计划有利于主管人员与工人共同增加生产。这个方案特别适合于零星订单生产和辅助性工作,或维修工作。不足之处是:当标准工时宽裕、任务容易完成时,工人们都抢着干,甚至发生争吵。

4. 甘特的计件奖励工资制

前面指出,泰勒差别计件率最大不足在于:没有最低工资保证,工人感觉没保障。事实上,当新员工刚开始工作,或者工人无法控制的因素,如待料、断电等这些意外将经常妨碍正常生产,如果按计件制的话,工人将没有正常收入。

针对这种情况,甘特提出了计件奖励工资制。其核心思想为:不管完不完成任务都能拿到日工资,或保底工资。对于完成任务的,除了支付日工资外,超过定额完成部分,再以高的计件费用率给以奖金。

这种“基本任务+资金”的做法,至今仍广泛用于薪酬发放。

【例14-5】规定工人的保底工资为24美元/日。规定的生产量为24件/日。如果日产量达到或超过24件这个工作标准,即按高的报酬率计件。高的报酬率为标准的计件工资再加上20%的奖金。

(1) 如果工人当天的产量为20件,按直接计件工资制和按甘特的计件奖励工资制,工人的当日工资分别是多少?

(2) 如果工人当天的产量为24件,按甘特的计件奖励工资制,工人的当日工资是多少?

(3) 如果工人当天的产量为27件,按甘特的计件奖励工资制,工人的当日工资又是多少?

解:(1)按直接计件工资制,计件工资 = 24美元/24件 = 1美元/件。如果他当天的产量是20件,按直接计件工资制计算,他只能得20件×1美元/件 = 20美元。

按照甘特的计件奖励工资制,因为有保底工资,在保底工资和计件工资二者中取大的一种,因此他仍能拿到24美元。

(2) 如果工人生产24件,达到规定产量,按高的计件费用率给工资,日工资 = 24×(1+20%) = 28.8美元。

(3) 超过24件后的单件产品报酬 = 1美元/件×(1+20%) = 1.2美元/件。

如果工人生产27件,这日工资 = 28.8+(27−24)×1.2 = 28.8+3.6 = 32.4美元。

这种制度主要特点为:

(1) 不管员工完成任务如何,都给发保底工资。这种制度使人感到收入有保证,激发了劳动积极性。

(2) 如果他能准时完成任务,或超过标准产量,则拿到相当高的小时工资。

(3) 逐日用图表表明员工与其他员工之间、员工每日产量记录和标准产量之间的对比关系。

这种制度旨在培养员工的“勤劳习惯”,争取经常拿到高工资。最低工资保障从根本上改进了旧式计件工资制,是工资管理的一项杰作。

案例分析14-4

临时工的薪酬与绩效

樱桃果园的农场主为了保证采摘工人尽可能完成采摘任务,同时减少工人工资,采用了不少管理办法。

最初农场主采用计量工资率,即按每千克水果计算劳务费。同时考虑到采摘工人很辛苦,为了激发工人的积极性,农场主承诺:无论工人是在果实长得密集还是稀疏的地方采摘,时薪都不低于法定标准。

该农场主试图每天调整工资率,以使其始终处于合适而又不至于太高的水平。工人采摘的水果越多,工资率越低。于是工人们相互盯着,以免有人摘得太快,这样大家整体速度慢了下来,也就提高了工资率。

为了解决集体怠工问题,农场主专门请人测算合理的采摘量,并制定出新的考核和薪酬管理方案。新的薪酬管理方案使劳动生产率(每个工人每小时采摘的水果按重量计算)提高了50%左右。

农场主意识到初级管理员的重要性,次年夏天农场主将注意力转向激励初级管理员,这些人也是外来的临时工,但负责现场决策,如分配哪些工人采摘哪排果树。农场主发现,管理员倾向于关照自己的朋友,让他们负责最好摘的果树。这样做会让"自己人"比较轻松,但不利于提高生产率,因为最有效率的分工应该是让最能干的工人来摘最好摘的果树。

针对上述情况,农场主将管理员工资与日采摘量挂钩。结果,管理员开始偏向最能干的工人,而不是他们自己的朋友,结果劳动生产率又提高了20%。

又一年的夏季,农场主提出一个比赛方案,让工人们自行分组干活。起初,关系好的人倾向于组成一组。名次表公布后给产量最高的组发奖金时,情况变了。工人们再次将金钱置于社会关系之上,放弃了朋友结组的方式,转而与最能干而又肯接纳他们的工友组成一组。结果,活干得最快的工人组合在了一起,生产率又提高了20%。

这一系列实验有力地证明:设计周密细致的财务激励胜过社会关系。农场主继续策划新的绩效薪酬方案。

资料来源:《金融时报》,作者:提姆·哈福德。

讨论题:如何设计薪酬结构和考核办法,从而提高生产率,同时保证采摘质量?

14.5.5 福利发放

1. 什么是福利

14.5.3 节和 14.5.4 节这两节介绍了两种直接支付的工资。除了直接支付的工资之外,还有间接支付的工资,就是大家熟悉的福利。福利包括:①额外的假日、休假;②公司支付的保险金、养老金;③安家津贴费用、免费单身宿舍或廉价公房出租;④生日礼物;⑤班车及免费工作餐等。

为了吸引高级管理人员,有些公司还设定其他各种奖励制度,如股票认购权、认股证书、年底分红与年终奖金、额外公积金、无息贷款等。

福利的享受通常并不是在员工劳动之后，也与员工的个人贡献无太大关系，一个刚刚加入企业的员工常常就可以享受到与一个在此工作了几年的员工相同的福利待遇。

在人才竞争日益激烈的今天，留住优秀员工就是留住了公司发展的希望，激励好优秀员工就是完成公司目标的保证。由本章引导案例可知，好的福利制度能够增加员工的满意度，是保留和激励员工的法宝，更加有助于企业广泛吸引优秀人才。

2. 福利构成

我国《劳动法》中所规定的法定福利项目“五险一金”部分——基本养老保险、医疗保险、失业保险、工伤保险、生育保险和住房公积金。

3. 弹性福利

弹性福利是在现有良好福利现状的基础上，对现有福利体系进行改进，采用了类似菜单的方式，给予员工自由选择的机会。每个员工可以根据自身的需求偏好从企业提供的众多福利项目中挑选出自己需要的项目，被称为弹性福利项目。示例见表 14-4。

表 14-4 弹性福利项目表

类别	现有福利项目	弹性福利	选项	备注
补充保险	员工商业意外伤害保险	差旅交通意外保险、商业养老保险、大病商业保险	自选	员工可根据自身需求购买后报销
健康护理	特殊工种员工体检、已婚女员工体检、管理人员体检、员工健康检查	牙齿健康、眼睛健康、流感疫苗接种报销	自选	此项福利主要对员工用于牙齿、眼睛治疗和护理自费部分的费用报销
生活福利		图书报纸费、物业管理费、服装费、交通补助、通信费、购物卡、家庭朋友聚会报销	自选	
女工关爱		美容卡、保健卡	自选	
员工援助		法律援助、心理咨询、理财咨询	自选	用于满足员工多元化的需求
家属福利	员工子女商业医疗保险、独生子女费	家属保险、家属探亲费用报销、家属电话费报销	自选	
健身福利		健身费、健身俱乐部、会员卡费用报销	必选	用于丰富员工的业余生活，鼓励员工通过运动强身健体，舒缓压力
学习成长		与个人岗位相关内容的培训和学位攻读费用报销	必选	

弹性福利额度如何确定？弹性福利额度与薪酬级别相对应，不同薪酬级别对应的弹性福利额度大小也不同。薪酬级别越高，弹性福利额度也越高。

员工根据弹性福利包中的内容选择适合自己的弹性福利项目,但所有项目的总额度不能超过本岗位所对应薪级的弹性福利包的额度。各级弹性福利包的额度可以按等差数列进行设计,且各级的额度差异不能过大。弹性福利包的额度可以根据所设计的年度弹性福利包额度和月度弹性福利包额度的大小确定;根据每个岗位的弹性福利包额度总和测算整体的弹性福利总成本。

【例 14-6】表 14-5 为某公司的弹性福利包的额度示例。

表 14-5 弹性福利设计额度

岗位等级	11 级	12 级	13 级	14 级	15 级	16 级	17 级	18 级	19 级	20 级	21 级
弹性福利基数(月度)	417	500	583	667	750	833	917	1 000	1 083	1 167	1 250
弹性福利基数(年度)	5 000	6 000	7 000	8 000	9 000	10 000	11 000	12 000	13 000	14 000	15 000

案例分析14-5

宝洁公司的弹性福利

宝洁公司弹性福利如表 14-6 所示。

表 14-6 宝洁公司弹性福利

分类	福利项目名称	说明
弹性时间	弹性工作时间	8 小时工作日,保证上午 10 点—下午 4 点在公司办公
	在家工作计划	每周有一天在家办公
平安计划	年度健康体检	
	牙齿健康	
	流感疫苗接种	
	女性健康检查	
	眼睛护理	
	医院挂号预约卡	
	女性健康讲座	
	睡眠健康讲座	
	个人理财建议	
	免费健康俱乐部会员资格	
	半价游泳	
	舍宾、瑜伽、动感单车培训	
	儿童发展计划	
活动	运动会	
	歌咏比赛	
	篮球、羽毛球俱乐部	

讨论题:宝洁公司的弹性福利有什么优点和缺点?请提出改进措施。

本章小结

1. 员工管理之所以重要,原因在于:产量多少、质量高低、成本大小,很大程度上依赖员工的工作技能和工作积极性。员工管理主要内容包括三个方面:①工作设计;②员工激励;③员工考核和薪酬管理。

2. 工作设计的内容如下:①做什么(what);②由谁做(who);③为何做(why);④怎样做(how);⑤何处做(where);⑥何时做(when)。影响工作设计的因素有:①企业目标、部门的生产任务;②人的心理需求——专业化分工和工作内容丰富化,个人工作和团队工作;③技术进步。

3. 计件制对90%员工无效,原因在于:工人分为两类,即定额破坏者和群体响应者,这两类工人的心理期望是完全不同的。定额破坏者这一类工人的心理显著特征是:①上进心明显不足;②总是从怀疑角度看待管理;③群体成员的资格也满足了他们的归属需求。群体响应者相信通过自己的努力能改善命运。

4. 不同员工的心理期望与激励方式有差异。工程师,中层管理干部看重升职和报酬,对上级的无能深为不满。班组长看重职务提升,愿意承担职责。技工看重扩大职责、工作丰富化,以及提升。女装配工满足于能胜任工作、与班组长关系好,不在于扩大职责、职务提升。

5. 管理人员与员工关系紧张和工作中误会,其根源是沟通问题。沟通的要点是:倾听,了解员工真实想法。沟通时间是否宽裕、谈话场合和环境是否合适直接影响沟通效果。

6. 基本工资、奖金与福利构成现代薪酬体系的三大支柱。工资发放的方案主要有两种:一是以工作时间为基础的制度,即按工人在某项任务上所花时间长短支付工人工资;二是以工作量(产量)为基础的制度——计件工资奖励制度。

计件工资奖励制度又分为:①直接计件工资,按完成的件数来支付工资 。②泰勒的差别计件率。当产量低时按低标准的计件率来支付工资,当产量高时按高标准的计件率来支付工资。③“赫尔赛”(50-50)固定分享计划。该计划提倡合伙观念,劳资双方共同享受产量增加而增加的收益。④甘特的任务与奖金制。不管工人完成任务多少都给工人基本工资,工人有工资保障。对于超定额完成部分,再以高的计件费用率给以奖金。

思考题

1. 生产运营经理为什么要注重员工管理?员工管理主要包括哪些内容?阐述员工管理的流程。
2. 什么是工作设计?有哪些因素影响工作设计?
3. 什么是激励?如何激励不同的员工?
4. 沟通管理的要点是什么?请举例说明你是如何进行沟通管理的。

5. 试阐述计件工资制的内容、优点缺点,以及适用范围。

参考文献

1. 洪国芳．生产管理学．哈尔滨:哈尔滨工业大学出版社,1995.

2. 陈荣秋,马士华．生产与运作管理.5版．北京:高等教育出版社, 2017.

3. 理查德·B. 蔡斯．运营管理.9版．任建标,译.北京:机械工业出版社,2003.

4. 杰拉德·卡桑(Gerard Cachon),克里斯蒂安·特维施(Christian Terwiesch). 运营管理:供需匹配的视角.2版.任建标,译．北京:中国人民大学出版社,2013.

5. 亨利·西斯克．工业管理与组织．段文燕,译．北京:中国社会科学出版社,1985.

6. 亨利·法约尔．工业管理与一般管理．张扬,译．北京:北京理工大学出版社,2014.

7. 潘志洪．车间管理手册．北京:科学技术文献出版社,1986.

8. 傅和彦．生产计划与管制(修订版). 厦门:厦门大学出版社, 2013.

9. 潘尔顺．生产计划与控制．上海:上海交通大学出版社,2003.

10. 陆力斌．生产与运营管理．北京:高等教育出版社,2013.

11. Wallace J. Hopp, Mark L. Spearman. Factory Physics Foundations of Manufacturing Management.2nd Edition. McGraw-Hill, Inc., 2001.

12. 罗杰·施罗德．运作管理．4版.韩伯棠,译．北京:北京大学出版社,2004.

13. 王文信．采购管理．厦门:厦门大学出版社,2008.

14. 王文信．仓储管理．厦门:厦门大学出版社,2012.

15. 马风才．运营管理.3版．北京:机械工业出版社,2015.

16. 陈志祥．生产与运作管理．2版. 北京:机械工业出版社,2014.

17. 门田安经弘．新丰田生产方式．3版.王瑞珠,译．石家庄:河北大学出版社,2008.

18. Fred E. Meyers, Matthew P. Stephens. 制造设施设计和物料搬运.2版．蔡临宁,译．北京:清华大学出版社,2006.

19. 刘树华,鲁建夏．精益生产．北京:机械工业出版社,2014.

20. 程控,革扬．MRP Ⅱ/ERP原理与应用.2版．北京:清华大学出版社,2006.

21. 刘丽文．生产与运作管理．5版.北京:清华大学出版社,2016.

22. 张群．生产与运作管理．3版.北京:机械工业出版社,2014.

23. 庄品．生产与运作管理．3版.北京:科学出版社,2018.

24. 蔡世馨,于晓霖．现代生产管理．大连:东北财经大学出版社,2005.

25. Jay Heizer, Barry Render. Operations Management. 5th Edition, Prentice - Hall, Inc. ,1999.

26. 蒋葆芳．机械工业企业管理(修订本). 北京:机械工业出版社,1986.

27. James L. Riggs, Lawrence L. Bethel, Franklin S. Atwater, et al. 工业组织与管理(In-

dustrial Organization and Management).6 版.四川财经学院工业经济系,译.1980.

28. 周宏明,蒋祖华,等.设施规划.北京:机械工业出版社,2013:38-84,264-283.

29. Richard B. Chase. Operations Management for Competitive Advantage. 9th Edition. China Machine Press, 2002.

30. Steven Nahmias. Production and Operations Management. 4th edition. McGraw Hill, 2002.

31. 斯蒂芬·P. 罗宾斯.管理学.11 版.北京:中国人民大学出版社,2014.

32. 德鲁克.管理的实践.北京:机械工业出版社,2006.

33. 吕文元.先进制造设备维修理论、模型和方法.北京:科学出版社,2012.

34. 吕文元,余海杰,刘勤明.需求波动情况下千斤顶装配线的设计及应用.上海理工大学学报(自然版),2018,40(4):358-363.

35. 苏尼尔·乔普拉,彼得·迈因德尔.供应链管理——战略、计划和运作.5 版.刘曙光,吴秀云,等,译.北京:清华大学出版社,2014.

后记

当德国工业4.0,中国制造2025和智能制造,如日中天,见诸各种媒体,并成为学术热点之际,我国中小企业面临诸多运营困境:劳动力成本上升,出口受阻,辛苦10年做实业却收益甚微。面对这些困境,我国中小企业积极寻求出路,包括:①以机器换人、产业升级;②学习日本的精益生产模式,试图提高生产效率、提高产品质量、降低生产成本;③通过推行MES(manufacturing execution system)完善ERP,通过在车间应用物联网、AGV小车,探索智能制造之路……

人们往往关注通用、华为、上汽这些大企业,而无视或轻视众多中小企业。事实上,目前我国中小企业有4 000万家,占企业总数的99%,贡献了中国60%的GDP和50%的税收,提供了近70%的进出口贸易额,创造了80%左右的城镇就业岗位。

调查发现,给社会和经济发展做出重大贡献的我国中小企业,普遍的现状为:①依然使用简单的机器设备生产,停留在工业1.0时代,与工业4.0毫无关系。②大量农民工高强度的手工操作,动作浪费严重,缺少合适的工具和夹具,没有工业工程师帮助提出改善建议,生产效率低。也没有太多技术人员帮助工人做好质量控制点,以致普遍存在质量问题,因质量不合格而遭遇退货,退货产品堆满整个车间。③相当多的中小企业主摸着石头过河,经过多年打拼,将企业发展到一定规模,摸索出自己独特的运营之道,更是深感自己缺乏系统管理知识。总的来讲,我国许多中小企业基础管理薄弱,仍处于低级、手工报表粗放型管理阶段,与工业文明要求的精细化、标准化、流程化为核心的管理标准相差较远。

产业升级,提升管理水平,是中小企业生存的迫切需要。因此,中小企业主本人带领本公司各部门经理积极学习管理知识、新技术,以解决公司的管理瓶颈。但是他们发现许多咨询公司无法找到公司的痛点,也没提出有针对性、简单实用的对策。当公司花大费用准备应用ERP软件时,由于管理基础差、人才缺乏,无法应用复杂的ERP系统,不得不回到手工管理模式。当听说日本精益生产帮助日本制造业强大时,他们又开始学习精益生产。什么是精益生产?如何推广应用精益生产?他们还在探索的路上……

面对中小企业的困境,面对中小企业产业升级的迫切需要和管理水平亟须提升,我们学术界更多的是关注智能制造,将精力放在数学建模、开展定量化决策与智能决策这些“高大上”的研究上,对那些实际问题关注不够。

100年前,“管理之父”泰勒下车间开展工作研究,比如研究如何提高铁铲铲物效率。吉尔布雷斯这位工业工程专家则研究如何提高砌砖效率。这些伟大管理大师做的都是这类如此“低级”的工作。也正因为这些前辈所做的接地气工作,形成了科学管理的理论和方法,完成了早期经验管理的过渡。同时,根本性地改变了早期美国制造业落后面貌,超过英国、德国这些老牌工业化国家,使美国一举成为世界强国。

针对我国制造业管理基础薄弱、粗放型管理的现状，我国学者可以借鉴泰勒、吉尔布雷斯等管理学者的做法，多做一些接地气的、实用性强的研究，帮助中小企业解决运营管理问题。基于这种认识，本书编写时做到：①强调工作研究，这些经典方法依然有很强生命力。②从企业内部物料需求量计算角度谈物料管理，而不是供应链管理，也很少谈面向智能决策的库存管理模型。③针对生产经理遇到的员工管理难题，从计件制、工作设计角度谈员工的激励和员工考核，以及专门有一章帮助制造经理开展制造企业组织结构设计工作。④强调流程和规章制度。这些内容明显不同于现有教材体系安排，但恰恰是企业现实需要。

作为主持3项国家自然基金项目的研究人员，自然崇尚和践行通过建立数学模型和计算机仿真进行定量化决策。这毕竟是未来管理发展方向。因此也举例说明了如何制定和优化综合计划，如何利用 P 模型和 Q 模型进行物料订购量和安全库存量决策。目的在于引导管理者进行定量决策，提升管理水平。

以上这些是我编写运营管理本科教材的基本定位——强调生产运营管理理论基础和对实务的了解，面向实际问题，服务于企业。面向研究生的运营管理教材，则可侧重于数学建模，以及综合案例分析。培养学生定量化决策能力、系统思考和综合解决问题能力。

我相信，当企业夯实管理基础，即管理流程清晰、生产信息齐全并反馈及时、产品质量稳定、根据订单多少在一定范围内调整生产率时，企业管理信息化时机成熟。在此基础上，进一步借助量化模型开展定量化决策，以及利用大数据技术探索开展智能企业管理与决策。这时我们中国制造企业才能真正实现车间智能管理、真正实现智能制造，同时也探索出本土生产运营管理模式。

作者

2021 年 5 月

致谢

夏去秋来，喜迎秋收。收获之际，即是感恩之时。

2006 年和 2007 年这两年，我给深圳富士康后备干部培训“生产运营管理”课程，前后共培训 6 期。最初想法就是将自己的培训资料整理出来，并作为自己上课的教材，这是第一稿。2012 年出访多伦多大学，学习了国外运营管理前沿内容，以及 2014 年到澳大利亚参加国际师资培训后，发现最初的培训教材内容上要吸收国际前沿理念，教法上要采用主动式学习理念，这是第二稿。为了检验这些理论实用价值，2015 年和 2016 年这 2 年在长三角制造企业做咨询服务，并在一家公司担任副总经理职务。中国制造企业的实践告诉我们：国际前沿理论需要本土化才有实用价值。2016 年 4 月开始全力以赴写作，到 2020 年 8 月 7 日（立秋）正式完成第三稿修改。这本著作如果从 2007 年算起，至今已经有 14 年了，可谓“十年磨一剑”。也算是我讲授“生产运营管理”课程 18 年最主要的教学成果吧。

写作过程是愉悦的，因为这是一个不断学习、创作和收获的过程。写完之后，心情平静。饮水思源，回想这 14 年写作与创作过程，有太多的人、有太多的单位需要感谢。

首先，感谢我的博士导师方淑芬教授和洪国芳老师。当 2007 年我开始写第一稿时，两位老师就表示全力支持，激起我写作的勇气。感谢母校哈尔滨工业大学管理学院马天超教授、李一军教授、王文斌教授、梁岩松教授、陆力斌教授、田也壮教授等的教诲。正是在母校学习的生产管理学基本功，以及打下的良好科研基础，秉承母校“规格严格、功夫到家”校训，写作过程中才有条不紊、十年如一日、一丝不苟坚持到最后。

感谢多伦多大学的 V. MAKIS 教授。2012—2013 年访学期间，我一边跟 MAKIS 教授学习马可夫理论做维修决策研究，一边上他的“质量管理”课程。他的课不仅有理论推导，而且有实务，极大提升了我的学术水平，也培养了我科研与实务结合的风格。这种风格也体现在本教材上。MAKIS 教授学识博深、对学生高标准要求而又心态平和，给我留下深刻印象。

感谢 MIT 的 Karen 女士，2015 年夏天给我们讲解斯隆商学院 OM 全英文课程，斯隆商学院定量化决策这些教学内容让我受益颇丰，我将一些精华写进本书。感谢澳大利亚昆士兰科技大学的 Rossana 女士，她给我们演示如何应用主动式教学理念开展教学。回国后我用该理念进行教学，取得了教学相长的效果。我将这一理念应用到本书写作上，形成本书的主要特色。

写作过程涉及大量的图表绘制，以及烦琐细致的资料整理工作，感谢我众多的研究生，包括 2013 级的房彩霞，2014 级的耿强、程朝威、赵济威、刘昊、秦超，2015 级的黄健、周梦露、余海杰，2016 级的张丹丹、林数、黄松，2017 级的阎宇阳、李阳，以及我的博士研究生谢超强、马骁志、刘杨、朱军涛。我和我众多学生如同蚂蚁啃骨头，一条线一条线画，一行一行数据核对与输入，终于完成如此浩大的写作工程。感谢学生们的智慧和心血。

牛顿说，他的成功是因为站在巨人们的肩膀上。是巨人们用一本本书搭成了一条台阶，托着他向上攀登。牛顿的脚下踩着哥白尼的《天体运行》、伽利略的《对话》，而爱因斯坦又踏着牛顿的《自然哲学的数学原理》，给后人留下了《相对论》。

同样的道理，本教材以著作形式成稿，也是因为有许多优秀的教材教案支撑。所以我要感谢生产运营管理的同仁们。你们的教材教案，如同镶嵌在皇冠上的珍珠和宝石，闪烁着智慧光芒，指引我们在中国本土生产运营管理教材的创新道路上前行。

这些经典教材除了大家公认的哈尔滨工业大学洪国芳组织编写的《生产管理学》，华中科技大学陈荣秋、马士华教授编写的《生产运营管理》，还有上海交通大学安泰经济管理学院任建标教授翻译的《生产运营管理》、傅和彦编写的《生产计划与管制》、王文信编写的《采购管理》、北京科技大学马风才编写的《运营管理》、上海交通大学潘尔顺编写的《生产计划与控制》、哈尔滨工业大学陆力斌编写的《生产与运营管理》、清华大学刘丽文编写的《生产与运营管理》等。

上海交通大学安泰经济管理学院任建标教授，翻译水平精湛，由他的团队翻译的 Chase 的教材为我们提供了许多生动的、国际水准的运营管理内容，在 20 世纪 90 年代时如新鲜的空气使运营管理教学内容焕然一新，沁人心脾。我与他素未交往，但当他听说我的困难后，即给我许多“运营管理”课件，对我编写本书有很大帮助。感谢北京科技大学马风才教授无私地分享国内第一套自主开发的运营管理计算软件。

除了借鉴现有教材教案之外，在多家企业的调研和实践使我有底气著书立说。这些企业包括哈尔滨汽轮机厂、上海重型机械厂、上海光华印刷机械有限公司、上海宝翼制罐有限公司、上海柴油机股份有限公司、上海通用，以及浙江几家民营企业。谢谢你们给我实践的平台！

我要感谢工业工程学术界的同仁们，包括天津大学齐二石教授，上海大学宋国防教授，上海交通大学的江志斌教授、蒋祖华教授、潘尔顺教授、董明教授，同济大学的周滨海教授、陆志强教授，山东大学的吴爱华教授，浙江工业大学的鲁建夏教授，上海理工大学的徐福缘教授、孙绍荣教授、杨坚争教授、陶田教授、叶春明教授、李正明教授、高岩教授、马良教授等对我的指点和帮助。

管理是实践性很强的学科。我担任 10 多年系副主任、主任，工业工程本科专业带头人，这些工作让我理解什么是管理，如何当上级和下级。这些实践中来的管理体验对本书的编写也提供了极大帮助。感谢有关领导及同事们对我工作的支持。

最后感谢家人这么多年来的理解与支持。我的岳父郑砥中教授、岳母王俊平一如既往、任劳任怨支持我的事业。我爱人郑睿博士为了全力支持我的著书、科研和教学工作，承担了孩子教育辅导重任，同时承担了相当一部分编写和校对任务。

本书是在国家自然科学基金（项目编号:70301002,71071097,71471116）、2015 年度上海高校外国留学生英语授课示范性课程建设项目资助下完成的，在此对上述资助单位表示诚挚谢意。没有基金委经费的支持，就没法做大量调研工作。更重要的是，多年做基金项目养成的科研能力和科研思维，反过来有力地支撑了本教材的创作。

作者

2021 年 5 月

教学支持说明

建设立体化精品教材，向高校师生提供整体教学解决方案和教学资源，是高等教育出版社“服务教育”的重要方式。为支持相应课程教学，我们专门为本书研发了配套教学课件及相关教学资源，并向采用本书作为教材的教师免费提供。

为保证该课件及相关教学资源仅为教师获得，烦请授课教师清晰填写如下开课证明并拍照后，发送至邮箱：yangshj@hep.com.cn，也可加入QQ群：184315320索取。

编辑电话：010-58556042。

证　明

兹证明____________________大学___________________学院/系第________学年开设的_______________________________课程，采用高等教育出版社出版的《　　　　　　　　》(　　　　　　　主编）作为本课程教材，授课教师为__________________，学生________个班，共________人。授课教师需要与本书配套的课件及相关资源用于教学使用。

授课教师联系电话：________________E-mail：__________________________

学院/系主任：___________________(签字)

(学院/系办公室盖章)

20__年___月___日